全国幼儿园教师资格证考试教材

幼儿园教师资格考试面试指导

主　编　曹　莉　左彩云

副主编　冷雪姣　徐莉媛　丛劲涛　黎　诩

杨小梅　叶红秋　王晓娟

北京理工大学出版社
BEIJING INSTITUTE OF TECHNOLOGY PRESS

图书在版编目（ＣＩＰ）数据

幼儿园教师资格考试面试指导 / 曹莉，左彩云主编
. -- 北京：北京理工大学出版社，2017.11（2024.1重印）
ISBN 978 – 7 – 5682 – 4939 – 3

Ⅰ.①幼… Ⅱ.①曹… ②左… Ⅲ.①学前教育–幼
教人员–资格考试–教材 Ⅳ.①G615

中国版本图书馆 CIP 数据核字（2017）第 265048 号

责任编辑：李慧智　　　　**文案编辑：**李慧智
责任校对：周瑞红　　　　**责任印制：**李志强

出版发行 / 北京理工大学出版社有限责任公司
社　　址 / 北京市丰台区四合庄路 6 号
邮　　编 / 100070
电　　话 /（010）68914026（教材售后服务热线）
　　　　　　　（010）68944437（教材资源服务热线）
网　　址 / http://www.bitpress.com.cn

版 印 次 / 2024 年 1 月第 1 版第 5 次印刷
印　　刷 / 定州市新华印刷有限公司
开　　本 / 787 mm × 1092 mm　1 / 16
印　　张 / 21.25
字　　数 / 513 千字
定　　价 / 59.50 元

前　言

2011 年，根据《教育部关于开展中小学和幼儿园教师资格考试改革试点的指导意见》（教师函〔2011〕6 号），教师资格全国统考试点在湖北、浙江两省展开。至 2013 年，共有 6 省参加了国考。据教育部统计，在试点工作组织的 4 次全国性考试中，6 省参加考试人数 28.08 万人，通过 7.72 万人，通过率 27.5%。2015 年 12 月 31 日，辽宁省教育厅下发通知：辽宁省中小学教师资格考试改革工作启动时间为 2016 年上半年。改革后将不再分师范生和非师范生，都必须参加"国考"，方可申请教师资格证。改革后增加的试题以实践能力题为主，重点考查考生运用所学知识分析和解决教育教学实际问题的能力。

《幼儿园教师资格考试面试指导》正是在此背景之下，根据《中小学和幼儿园教师资格考试大纲（试行）》（面试部分）编写，是面向所有参加幼儿园教师资格考试面试考生的专用书，力争从以下三个方面做出努力：

1. 努力突出教材的实战性

本书严格按照幼师资格考试面试大纲的要求编写，在阐述基本理论的同时，重点强调考生对知识的理解和运用。例如，在每一知识点之后，编者都选编了相应的案例。这些案例大多是仿照国考面试真题设计的，在难度与方式方面接近真题。在案例之后，编者对相应的案例进行了分析，目的是指引考生的思路，便于举一反三。因此，本书可以使考生在阅读、学习时产生身临其境的感觉，便于集中精力思考问题，把握考试的方向。

2. 努力突出教材的实用性

幼师资格考试面试的重点在于考查考生分析和解决幼儿园教育实际问题的能力。因此，考生仅仅具有相应的职业技能还不足以成为获取面试合格证的充分条件，考生必须要具有利用职业技能组织相应的教育活动并进行评价和反思的能力。为此，本书针对每一职业技能都设计了两节内容，第一节阐述每一技能的基本要求，第二节详细分析如何利用该技能实施教育活动，并列举了大量案例供考生参考和学习。

3. 努力突出教材的适用性

本书是针对所有参加幼师资格证考试面试的考生编写的，这些考生既包括毫无实践经验的在校大学生，也包括有实际工作经验的在职幼儿教师。针对考生的特点，本书以学前教育基本理论为引领，以幼儿园保教活动案例为载体，以提高考生保教技能为目的，既注重理论知识的分析，又强调知识与技能的运用。考生在阅读时可以根据各自情况各取所需。

　　本书在编写的过程中参考和引用了许多国内学者的研究成果和幼儿园教师的优秀教育案例，在此，对各位学者和幼儿园教师表示深深的感谢。

　　各章编写人员如下：曹莉编写前言、面试简介、第六章、第七章、第八章、第九章第一节；左彩云编写第一章、第二章、第三章、第四章和第五章；冷雪姣编写第九章第三节和第五节；黎诩编写第九章第四节；王晓娟编写第九章第二节；杨小梅编写第十章；徐莉媛编写第十一章；丛劲涛编写第十二章；叶红秋编写第十三章。全书由曹莉、左彩云和王晓娟统稿并修改、定稿。

　　由于编者水平有限，在教材中难免出现不妥之处，真诚希望同行专家和考生批评指正，以期教材更加完善。希望广大考生能从本书中受益，取得好的成绩。

曹　莉

2017 年 2 月 6 日

面试简介

　　教师资格制度是指国家对教师实行的职业资格认定制度。[①] 1993 年 10 月我国颁布了《教师法》，明确提出 "国家实施教师资格制度"；1995 年 12 月颁布了《教师资格条例》，提出了教师资格制度的实施规划；2000 年 9 月颁布了《〈教师资格条例〉实施办法》。这 3 个文件共同构成了我国教师资格制度法制规范的完整体系。《教师法》和《教师资格条例》确立了实施教师资格制度法制规范的原则性的宏观框架，而《〈教师资格条例〉实施办法》则依据前两者确立了指导思想和框架设计，拟定了全面实施教师资格制度的程序与方法。

　　2011 年教师资格考试政策发生了重大变化。为了贯彻《国家中长期教育改革与发展规划纲要（2010—2020 年)》，依据《教育部关于开展中小学和幼儿园教师资格考试改革试点的指导意见》，我国拉开了教师资格全国统考的序幕，湖北和浙江两省率先成为试点。2012 年上海市、河北省、海南省和广西壮族自治区也加入统考行列。2013 年 8 月教育部印发了《中小学教师资格考试暂行办法》，在第一章总则第四条中规定："参加教师资格考试合格是教师职业准入的前提条件。申请幼儿园、小学、初级中学、普通高级中学、中等职业学校教师和中等职业学校实习指导教师资格的人员须分别参加相应类别的教师资格考试。"在第五条中规定："教师资格考试实行全国统一考试。"由此，教师资格考试进入全国统考的常态化。

一、面试的性质

　　《中小学教师资格考试暂行办法》在第十条中规定："教师资格考试包括笔试和面试两部分。"面试是幼儿园教师资格考试的有机组成部分，考生在笔试科目全部合格后方可获取面试准考证，属于标准参照性考试。所谓标准参照性考试[②]（CRT，Criterion - Referenced Test），是考试类型之一，是以某种既定的标准为参照系进行解释的考试。这种考试是将每个人的成绩与所选定的标准做比较，达到标准即为合格，与考生总人数和其他人成绩无关。如各种执照考试、计算机等级水平考试等都是标准参照性考试。例如，我们将打字录入速度定为每分钟 60 个字，这就是参照的标准，只要达到这个标准的考生成绩就算及格。这样，不管参考人数有多少，整体水平如何，所有参加考试的考

---

① 陶然，赵更群. 中国教师百科全书 ［M］. 北京：中国国际广播出版社，1994：123.
② http：//baike. so. com/doc/6804589～7021494. html

生可能全部过关，也可能全部都不及格。考生考试结果只取决于自己的成绩与及格标准的关系，具有绝对性。区别于常模参照考试（NRT，Norm – Referenced Test），如高考和公务员录用等选拔性考试，标准参照性考试又称为"水平考试"或"达标考试"。

二、面试的目标

面试主要考查申请幼儿园教师资格的人员应具备的基本素养、职业发展潜质和保教实践能力。具备以下条件的考生，才能获得面试合格证书：具有良好的职业道德、稳定的心理素质和灵活应对的思维品质、得体的仪表仪态；善于表达与沟通；具有相应的学前教育技能与技巧并能根据要求进行恰当的展示；具有一定的设计和组织教育活动的能力，能根据要求进行现场模拟教学，并能预测活动中可能出现的问题和解决的方法，基本准确地达成活动目标及进行恰当的教育反思。

三、面试的意义

面试在提高学前教育质量方面的作用主要表现在以下几个方面：

（一）提高幼儿教师队伍的整体素质

教师资格制度为教师队伍建设的法制化、规范化管理奠定了基础。通过实行教师资格制度，严格教师资格条件和法律规定的认定程序，可以限制不符合教师资格条件的人员进入教师队伍，从而提高教师素质和教育质量。实行教师资格制度后，只有依法取得教师资格的人员，才能在教育行政部门依法批准举办的各级各类学校和其他教育机构中从事教育教学工作。面试是实施教师资格制度的重要措施，通过采用结构化面试和展示相结合的方法，考评准教师在职业认知、心理素质、了解幼儿、技能技巧和交流沟通等方面的能力，以此判断其是否具备幼儿教师应具备的理论素养和实践教学能力。面试的对象是笔试合格的人员，面试是笔试的重要补充。

（二）提高幼儿教师的社会地位

所谓社会地位，是指人在社会结构体系中所处的位置。衡量一个人的社会地位时，总离不开经济收入、社会权力和职业声望等基础性要素。首先，在经济收入方面，在我国，幼儿教师的经济收入和待遇一直都不高。虽然20世纪90年代以来，我国幼儿教师的收入有了大幅度的提高，但总体来说，离《教师法》第25条规定的"教师平均工资不得低于国家公务员的工资水平"的要求还存在很大差距，幼儿教师的经济收入在各地基本属于中低层。其次，在社会权利方面，大多数幼儿教师被封闭在幼儿园中，很难也没有意识主动运用自己手中的社会权利去维护自身的利益和参与教育的改革活动。第三，在职业声望方面，总体来讲，教师的职业声望在整个社会职业结构中处于中上地位。尽管幼儿教师的实际工作量、所承担的社会责任、所要掌握的教育技能与小学、中学、大学教师相比并不逊色，但是，受传统文化对幼儿教师定位的影响，在现实生活中，幼儿教师的社会地位不高仍是不争的事实。较低的社会地位导致教师队伍不稳定，幼儿教师流失现象严重，同时，还存在教师职业倦怠增加以及学前师范院校无法招到优秀生源等多方面的问题。顾明远教授一针见血地指出："社会职业有一条铁的规律，即只有专业化才有社会地位，才能受到社会的尊重。"面试是准教师正式步入教师队伍的第二道关口，它可以将那些仅仅具有纸上谈兵能力的人拒绝在幼教大门之外，在提高教师队伍整体素质的同时，促进了幼儿教师的专业化，从而提高了幼儿教师的社会声望和社会地位。

（三）调动师范院校教师教育改革的积极性

在过去，我国一直处于教师教育体系的一元化、教师劳动力市场垄断的局面。即使在改革开放后人力资源实行市场调节和配置时期也无实质性的改观。这就使得师范院校的教育改革既无强大的外在压力，也无足够的内在动力。《教师资格条例》第十二条规定："具备教师法规定的学历或者经教师资格考试合格的公民，可以依照本条例的规定申请认定其教师资格。"《条例》的颁布打破了师范院校垄断教师职业入口的局面，为非师范院校加盟教师教育的阵营提供了法律保障。面对市场竞争的"晴雨表"，师范院校的生存和发展的危机意识必然被唤醒。被唤醒了的意识将化成或已成为它们改革教师教育的体制、模式、内容、方法，提升师资培养、培训质量的自觉动力。为了让更多的学生能够通过教师资格考试，拿到教师职业的准入证，提高学校的社会竞争力，很多师范院校的学前教育专业的领导和老师不得不主动加强专业建设，依据《教师教育课程标准（试行）》确立培养实践型人才的目标，根据学前教育市场调查结果和幼师资格证考试内容，调整课程设置方案，调整理论课与实践课的比例，增加实践课程的比重，以培养学生的实践能力。

四、面试报考的条件及考试方法

（一）报考条件

参加幼儿园教师资格考试笔试合格并在有效期范围内的考生，方可报名参加面试。笔试单科成绩有效期为 2 年。

（二）报名流程

1. 填写报名信息

符合面试条件的考生，可在各省、市、自治区规定的时间内，登录教育部中小学教师资格考试网（www.ntce.cn），依照报名系统指引以及相关要求进行网上信息填报，并对所填报的个人信息和报考信息的准确性和真实性负责。如有违反而造成信息有误，其责任由考生本人承担。报名时间截止后，将关闭报名系统，不再受理报考。

2. 等待网上审核

考生再次登录指定网站，查阅报名信息。当报名信息显示为"审核通过"或考生到指定现场确认信息无误后，应在规定的网上缴费时间内，登录教育部中小学教师资格考试网的报名系统，并在易智付科技（北京）有限公司"首信易支付"平台缴纳面试报名费，返回报名系统并显示"已支付"字样，完成网上报名。

3. 打印准考证

考生缴费之后，应关注指定网站的信息，并在指定时间内登录教育部中小学教师资格考试网的报名系统进行下载、打印面试准考证，并按照准考证上规定的时间、地点和要求参加面试。

（三）面试的方法

面试采用结构化面试、情景模拟等方式进行，通过考官对考生的观察、提问和考生对材料的分析、陈述及现场展示等活动完成面试。考官根据职位特点及其自身特征形成对该职位理想人选的构想，根据实际应试者的特征与该理想人选的印象进行对照并做出考生是否通过考试的决策。

五、面试的流程

考生要经过以下环节才能全部完成面试工作：

（一）候考

考生持纸质面试准考证、身份证，按时到达指定的考点，进入候考室候考。

（二）抽题

按照考点安排和抽签顺序，考生持准考证进入抽题室，登录面试测评系统，从题库中随机抽取两道试题，由本人选择其中一道试题，经确认后，打印试题清单。

（三）备课（活动设计）

考生持准考证、试题清单、备课纸，由工作人员引导进入备课室，撰写教案（或活动设计方案），准备时间 20 分钟。

（四）回答规定问题

考生持准考证、试题清单、教案（或活动设计方案），由工作人员引导进入指定面试室。面试考官从试题库中随机抽取两道规定问题，要求考生回答，时间 5 分钟。

（五）试讲（演示）

考生按照准备的教案（或活动设计方案）进行试讲（或演示），时间 10 分钟。在这一环节，考生要根据题目要求判断自己应完成的任务是技能展示，还是利用技能组织相应的教育活动，即试讲。

（六）答辩（陈述）

面试考官围绕考生试讲（或演示）内容进行提问，考生答辩（陈述），时间 5分钟。

（七）评分

考官依据评分标准对考生面试表现进行综合评分，填写面试评分表，经组长签字确认，同时通过面试测评系统提交评分结果。

六、面试的内容

幼儿园教师资格面试主要考察考生的学前教育基本理论素养和教育教学实践能力，包括职业道德、心理素质、仪表仪态、交流沟通、思维品质、了解幼儿、技能技巧和评价与反思。

（一）职业道德

幼儿教师肩负着社会和家长的重托，面对的是众多 3～6 岁的儿童，儿童身心发展还处于不成熟的阶段，需要教师提供相应的发展环境，借助有计划的教育活动以促进其发展。教育对象的特殊性，决定了幼儿教师既要有热爱幼教工作的热情和较强的责任心，还要具有一颗爱幼儿的心，在日常工作中能够始终持有爱心、耐心、责任心去面对儿童的各种活动和表现，尊重儿童的人格与生命。

（二）心理素质

幼儿教师的教育对象是未成熟的幼儿。教育任务是实行保育和教育相结合的原则，对幼儿实施德、智、体、美诸方面发展的教育，促进其身心和谐发展。教育方法是将游戏贯穿于幼儿的一日生活各项活动中，让儿童在动手操作的活动中认识世界，获取知识，陶冶情操。教育对象、任务和教育手段的复杂性对教师的心理素质提出了较高的要求。只有处事不惊、自信而坚定的教师才是合格的幼儿教师，也才是儿童喜爱的幼儿教师。

（三）仪表仪态

德国教育家第斯多惠认为："教师本人是学校里最重要的师表，是最直观最有教益的模范，是学生最活生生的榜样。"教师劳动的示范性特点和幼儿喜爱模仿的心理特点决定了教师的教育工作包括言教和身教两个方面，其中身教大于言教。这就要求幼儿教师在日常工作中要时刻注意自身的言行，不做任何违反教师专业标准的事情，在待人接物中既要有礼貌，还要举止大方得体，为儿童树立可模仿的榜样。

（四）交流沟通

交流沟通是幼儿教师最基本的专业能力。交流沟通能力既包括言语能力，也包括倾听能力。良好的言语能力可以使教师在短时间内清楚、准确地表达自己的思想，让听者能够明白自己的要求，并按照要求办事；倾听能力可以使教师在表达自己想法的同时，倾听对方的反馈，了解对方的意见和建议，既可以获得有利于自己教育工作的信息，还可以表达对听者的尊重和友好，缩短与听者的心理距离。教师交流沟通的对象是幼儿、家长和同行教师。较强的沟通能力可以使教师更好地了解幼儿的兴趣和需要，增强师幼互动的有效性，这些是教师组织有效教育活动的必要条件。

（五）思维品质

思维品质是人的思维的个性特征。思维品质反映了每个个体智力或思维水平的差异，主要包括深刻性、灵活性、独创性、批判性、敏捷性和系统性 6 个方面。幼儿园的教学是一种由教师引导，儿童积极参与的认知活动过程。在此过程中，教师是儿童的支持者、合作者和引导者。因此，教师的思维品质极大地影响和制约着儿童的思维活动，影响着儿童集体的思维水平。

（六）了解幼儿

积极全面地了解幼儿是实施有效教育的前提。幼儿园教育的对象是幼儿，幼儿的身心发展水平、特点、知识背景、教育经验、性格爱好等是影响教师确立教育活动目标，制订活动计划，选择活动方式、方法和实施活动方案的主要因素。教育既是对儿童的教育，也是对教师的教育，只有全面了解幼儿才能进行因材施教，才能进行有的放矢的教育，也才能使教师及时进行反思，发现问题，改进教学，提高教育的有效性。

（七）技能技巧

幼儿以具体形象思维为主，这一思维特点决定了教师在教育活动中应更多地采用直观性教学的方法。直观性教学是指在教学活动中，教师通过形象生动的语言描述和操作实物、模型进行演示和示范，使儿童对要学习的事物形成清晰的表象，丰富儿童的感性经验的过程。这就需要教师必须具备相应的讲述和演示、示范的技能和技巧，只有通过教师的讲解、演示和示范，才能将儿童带进教师为其精心准备的教育环境中，激发儿童参与活动的积极性，实现活动目标。

（八）评价与反思

评价与反思能力是幼儿教师基本的专业能力之一，是教师实现自我教育，促进专业发展的保障。1994年1月施行的《中华人民共和国教师法》规定："教师具有从事科学研究、学术交流，参加专业的学术团体，在学术活动中充分发表意见的权利。"为了更好地参与教育教学研究活动，提高教育质量，教师要具备利用所学习过的学前教育学、儿童发展心理学和幼儿卫生与保健等方面的知识，对录像或资料中的教育活动、教育行为和儿童的表现进行较客观的分析和评价的能力；并能够分析和评价自己在面试中所展示的活动和表现。

七、面试的准备

抽题室环境   考场环境

为考生准备的材料包括：画纸（B4 或 8 开）、幼儿园常用的水彩笔、油画棒、皮球、跳绳、积木、雪花片插塑、圆头剪刀、用于折纸的手工纸、废报纸、空矿泉水瓶、胶水、空纸盒（大小形状不同，不宜过大）、纸杯、纸餐盘、包装绳、彩泥、牙签、曲别针、大头针、大塑料套圈、幼儿椅子、磁铁、扑克牌、草稿纸（A4 纸）。

幼儿园教师资格考试面试备课纸实例

准考证号　　　　　　姓名　　　　　　所在考场

1. 题目：主题绘画——《有趣的机器人》
2. 内容
(1) 以绘画《有趣的机器人》配合开展"机器人本领大"主题活动。
(2) 回答问题。
3. 基本要求
(1) 作品内容和主题相符，富有童趣有创意。（绘画类型不限）
(2) 回答问题：如何利用你的作品引导 5 ~ 6 岁儿童开展"机器人本领大"主题活动？
(3) 请在 10 分钟内完成以上两项任务。

八、面试评分标准

幼儿园教师资格考试面试评分标准

序号	测试项目	权重	分值	评分标准
一	职业道德	10	5	爱幼儿，尊重幼儿
			5	有热情、有责任心
二	心理素质	10	5	能较好地调控情绪与情感
			5	开朗、乐观、善良
三	仪表仪态	10	6	五官端正，行为举止自然大方，有礼貌
			4	服饰得体，符合幼儿教师职业特点
四	交流沟通	15	8	有较好的言语表达能力。普通话标准，口齿清楚，表达流畅，语速适当，有感染力
			7	善于倾听、交流，有亲和力
五	思维品质	15	8	能条理清晰地分析思考问题
			7	有一定的应变能力，在活动设计与实施、环境创设上表现出一定新意
六	了解幼儿	10	5	有了解幼儿兴趣、需要、已有经验和个体差异的意识
			5	能通过观察来了解幼儿
七	技能技巧	20	10	熟悉一些幼儿喜欢的游戏和故事
			10	具有弹、唱、画、跳、讲故事、手工制作等基本技能
八	评价与反思	10	5	能对教育活动和教育行为进行较客观的评价
			5	能根据评价结果提出改进意见

目　　录

第一章　职业道德

内容结构图

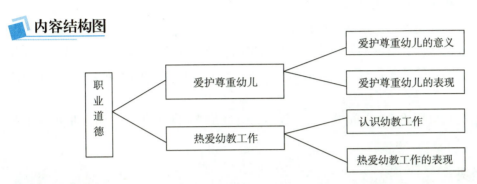

学习目标

1. 具有爱幼儿、尊重幼儿的意识。
2. 具有对幼教工作的热情和责任心。

第一节　爱护尊重幼儿

案例导读

　　子铭，小班幼儿，早上和妈妈再见时就哭哭啼啼。看到早餐时，情绪好了一些，但在吃过早餐自由活动时，不知什么原因又开始哭泣不止。李老师拿了一块糖走过去，拿着糖纸的一端在子铭眼前晃了晃，子铭停止了哭泣，伸手去够糖，李老师马上收回了糖，说："是你的吗，你就要？"子铭看到糖不见了，又开始哭。李老师又拎着糖在子铭眼前晃了晃，子铭再次伸手去够，李老师又把糖收回了，再次说："是你的吗，你就要？"子铭开始躺地上大哭。李老师把糖剥开，放到子铭嘴边让他舔了舔，正当子铭坐起来伸手准备拿糖时，李老师把糖扔进了垃圾桶，又一次说："是你的吗，你就要？"子铭看着垃圾桶，泪水喷涌而出。

　　李老师拿糖在子铭面前晃来晃去而不给子铭的方式是否恰当？李老师的做法有没有尊重爱护幼儿呢？

一、爱护尊重幼儿的意义

　　爱护尊重幼儿，是幼儿教师职业道德、教师素质的重要组成部分。《幼儿园教师专业标准》中，对幼儿教师在"对幼儿的态度与行为"方面，规定如下："关爱幼儿，重视幼儿身心健康，将保护幼儿生命安全放在首位；尊重幼儿人格，维护幼儿合法权益，平等对待每一个幼儿；不讽刺、挖苦、歧视幼儿，不体罚或变相体罚幼儿；信任幼儿，尊重个体差异，主动了解和满足有益于幼儿身心发展的不同需求；重视生活对幼儿健康成长的重要价值，积极创造条件，让幼儿拥有快乐的幼儿园生活。"

爱护尊重幼儿的意义，主要体现在以下几方面：

（一）爱护尊重幼儿是建立良好师幼关系的前提

爱护尊重幼儿是教育的前提，也是建立良好师幼关系的前提。幼儿教师自幼儿入园起，尊重、爱护他们，会使幼儿很快摆脱分离焦虑、适应幼儿园生活，也会很快与教师建立融洽和谐的师幼关系。有了良好的师幼关系，幼儿教师施加的教育影响才能让幼儿更好地接受。

在一名幼儿教师的 QQ 空间里，有一篇名为《我的幸福》的日志，日志里提到了两件事。

 案例呈现

幸福之一——美丽的人①

今天，晶晶又悄悄地走到我身边，然后撒娇地问："为什么你长得这么美啊？"

正在制作学具的我当时愣住了，有点不好意思，但却又难以掩饰心中的喜悦……嘿嘿……

我说："是吗？我真的很美吗？那为什么啊？"

晶晶说："因为他们都说你美啊。"

哈哈……已经装不了了，憋不住了，我开心地以孩子说话的方式笑着说："他们为什么说我美呢？"

晶晶非常认真地告诉我："你就是美，美得不得了。"

如果当时你看着她那认真、纯净的眼睛，你也会非常开心的，因为孩子不会说假话！

孩子就是这么可爱，我也因为晶晶的这一句话开心了一整天！

其实，我并不属于晶晶所说的那种"国色天香"，但我相信只要尊重孩子、真心爱他们，在他们心中你就是世界上最美的人！

幸福之二——生日礼物②

午睡后，陶陶神秘地走到我旁边，悄悄地告诉我，她还有 3 天就过生日了，她让爸爸给她买了两个珍珠发卡，一个给我，一个给她，我们一起戴。

喜欢一个人就要把自己最爱的东西和她一起分享。可爱的孩子，谢谢你，做你的朋友我好幸福！

---

① http：//user. qzone. qq. com/416148913？ptlang = 2052，2009 - 03 - 11。
② http：//user. qzone. qq. com/416148913？ptlang = 2052，2009 - 03 - 11。

案例分析

从上面日志可以看出教师与幼儿的关系非常和谐，师幼互动良好。被幼儿称赞"美"，不仅缘于教师外表的美，更缘于教师对幼儿的爱和尊重所产生的人格的魅力。正是这种关爱和尊重使幼儿由衷地产生了爱教师和尊重教师的情感，从而产生了赞美教师和送教师礼物的行为。这种互相关爱、互相尊重的师幼关系不仅带给幼儿安全、幸福的情感，而且使教师的幸福感油然而生。在这种充满幸福和安全的教育环境中，幼儿和教师的活动都是积极、主动的，教师的教育一定是有效的。

（二）爱护尊重幼儿有助于发展幼儿的社会性

不同年龄阶段的幼儿，具有不同的社会性发展的任务和内容。幼儿的社会性发展内容主要侧重于基本生活技能和基本生活规范两方面。如学会生活自理，学会与他人友好相处，学会分享，学会助人与合作，学会控制自己的冲动、愿望和行为等。如果幼儿的社会性得不到很好的发展，那么其心理发展则有缺陷，成年后的人际关系也会产生相应的问题。例如，有的幼儿见人害怕、胆怯，不愿或不会与人交往；有的幼儿与人交往时骄横霸道，不讲道理、不懂礼貌，什么事都要占上风；有的幼儿不守规则、随心所欲，等等。以上这些，都表明幼儿的社会性没有得到良好的发展。早期的社会化是人整个一生社会化的基础。如果人的社会化失败，就可能会导致反社会人格的出现。因此，幼儿的社会性发展不仅影响其身心正常发展、将来能否很好地适应现代社会对他们的要求与期望，而且还会直接影响整个中华民族的素质。

尊重是人们交往能够顺利进行的一个必要条件，也是培养幼儿亲社会行为的一个首要条件。幼儿的学习方式是以模仿为主，教师是幼儿入园后主要的模仿对象。如果教师爱护尊重幼儿，蹲下来和他们说话、耐心地倾听他们的心声、理解并支持他们合理的愿望和请求，幼儿也会学着教师的样子去尊重他人、倾听他人，学会移情。教师尊重幼儿，幼儿就愿意亲近教师、愿意模仿教师的言行。这样，教师既能给幼儿树立良好的社会交往的范例，使幼儿学会恰当、合适的交往态度与行为，也能够弥补幼儿家庭中父母给予孩子社会性发展带来的不足。案例导读中的小李老师对子铭的做法就是不尊重，她没有把子铭作为一个平等的人来对待，既不询问子铭哭闹的原因，也不了解子铭的内心需要，而是居高临下地采取诱骗且戏耍的方式对待子铭。这种做法不仅会严重地损伤害幼儿的自尊，影响良好师幼关系的建立，而且为幼儿树立了不尊重他人的榜样，对幼儿社会性的发展起到了消极的作用。

知识拓展

成人依恋理论①

英国心理学家约翰·鲍尔比主张："孩子同主要照料者间的最初关系构成了以后所

---

① 成人依恋理论［EB/OL］. ［2009 - 09 - 11］. http://www.psychspace.com/psych/viewnews - 237，有改动。

有关系的起点。"如果一个人无法和他人建立亲密关系，是他内心怕被人拒绝，因为其早期经历有一个对他人情绪并不敏感的母亲或者其他养育者，养育者经常忽视他的需要，或者习惯采取拒绝的养育方法，极少对他有情感方面的表现流露，不愿意对他表现出喜爱和亲昵等。这种经历使他形成了一种对他人的预期，即"别人经常会拒绝我"。

个体早期形成的"内部工作模式"，在建立亲密关系的行为中起主导作用。婴儿养护者对待婴儿的方式，如对婴儿的需求的敏感、忽视等，都会无形中在婴儿的心理产生某种影响。婴儿每天在与养护者的这种相互作用中形成了对成人的预期，并渐渐发展为一种"内部工作模式"，这种模型内化了对依恋对象和自己以及两者关系的内在表征，最后转变为一种无意识、自动化的运作。

（三）爱护尊重幼儿有利于幼儿自尊与潜能的激发

自尊，是个人基于自我评价产生和形成的一种自重、自爱和自我尊重，并要求受到他人、集体和社会尊重的情感体验。让幼儿感受到教师的尊重，有利于幼儿对自我价值的肯定。电影《我的妹妹小桃子》讲述了患有脑性麻痹的小桃子在疾病影响下，鼻子从早到晚插着氧气管、不能挺直脖子只能歪头行动、走路缓慢吃力。吃饭时，她用汤匙怎么也捞不起食物，哥哥替她夹起，她哭着要求"自己来"，哥哥说："你自己来太浪费时间。"而妈妈说："多花些时间没关系，让小桃子自己来。"在学校跑步时，老师看到小桃子的身体情况，要拉着小桃子一起跑，小桃子也哭着说："自己跑。"妈妈也请求教师"请让她自己跑"，尽管跑的速度可能不如走得快，而且跑到一半还跌倒大哭，但小桃子还是自己坚持跑到了终点。在妈妈的尊重下，小桃子活得很坚强、快乐，而且她的坚强、快乐影响着同样患脑性麻痹的小朋友在活着的每一天都高高兴兴，也影响着身心健康的哥哥在接力赛已经落后的情况下，奋起直追，最终夺得了第一名。

爱护尊重幼儿，能激发幼儿的潜能。弗洛姆曾说过："尊重意味着能按其本来的面目看待某人，能够意识到他独特的个性。尊重意味着真正关心另一个人，使之按照其本性发展和成长。"如果在尊重幼儿个人发展需求和个性特点的基础上，鼓励赏识幼儿并给予他发展与创造的空间，幼儿的潜力就会被大大激发出来，给成人带来意想不到的惊喜。

二、爱护尊重幼儿的表现

教师对幼儿的爱护和尊重主要表现在了解认识幼儿，包容、理解和保护幼儿，公平、公正对待幼儿和赏识、激励幼儿。

（一）了解认识幼儿

幼儿受身心发展水平的影响，在认知方面表现为好动、注意集中时间短，观察不全面，想象力较强、天马行空，知识经验少、思维表浅，言语表达能力较差；在情绪方面，表现为情绪不稳定、情绪的控制能力较弱；在意志方面表现为缺乏毅力，在学习枯燥或不能引起足够兴趣的内容时或做某件事情上不能坚持，不能积极地面对失败或阻碍等。整体而言，幼儿睡眠、休息时间要多于成人，活动时精力充沛，身体易疲劳、易恢复。

　　了解幼儿身心发展的特点，是爱护尊重幼儿的前提。因为幼儿情绪情感不稳定、自控能力较差，所以会出现某幼儿刚才还很高兴地在玩建构游戏，现在却站在积塑旁边张着嘴大哭，可能只是因为旁边幼儿拿走了他想拿还没来得及拿的那块颜色鲜艳的大积木而已；因为幼儿注意力不持久、缺乏毅力，所以在钢琴、舞蹈试听课后会积极踊跃要求报名学习，但上课不久就会哭闹着要放弃，而不会考虑家长交的那些报名费用能不能退；因为幼儿易疲乏劳累，所以教师原以为设计的教学活动会很吸引幼儿、家长原本计划的一日活动会让幼儿惊喜不断，但一段时间之后，会发现幼儿精神开始萎靡、情绪逐渐烦躁，甚至原来开心快乐的宝贝开始不明原因地哭闹起来……正因为幼儿有以上的特点，因此，作为教师要理解幼儿在这些情境中所表现出来的诸多行为，在理解的基础上与幼儿沟通对话，接纳和理解幼儿的表现或引导幼儿做出适当的行为。

　　了解认识幼儿的方法有两个：一是观察。这是了解幼儿的最基本的方法。在日常活动中，教师要通过各种感官去观察、了解幼儿对事情的感受，洞察他们的内心世界和需要。二是倾听。幼儿教师要以一种开放性的、让幼儿感受到温暖的方式倾听幼儿的倾诉。倾听可以使幼儿感觉到教师对他的爱与关怀，觉得教师是一个可以畅谈的人，由此消除其紧张不安、甚至恐惧的情绪。

案例呈现

拿什么来爱你，我的孩子们①

　　容容，那个乖巧、温柔的女孩，总觉得她长大了一定会不一样。

　　派伦，小眉头一皱皱，"陈老师，谁谁谁怎么怎么样了……"

　　丹丹，每次亲我都把我脸亲得生疼，孩子的爱表达得这么简单吗？我应该教她温柔一点。

　　战禹明，小声小气的男孩，每次犯错误都让我不忍心批评，小牙一漏，往我身上一依，我就没办法了……

　　马子玉，这个女孩太优秀了，太懂事了，无论生活还是学习，从不用我费心，或许就是这样，我才让她感到不安吧，让她有种被冷落的感觉。其实，真的不是，你真的太优秀了！

　　李璐名，每次叫他，他都会很清脆地回答"哎"，让我好笑。而午睡该起床时却怎么也叫不醒，睡得呼呼的，像个小猪，呵呵，那时最可爱了。

案例分析

　　案例中，对每个幼儿的描述，都让读者眼前形象地出现栩栩如生的画面，画面中的每个幼儿音容笑貌鲜活生动。而能写出这样文字的教师，一定是一个心思非常细密、观

---

① http://user.qzone.qq.com/443773132? ptlang=2052，2008-04-27。

察力特别强、善于记录的人，也是一个有毅力、能坚持的人，因为对幼儿这种程度的观察了解不是一天两天能做到的。当然，做这样观察记录的人，通常也是爱孩子、了解孩子的人，否则她不会花这么多时间去观察、记录，也不会描绘得如此细致和深刻。

（二）包容、理解和保护幼儿

教师热爱幼儿，被称之为师爱。包容、理解、保护幼儿是师爱的第一层次，相对师爱的其他层次，比较会容易做到。

包容、理解幼儿是使幼儿觉得教师和蔼可亲、有亲和力、容易亲近。如幼儿在初入园时，与养育者分离，面对陌生的环境、小朋友和教师时会感觉到恐惧、不安和焦虑，这时，教师轻轻地抱过幼儿、轻言细语地安抚；在幼儿大哭时，教师能温柔地劝解或以食物、玩具吸引幼儿；能根据幼儿细微表情判断出幼儿的如厕、饮水或睡眠等需求而提供条件来满足；……教师的微笑、和缓柔声的言语以及温暖的怀抱，这些都能安抚幼儿当时的情绪，使幼儿产生亲近教师的愿望或行为。

面对不利于幼儿学习、健康、安全的各种情况，教师要为保护幼儿做出相应的努力。幼儿在成长过程中，无论是正常发展的幼儿，还是身心发展有残缺或缓慢的幼儿，共同的教育目标都是促进其成长，养成其独立做事的习惯。因此，好的教师不仅是在幼儿健康方面或遇到危险情况时知道保护幼儿，而且更应该清楚为了幼儿的长远发展，要保护幼儿发展的空间和动手的机会。

 案例呈现

爱告状的佳欣

进入中班后，爱告状的幼儿数量明显减少了，但佳欣还是很爱找老师告状。区域活动时，大家都找好了自己的区域，开始专心致志地搭自己的轨道、炒菜做饭、玩橡皮泥模板，只有佳欣一会儿进入艺术区、一会儿进入娃娃家。当她进入建构区拿起晓枫的几段轨道时，晓枫伸手抢了回去，佳欣扭头找老师："玲玲老师，他不给我。"取厨具的郁杰经过佳欣旁边，郁杰看了眼佳欣，佳欣也扭头对老师说："玲玲老师，她撞我。"此类事件，不胜枚举。在区域活动结束后，玲玲老师组织全班幼儿坐下来，说："刚才我们在活动时，佳欣说晓枫抢走了她手里的轨道、说郁杰走路撞了她。先请晓枫和郁杰说说经过，然后小朋友们一起讨论下该怎么做。"晓枫说："我在搭轨道，佳欣来了就抽走了我正搭建的轨道，把我搭完的轨道都弄倒了。"郁杰说："佳欣挡在取厨具的路上，我从空的地方走过去，没有撞她。"其他幼儿也议论纷纷，"佳欣还上我们那去了，一会儿又走了""佳欣不应该抢人家的轨道""碰一下也没什么的""佳欣要玩可以和晓枫商量""他们可以互相道歉"……在幼儿讨论的基础上，玲玲老师肯定了好的做法，如可以协商解决、谁错了要向对方道歉、要守规则不能频繁换活动区等，而且还表扬了在区角活动中表现好的几个幼儿。

玲玲老师对佳欣爱告状行为的解决办法是否合适，为什么？

案例分析

教师的做法很好。一是她尊重了幼儿的自尊心。佳欣本身行为有错，教师没有上来就批评佳欣，而是给了佳欣更多的时间听取其他小朋友的意见。二是给幼儿创设了更多思考的机会。让每个幼儿都来动脑思考这个问题，既教育了佳欣，也教育了其他幼儿，应该怎么做，不应该怎么做，以后再有类似情况，都会避免或减少同样问题再出现。三是给教师创设了倾听幼儿心声的机会。通过幼儿的讨论，教师可以更多地了解幼儿的想法，更好地同理幼儿，做好学前教育工作。

（三）公正、公平对待幼儿

公正、公平地对待幼儿，是师爱的第二层次。教师要对幼儿有强烈的社会责任感，了解、关心每个幼儿的成长，不论种族、民族、性别或家庭出身，要对班内幼儿一视同仁，不偏爱、不歧视。教师做到对所有幼儿一视同仁并不容易，因为现实中每个幼儿特点不一，有干净漂亮的、乖巧可人的、活泼逗趣的，也有内向爱哭的、邋遢拖拉的、暴力攻击的，等等。教师面对班里二三十个性格迥异的幼儿，尤其是针对那些调皮捣蛋、稍不留神就"惹事"的幼儿，做到公平公正还需要付出很多努力。

教师要公平公正地对待幼儿的前提是充分尊重受教育者的个体差异，在理解幼儿个体需求的基础上，合理对幼儿施予关爱，要对困难幼儿、问题幼儿、特殊幼儿采取针对性的教育，以求得每个幼儿的发展。如针对运动不协调的幼儿，多提供他们练习的机会，为他们创造运动协调能力提高的条件；针对独立性差、自理能力弱的幼儿，取得家长的支持与配合，多给予他们尝试、动手的机会，在他们失败时给予理解、鼓励和支持。这样，需要个别关爱的幼儿因得到教师及时与充分的关心、爱护而增强学习的动力与信心，不需要太多关心的、独立能力较强的幼儿在教师恰当的关注下也能更多地体会到快乐与自由。

案例呈现

我终于可以当小鱼啦！[①]

户外活动时，我和王老师组织幼儿玩"小鱼小鱼哪里游"的游戏。被选中当小鱼的小朋友在由老师和孩子们围成的圆圈内开心地游来游去。和我拉手的丁丁小朋友游戏时一直扯我，还用渴望的眼神看着我，我松开他的手说："去吧！"没想到他竟然兴奋得跳了起来，大声喊道："我终于可以当小鱼啦！我终于可以做游戏啦！"然后高兴地游起来。游戏结束时，他跑到我面前说："谢谢刘老师！"

我一时愣住了，同时也很内疚。丁丁入园后一直表现得不好，不是打那个一下就是踢这个一脚，每天都有小朋友告他的状。为了安全，也为了班内的良好纪律，丁丁成了老师严管的对象，游戏时基本上都是"群众演员"，难怪他刚才那么激动！

---

① 张继兰. 我终于可以当小鱼了【J】. 早期教育（教师版），2005（2），有改动。

教师对丁丁的一贯做法合适么？为什么？

📘 案例分析

　　教师限制幼儿成为游戏主角的做法不合适，案例中的丁丁和其他幼儿相比，因为表现不好备受教师"关注"，被剥夺了游戏权利，这是不公平的。案例中的老师反思很及时，能够认识到：幼儿是有个体差异的，有人活泼好动，有人安静内向，有人说话招人喜欢，有人淘气让人头疼……这就是幼儿的特点。每个人成长中都会犯错误，不能因为幼儿一次错误而"看死"他，教师要用发展的、动态的观点去看待成长中的幼儿，要允许幼儿犯错误，给幼儿时间或采取各种恰当的做法帮助幼儿改正错误。

（四）赏识、激励幼儿

　　鼓励赏识幼儿，是师爱的最高层次。渴望认同及赏识，是每个人深层的精神需求。教师赏识幼儿、师幼关系和谐，既能激发幼儿参与各种活动的积极性，也会使幼儿逐渐成长为自信的、充满创造力的人。一个美国孩子小时候性格害羞、怯懦而且自卑，中学时一次英语教师布置给课文《杀死模仿鸟》小说最后一章续写一段作业，他不记得作文内容写的是什么，也不记得打了多少分，但他清楚地记得教师在作业本空白处写的 3 个字"写得好"。他无比激动，终于坚持做了自己早就渴望去做，但却一直不敢相信自己有能力做的事——写作，后来他在 24 岁时成了一名作家，他就是美国著名作家马尔科姆·多尔考夫。正是因为老师对他的鼓励，成就他实现了梦想。《为人师表》是根据真人真事改编的电影，主人公伊斯克兰特，到以南美移民子女为主的加州东洛杉矶加菲莆高中任教，他没有把课堂教学目标限定为达到最低的平均水平，而是一鸣惊人地使学生通过了微积分高级课程的考试，但却被怀疑集体作弊，学生为了澄清误会决定重考，最后创下合格人数最高的纪录。影片中的学生是生活在社会底层家庭的子女，被社会歧视、自我评价不高、对未来发展也不抱很高的期望，但在教师鼓舞下，不再自暴自弃、怨天尤人，通过自己的努力推开了通往辉煌未来的大门。因此，赏识、激励可以激发人的潜质、提高自信，甚至可以改变人生。

📘 案例呈现

吃饭慢的巧巧

　　巧巧是个性子慢的幼儿，无论是吃饭、区域活动、午睡，还是户外游戏，都要比其他幼儿慢上半拍、甚至是一拍。每周一上午 9 点，幼儿园都会举行升旗仪式。一次，8：30 才到的巧巧，还在不急不忙地放她的小书包，乔老师喊："巧巧，快来吃饭，吃完饭出去站队升旗了。"巧巧听到了老师对她说的话，放完鞋子后，走到桌子边，看了看教师给盛好的饭菜和汤，慢慢坐下来，拿起汤匙在饭菜里搅拌……看到巧巧不急不慌的样子，乔老师一边伸手拿过巧巧手里的汤匙快速地搅拌饭菜，一边说："巧巧快点吧，一会出去排队就晚了。"放下汤匙后，乔老师对正在检查其他准备出去站队的幼儿着装的副班老师说："哎，你说巧巧名字听着像特别灵巧的一个孩子，但干什么都是最慢的一个，怎么回事呢？是随父母性格么，感觉她父母都挺干脆利落的啊，不像。哎，会不会是孩子有什么问题啊?"

案例中的教师做法是否正确，为什么？

案例分析

教师的做法不恰当。一是教师这种消极的议论并不能真正解决问题，反而会给幼儿造成消极的暗示"我什么都慢，我就是个慢孩子，快不了"，不利于幼儿长远发展。二是这种做法体现了教师对幼儿的不尊重。在没有使用科学、专业的评测工具进行测量的情况下，教师就给幼儿贴上"有问题"的标签。即使是幼儿真的有什么智力或生理发育迟缓等问题，教师也不应该当着幼儿本人或者其他幼儿面指责他们。三是教师不了解幼儿的个体差异。幼儿身心发展水平的差异性决定了教师在教育活动中应该因材施教，表现为教师要对慢性子的幼儿有更多的耐心，在了解幼儿家庭教育和生活情况的前提下，用幼儿感兴趣的事情鼓励他加快做事的速度，一旦幼儿有进步，就及时鼓励，给予其成功的自信。

每个教师若能做到了解、认识幼儿，包容、理解幼儿，公正、公平对待幼儿，赏识、激励幼儿，幼儿就会感受到关爱与尊重，这种爱与尊重是幼儿健康成长的催化剂。

第二节　热爱幼教工作

案例导读

一位大学老师的小孩刚送幼儿园一个月，一天，孩子生病没送幼儿园，作为刚送孩子入园的母亲，她认为孩子在家的作息应该和幼儿园保持一致，这样才能使孩子更好地适应幼儿园，保持教育的一致性，避免下次入园时再出现入园焦虑的问题。所以，妈妈和孩子一起按着幼儿园的作息时间和生活常规进行活动。为了让孩子更快地入睡，这位妈妈也躺在孩子身边。听到孩子摆弄着手指头，嘴里念念有词："小胖子睡了，大高个睡了，小不点睡了……你呢?"这位妈妈心里十分感慨：才入园一个月，真是不白去，睡个午觉都能学到这么多东西。正在她感慨的时候，孩子突然转身，看到妈妈睁着眼睛，大喊一声："闭上眼睛!"这位妈妈着实吓了一跳，手抚着胸口平静了好长时间。

案例中，孩子的一声大喊"闭上眼睛"是怎么来的？如果是模仿，幼儿会模仿谁？

学前教育是国民教育体系的重要组成部分，是社会公益事业。办好学前教育，关系亿万儿童的健康成长，关系千家万户的切身利益，关系国家和民族的未来。为了更好地发展学前教育，我国在幼儿入园、教师培训、园所管理、保教方法等方面都进行了具体规定，目的是使学前儿童的保育和教育工作在更科学和更健康的轨道上顺利开展。

一、认识幼教工作

认识幼教工作主要认识幼儿教师和幼教工作的特点。

（一）认识教师与幼儿教师

《教师法》第三条规定：教师是履行教育教学职责的专业人员，承担着教书育人，培养社会主义事业建设者和接班人、提高民族素质的使命。符合履行教育教学职责的人员，根据教育对象划分，有高校教师、中小学教师、幼儿教师等。1986年，国家统计局、标准局发布了《中华人民共和国国家标准职业分类与代码》，把职业分为8大类303小类，教师位于第二大类"专业技术人员"，即要经过教师专业的相关知识与技能培训才能上岗、从事此职业，"专业人员"强调的是教师专业性不能替代。教师承担的使命，从教师自身行为表现看是教书育人，但它的意义和影响却非常深远，影响到社会的发展、国民素质的提高。从"教师"的概念中可以看出教师职业的专业性和重要性。幼儿教师是指在幼儿教育机构中对0~6岁幼儿施加教育影响的专职工作人员。幼儿教育机构主要是幼儿园，还有亲子园、儿童会馆、少年宫等早教机构，共同点都是教育对象是6岁前的幼儿。教育影响可以划分为积极影响和消极影响。教师对幼儿施加的影响是积极的教育影响。专业人员是指教师的专业性，要有从事教师职业所具备的专业知识和技能，而专职工作人员是从岗位职责角度而言的，《幼儿园工作规程》34条规定幼儿园设园长、副园长、教师、保育员、医务人员等岗位。

（二）认识幼教工作的特点

幼教工作是幼儿教师从事的幼儿保育和教育工作，这种工作与其他各级各类学校教师的工作有共同点，也有自身的特殊性。幼教工作的特点主要表现在以下几方面：

1. 工作对象的幼稚性和主动性

幼教工作的对象是幼儿，幼儿有什么特点呢？

幼儿心理的不成熟和幼稚性决定了他们的可塑性较强，这也为幼教工作者提供了更大的教育空间，使教师能够根据儿童身心发展的水平和特点，结合我国学前教育的目标，选择适宜的内容和恰当的方法实施针对性的教育，促进幼儿健康、全面的发展。

📘 案例呈现

一次中班幼儿安全教育的活动中，带班教师事先对本班幼儿千叮咛万嘱咐："我们能不能跟陌生人走啊？有陌生叔叔或阿姨给我们好吃的，让我们跟着去，能不能去啊？"每次孩子都齐刷刷地回答："不能。"带班老师觉得孩子平时都很乖应该不会被骗走。当家长扮演的陌生阿姨出现时，手里拿着玩具问幼儿："你们想不想玩啊？"孩子们开始回答，"想""我要玩"，而陌生阿姨说："今天我只带了一个，不够分，不过我可以带你们先去吃肯德基，然后我们再去买玩具，想去的小朋友手牵手，一起跟我走。"这时候，大部分孩子竟然手牵手跟着走了，只剩下三四个幼儿没跟着走。

📘 案例分析

从这节活动中幼儿的表现，可以看到幼儿思维简单、不完善、不成熟、幼稚。他们的思维受自己的兴趣、需要和情绪的影响较大。幼儿在与外界事物相互作用或者在接受教育影响时，不是消极的、被动的，而是根据兴趣和需要主动地、有选择地接受外来的教育和影响。

2. 工作任务的细致性和全面性（见表 1 – 1）

表 1 – 1　某幼儿园中班一日活动安排

7:30—8:30	入园(晨检、游戏)	11:10—11:30	看动画片、如厕
8:30—8:50	早餐	11:30—14:30	午睡、如厕
8:50—9:00	漱口、如厕	14:30—14:50	吃水果
9:00—9:30	英语课	15:00—15:30	上课
9:30—9:40	如厕	15:30—16:00	晚餐
9:40—10:20	快乐阅读	16:00—16:30	看图书、整理服装
10:20—10:30	如厕	16:30—17:30	离园
10:30—11:10	午餐		

从上表看出，教师工作的内容包括幼儿在园的各种活动，这是教师工作任务全面性的体现。在幼儿活动的每一个环节，教师的任务不仅是提醒幼儿做什么，而是引导幼儿学习这一环节活动的注意事项，养成良好的生活卫生习惯和学习习惯。如进餐时，教师要提醒幼儿细嚼慢咽，不挑食、不偏食、不浪费粮食，学习正确用勺和筷子进餐的方法；如厕时，教师要帮助那些能力较差的幼儿穿脱裤子，教给他们蹲或站的姿势、卫生纸使用的方法等。这些都需要教师具有极大的细心和耐心，既要细心地照顾幼儿的生活，又要耐心地指导幼儿学会生活。

3. 工作过程的创造性和灵活性

人一生中要经历两个快速发展期：一个是幼儿期，一个是青春期。幼儿身心发展的迅速性和个别差异性决定了幼儿教育过程必然是一个充满创造性的过程。同时，幼儿的好奇心强，教育活动中的任何一个意外都会吸引他们的注意力，这就需要教师机智、灵活地处理教育活动中的各种突发事件。

 案例呈现

把声音藏起来①

每天做完早操回活动室都要经过长长的走廊和楼梯，日子久了，孩子们耐不住了，有的敲打楼梯栏杆，有的发出重重的脚步声，还有些吵吵闹闹地回到活动室。虽然老师的制止可以让孩子们暂时安静，可他们的好动总像压不住的"火焰"随时会燃烧。

于是我改变策略。第一次我用神秘的口气告诉大家："小朋友的两只脚像两只小猫，看看哪些小猫走路会轻轻地？"顿时神秘的语气吸引了孩子，每个人都放轻脚步努力扮演着"小猫"。几次下来，孩子们的兴趣不高了。我又用夸张的口气说："老师要看看哪

① 卢桂英. 管窥幼儿教师的语言艺术［EB/OL］. ［2014 – 12 – 24］. http：//www. xiangdang. net/fanwen. aspx? id = 208785. 有改动。

个小朋友的本领大，会把声音藏起来。"这样的语言又陪伴了孩子一段时间。第三次我装作痛苦的样子："哎呀，我的身体好疼呀，这么多小朋友重重地踩在我的身上，你们能轻点吗？"痛苦的表情和通俗易懂的语言再次使孩子放轻了脚步。

📖 案例分析

如何让幼儿安静地通过长长的楼梯和走廊回到活动室，案例中的幼儿教师做得很好。她没有因循旧例，只是采用简单的制止，而是针对幼儿好奇、爱游戏的特点，想出了不同的办法。案例中教师的做法也说明幼儿教师的工作要动脑，要根据幼儿心理发展的特点创造性和灵活地采用适宜于本班儿童的方法，这样才能达到教育的目标。

4. 工作手段的示范性和感染性

奥地利生态学家劳伦茨通过实验，提出了"印刻期"的理论，指获得生命不久的小动物追逐它们最初看到的能活动的生物，并对其产生依恋之情。后来，心理学家将这类研究借用到儿童早期发展的研究中，提出了儿童心理发展的关键期问题。研究发现2岁半至3岁是孩子守纪律、独立性形成的关键期。2至3岁是幼儿口头语言发展的关键期，4至5岁是幼儿学习书面言语、书写技能形成的关键期。3至5岁是音乐能力发展的关键期；5至6岁是数概念发展的关键期；……众多的关键期都在学前阶段，因此，教育教学中教师要以良好的言行给幼儿示范，指引幼儿，使幼儿全面、健康、迅速地发展；日常生活中、同事交往中也要从严要求自己，把好的品质和行为展示给幼儿，去感染他们，使之在学习、潜移默化中养成良好的行为习惯，奠定人生发展的良好基础。"案例导读"中幼儿的一声大喊"闭上眼睛"，就是模仿午睡时教师的言行。日常生活中教师的言行对幼儿的发展起着"随风潜入夜，润物细无声"的作用。受知识经验的限制，幼儿的辨别能力较差，教师正确的言行，可以引领幼儿学习和掌握正确认知的方法和技巧，形成同情、友善和乐观的情感，发展合作、谦让和分享等亲社会行为；而错误的言行也会为幼儿树立模仿的榜样，从而使幼儿出现错误的言行。

二、热爱幼教工作的表现

热爱幼儿教育工作的教师，为给幼儿做出言行的表率、更好地促进幼儿身心的健康发展，会严格要求自己，会在遵纪守法、有热情和高度责任感、积极学习文化科学知识与提升能力等方面不懈地努力。

(一) 遵守教育法律法规、为人师表

孔子曰："其身正，不令而行；其身不正，虽令不从。"陶行知认为："学高为师，身正为范。"这些都说明教师要为人师表、为学生做出良好言行的榜样。除此之外，作为引领幼儿的教师，还要做到遵守教育法律法规，有良好的职业道德和修养，严于律己、以身作则。无论是在学识、言语和举止行为方面，还是在文化修养和思想境界方面，作为幼儿启蒙阶段的领路人，幼儿教师都要不断丰富自己、严格要求自己，为幼儿做出表率。但是，现实中，却存在着一些幼儿教师违法的事件。

▢ 案例呈现

2012 年，浙江温岭市某幼儿园女教师颜某用两手揪着一个幼儿的两只耳朵，使其身体悬空，让同事拍下了照片，并传到个人网络空间。被网友微博转发后，随后在她的网络空间又看到许多涉嫌虐童照片，有的幼儿被胶带封嘴、有的幼儿被头朝下扔进垃圾桶。2014 年，陕西宋庆龄基金会枫韵幼儿园为提高幼儿的出勤率、增加收入，让教师长期给幼儿喂服盐酸吗啉胍，该药是成人抗病毒处方药。结果造成幼儿腹痛、皮肤瘙痒、盗汗，甚至个别幼儿出现肾积水、尿路感染等症状。2015 年，广东省汕尾市海丰县附城镇中河某幼儿园一教师用脚夹击男童下体，在整个过程中，幼儿不断哭叫，在场老师没有一个人制止，都在袖手旁观⋯⋯

▢ 案例分析

以上案例中，涉事教师的违法行为缘于他们对法律的无知和缺少对幼儿爱的情感。这些教师违法行为的现状已经令人生恨，但是，更可悲、令人心寒的是在这些涉事教师违法的同时，很多在场教师无人制止、阻拦伤害幼儿事件的发生。这说明，很多幼儿教师尽管从事幼儿教育工作，但是，她们既不热爱幼儿，也不热爱幼教工作，仅仅是把教师这个职业当作是暂且谋生的一种手段。由于缺乏相应的学前教育学、学前心理学和教育法律法规知识，她们的一切行为都缘于自己的兴趣和情绪，这就很难避免发生伤童和虐童事件。在现实生活中，还有一些教师尽管知道不能体罚或变相体罚幼儿，但做出的行为也有失教师职业道德、有损教师为人师表的形象。如在家长微信群里发微商广告、节假日暗示家长送红包、给家长发结婚请帖等不合乎教师身份的行为，使社会公众对教师这个职业的认可度降低。

爱是付出的前提，只有热爱幼儿、幼教工作，教师才能努力克服职业倦怠，认真、细致地做好教育工作，公平、公正地对待幼儿，做幼儿的支持者、合作者和引导者。

（二）有热情和高度的责任感

幼教工作需要教师的热情，需要教师积极主动地为幼儿创设各种教育环境、准备活动材料、制定计划和实施活动，以促进幼儿全面地发展。幼儿身心发展的不成熟性使其在活动中可能出现各种意想不到的问题，这就需要教师始终保持高度的责任感。教师的责任感一方面体现在教育活动中，把幼儿的健康和安全放在第一位，关注幼儿的言行举止，既要注意发展幼儿的认知、情感和社会性，也要注意培养幼儿良好的卫生习惯和生活自理能力。另一方面体现在帮助家长解除后顾之忧。面对幼儿或家长的特殊需要，教师应尽可能地克服自己的困难，满足他们的需要。如有些教师因为家长临时有事接孩子时间拖后，能坚持等到家长来，把幼儿直接交到家长手里；有些教师为了缓解本班幼儿的入园焦虑现象，在周末担任亲子班的教学任务，没有双休日；有的教师为了及早熟悉新入园的幼儿，利用休息时间家访⋯⋯责任感缘于发自肺腑的爱。教师只有无私地爱幼儿、喜欢幼教工作，才能对工作认真负责、勤奋努力。

 **案例呈现**

"爱"幼儿的肖老师

　　肖老师是幼儿园的一名老教师，她特别"爱"孩子，幼儿犯错误，她从来不批评，其他教师想要批评，也会遭到她的阻拦。一次班里的一个男孩用玩具把一个女孩打哭了，肖老师也只是分开了两幼儿，安慰了那个女孩，并没有批评男孩或给予男孩什么惩罚。见习学生私下问肖老师："为什么不批评男孩或惩戒他？"肖老师说："孩子也是要面子的，要尊重他们的人格尊严，不能批评，更不能惩罚他们。"

　　案例中肖老师的做法恰当吗？为什么？"尊重幼儿的人格尊严就是不能批评、更不能惩罚他们。"这种观点，正确吗？

案例分析

　　该题主要考查考生评价教师的教育行为的能力。考生可以从以下几方面作答：肖老师的观点与行为均不恰当。一是因为在《幼儿园教师专业标准（试行)》中"对幼儿的态度与行为"规定："尊重幼儿人格，维护幼儿合法权益，平等对待每一个幼儿，不讽刺、挖苦、歧视幼儿，不体罚或变相体罚幼儿。"尊重幼儿人格尊严，是理智施爱，既包含对幼儿的尊重，也包含对幼儿的严格要求。教师要出于为幼儿长远发展考虑，对于幼儿的错误要采用恰当的方式批评或惩罚，而不能损伤他们的自尊心、打击他们的自信心。如某教师常常当着全班幼儿的面对其他幼儿或教师说一个流鼻涕的男孩："这是我们班最脏的孩子。"这是不尊重，会损伤幼儿的自尊心。而与犯错误的幼儿谈话、批评教育，或者罚幼儿一段时间不能玩自己喜欢的玩具，并没有不尊重幼儿的人格尊严。二是因为肖老师对孩子的"爱"是没有原则、缺乏理智的爱，是溺爱，是对幼儿长远发展的不负责任，而不是尊重。肖老师的做法只能使幼儿更加不懂得遵守规则，不能尊重同伴，从而出现反社会的行为。三是因为幼儿教师的工作对象是幼小的儿童，他们特别需要成人的关爱和帮助。因此，幼儿教师应热爱幼儿。然而，正是由于幼儿年龄小、自律性较差，很难使他们主动、自觉地养成良好的行为习惯，这就需要教师的严格要求，随时督促，而一味地放纵和溺爱是对孩子的不负责任。

　　（三）认同幼教工作的专业性和独特性

　　教师的职责是教书育人，教科学知识、育全面发展的人。但同是教师，幼儿教师和中小学、高校等其他学制层次的教师在受教育对象、教育内容与方法等方面却有着显著的差异，而且在幼儿教师自身受教育过程中，所学课程的综合性、专业性和其他学制层次的教师相比，差距悬殊。幼儿教师要了解、认识幼教工作的独特性，注重自身的专业发展，才能更好地为幼儿身心健康成长起到积极的促进作用。

案例呈现

举办一场高水平的演出

　　"六一"快到了，某艺术幼儿园提前一个多月就开始准备"六一"儿童节的演出节目。与以往儿童节不同的是，节日当天不仅有家长参加，还有区教育局幼教部主任及教研员也要来观摩。园长早早地就通知每个班的主班老师，一定把班级中那些跳舞、唱歌好的幼儿精中选精，然后精心编排、勤奋练习，办一场前所未有、高水平的演出，既能为以后招生做好宣传，又能给前来参加观看的家长和领导一个深刻的印象。园长安排完之后，各主班教师按照领会的意图，领着那些具有一定艺术天赋的幼儿每天进行排练，其他幼儿则在配班老师的带领下从事正常的活动。

案例中园长和教师的做法对吗，为什么？

📋 案例分析

该题主要考查考生利用所学知识评价教师的职业道德的能力。考生可以从以下几方面作答：园长和教师的做法不对。原因一，学前教育是基础教育，不是选拔性教育，儿童节是儿童自己的节日，每个儿童都有参与的权利。教师不能以艺术性水平高低或能力强弱来决定参演人员。原因二，《幼儿园教师专业标准(试行)》在专业能力中的"激励与评价"中规定："注重激发和保护幼儿的积极性、自信心。"教师只让一部分幼儿演出，不仅对舞台下观看的幼儿的自信心和积极性是一种打击，而且也可能会招致这些没有参演节目幼儿家长的质疑，给家园合作工作带来阻力。原因三，幼儿都是愿意参与活动的，举办一场高水平的演出，可以挑选唱歌、跳舞等艺术表演能力强的幼儿担任主要角色，其余幼儿有语言天赋的可以表演相声、三句半，学过武术、跆拳道，甚至轮滑等技能的幼儿，可以组合表演节目，或者给主要角色做配角，这样既满足和激发了幼儿参与活动的积极性、自信心，也能在活动中更好地了解幼儿、开发幼儿相应的潜能。

(四) 有顾全大局、团结合作的精神

幼儿的成长需要家庭、社会和幼儿园等多种因素的协同作用，也是教师、保育员、保健医等个人与集体相结合劳动的结果。因此，幼儿教师要具有顾全大局、团队合作的精神，积极开展相互间的协作与交流，从而为培养出身心和谐、健康发展的社会主义接班人和建设者奠定基础。

现今时代，竞争多、压力大，如设计教学、布置环创、编排演出，只靠一个人或很少几个人的力量难以达到预期目标。时代的发展也要求教师要在竞争中学会团结合作。教师顾全大局、团结协作的精神，更多体现为要能够协调与同事、家长、领导之间的关系。如有的教师提出了一个好创意，领导考虑到另一个教师实施起来效果更好，于是安排另外的教师来实施这个创意，那么提出创意的教师就要抛开个人利益，配合实施创意的教师共同完成任务；还有幼儿之间经常出现磕碰现象，为避免双方家长的矛盾激化，教师要不顾个人得失承担责任。

📋 案例呈现

"不负责任" 的教师

某幼儿园小班教室里，到园早的幼儿，在活动区域里看书的看书、摆积木的摆积

木。到吃早餐时间的时候，教师端来了早餐——一盆包子。孩子们快速把自己手里的材料归位，然后洗手、端着自己的碗，用食品夹子夹取包子，接着端着碗坐到桌子边自己的座位上。有的幼儿吃完一个，又去夹了一个；有的吃完一个后，端着碗去盥洗室刷碗；有的吃得很慢。有一个幼儿吃包子的时候，馅掉落到地上，在她吃完后，去盥洗室找来抹布趴在地板上擦拭着，努力想把包子馅擦干净。老师利用幼儿吃饭的时间整理"书房"里的书、捡拾没有完全放到筐里的积木块、擦拭吃完饭的饭桌，在看到地板上还有散落的包子馅后，蹲下身细细地擦拭地板、扫走一些碎屑……

案例中的小班教师很自然地让幼儿自己做自己的事。有些家长认为，这样的教师不负责任，她们将自己分内的工作都推给了那么弱小的孩子，而本该长身体、学习各种知识的幼儿却替教师做了那么多事。你觉得家长的观点对吗，为什么？

■ 案例分析

该题主要考查考生评价教师教育行为的能力。考生可以从以下几方面作答：家长的观点不正确。因为《幼儿园教师专业标准（试行)》在专业理念与师德中"幼儿保育和教育的态度与行为"第 10 条规定："注重保教结合，培育幼儿良好的意志品质，帮助幼儿形成良好的行为习惯。"而在专业能力"一日生活的组织与保育"第 40、41 条中规定："科学照料幼儿日常生活，将教育灵活地渗透到一日生活中。"教师的做法就是在从小培养幼儿的自理自立能力，这种自理自立能力的培养需要幼儿亲身实践、逐渐提高。教师代替幼儿做得越多，幼儿依赖性越强，自理自立能力就越差。家长不理解，说明幼儿教师需要和家长沟通，让家长理解科学、合理的保育教育方式，这样才能一起配合幼儿园共同培养幼儿的自理自立能力，使幼儿更早地具备这种能力。

（五）学习科学文化知识、培养职业技能

面对好奇好问、求知欲强烈的幼儿，教师应该根据儿童的兴趣和需要尽可能多地汲取和涉猎各种知识，使自己具有的知识不仅专业，还要博杂。一个涉猎广泛的教师，能够解答幼儿各种各样的问题，会给幼儿一种"无所不知"的感觉，这也是树立威信、体现教师人格魅力的基础。一个掌握丰富教育科学知识的教师，会在遇到棘手问题或特殊幼儿时，选择恰当的教育方式和方法，巧妙而恰当地处理问题。

身为教师，除了要具有弹、唱、画、跳、讲故事、手工制作等基本技能以外，还要具有活动设计、环境创设、评价反思、组织指导及应变与交往等能力。

■ 案例呈现

吓唬幼儿的教师

每年的 9 月，是新生入园的时间。某幼儿园里，每天早上都能听到从一楼小班教室里传来的此起彼伏的幼儿的哭声，有时也能看到从幼儿园红着眼圈出来的家长。这种情况，短则一周，长则一个月。小 2 班刚入园的孩子哭了一周了，王老师每天都在孩子的哭声中度过，心烦意乱。这一天，她实在忍不住了，冲着哭声最大的旭东说："不要再

哭了，再哭就会有大灰狼来的。大灰狼专吃哭闹的孩子，谁再哭闹，就会被大灰狼叼走。"小2班的幼儿，被老师吓得憋住气，不敢吱声了。回到家的幼儿，有半夜惊醒哭闹不止，也有第二天早晨大哭、死活不肯去幼儿园的。

你觉得王老师的做法恰当吗，为什么？

案例分析

该题主要考查考生利用所学知识评价教师的职业道德的能力。考生可以从以下几方面作答：王老师做法不恰当，一是因为她不了解刚入园的幼儿都会出现分离焦虑，即到一个陌生环境，没有养育看护者的陪伴会感觉害怕、焦虑，导致哭闹，但只要教师多陪伴、给予幼儿更多关爱，幼儿就会慢慢适应，哭闹现象也会逐渐减少或消失。教师的这种吓唬并不能根本解决幼儿的入园焦虑，还会造成幼儿因惊吓更不喜欢上幼儿园的现象。二是王老师对幼儿入园焦虑问题的解决方法知之甚少。她可以带领幼儿到户外散步，看户外的蓝天、绿草、养的小动物，或者玩沙水区的游乐设施，幼儿的焦虑会减轻，或者想家的注意力会减弱。教师也可以给幼儿讲故事、放动画片、拿幼儿喜欢的食物或玩具来缓解幼儿的入园焦虑。

章末小结

通过本章的学习，我们主要了解了以下知识点：

（1）爱护尊重幼儿的意义。爱护尊重幼儿是建立良好师幼关系的前提，爱护尊重幼儿有助于发展幼儿的社会性，爱护尊重幼儿有利于幼儿自尊与潜能的激发。

（2）爱护尊重幼儿的表现。了解认识幼儿，理解和保护幼儿，公正、公平对待幼儿，赏识、激励幼儿。

（3）认识幼教工作。教师应从认识教师与幼儿教师、认识幼教工作的特点入手来认识幼教工作。

（4）幼教工作的特点。工作对象的幼稚性和主动性，工作任务的细致性和全面性，工作过程的创造性和灵活性，工作手段的示范性和感染性。

（5）热爱幼教工作的表现。遵守教育法律法规、为人师表，有热情和高度的责任感，认同幼教工作的专业性和独特性，有顾全大局、团结合作的精神，学习科学文化知识、培养职业技能。

议一议

问题1. 花花下午自由活动时突然不见了，在确定她没有走出幼儿园大门后，老师们分头寻找，终于在美术活动室找到了她。只见她脸上、指甲上都涂上了红墨水，还高兴地问："老师，我漂亮吗？"作为老师，你应该怎么办？

答案提示

花花往脸上和指甲上涂抹红墨水，可能有以下原因：一是活动不能满足其兴趣需要。二是花花周围的成人如家长、老师化妆并涂染指甲，对她产生了潜移默化的影响。作为一个身心发育未成熟的幼儿，花花没有行为后果预测能力、危险意识，如果养成独自离开集体、自由活动的行为习惯，很容易出危险。为避免花花再次出现类似的行为，首先教师在组织集体或小组活动时，要考虑幼儿的兴趣、需要和发展水平，鼓励幼儿积极主动地参与教育活动；其次教师要密切关注幼儿在活动中表现，一旦发现幼儿的积极性或注意力降低，教师要及时终止活动，开展幼儿感兴趣的活动；再次教师可以利用故事教学的形式告诉幼儿独自离开集体和老师的危险，让幼儿养成不能随便离开教室，如有需要必须要告诉老师的习惯；最后教师要做幼儿的表率，不在教室化妆、涂染指甲，并和家长沟通，建议家长做幼儿的榜样。

问题 2. 小班的艳艳午睡时又尿床了，老师生硬地扯开被子，一下子把她的身体和褥子全暴露在所有小朋友面前，并训斥孩子："又尿床了，你快成尿壶了。"你怎么看？

📘 答案提示

回答此类问题，考生首先要直接明确地评价教师的行为是否正确。其次，考生应从 3 个方面评价教师的教育行为：一是分析小班儿童尿床现象的原因；二是依据《幼儿园教师专业标准（试行）》或《幼儿园教育指导纲要（试行）》评价教师的行为对儿童的影响；三是设想我是教师，应采取的措施。

📘 练一练

1. 幼儿都喜爱老师奖励的小粘贴。为了满足幼儿的需要，张老师买了很多小粘贴，每星期给每个幼儿发一枚。你怎么看待张老师的做法？

2. 为了满足幼儿自由绘画的需要，有的幼儿园将教室墙面一米以上的地方贴上瓷砖，允许幼儿在上边自由写画。你怎么看待这种做法？

3. 有人说："面向全体，重视个别差异，就是说教师要在集体活动中注重全体儿童的发展，在小组活动中注重个别儿童的发展。"你怎么看待这种观点？

4. 有人认为所谓幼小衔接就是幼儿园要做好与小学的衔接工作，即在大班时期按照小学的生活和学习方式培养幼儿，像小学生一样上课，每天学习小学的教学内容。你怎么看待这种观点？

5. 有人认为：幼儿园招收的是 3~6 岁的儿童。大学本科毕业应聘幼儿教师这个岗位是大材小用，是浪费人才。你怎么看待这个观点？

第二章 心理素质

内容结构图

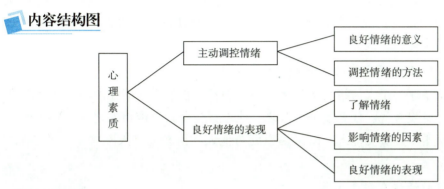

学习目标

1. 具有一定的情绪调控能力。
2. 具有乐观开朗、自信的性格。

第一节 主动调控情绪

案例导读

10月，齐老师带的小小班（2~3岁）幼儿大部分适应了新环境，但还有个别幼儿在家长送入园的时候，咧嘴哭几声，没有眼泪的那种哭，在家长转身离开后，幼儿就一切正常了。在幼儿吃过早餐后，齐老师放起了音乐，幼儿跟着音乐说着唱着、比画着手指，慢慢集中到了教学区。在带领幼儿认识了今天是几月几日、星期几、天气情况后，齐老师拿着一个纸贴的人脸画，人脸上的嘴是半圆形、活动的，问："今天小朋友的心情怎么样？珍妮，你早上来园时怎么了？"然后，老师把纸贴画上的嘴，即半圆形的直线转到下面，问："这是高兴还是不高兴？"幼儿回答："不高兴。"老师说："嗯，珍妮来园时候心情不高兴，现在呢？小朋友，你们觉得是不高兴好，还是笑眯眯好呢？"她边说边把嘴的半圆形直线转到上面，幼儿回答："笑眯眯好。"老师说："哎，小朋友来园要笑眯眯，在幼儿园也要笑眯眯、高高兴兴的。"

齐老师教幼儿认识情绪的方式恰当吗，为什么？

《幼儿园教师专业标准（试行）》专业理念与师德"个人修养与行为"中18条规定："善于自我调节情绪，保持平和心态。作为幼儿教师，要了解良好情绪的意义、掌握调控情绪的方法，做情绪的主人。"

一、良好情绪的意义

（一）良好的情绪有利于身体健康

良好情绪可以使人的免疫能力增强，促进人肌体新陈代谢。不良情绪如焦虑、抑郁、愤怒、挫败等，它不仅使人难受，而且使人无精打采、萎靡不振。长期处于这种不良情绪状态中，不仅会危及人的心理平衡，更遗祸于身体。英国一位医生对 250 例癌症病人进行了全面调查后发现，在癌症发病之前，受过精神打击的竟达 2/3。由此可见，不良情绪对人的身体损害极大。

（二）良好的情绪有利于建立良好的人际关系

人际关系取决于一个人情绪表达是否恰当，倘若常在他人面前任由不良情绪决堤，丝毫不加控制，乱发脾气、任意妄为，久之，他人就会视其为难相处之人、避而远之。反之，常面带微笑、多赞美他人，以亲切态度与他人和谐相处，人际关系自然会加以改善。

（三）良好的情绪有利于工作、学习

良好的情绪可以充实人的体力和精力，提高个体的活动效率和能力，使人思维敏捷、体力充沛、精神焕发、干劲倍增，有利于个体正确地认识、分析和解决问题，从而正常发挥自己水平，甚至可能超常发挥。有一个实验，实验主试对 9 个参加实验的被试说："走过这个弯曲的小桥，千万别掉下去，不过掉下去也没关系，底下水很少。"9 个被试听完后，都顺利通过了小桥。通过桥后，教授打开一个黄灯，透过黄灯，9 个被试看到桥下不仅仅是一点水，还有几条活动的鳄鱼。9 个被试被吓了一跳，庆幸没有掉下去。教授问："谁敢走回去？"没有人敢走。教授说："你们要用心理暗示，想象自己走在坚固的铁桥上。"诱导了很久，有 3 个人站起来愿意尝试，第 1 个人用的时间多花了 1 倍；第 2 个人走了一半就不敢走了；第 3 个人走了几步就趴下了。这时，教授打开所有的灯，大家才发现，桥和鳄鱼之间还有一层网，因为网是黄色的，所以黄灯打开的时候看不到。这时，有 8 个人不怕了，敢走了，只有 1 个人不敢走，询问原因是"担心网不结实"。这个实验说明，无论是他人暗示还是自己心理暗示，当产生自信时，就能完成任务，而缺乏信心或有担心、害怕等消极情绪时，任务就很容易失败。

二、调控情绪的方法

作为幼儿教师，要每天和幼儿、家长打交道，良好的情绪会密切相互间的距离，不良的情绪会破坏彼此间的关系。因此，一个健康的人应该学着对自己的情绪进行管理，具有一定的情绪调控能力。

（一）保持良好的情绪

1. 树立明确的、适当的目标并为之努力

无论是工作、学习还是生活，都应该有一个明确的、通过一定努力能完成的适当的

目标，这样工作、学习或生活才会有方向，不至于特别无聊、心烦意乱，也不会手忙脚乱、心情压抑。确立的目标高度应该适当，过高的要求往往使自己难以达到目标，所以会郁郁寡欢，不会有好情绪。若是远大的志向，则需要细化为具体目标，加上可操作的实施步骤和一定的毅力最终会保证目标的实现，这样才不至于使个体出现较大的情绪起伏，从而使情绪会更沉稳、平和。例如，赵某在大学专业见习时就喜欢幼儿，就想当一名幼儿教师，毕业后却听从家长意见去了房地产公司工作，虽然工资高但不喜欢，后来顺从自己的想法从房地产公司辞职，应聘了幼儿教师。现在，不管在家里或外面有什么烦心事，只要到幼儿园看到幼儿，心情就会好起来。

2. 创造愉快的生活环境

创造愉快的生活环境，包括很多方面，如个体平时培养一些陶冶性情的艺术类兴趣爱好，琴棋书画之类以及唱歌、跳舞等艺术类活动，能给自己带来积极的情感体验，也能给自己一个发泄情绪的方式；在环境布置上，墙面颜色刷涂采用春天的嫩绿色、盆栽里种些薄荷香草、播放欢快或舒缓的音乐、使用柔和或明亮的灯光等，赏心悦目的环境就会给自己带来愉悦的心情；要常和阳光、温暖的人交朋友，和欣赏自己的人交朋友，远离那些爱抱怨、发牢骚、贬低自己的人，积极的人会带给自己向上的动力与希望、让自己情绪昂扬，消极的人会削减自己的能量、置自己于不快之中；经济、时间及身体条件允许，节假日可以出去旅游、野外郊游，欣赏美丽景色的同时将自己置身于一个令人心旷神怡的自然环境中，从生理上舒缓紧张的神经，情绪上放空自己，享受那种清空后带来的宁静、喜悦。

3. 培养良好的性格

性格，是指人对现实的态度和行为方式中较稳定的个性心理特征，它包括理智特征、情绪特征、意志特征、对现实和自己的态度的特征。培养良好性格就是使自己具有良好的性格特征，如认识问题要深刻、能够透过现象看到本质，这样就不会因为上当受骗或处理不当而后悔难过。思维要敏捷、反应要灵活，就能应对各种突发情况，不致产生紧张、焦虑情绪；情绪上乐观、积极、具有幽默感，就能够化解一些尴尬、为难的处境，带来快乐祥和的气氛，拉近人与人之间的距离，也容易在日常生活中发现快乐、看到希望；意志方面的坚持、沉着果断，能够给他人带来信任、安全感，也能够见到成效，不会因频繁变换、优柔寡断而使他人失去耐心或信任而导致自我挫败感；态度方面的宽容、谦逊，能够给人留下良好的第一印象，也能够改变或削减他人心中的戾气、不满，形成好的互动关系。

（二）调适不良情绪

1. 改变不合理信念

人之所以有情绪，是因为个体对事情做出了不同的解释，对于同样的事情不同的人观点不同，所以会产生不同的情绪反应。因此，可以通过改变个体的认知，来改变个体的情绪。

20世纪50年代阿尔伯特·艾利斯创立了合理情绪疗法，认为引起情绪困扰的并不是外界发生的事件，而是人们对事件的态度、看法、评价等认知内容，因此，要改变情绪困扰不是改变外界事件，而是通过改变认知，进而改变情绪。合理信念会引起人们对事物适当适度的情绪反应；而不合理信念会导致不适当的情绪和行为反应。当人们坚持某些不合理的信念，长期处于不良情绪状态中时，最终将会导致情绪障碍的产生。如两名教师逛商场遇到园长，园长没有理会她们而走过去，一名教师认为园长可能没看到或有急事，一名教师认为是自己令园长讨厌，两种想法会带来不同的情绪感受，前者可能觉得无所谓，后者可能忧心忡忡，以至无法平静下来干好工作。因为情绪是由人的思维、人的信念所引起的，所以改变情绪要先改变对事件的看法，以合理信念代替不合理信念。

2. 转移注意力

在个体有不良情绪产生时，通常遵循及早处理情绪或者把握契机、表达情绪的原则，但有时候可能找不到恰当的方法，或者解决起来有困难，或者处理起来可能还会造成更多情绪困扰，就可以采用转移注意力的方式来暂时避开问题、平缓情绪，等情绪稳定或时机恰当时，再去解决问题。

通过转移注意力来调适情绪的方法有很多，可以做自己喜欢做、感兴趣的事情，如看电影、电视剧，读书、散步、购物、做家务清扫或整理、参与竞技类项目等。需要注意的是，转移注意力的事情应该是个体喜好做、能集中注意力且持久保持一定时间做的，要避免转移注意力做的事和引起不良情绪的事相似或相同，否则起不到调适情绪的作用。

3. 合理方式宣泄

宣泄，不仅会使人心理健康、排解压抑，更能使人健康长寿。保持一个良好的心态，学会发泄，是一个人远离亚健康的重要武器。现实生活中宣泄的方法很多，人与人因个体性格、所处环境等差异，采用宣泄的方式也不同。

（1）学会表达与倾诉

在受到他人误解、屈辱或不公平对待时，可以当面表达自己的情绪，如"您这么说，让我觉得很遗憾、很委屈、难过、很不公平……"和压抑情绪相比，即时地表达自己的感受或情绪，更有利于个体的心理健康。但由于个体性格、反应速度等多种原因，不能即时把情绪表达出去，而采取压抑下来的个体，就要适时适度地倾诉。倾诉的对象，可以是知心好友、家人亲属、网络陌生人、专业人士等相识或不相识的人，也可以是日记本、空间日志、朋友圈等诸多虚拟对象。

（2）借助运动方式宣泄

体育、舞蹈等运动可以增进人体的健康和人的乐观情绪，美国威斯康星大学教授兼心理治疗师瑞斯特在研究跑步对沮丧病人治疗后得出结论：缺乏运动是造成情绪消极的原因之一，跑步是有氧运动，除了活动肌肉外，还能加强心、肺和循环系统的功能，而且跑步分散了注意力，使原本因沮丧引起的不适被忽略了。若晚餐前慢跑还能消除一天压力、调节食欲、促进睡眠。因此，在工作之余，多参加各种运动活动，如健身、打球、舞蹈等。

（3）其他方式的宣泄

哭是人类的一种本能，是人的不愉快情绪的直接外在流露。从医学角度讲，短时间内的痛哭是释放不良情绪的最好方法，是心理保健的有效措施，可以减轻乃至消除人的压抑情绪。

高声歌唱，是排除紧张、激动情绪的有效手段。当个体不满情绪积压在心中时，不妨唱唱歌，曲子的旋律、词的激励、唱歌时有节律的呼吸与运动，都可以缓解紧张情绪。

击打宣泄，在宣泄室里，借助橡胶材料或其他材料制作的宣泄人、宣泄棒或拳击手套等对假想敌击打，也是压力和不良情绪释放的一种方法。也可以在家里或者觉得安全的空间，用力捶打被子、枕头等不至于弄伤自己的物体，待捶打到疲乏时，就会觉得心里轻松了许多。

4. 培养控制自我的能力

培养控制自我的能力，可以借助一些心理咨询或日常生活中的深呼吸放松、按摩减压、表情调节法等来实现。

深呼吸放松法，步骤是深深地吸气、屏住呼吸 2~3 秒，然后慢慢地把气呼出去。当个体觉得有压抑、紧张或焦虑等消极情绪的时候，就可以闭上眼睛，深吸气，然后把气慢慢放出来；再深吸气……如此持续几个循环，个体就会发现自己的呼吸变得平稳，整个人也平静了很多。

按摩减压，包括按摩身体各个部位，可以自己按摩，也可以借助按摩器或找专业按摩人士，都可以达到减压效果。如头部太阳穴按摩，指尖轻轻按在太阳穴上，顺时针方向打圈 6 次，再逆时针方向打圈 6 次。太阳穴是人头部重要穴位，常按此穴可给大脑以良性刺激，从而缓解疲劳、振奋精神、止痛醒脑，能继续保持注意力集中，减轻紧张，放松心情。

人的情绪状态会影响表情，反之，表情改变也会使内心情绪发生相应的变化，这种有意识改变自己面部和姿态表情以调节情绪的方法，叫表情调节法。美国记者诺曼·卡曾斯由于器官结缔组织严重损伤而行动艰难，被诊断为不治之症。为了活得开心，卡曾斯想出一个奇妙的自我治疗方法：让自己笑。他借来大量喜剧幽默录像带，每天欣赏娱乐，他发现 10 分钟大笑，竟能缓解疼痛，使他安静地睡上两个小时，后来他索性给自己安排了：吃饭、大笑、睡觉为主要内容的每日三部曲。10 年过去了，这位记者奇迹地活过来了，而且身体越来越好。

📘 **知识拓展**

平心静气三法则[①]

美国心理学家欧廉·尤里斯教授，提出了能使人平心静气的 3 个法则："首先降低

---

① 转移注意力可控制愤怒情绪［EB/OL］．［2014-08-18］．http://xl. wenkang. cn/ajk/xlcs/2123475. html，有改动。

声音；继而放慢语速；最后胸部向前挺直。"降低声音，因为声音对自身的感情将产生催化作用，从而使已经冲动起来的表现更为强烈，造成不应有的后果；放慢语速，因为个人感情一旦掺入，语速就会随之变快，说话声音变高，容易引起冲动；因为情绪激动、语调激烈的人通常都是胸前倾，当身体前倾时，就会使自己的脸接近对方，这种讲话姿态将人为地造成紧张局面，这样会更增加怒气，而一旦胸部挺直，头部会与对方保持一定距离，就会淡化冲动紧张的气氛。这3点是颇有见地的经验之谈。

此外，作为情绪健康的成人而言，健康的情绪是受自我调节和控制的。情绪健康的人，应是情绪的主人，可把消极的情绪转化为积极的情绪，也可把激情转化为冷静。

第二节　良好情绪的表现

作为幼儿教师，每天面对的不仅有幼儿的生活、教学教育等问题，还有个人的工作、学习及生活压力等，可能还会面对来自幼儿家长、社会的压力。这些问题或压力都会引起幼儿教师情绪的波动，对其工作产生影响。所以，教师要了解认识情绪、清楚影响情绪的因素，找到情绪管理的方法，成为情绪的主人。

一、了解情绪

情绪，是伴随着认知和意志过程产生的对外界事物态度的体验，是人脑对客观外界事物与个体需求之间关系的反应。例如，面对一个幼儿长时间、不间断地哭闹，有的人觉得受到了干扰会心烦意乱，有的人觉得孩子可能身体不舒服会有些担心。面对的都是孩子哭闹同一件事，但因为认知、想法不同，产生的情绪也大不相同。

在情绪产生时，会包括以下3种成分：一是情绪涉及身体的变化，包括生理与行为方面的变化。行为表现上，如紧张得屏住呼吸、伤心地流泪、高兴得手舞足蹈、气得浑身发抖或说不出话、害怕地逃走等。生理上，如意识到玩具丢失、破碎损坏无法改变，紧绷的神经放松，心跳频率放缓、身体无力等。二是情绪涉及有意识的体验，即在产生情绪的时候，个体能体验到这种情绪。如幼儿在园出现磕碰或摔伤等情况时，教师在匆忙处理问题的时候，也能意识到自己有紧张、担心的情绪。三是情绪包含认知的成分，涉及对外界事物的评价。通常，情绪的产生都是因为外界事件或人物的发生或出现，导致个体认知系统对此进行自动评估，继而产生情绪反应。如幼儿打碎父母很看重的花瓶，他的认知系统——思维就会把这件事评估为是一个对自己不利的事件，继而出现担心、紧张或害怕等情绪。"案例导读"中的齐老师针对2~3岁幼儿的年龄特点和认知经验，通过让幼儿看高兴脸和不高兴脸来认识和判断情绪的方式是恰当的，这是让幼儿初步认知情绪的外显表现，可以通过身体表情、行为表现出来。而且教授的过程，也是让幼儿初步有意识地去认识情绪的过程，只有初步意识到，才能慢慢地过渡到去体验经历、尝试管理情绪的步骤。

二、影响情绪的因素

（一）社会环境

季节、天气变化、色彩或他人的行为、观点等，都会影响情绪变化。一般来说，春天的绿色植物会给人积极向上的乐观情绪，秋天的落叶秋雨会让人莫名悲伤；阴雨天气容易使人产生低落情绪，晴空万里就会让人心情豁然开朗。在颜色刺激方面，红色易使人兴奋、躁狂，黑色易使人消沉、抑郁。因此，幼儿园的内外墙的环境创设会以黄、绿、蓝、橙等暖色为主来装饰，避免冷色调对幼儿在园情绪的影响。他人行为、观点对情绪的影响，如新入园的幼儿因想家哭也会影响他旁边的情绪已经平静下来的幼儿跟着哭；一个本来抱着布娃娃的幼儿，看到其他幼儿都在玩小轿车，他也有可能会扔下布娃娃去拿小轿车。

▌ 案例呈现

面对争抢玩具的幼儿

某中班区角活动的时间快到了，惠茵老师拿出了积木"轨道"，在给幼儿简单介绍了"轨道"的构成部分名称和用法要点后，告诉幼儿可以按图组装，也可以发挥创意。然后，提示幼儿"一会儿，我们就可以去娃娃家、艺术角、积木区、书屋去游戏，要安静，如果参加游戏的人多，请你换个游戏，或者与玩的小朋友协商一起玩。游戏不玩了，把玩具送回它们的家。现在，去你喜欢的游戏区里玩吧。"幼儿四散开来，或走、或跑向了自己喜欢的区角。惠茵老师把积木块装到塑料筐子里，放到积木区。这个时候，班级里最小的女孩，囡囡手里拿着块粉色橡皮泥哭着跑过来找惠茵老师说："老师，牛牛抢了我的苹果（艺术区里，玩橡皮泥的模具，苹果形状）。"惠茵老师边拉着囡囡手去找牛牛，边问囡囡："你和他说'请还给我'了吗？"囡囡说："他让我叫他一声'好哥哥'。"

如果你是案例中的惠茵老师，你会怎么做？

▌ 案例分析

如果我是惠茵老师，首先会平静下情绪，如做几个深呼吸，不在情绪冲动下解决问题。接着在找到牛牛后，会问牛牛："你是想用苹果玩橡皮泥么？"如果得到牛牛肯定回答的话，就告诉牛牛："那你可以和囡囡或其他玩橡皮泥的小朋友协商，或者等待其他小朋友用完后再玩。"如果牛牛说："我想让囡囡叫我哥哥。"接着问牛牛："给妹妹当哥哥，那你得怎么做呢？或者，做什么才能让妹妹愿意叫你一声哥哥呢？(留出时间，让牛牛思考，然后再问他）抢她的东西、做让她不高兴的事，她会愿意叫你哥哥吗？现在，你该怎么做啊？"牛牛听了，应该会还给囡囡那个苹果模具。这时再追问一句："要当个好哥哥，以后得怎么做呢？"继而告诉他："不光是做好哥哥，做好孩子也是，要有礼貌、要照顾比你小的弟弟妹妹，不可以欺负他们，在他们被别人欺负时，你还要保护他们才行啊……"

（二）个人因素

个体身体状态、生活习惯或生活环境的改变会影响情绪。例如，生病、睡眠不足的幼儿，情绪就会不稳定，常会哭闹不止。尤其是一些幼儿到了睡觉时间，还没有使之入睡，就爱哭，俗话称之为"闹觉"。吸烟、喝酒都容易改变人的情绪状态，如有人在劳累或思考时必须要吸烟，认为可以提神、兴奋，有人喝酒后会一言不吱闷头睡觉，有人会话唠，有人会闹事，因此，不要以"闹着玩""有意思"的心态让幼儿养成这些不良习惯。对于幼儿来说，生活环境的改变会很大程度上影响到他们，如养育者的改换，一个女孩的奶奶在她3岁时回农村老家了，幼儿在奶奶走后每天半夜都会惊醒哭闹。还有很多幼儿都会出现的入园焦虑，也是因为生活环境的变化导致的。

📘 案例呈现

面对想换班的新生家长

悦悦是一名工作了3年的幼儿教师，当副班老师送走了一批幼儿，也算是一名老教师了，加上幼儿园扩园，所以悦悦就当上了小3班的主班教师，幼儿园给她配了一名刚走出校门的学前教育专业毕业生当副班教师。初次接手新班，悦悦老师有些手忙脚乱，面对家长提出的一些关于幼儿心理或行为的问题，回答得不是十分肯定，自己对此也有些不满意，但悦悦老师也尽力在完善自己。新生入园才一个月左右，大部分幼儿情绪开始稳定了，有一个家长在接孩子时，对悦悦老师说："我打算给孩子转到其他班去，提前告诉你一声。"

如果你是悦悦老师，该怎么办？

📘 案例分析

如果我是悦悦老师，首先会和家长道歉，一是因为新生入学、初次当班主班，经验不够丰富、工作可能会有疏漏，请家长原谅。二是因为家长要给孩子转班，一定是对现在这个班不满意，为自己在这方面做得不够好表达歉意。其次是询问家长，是否可以让自己知道，是什么原因想换班，或者说需要自己在哪些方面改善、提高，在家长表达出想法后表示真诚的感谢，因为这又为自己积累了一些工作经验、促进了自己的专业成长。再次是表达能理解家长想换班的想法，也了解家长对孩子教育的重视。但也想给家长提个建议，因为是新生，刚入园需要适应，换班又需要面对陌生的老师、陌生的小朋友，还需要一段时间适应，而现在孩子情绪刚刚稳定、认识了老师和部分小朋友，如果换班，会不会又给孩子带来焦虑？最后是向家长承诺，对家长提出的建议也好、意见也好，自己都会虚心接受，并努力学习更多的知识来改进工作、完善自己。

三、良好情绪的表现

（一）悦纳自己与他人

悦纳自己是指个体能正确评价自己、接受自己，并在此基础上使自我得到良好的发展。悦纳自己包括：接纳自己的全部，即不仅指接纳自己人格中的优点、长处，更要接受自己的缺点与不足。在接受不足的基础上，努力改进自己、完善自己。

悦纳自己是心理健康的表现，可以有效缓解发展中的矛盾冲突，能产生自尊、自信。如现实生活中，有些身材很好或相貌很漂亮的幼儿教师，总觉得自己太胖、不漂亮，还要使劲节食，去做瘦身、文眉或动美容手术等，这是对自己的形象、外貌的不接纳。也有一些性格温和、善良的幼儿教师，总觉得自己做得不够好，在面对一些蛮横无理的家长的挑刺时，不用专业知识去解释、宣传，反而向家长赔礼道歉、不断退让，这是对自己人品、性格及专业素质的不接纳……这些不接纳都反映出了个体的不自信、对自己价值的不认可。悦纳他人，即能理解人与人之间的关系，认识他人优点，理解他人情绪、乐于同他人交往，对他人缺点持宽容态度，并能积极帮助他人。

📘 **知识拓展**

正确评价自己的方法①

一、"以人为镜"，从比较中认识自己。个体可以通过处世方法、交往方式等方面与他人比较，找出自己的位置。这种比较虽然常带有主观色彩，但却是认识自己的常用方法。不过，在比较时，要寻找环境和心理条件相近的人比较，这样才比较符合自己的实际水平和自己在群体中的位置。

二、从别人的评价中认识自己。个体都会通过同伴对自己的评价来认识自己，而且在乎别人怎样评价自己。如果自我评价与周围人的评价有较大的相似性，则表明你的自我认识能力较好、较成熟，如果客观评价与你自己的评价相差过大，则表明你在自我认知上有偏差，需要调整。对待别人的评价，应全面听取、综合分析，恰如其分地对自己做出评价和调节。

三、通过生活经历了解自己。成功和挫折最能反映个人性格或能力上的特点，因此，个体可以通过自己成功或失败的经验教训来发现个人的特点，在自我反思和自我检查中重新认识自我，把握自己的人生方向。如果你不能肯定自己是否具有某方面的性格、才能和优势，不妨寻找机会表现一番，从中得到验证。

（二）热爱生活

热爱生活，是对生活——包括工作、学习，包括生活中的人或事，时刻抱有希望，个体肯为之努力和付出，面对困难和挫折，能够坚持想办法去面对或解决，最终能够从容走出困境的一种心态。例如，我国著名幼儿教育家张雪门，曾创办当地第一所中国人

---

① 幸福从心出发［EB/OL］．［2015－05－29］．http：//www.doc88.com/p－3068249238798.html，有改动。

自办的星荫幼稚园、开办幼稚师范学校，编译了《福禄培尔母亲游戏辑要》《儿童保育》等著作。根据台北当时需要，建起了从婴儿部、幼稚园到小学的完整的儿童教育机构，随着育幼院规模扩大，由于工作繁重，张雪门患上了眼疾。1952年眼疾加重，但仍任课、做幼稚园教材教法和幼教改革等专题演讲，主办《幼教之友》专栏、出版《幼教辅导月刊》等，1960年，张雪门突患脑病、半身不遂，在几乎失明、手脚失灵、耳朵失聪的情况下，陆续写了《幼稚教育》《幼稚园课程活动中心》等十几本专著。张雪门为学前教育的发展做出了巨大贡献，这和其热爱生活的态度是分不开的。

（三）保持乐观平和的心态

乐观、平和的心态，是对待环境变化和外界事物影响所具有的积极向上、稳定的心境和人生态度。例如，某人住一楼的房子，有人说："一楼不好，潮湿、下水道容易堵、楼上扔垃圾脏。"某人回答："一楼进出门方便，生病或有个地震、着火什么的，跑出来快。"在他和几个朋友住30平方米小房子的时候，有人说："居住条件太差了，几个人住一起太挤。"某人回答："有朋友住在一起，随时可以交流感情、探讨问题，是值得高兴的事情啊。"……从这个事例可以看出，不论是住什么样的房子，都会有利有弊，有人总是往不利的方面看，但有人总是看到好的、积极的方面。总是看待事物积极方面的心态，就是一种乐观、平和的心态。

具有乐观平和心态的人，心胸会很开阔，眼光放得长远，不会被眼前事烦恼，即使有烦恼也是暂时的，因为他（她）相信烦恼很快就会过去，阳光总会到来。因此，乐观平和的心态不仅有利于身体健康，也可以感染周围的人积极向上，具有乐观平和心态的人朋友也会很多。

（四）情绪反应符合同龄人的常态

情绪反应符合同龄人的常态，是指成人针对人或事件产生的情绪，应与刺激事件发生的性质相符。如果产生的情绪具有类似孩童那种幼稚、冲动而缺乏自控能力的特点，则是情绪不健康的表现。此外，情绪表现的持续时间和强烈程度也都应适当，不能无休无止没完没了，也不能过分强烈或冷漠。刺激强度越大，情绪反应就越强烈；反之，情绪反应也就越弱。如果微弱的刺激引起强烈的情绪反应，则是情绪不健康的表现。例如，一个幼儿教师看到眼前有一个毛茸茸的小鸡崽、毛绒玩具或者一只活动的蟑螂，吓得惊叫、逃离，或喜爱一件东西而抓住不松手、不断亲吻，这都是不正常的情绪反应。同样，当一个幼儿教师看到幼儿之间冲突导致某个幼儿身体某个部位受伤，有些担心幼儿或者家长责问是正常的，但害怕到发抖、出冷汗或回避家长，也是不正常的。

📘 章末小结

通过本章的学习，我们主要了解了以下知识点：

（1）良好情绪的意义。良好的情绪有利于身体健康、建立良好的人际关系及有利于工作、学习等。

（2）调控情绪的方法。调控情绪的方法包括保持良好的情绪、调适不良情绪。

（3）了解情绪。从情绪内涵与情绪的3种成分来了解情绪。

（4）影响情绪的因素。情绪受社会环境、个人因素、生理因素等影响。

（5）良好情绪的表现。良好情绪表现为悦纳自己与他人、热爱生活、保持乐观平和的心态、情绪反应符合同龄人的常态等。

议一议

入园一个多月的佑佳还是很胆小，不和其他幼儿一起玩玩具、说话，对老师的一些询问或者指令也不给予回应。在一次户外活动前，老师发出"现在排队去卫生间大小便"的指令后，其他幼儿或快或慢地排队去卫生间时，佑佳仍乖乖地坐在小凳子上，老师问："佑佳，排队大小便了，你没有大小便吗？"佑佳仍是没有什么反应。再次询问时，可能是老师焦急的语气吓到了佑佳，她瘪了瘪嘴，开始哭起来。作为老师，你应该怎么做？

答案提示

佑佳的表现，可能有以下两个原因：一是与她自身性格、经历有关，如本身胆小，家长过度保护，或者从小就很少带她接触其他人群，缺乏社会性交往等。二是不适应陌生环境或适应新环境较慢。面对陌生人、陌生场所时，没有家人的陪伴，缺乏安全感，胆怯、敏感、封闭自己。针对佑佳这种情况，可以采取以下措施：一是要和家长沟通，了解佑佳成长经历，同时请家长协助配合，给幼儿创造社会性交往条件，多与陌生人交往、交流沟通；二是在幼儿园给幼儿创设好的社会性交往的条件，如安排社会性较强的幼儿主动与佑佳交往，教师在与此类幼儿沟通时要注意语气要温柔、表情要温和等。在幼儿社会性逐渐增强的过程中，教师要及时给予鼓励、表扬等正性强化。

练一练

1. 游戏活动结束后，小朋友回到教室，你马上要求他们坐下来学数学。但是，很多小朋友还沉浸在刚才有趣的游戏活动中而吵闹不停，你怎么办？

2. 刚刚在区域活动中违反了游戏规则，你让某幼儿坐在一边反思。家长知道后，质疑你虐待儿童，你怎么办？

3. 幼儿教师的工作平凡而琐碎，这种周而复始的工作使很多幼儿教师出现了职业倦怠心理，你怎么看？

4. 你是一名刚毕业走进幼儿园的新老师，你班的一个家长知道你是新老师后，提出给自己的孩子换班，你怎么办？

5. 你班的一个幼儿调皮，经常惹是生非，你对他进行教育，效果不明显，与家长沟通，家长也不配合。作为配班老师，你会采取哪些措施？

第三章　仪表仪态

内容结构图

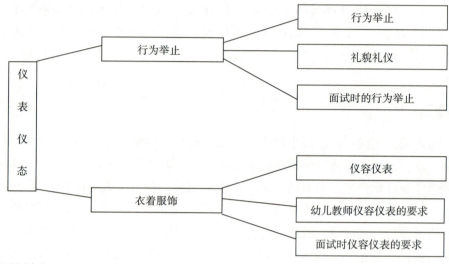

学习目标

1. 行为举止自然大方，有礼貌。
2. 服饰得体，符合幼儿教师职业特点。

第一节　行为举止

案例导读

　　谭某是幼儿园中班的教师，平时和班级幼儿的关系很好。但最近一段时间以来，有些家长说谭老师是失恋了，而谭老师情绪确实也有些阴晴不定，总是坐在电脑桌边，无精打采地思考着什么。幼儿也都有点怕她，远远地躲着她。一天，两个幼儿为了一个"快乐的家园"主题积木争夺了起来，声音有些吵闹，谭老师听到后，起身向两个幼儿走了过来，用一种很不满的声音问道："你俩怎么回事？"两个幼儿立刻停止了争吵，但仍都没撒手，一个幼儿嘴朝着另一个幼儿努了一下说："我先拿到的，他过来抢我的。"谭老师问另一个幼儿："他说的对么？"另一个幼儿声音小了很多说："我也想玩嘛。"谭老师冷着脸，一巴掌拍向这个男孩的手说："知道不知道先来后到？你想玩就抢啊？你怎么不去抢银行去……"

　　案例中的谭教师行为举止得当么，为什么？

幼儿教师，是幼儿个体成长发展历程中的重要引导者，也是他们人生开始社会化后的知识经验、价值观念、生活技能等方方面面的启迪者、奠基者。教师在陪伴幼儿成长的过程中，在教书育人的同时，其形象、语言、行为等都具有强烈的示范性和感染力。

一、行为举止

（一）什么是行为举止

行为举止，就是人际交往中的仪态，仪态是指人的姿态，就是身体呈现的样子，包括人在行为中的神情举止、体态等。

一个人的气质、自信、涵养往往从其行为举止中就能表现出来。教师良好的举止可给人留下深刻、美好的印象，有助于树立良好的教师形象、树立教师的权威，增强对幼儿的影响力和感染力。

（二）教师的行为举止

教师的行为举止规范，即仪态的把握，包括体态、手势、面部表情等体态语的运用。教师的行为举止运用以自然为主，讲求适时、适度，要给人以精神饱满、健康向上、充满活力之感，而这些是通过体态、手势和面部表情来体现的。

1. 体态规范

体态指身体的姿势和形态，包括站姿、走姿、坐姿、交谈姿势等。教师的体态要端正、大方、自然、规范，注意挺胸、收腹。

坐要正，指坐如钟。躯干竖直、腿直脚正、双肩自然下垂、下颌内收，头微上仰、双眼平视、目光柔和，表情自然亲切，嘴微闭。不要身体前探、双腿大开或身体摊在座位里等。面对幼儿端坐，双腿并拢、上身正直、双手自然摆放，忌坐幼儿桌子、跷二郎腿、腿伸得过长妨碍行走。"案例导读"中的谭老师的行为举止就不得当，因为作为一名幼儿教师，在幼儿教育教学活动和生活活动中，更常见的体态是站立、蹲下，而不是坐着，更何况是坐着思考自己的事，不仅体态不规范，这也很容易忽视对幼儿的关注，出现安全问题。

立要直，指站如松。头正肩平、下颌与脚尖垂直，腰挺腿直、身体从脚后跟到头顶保持在一条直线上，目光平视，两臂自然下垂。两肩打开、形体舒展。常见的不良站姿包括靠墙、趴桌子，也有扣肩含胸，即肩与胸向前含，不够挺拔，容易弯腰驼背。还有腿膝无力的站姿，即站立时，两腿不能均匀用力、人的身体倾斜向一侧。

走路应抬头挺胸，目光平视前方、双肩放平，双臂自然下垂、掌心向内，并以身体为中心前后自然摆动双臂，腿部伸直，腰部放松，脚步干净，利索。行走时尽量保持上身挺直，膝部和脚踝都应轻松自如，要稳健轻快、不缓不急、不左右摇摆、不耸肩驼背、不左顾右盼，随时问候家长、同事和幼儿。做班务活动时，要轻声缓步、不影响幼儿的学习休息。

2. 手势规范

手势语，有指代语言内容、强调语言分量、渲染语言情感和掩饰内心秘密的作用。手势语表达的感情非常丰富、微妙复杂，有招手致意、挥手告别、拱手致谢、举手赞同、摆手拒绝；手抚摸是爱、手指点是怒、手搂着是亲、手捧着是敬、手遮着是羞；竖大拇指，无论是指向他人或是自己，都是表示肯定、鼓励、赞的意思；伸食指，通常有指向、提醒或斥责的意思；竖小拇指，大多表示微不足道；众所周知的 OK 手势，表示同意、顺利、很好的意思；挥手致意，用来表示问候、致敬或感谢；当看见熟悉的人，又无暇分身的时候，就举手致意，可消除对方的被冷落感，要伸开手掌、掌心向外、面对对方、指尖朝向上方；食指、中指伸出，其余 3 指捏合，形成 V 字形，表示胜利……能够恰当地用手势表情达意，会为教育教学、人际交往增色很多。

通常在教师工作中，手势要自然、适度，曲线优美、动作缓慢，力度适中，左右摆动不宜过宽。忌双手抱胸、手插在口袋里、反复摆弄自己手指、活动手指关节、捻响指、掰手指关节咔咔响或手攥成拳头，给人一种无聊、工作中不能尽心尽力的感觉；忌双手抱头或手放于脑后，自己感觉是放松，但工作中会给人目中无人的印象。有些手势动作在交际中也要尽量避免出现，如搔头皮、掏耳朵、挖鼻孔、咬指甲、手指在桌上乱写乱画等。指示幼儿时用语言加手势提示，或牵着手引领指示，不拉扯身体和衣服、不随便用手指点。另外，不同国家或地区，由于文化习俗的原因，手势意义表达也大不相同。因此，有外籍幼儿和家长的幼儿园，运用手势语时还要注意区分对象。"案例导读"中的老师在解决幼儿争夺纠纷时用手拍幼儿的手就不恰当，她在解决这件事时，完全可以自己先把积木拿到手中，再通过讲道理的方式，让幼儿认识到错误、主动说出积木应该放在谁手中。

◼ 案例呈现

拽幼儿衣服肩膀处的珍玉老师

珍玉老师是小班幼儿教师，她在组织幼儿户外活动、盥洗，或者教学活动时，总喜欢拽幼儿衣服肩膀的位置。如户外活动时，她让每个幼儿都拉住前一个幼儿罩衣的后衣襟，一个跟一个往外走，而她则拽住第一个幼儿的衣服肩膀处，倒退着慢慢往外走。盥洗或者教学活动时，有乱走的幼儿、不听话的幼儿，珍玉老师也会拽住幼儿衣服肩膀处的位置，把他们拽回到应去的位置。

你觉得珍玉老师的做法是否合适，为什么，该怎么做？

◼ 案例分析

案例考核的知识点是仪表仪态中的"行为举止自然大方，有礼貌；服饰得体，符合幼儿教师职业特点"，针对案例中"珍玉老师的做法是否恰当及原因""应该怎么做"回答问题，侧重点是"行为举止自然大方，有礼貌"。

珍玉老师的做法不恰当，因为即使珍玉老师对幼儿和颜悦色、态度不严厉，但"拽幼儿衣服肩膀处”这种行为在监控视频中，给人的感觉也是不够尊重幼儿，行为举止不当。珍玉老师可以采取的做法有：在户外活动时，可以拉住第一个幼儿的手；在幼儿犯错误、不听话时，要面对着幼儿蹲下来，平视着幼儿，与之交流。

3. 面部表情规范

面部表情，是一种十分重要的非语言交往手段，是通过眼部、颜面和口部等部位肌肉的变化来表现各种情绪的状态。

眼睛，正眼视人，显得坦诚；躲避视线，显得心虚；乜斜着眼，显得轻佻。眼睛的瞳孔可以反映人的心理变化，当人看到有趣的或者心中喜爱的东西时，瞳孔会扩大；看到不喜欢或者厌恶的东西，瞳孔会缩小。目光可以委婉含蓄、丰富地表达爱抚或推却、允诺或拒绝、央求或强制、讯问或回答、谴责或赞许、讥讽或同情、企盼或焦虑、厌恶或亲昵等复杂的思想和愿望。眼泪能够恰当地表达人的许多情感，如悲痛、欢乐、委屈、思念、温柔、依赖等。眉间的肌肉皱纹能够表达人的情感变化，柳眉倒竖表示愤怒、横眉冷对表示敌意、挤眉弄眼表示戏谑、低眉顺眼表示顺从、扬眉吐气表示畅快、眉头舒展表示宽慰、喜上眉梢表示愉悦。鼻子的情绪体现在鼻孔、鼻翼的变化上：厌恶时耸起鼻子；轻蔑时嗤之以鼻；愤怒时鼻孔张大，鼻翕抖动；紧张时，鼻腔收缩，屏息敛气。嘴部表情主要体现在口形变化上：伤心时嘴角下撇、欢快时嘴角提升、委屈时噘起嘴巴、惊讶时张口结舌、愤恨时咬牙切齿、忍耐痛苦时咬住下唇。面部肌肉松弛表明心情愉快、轻松舒畅，肌肉紧张表明痛苦、严肃。

教师在与幼儿、家长或他人交谈时，要保持视线接触，这是最基本的礼貌，也是自信的表现。有经验的教师不是对着幼儿耳朵说话，而是对着幼儿的眼睛说话，教师的眼神和目光传递出的应该多是鼓励和表扬，但也要有批评和否定，种种目光都可以使幼儿心领神会，从而受到教育和启发。但不要把目光完全集中在对方眼睛上，可以将视线放在对方眼睛到额头范围内，避免直视带来的咄咄相逼。不可斜视、俯视，因斜视表示轻蔑、俯视表示羞涩或看不起。教师在和幼儿交往、教育教学活动等工作中，微笑的使用会取得更理想的效果。微笑可以表示欣赏、省略、歉意、赞同，适当的微笑可以让气氛放松、缩短心理距离，在自然而然中接受对方。面部表情这种非语言交往手段的运用不可生搬硬套，要由心而发，坦诚相待、尊重他人，才会与幼儿、家长或他人有良好的互动，取得良好的教育教学活动效果。“案例导读”中的谭老师的脸在批评幼儿的时候是“冷着的”，这种表情会让犯错误的幼儿对教师感到紧张、害怕，对自己行为的错误认识就很难深刻到位。谭老师在批评幼儿时，可以不微笑，但也无须“冷着脸”或“板着脸”，只要平静地给幼儿讲道理，幼儿也能接受，因为幼儿内心里知道自己是理亏的。案例中谭老师的做法只会让幼儿远离自己，收到的教育效果会大打折扣。

案例呈现

不苟言笑的王老师

王老师是个刚从大学毕业不久的新老师，在刚开始和幼儿相处时，她特别爱笑，幼儿的可爱行为或是犯错误行为都能惹得她笑起来，幼儿也很喜欢她，好多幼儿黏在她身边，但不久后她发现，她让幼儿改正一些问题时，幼儿不听她的。如她看到幼儿看完书或玩完积木后不放回原处，她要求幼儿快点放回去，幼儿看看她，接着干别的去了。但是，幼儿对主班老师的话却特别听从，让干什么就干什么。在询问了一些老师后，王老师得出一个结论是：不能老对幼儿笑，也不能和他们太亲近，这样才有威信、幼儿才能听从。于是，王老师开始板着脸、也不抚摸和拥抱幼儿了。

案例中的王老师的做法对吗，为什么？

案例分析

案例考核的知识点是仪表仪态中的"行为举止自然大方，有礼貌；服饰得体，符合幼儿教师职业特点"，针对案例中的"王老师做法是否正确及原因"回答问题，侧重点是"行为举止自然大方，有礼貌"。

王老师做法不太合适，一是因为和幼儿太过亲近、板着脸都不是合适的行为举止，或者说幼儿不能听从她的指令或要求，是因为她没有把握好自己行为举止的分寸和尺度。在幼儿做出恰当或正确行为时，教师的笑是一种鼓励、肯定，而犯错误时的笑是对幼儿错误行为的一种强化，因为她对"笑"的场合、尺度没有把握好，导致幼儿对她的指令也产生了混淆。要分清场合，还要对犯错误或者不听指令的幼儿讲道理，让他们明白怎么做是对的。二是归因错误，王老师把幼儿不听从指令都归到"因为老对幼儿笑"上，然后就走到了另外一个极端"板着脸"，这会对师幼关系造成伤害，也是不适宜的举止。

二、礼貌礼仪

礼貌是指人们在日常交往中，相互表示敬重和友好的品质和行为，是一个人在待人接物的过程中，通过仪表、仪容、仪态及言谈举止体现出来的。不同的国家、民族，处于不同的时代和不同的行为环境中，表达礼貌的形式会有所不同，但在相互尊重、友好相处这一点上却是相同的，在诚恳、谦恭、和善、适度的要求上也是一致的。如果一名幼儿教师在公众面前对待幼儿关心呵护、耐心细心，而私下对幼儿恶言训斥、体罚甚至变相体罚，就是对幼儿的不尊重、对幼教工作的不尊重，那么她肯定是没有礼貌的。礼貌应当是一个人良好道德品质的真实体现，对人的尊重友好必须是发自内心的，表面虚伪的客套不是礼貌。讲礼貌应当做到彬彬有礼、落落大方，而热情过度、过分殷勤、低声下气，并不是礼貌。

礼仪侧重于社会交往中，人们在礼遇规格、礼宾次序等方面应遵循的行为规范，多用于较大规模或较为隆重的场合。礼貌多指交往过程中个别的行为，而礼仪则是指社交活动中，自始至终以一定的程序、方式来表现的完整行为。最初的社交活动规模较小，礼节也较为简单，随着社会交往的扩大化和现代化，交往活动越来越频繁深入，礼节也越来越复杂，于是逐渐形成了一些约定俗成的礼节程序，礼仪就从礼节中自然而然地游离出来。礼仪是程式化了的礼节，是表示对他人尊重与友好的外在行为规范，是礼貌在语言、行为、仪态等方面的具体体现，也是尊重他人的内在品质通过一定形式的表现。比如，尊重师长，可以通过见到长辈和教师问安行礼的礼仪来体现；欢迎他人的到来，可以通过见到客人时起立、握手等礼仪来表示；得到别人帮助，可以说声"谢谢"来表示感激的心情。借助这些礼仪，对他人尊重与友好的礼貌得到了适当的表达。不懂得礼仪，在与别人交往时，心中虽有对别人尊重的愿望却无法表达，会出现有礼貌却不懂礼仪容易失礼的现象。而不懂礼貌只学些表面的礼仪形式，也难免会机械模仿、故作姿态，让人感到虚情假意。

在幼儿教师日常的教育教学活动或工作中，礼貌礼仪体现在：按时上下班、有事请假，带班不离岗，不因私随意换班；认真工作、积极完成岗位职责，忌消极怠工、拖拉推诿、等靠依赖、胡乱应付等；按时参加会议、学习和其他集体活动，活动中保持安静、认真思考、真诚交流、适时鼓掌；听取他人发言时，做到专注、有耐心，做好笔记。集体教研活动时关闭通信工具铃声，不接外来电话；同事间相互尊重、和睦相处；真诚待人，懂得尊重，接待幼儿家长和来宾，起身迎送、微笑问候、点头示意，主动让座；尊重幼儿人格，幼儿打招呼时要及时还礼应答；坚持讲普通话，使用礼貌语，如问早、问好、请、再见、谢谢等；坚持公共场所轻声讲话、交谈；升旗仪式时，立正、表情庄重、行注目礼、不说话……因此，要想取得良好的教育效果，幼儿教师应当内外兼修，不仅要全面培养自身高尚的人格品质，还应重视规范自己的行为举止，用自己的人格魅力去滋润幼儿的心灵、影响和教育幼儿，使幼儿亲其师信其道。

案例呈现

面对要入园接幼儿的男子

某幼儿园实行的是接送卡制度，即一个幼儿的家长可以办两张不同接送人的接送卡，卡的正反面分别是幼儿的照片和温馨提示，刷卡时会呼叫幼儿名字、记录接送时间与接送人信息、对接送人拍照、发家长手机里平安短信等，接幼儿时需要出示并刷此卡，值日教师检查后，家长才能入园接走幼儿。一天下午3点半不到，一个自称中班某幼儿家长的男子要提前进园接孩子为奶奶过生日，值班教师孙某在向该男子问好后，客气地请男子出示接送卡，男子在身上摸了一阵后说忘记带了。孙老师请男子在幼儿园本子上登记本人姓名、身份证号、电话号及接送幼儿名字等，并出示身份证以供核对，该男子对此表示十分不满，认为孙某是在刁难自己，继而大吵大闹。

案例中的孙老师行为举止是否适当，为什么？

案例分析

案例考核的知识点是仪表仪态中的"行为举止自然大方，有礼貌；服饰得体，符合幼儿教师职业特点"，针对案例中的"孙老师行为举止是否恰当及原因"回答问题，侧重点是"行为举止自然大方，有礼貌"。

孙老师的行为举止很恰当，能客气地问好、请男子出示接送卡，按规定登记信息，这些行为都是正确而且合乎礼仪规范的，是有礼貌的举止。因为幼儿园教师不可能认识幼儿所有的家长及亲属，所以通过接送卡、登记信息等方式来避免幼儿被冒牌家长领走、保证幼儿安全也是可以理解的。而该男子情绪激动，可能是因为嫌麻烦、也可能是不能如愿以偿领走幼儿而难以控制情绪，出现了不该出现的局面。接下来，孙老师需要做的是，向该男子表示道歉，并请他能理解幼儿园这种保护幼儿安全的做法。还可以联系幼儿所在班级教师，与幼儿预留的家长电话沟通，确认该男子的身份。

三、面试时的行为举止

一个人的行为举止是个人内在实际情况的一种外在表现，但面试考官直觉地把外表当成了解面试者的捷径，也是人之常情。想面试成功，给人以干净利落、积极向上、热情阳光、彬彬有礼的第一印象是至关重要的。适度有礼的行为举止不仅是自我尊重和尊重他人的表现，而且在一定程度上也能反映出考生今后的工作态度和责任感。

面试时忌迟到。守时是职业道德的一个基本要求，提前 10 分钟左右到达面试地点为宜，若面试迟到，会被视为缺乏自我管理和约束能力，也是不尊重面试考官的表现。

进入面试考场前，烟、口香糖等都应收起来，不仅面试考官无法忍受面试者在考场嚼口香糖、吸烟，而且这也是不适合教师职业的行为。手机关机，关机前取消闹钟设置，避免面试期间手机振动声、铃声干扰面试思路，给面试考官带来不好印象。

进入面试考场后，径直走到面试者所坐或站立的位置，不要四外张望，但可以微笑地看着面试考官、主动致意，可以点头与微笑并用，或者上半身前倾 30 度左右，向面试考官弯腰鞠躬，面带微笑称呼一声"考官好""评委好""专家好"或者"老师好"等，态度要诚恳、优雅，不必刻意提高声调或过分做作，也不要过分殷勤、拘谨或过分谦让。若对方向你致意，要以同样方式还礼。

面试考官请就座时，要表示谢意。在没有听到"请坐"之前，不可以坐下。坐椅子时最好坐满 2/3、上身挺直，这样显得精神抖擞，保持轻松自如的姿势，身体略向前倾。不要弓着腰，也不要把腰挺得很直，这样会给人留下死板的印象，应该很自然地将腰伸直，并拢双膝，把手自然地放在上面。有两种坐姿不可取：一是紧贴着椅背坐，显得太放松。二是只坐在椅边，显得太紧张。这两种坐法，都不利于面试的进行。要表现出精力和热忱，松懈的姿势会让人感到你疲惫不堪或漫不经心。切忌跷二郎腿并不停抖动，两臂不要交叉在胸前，更不能把手放在邻座椅背上，或身体左右摇晃、摸头、掩口、伸舌头、频频摇头、摆弄衣角或小物件等小动作，容易给别人一种轻浮傲慢、有失庄重的印象。

面试时，应以自信的目光注视着面试考官，传达出诚意与尊重是十分重要的，而且通过眼神交流可以更好地获知一些信息。正确的眼神表达是：礼貌地正视对方，注视的部位最好是考官的鼻眼三角区，目光平和而有神、专注而不呆板。如果有几个面试考官在场，说话的时候要适当用目光扫视一下其他人，以示尊重。回答问题前，可以把视线投在对方背面墙上，两三秒钟做思考，不宜过长，开口回答问题时，应该把视线收回来，要避免眼神飘忽不定。

面试时要面带微笑，谦虚有礼、有问必答，给考官以自然大方的感觉。赏心悦目的面部表情，成功率远高于那些目不斜视、冷若寒霜的人。不要板着面孔，苦着一张脸。听对方说话时，要时有点头，表示自己听明白了，或正在注意听。表情呆板、大大咧咧、扭扭捏捏、矫揉造作，都是不合适的。

面试期间双方的沟通中，要结合面试问题、教师资格证考试大纲测查的指标去思考面试考官考核的意图，回答问题时要注意分层次、依次有序地展开，突出考试大纲中的测查指标；要注意语言逻辑，尽量不要用简称、方言、土语和口头语，以免对方难以听懂。有时沟通内容可能不及沟通方式重要，发言要更注重说话清楚而有条理、不疾不缓，透过表情、速度、语调等配合传达出热忱、诚恳的态度。谦和热情，是对他人敬重且友好的表示，聆听也能传达出这种信息，在对方刚发问时就回答或打断对方问题，会给人毛手毛脚、急躁、不稳重的印象。当不能回答某一问题时，应如实告诉对方，切忌在面试中吞吞吐吐、含糊其词，也不要信口开河、卖弄自己、高谈阔论、纵情大笑。

第二节　衣着服饰

案例导读

到了毕业的时间，面临着找工作。一天，学前教育专业的学生汪某和张某就面试招聘的穿着打扮争执了起来。汪某说："招聘面试很重要，来的都是用人单位的领导，决定着招还是不招的问题。因此，我们得重视，也要尊重他们，得穿正装、化妆化得漂亮些。"张某说："咱们是学生，穿成学生样就行，看着朴素、不张扬多好，化妆太社会化了，用人单位是招幼儿教师，咱们弄得太社会化不好。"汪某说："礼仪课老师说了'化妆是尊重对方，不化妆相当于裸奔'。幼儿老师不仅要天天面对同事领导，还要和家长打交道，不化妆不得给幼儿园跌份儿啊。"张某说："幼儿教师化妆，幼儿不得模仿啊，幼儿园更不能让化妆了。"

你觉得案例中的汪某和张某两个人的观点，哪个有道理，为什么？

人际交往中，仪表仪容和言行举止体现了一个人的修养、风度和魅力，也体现出一个人的受教育程度、精神状态和礼仪素养，直接影响着对方的第一印象。作为幼儿的启蒙者、示范者，教师有着良好的仪容仪表和言行举止，不仅有利于树立自己的良好形象和威信，也对幼儿一生产生着更为深远的影响。

一、仪容仪表

仪容是指人的容颜、容貌，包括头发、脸部、手部等。仪表，重点指人的外表，包括穿着打扮和表情等，是一个人精神面貌的外观体现。

有数据显示，人际交往中，给人的第一印象中，55%的信息来源于视觉，声音来源占38%，语言信息占7%。因此，仪容仪表在人际交往中非常重要。

二、幼儿教师仪容仪表的要求

整体而言，教师仪容仪表要自然、协调、精神。自然是仪容美的最高境界，使人看起来真实生动；协调，即脸部仪容与发型、服饰相匹配，仪容、发型与所在场合、气氛要求一致；精神，教师无论在教室还是户外，都应该容光焕发精神振作，显示出健康、自信的状态。

（一）仪容

1. 头发标准

头发要干净、梳理整齐。男教师头发长度前不过眉、侧不过耳、后不过领。女教师可以短发、长发束起或盘起，但不剪夸张发型、不披头散发、不染色彩鲜亮的颜色，如粉色、白色或其他引人侧目的颜色。另外，尽量额前发不长过眉毛，避免挡住视线；不使用气味浓烈的美发用品。

不剪夸张发型和不染色彩鲜亮的头发，都是避免过于吸引幼儿注意力而干扰了教育教学法内容，避免对幼儿的审美产生影响、使家长对教师教育教学的观念与能力水平产生怀疑。不披散头发或者说不要梳披肩发，是因为：一是散发披肩，使人的整体形象过于懒散、没有精神，给来园接送幼儿的家长留下不好的印象。二是在教学活动中，散发披肩不利于教学活动，教师在教学中会不断用手梳理头发，使其不遮住眼睛，浪费时间；在幼儿进餐中，头发易落进幼儿碗中，不卫生。在与幼儿亲近时，幼儿会很自然地去碰触教师的身体部位，而长发最容易让幼儿抓握，教师可能会受到伤害。扎起头发，不仅可以展现个人的精神面貌，而且不会影响教育教学活动。

2. 面部与手部修饰标准

面部与手要保持清洁、健康，保持口气和体味清新。眼睛无分泌物，鼻毛不外露，不使用气味大的护肤品，不佩戴各种挂饰。手部干净，指甲修剪整齐，长度不超过指肚，不涂染手脚指甲。

男教师不蓄须、不留鬓角，女教师淡妆，不涂深色调口红和眼影。不蓄须，不留鬓角，是因为男性的胡子、鬓角整理不好或不及时，容易给人一种信心不足、不卫生的感觉。不化浓妆，是因为作为幼儿教师，应该给幼儿和家长留下的是自然、端庄、大方的印象，因此更适宜淡妆。不佩戴任何挂件饰品，包括耳坠、耳环及过于艳丽夸张的耳钉、戒指、项链、手链、脚链等，是因为幼儿往往对发亮、发光的东西特别偏爱，教师佩戴这些饰品会分散幼儿的注意力。此外，教师如果在教学、游戏和照看幼儿时佩戴首饰，也难免会无意间碰伤、擦伤幼儿，对幼儿造成伤害。也有可能幼儿因好奇，上去拽、拔、摸的话，导致划伤自己或弄坏首饰而激怒教师，这些后果都是不必要的。

📘 案例呈现

要涂红指甲的壮壮

壮壮是个 3 岁多的男孩，上幼儿园一段时间后很快就喜欢上了班级里的碧磷老师，每天回家都会和爸爸妈妈讲："碧磷老师说了……"爸爸妈妈很高兴：壮壮很短的时间里就适应了幼儿园。有一天，接壮壮回家后，壮壮脱下鞋就冲向妈妈的梳妆柜，在里面不断地翻找，一会工夫，妈妈的口红、洗面奶、粉底霜等化妆品就铺满了桌子。妈妈很奇怪地问壮壮："壮壮，你要找什么啊?"壮壮头也不抬地说："碧磷老师涂的红指甲很漂亮，我也要涂。"

案例中的壮壮为什么要涂红指甲，你觉得老师的行为合适吗，为什么?

案例分析

案例考核的知识点是仪表仪态中的"行为举止自然大方，有礼貌；服饰得体，符合幼儿教师职业特点"，针对案例中"壮壮要涂红指甲的原因"及"教师行为是否适当及原因"回答问题，侧重点是"服饰得体，符合幼儿教师职业特点"中的仪容规范。

壮壮要涂红指甲的原因明显是因为碧磷老师涂了红指甲。因为刚入园的幼儿受老师影响特别大，尤其碧磷老师还是壮壮特别喜欢的老师，影响更明显。碧磷老师的行为不合适，这是因为园规里规定："不在幼儿面前化妆，不涂染手脚指甲"，不管碧磷老师是否在幼儿园内当幼儿面涂染，她都违反了园规，这是不合适的行为。

(二) 仪表

1. 服装服饰标准

衣着要整洁、美观、大方得体，便于活动。统一着具有职业特点、色彩鲜艳、活泼可爱的园服，纽扣扣好、拉链拉紧，内衣不能露于园服外。在不穿园服的工作时间，根据工作内容选择相应服装，避免选择奇装异服、不穿露肩露背露脐吊带装、不穿低胸装、不穿裙子和过紧的衣服、不穿短裤和低腰裤。服装饰品方面，坚持数量以少为宜、色彩力求同色、质地争取同质、搭配协调统一的原则，不佩戴形状大而令人感觉奇异的大饰物。

加之，工作岗位上，教师要带领幼儿游戏活动、做操时要给幼儿示范，照顾幼儿时弯腰、下蹲的动作多，打扫卫生、布置教室需要上高爬低。所以穿超短裙、低腰裤等暴露服装，一方面是不方便工作，尤其是紧身裙，在幼儿出现意外时，教师难以迈开脚步，容易错过救助最佳时机。另一方面，在这些活动过程中难免出现不雅的形象，被幼儿学说给家长，有损声誉。不穿园服的工作时间，指运动会、毕业典礼、元旦联欢会等时间。

2. 鞋子标准

鞋子要穿平底鞋、运动鞋，避免穿高跟鞋、给鞋钉铁掌，不允许穿拖鞋、凉拖和趿拉鞋，鞋跟不超过2厘米，鞋底厚度不超过3厘米。要穿袜子且保持整洁、干净、无破损，袜子颜色应为肉色或黑色，不允许光脚、不染脚趾甲。

幼儿园里教师站或者带幼儿活动时候居多，选择平底鞋、运动鞋，一是从教师身体健康和疲劳程度角度考虑，二是平底鞋、运动鞋，也很容易蹲下来与幼儿交谈或互动。而高跟鞋虽然看起来漂亮，但穿时间久了，脚会累得受不了，而且穿高跟鞋走路发出的声音会影响孩子活动、易分散幼儿注意力，尤其是幼儿午睡时间，会干扰幼儿入眠。此外，在活动中，穿高跟鞋可能会不小心踩到幼儿的脚，严重者穿高跟鞋重心不稳摔倒还会压到幼儿，会产生隐患或造成不可估量的伤害。

案例呈现

穿拖鞋的苏老师

苏老师是一家民办幼儿园的教师，年轻、漂亮而且爱美。有一年，人字拖时髦起来，而且商家说人字拖会让脚踝、小腿和大腿变得匀称，对腿部健美起到妙不可言的作用，苏老师听得心动也买了一双，穿上感觉很舒服。因为单位要求不准穿拖鞋，所以教育教学活动时，苏老师没敢穿，但在幼儿午睡时间前后，她想幼儿在家睡觉前后也是要穿拖鞋的，这个时间穿拖鞋应该是可以的。

你觉得苏老师这种想法合适吗，为什么？

案例分析

案例考核的知识点是仪表仪态中的"行为举止自然大方，有礼貌；服饰得体，符合幼儿教师职业特点"，针对案例中"苏老师穿人字拖的想法是否合适及原因"回答问题，侧重点是"服饰得体，符合幼儿教师职业特点"。

苏老师想在幼儿午睡时间穿人字拖的想法或行为是不合适的。一是因为幼儿园对教师仪容仪表里有规定：禁止穿拖鞋、高跟鞋，苏老师的想法如果付诸行动，首先是违反了园规，不符合教师的仪表规范。二是凡是拖鞋，鞋的后半部分没有鞋带绑在脚上，走路时难免会发出强度大小或者密集程度不同的声音，会分散幼儿对教育教学活动的注意力、干扰幼儿午睡，不利于教育教学。三是在幼儿可能发生意外的危急时刻，拖鞋会降低教师的行动力，为教师行动带来不便。

三、面试时仪容仪表要求

良好的仪容仪表，在一定程度上反映了一个人的素质、审美、趣味等多种因素，也反映着一个人的精神状态和品位修养，直接影响考官对考生的第一印象。在应聘幼儿园教师或考教师资格证面试时，仪容仪表方面一定要以自然清新为标准，以达到端庄而不失活泼、得体而有亲和力的效果。

1. 职业特点要突出

仪容仪表要兼顾先天条件与后天修饰，即依照个人自然条件与职业要求、经济水平等，不断提高个人文化、艺术素养、道德水准等，对妆容仪表再加以必要的修饰。如搭配衣服时，除了考虑衣服要与肤色相匹配，佩饰点缀即可、不要太夸张等美观得体因素，还要考虑自身经济条件允许。更重要的是，教师的仪容仪表还要考虑到职业特点，契合幼儿的心理、年龄特征和幼儿园课堂教学的需要。如面试当天的衣着，就要考虑适宜做演示活动而选择活泼、自然等针对性比较强的服装。考虑到舞蹈活动编排，可带舞蹈服、舞蹈鞋。

幼儿教师，和其他行业岗位不同，其职业特点要求的仪容仪表要传达的信息是端庄而不刻板、自然而不妖艳、自信而不随便、淡雅而不奢华、大方而不另类。总之，幼儿教师对自己的形象外表、衣着打扮必须时刻注意，要考虑到教师职业所具有的为人师表、教书育人、榜样示范等职业特点进行穿衣戴帽，也力求给面试考官留下干净利落、健康向上的感觉和朝气蓬勃、可爱活泼的形象。

"案例导读"中的汪某和张某争论的就是面试时的仪容仪表问题，两个人说的各有一定道理。汪某说："面试需要尊重对方"，不论对方是幼儿园领导、普通教师还是家长，都应该尊重。张某说："用人单位是招幼儿教师，化妆得太社会化不好""幼儿教师化妆，幼儿会模仿"，这是符合职业特点的。

2. 要整洁、得体

众多招聘面试，很重要的一点，是和面试者见面时的第一印象，而在没有言语交流的情况下，判断的重要指标之一就是干净整洁。干净整洁，除了指服装、鞋袜及背包没有污渍，也指容貌、外观上干净利落，头上、身上没有过多的装饰、点缀，以免会喧宾夺主。

仪容仪表的美观、得体也很重要。美观指服装服饰、外貌容颜等给人以漂亮、好看的感觉，得体则是指个体的仪容仪表与自己的角色、出现的场合、所做的工作或事情相适应匹配。得体比美丽漂亮重要得多，一个教师可能妆容很美丽、服饰很漂亮，但穿人字拖穿到了面试场所、手里时刻把玩着手机或玩偶，就大大降低了其美丽的程度。

3. 要扬长避短

仪容方面，不用过分修饰，但至少要在整体上加以改进，以发挥优点、隐藏不足，给人以鲜明的印象。

发型不仅要考虑自己的喜好，还要考虑是不是适合自己的脸型、性格特点，让自己看上去神清气爽、精神百倍，而不是看上去时髦、吸引更多的回头率，或是为了搞怪、彰显自己的个性。面试的发型最基本的原则是：整齐干净、有光泽，能够显露整个面庞，不要遮掩。烫发要整齐，不要乱蓬蓬的，也不可过长，否则容易看上去无精打采。

脸部皮肤整体妆饰方面，重点要体现出它的自然光泽，浓妆会破坏人脸上的表情，脸上细微生动、感人的表情或情绪容易被遮盖，而且浓妆也会使人丧失信心、不自然。因此，面试时需要化淡妆，适当遮住脸上的斑点、掩饰眼睛小等自认为的缺点。脸部效果还在于脸部各器官的协调，如眼睛传达出来的热情、自信、专注、渴望、理解、诚实坦率等信息，有时用语言是难以实现的。但不需要割双眼皮、画成熊猫眼。嘴唇修饰，主要是使嘴唇显得有润泽感，但不要使用大红或橙红、紫色，唇线颜色也不要画得太深，这会使的嘴唇显得突出和虚假。另外，牙齿要保持洁净，若有牙齿缺陷，可做适当修整。

章末小结

通过本章的学习，我们主要了解了以下知识点：

（1）行为举止。了解什么是行为举止和教师体态、手势、面部表情等行为举止的规范。

（2）礼貌礼仪。了解什么是礼貌、礼仪及幼儿园教师日常教育教学活动中的礼貌礼仪的表现。

（3）面试时的行为举止。如守时、面对考官的体态与表情等。

（4）仪容仪表。指人的容颜、容貌和外表。

（5）幼儿园教师仪容仪表的要求。仪容方面，对头发、面部与手部修饰都有一定的规范要求。仪表方面，对服装服饰、鞋子等有规范要求。

（6）面试时仪容仪表的要求，包括职业特点要突出，要整洁、得体，要扬长避短。

议一议

一位妈妈带着3岁多的女儿到幼儿园上舞蹈课，但当女孩看见老师的第一眼，转身就抱住了妈妈，开始哭起来，要妈妈带她走。当妈妈问她为什么时，女孩说："她的衣服太吓人了。"原来舞蹈教师的T恤前胸上被一个大大的、黑色的骷髅头占满了。你怎么看待幼儿园舞蹈教师的服饰？

答案提示

回答此类问题，考生首先要直接明确地评价教师的行为是否正确。其次，考生要考虑幼儿年龄特点与哭的原因、教师行为对幼儿造成的影响。最后，设想自己是教师，应该怎么做。

练一练

1. 小李老师被幼儿园录用了，准备报到时，她为如何涂指甲、戴耳环等装扮的事情很苦恼，你有什么建议？

2. 小班的张老师，课间休息时总是坐在幼儿的桌子上，跷着二郎腿与其他老师聊天，或者看着孩子们活动，有时腿还伸得很长。你如何看待张老师的行为举止？

3. 王老师在指示幼儿的行动时，对于反应慢的孩子，她要么拉扯他的身体和衣服，要么对他指指点点。请评价王老师的行为举止。

4. 幼儿午睡时，蒋老师从外边回来，声音很响地推开了门，并大声和带班老师说话。你怎么看蒋老师的行为举止？

5. 离园时，小朋友主动和洪老师再见。洪老师坐在椅子上，头也不抬地说："再见！"你怎么看洪老师的行为举止？

第四章　交流沟通

内容结构图

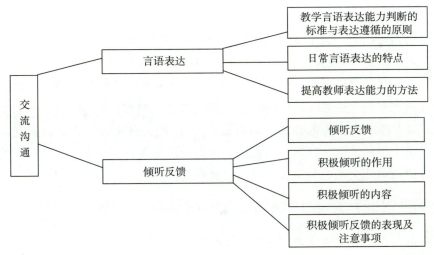

学习目标

1. 具有较好的言语表达能力。口齿清楚，普通话标准，语速适宜，表达比较准确、简洁、流畅、有条理，有一定的感染力。

2. 善于倾听、交流，有亲和力。

第一节　言语表达

案例导读

　　每年5月、12月，是某师范学院学前教育专业学生到学前教育机构专业见习的时间。学生霍某，见习的班级是幼儿园中班，有一天班级教师带领部分幼儿去舞蹈教室排练"六一"舞蹈节目时，把剩余的部分幼儿交给霍某来负责。霍某之前准备了几个游戏活动，一直苦于没有机会进行，因此，特别高兴班级老师给了她这个锻炼的机会。在班级教师带着排练舞蹈节目的幼儿走后，她马上开始召集剩余的幼儿："小朋友们，你们想不想玩游戏啊？想玩，就到霍老师这里来，霍老师带你们玩一个特别好玩的游戏。咱们站成两队，男小朋友一队、女小朋友一队，都看着我。现在，听我口令：1、2，往后溜（音'绍'，方言，意思是往后退）……"当时，就有很多幼儿面面相觑，不明所以，开始骚乱起来，还有一些幼儿不断地重复霍某说的"往后淄"。

为什么幼儿没有跟从霍某的指令而出现了秩序混乱，为什么幼儿不断重复霍某说的"往后淄"？除此方言外，霍某言语表达中还有什么问题？

作为具有"学高为师、身正为范"引领作用的教师，言语表达是其很重要的一项能力，特级教师斯霞曾说过："教师的语言应该成为学生的楷模，要使学生学会普通话，说话口齿清楚、咬字正确、声音响亮、语言完整、简短扼要、用词确切，教师首先要做到这些。"

教师的言语表达包括书面表达与口头表达。书面表达，指板书、书信、计划、总结等书面言语的表达形式，书面表达更多地用于上交材料、完成布置的工作。口头表达，又分为教学口语与日常口语，更多地用于与人交流沟通，教学言语表达与日常言语表达是本章介绍的主要内容。教学言语表达是教师根据教学任务，针对特定的学习对象，使用规定的教材，按照一定的方法，在有限的时间内，为达到某种预期的效果而使用的语言表达方式。它是教师借助教学口语这种载体、工具完成教学任务的主要方式，教师的教学言语表达水平是达成教学目标的关键。苏霍姆林斯基说："教师的语言修养在极大程度上决定着学生在课堂上的脑力劳动的效率。"因此，提高教学言语表达能力，就是提高教师教学水平的关键。日常言语表达，是指一日生活中，非教学活动时间里，教师使用日常口语与幼儿交流或与家长沟通的主要形式。

一、教学言语表达能力判断的标准与表达遵循的原则

教师在进行言语表达时应遵循一定的标准和原则。

（一）教学言语表达能力判断的标准

1. 语音要标准

即语言的声音载体，教学表达中语音是最关键的要素，要说标准的普通话。普通话是"以北京语音为标准音，以北方话为基础方言，以典范的现代白话文著作作为语法规范"的现代汉民族共同语言，概念中提到"标准音是北京语音"，主要是指参照北京语音的调值。语音要规范，要用普通话语音，避免地方不规范语音的出现，口齿要清楚，表意流畅、清晰。平仄音发音一定要准确，每个字发音到位，避免发不出音、发不清音，意义表达清晰无歧义。我国各地在语音方面，存在着不同的问题，有些地区 z、c、s、y 和 zh、ch、sh、r 不分，有些地区 n 和 l、f 和 h、ui 和 ei 不分，有些地区发音超出了阴平、阳平、上声和去声 4 个调值……例如，一位女教师和辽宁鞍山籍丈夫刘某回吉林探亲，刘某出差全国各地，自认为说话和播音员一样。到吉林后，刘某和妻子两个外甥一起玩，一个是吉林的 6 岁男孩、一个是来自山东的 7 岁女孩。在考了几道简单数学题后，刘某说："考你们几个字吧，yín 字怎么写？"当时，女教师在想："考哪个 yín 字呢？银、淫……"两个小孩半天没说话，后来 6 岁小男孩弱弱地问了一句："你考的是不是'人'啊？"可见，幼儿是对语音很敏感的，能辨别，也能发准各种语音，很多人成年后出现的语音、语调上的问题，更多是受家长或幼儿园、小学教师的影响，如果在童年早期注重幼儿语音的培养或引导，幼儿长大后自然就会说一口流利、标准的普通话。

2. 语调要根据语意内容多样化

语调，即讲话的声音高低、升降的变化。语调常被用来表示说话人的态度和语气，话语句子的内容常常借助词汇本身的意义和说话人的语调来传达。同样的句子，语调不同，听话者会有不同的感受。如"小明小便了"，结尾语调平缓是陈述小明已经或正在小便这件事，而结尾语气上扬时，就表示说话者是在疑问或质疑。

教师教学中，为吸引幼儿，要根据教学的内容，与故事角色的特点相匹配、体现不同角色的性格特点，语调会根据需要抑扬顿挫、起伏跌宕。例如，胆小害羞的小兔子说话要轻轻地、小声地，活泼健谈的小鸭子说话子要欢快而轻盈，憨厚可爱的小熊说话要瓮声瓮气、闷闷的，有勇气、乐于助人的小狗要声音大、热情、很阳光，慈祥和蔼的老山羊说话要低沉、平稳而语重心长，奸诈狡猾的狐狸说话要尖尖的、假假的……在不同场合下，为达到教育目的，教师也会采用不同的语调，如幼儿有进步，教师可能会提高声调，以一种兴奋的情绪传达给幼儿肯定、表扬的内容；幼儿犯错误时，教师声调会降低，传达给幼儿一种"很遗憾、难过"的感觉。如果需要冷处理，教师的语调还要保持平静如水。因此，出于不同的教育教学目的需要，幼儿教师要采用多样化的语调。

3. 节奏要恰如其分

节奏，是在语气的基础上形成的总体的态势和趋向，多种语气的变化、转换构成节奏的基本线条和基本框架，也是由一定的思想感情的波澜起伏所造成的，语言传播过程中显示为轻重缓急的声音形式的回环往复，包括讲话时字音的长短与停顿的长短所构成的快慢变化、停顿和连续。语气是节奏内部的诸多小单元，但语气的综合并不是节奏，节奏是各单元间或各语句间的组合方式，节奏的把握立足于篇章。一般来讲，重点内容节奏要慢一些。整个教学过程中，节奏快慢要适中、和谐，音节与音节、句与句之间承接连贯，语流顺畅、完整。停连，是语言表达中的停顿和连续。停顿有生理和心理双重需要，停中有续、断中有连。连接是语流语势的内在要求，连中有断、续中有停，连断结合、气势相通。

节奏的类型比较丰富：轻快型、凝重型、低沉型、高亢型、舒缓型、紧张型……各种类型的气息状态、口腔状态、共鸣状态等各不相同，欲扬先抑、欲抑先扬，欲快先慢、欲慢先快，欲轻先重、欲重先轻……只重语气而轻视节奏，必然会导致有句无篇、零碎无章、气势不足。此外，需要注意的是，教师教学口语中不要有"嗯""这个""就是"等口头禅，或是尽量克制不要出现因咽炎导致的或习惯性的咳嗽等行为，这些口头禅或行为会导致语言节奏出现人为中断，听者在注意力集中程度上或语意理解上也会受到干扰。

4. 语速要快慢得当

语速，是指在运用词汇表达或沟通时，一定时间内使用的词汇数量，亦即讲话的快慢。教师教学，要求速度要适中，如果太快，会出现有些语音不完整、被吞音，也会令幼儿听不清楚，思维跟不上也反应不过来，特别是和幼儿生活经验距离太远的内容、科学内容的介绍等的叙述更不能太快。而语速太慢，会像催眠曲一样使人昏昏欲睡，难以提起精神，教学效率低下。教学实践表明，教学语言的速度以每分钟 90~120 个字为宜。

5. 音量要适中

即教师教学语言声音的大小，教师教学的音量要能保证每位幼儿都能听清。提高音量、降低音量、沉默等都是教师在教学中常用的手段。一般地讲，教学中讲到关键点时，或需要强调突出某个问题时，可以提高音量，放慢速度。短暂的沉默是教师维持课堂教学秩序，引起学生注意教学内容，激发思维的一种有效方法。在不同内容之间，也可以使用短暂的沉默。需要注意的是，除非幼儿声音特别小，小到像从嗓子眼里出来，连周围的幼儿都听不到，这个时候可以要求幼儿"声音再大些，让其他小朋友和老师能听到"。否则就不要在教学中对幼儿说"我听不清"或者"大声点、再大声点"，不要采取高音教学，不仅授课者易疲劳、易损伤嗓子，而且会对幼儿听力造成损害。教学中声音也不宜过低，不易听清楚，也易疲劳；不宜平直，使人溜号。要抑扬顿挫、高低起伏。

台湾的公众场合，如公交车、商场等地，人们之间交谈的音量都较低，只有双方能听到，这是从小培养起来的素养。幼儿园里，教师的音量也向来平和，很少有高 8 度的时候，也很少感受到音量中掺杂着情绪的因素。一次，一个小班幼儿在其他幼儿吃早饭的时候，又蹦又跳，发出较大的声音，老师走到他跟前，面对着幼儿蹲下去，单膝向前着地，和那个幼儿交谈，看到老师嘴在动，但声音听不清，可能是在做思想工作，交谈一会儿后，两人分开，男孩安静了许多。

6. 词汇要丰富、准确

词，是最小的能够独立运用的语言单位；短语，是词和词的语法组合。词汇，是语言中所有的词和固定短语的总和。教师教学用语，要有一定的词汇量，也就是教师教学语言要丰富、出口成章、优美动听，教学所用词汇还要尽可能地规范、有一定美感，用词要形象、生动有趣，特别是一些专业名词或科学概念，决不能随意改动、信口开河。

方言词汇是流行在方言地区而没有在普通话里普遍通行使用的词汇，如案例导读中的"往后溜"就属于方言词汇。诸如此类的还有：㧯摸（寻找），出溜（滑），神戳戳（发神经），瓜西西（傻傻的），那旮旯（那个地方），稀罕（喜欢），埋汰（脏），的瑟（不务正业或臭美）、整个浪儿（全部）等。因为是方言词汇，在方言通行以外地区使用就容易使人产生误解或不解。如沈阳、鞍山等地的有些人，"咱们"与"我们"使用与其他地区有些不同。一次，一位教师听到姐妹两人在聊天，她们嘴里时不时地说出："我爸……我妈……"，而姐妹中一人和该教师聊天时，则常常说："咱家……"。该教师开始以为两姐妹是同父异母或是同母异父，但最后了解到两人是同父同母的亲生姐妹。只是她们口中的"咱们"不包括对话者在内，"我们"包括对话者在内。与普通话里"我们"（不包括对话者）、"咱们"（包括对话者在内）的用法明显不同。因此，需要注意，教师教学用语中，不要使用方言词汇。

7. 语法要规范

即用词造句的规则，讲话要符合语法，合乎逻辑，要有一定的文学水平，教学口语中不能出现低级错误的语言。

（二）教学言语表达遵循的原则

教师在使用教学言语中，要遵循以下几条原则：

1. 学科性原则

教学语言是各门学科的教学语言，教师必须应用各门学科的专门用语即术语。如在介绍不同国家或地区的货币时，要称之为人民币、美元、英镑、日元、欧元、台币等，而不能说成中国钱、美国钱、英国钱、日本钱。在科学课，带领幼儿认识一些科学现象时，也要用专业术语，如让幼儿拿尺子在头发、衣服上或其他物体上摩擦，然后和气球、纸屑接触，或者让幼儿尝试换其他物体进行这种摩擦生电实验，这里用到的专业用语是"摩擦"不是"蹭""搓"。同样，水的三态变化，由液体转化为气体，不能把"加热"说成"烧"。教幼儿认识分数时，不能把"分子、分母"说成"上边、下边"。认识地球仪的位置，把"南北东西"说成"上下左右"也是不准确的。如"案例导读"中的霍某在组织幼儿进行游戏中使用的口令，属于体育游戏的范畴，应该使用体育的专业用语，如向左转、向左转、向前走或向后退等。

2. 科学性原则

科学性原则是指教学语言中的概念要准确、判断要周延、推理要严密、表述要合乎逻辑，语言的科学才能保证教学内容的科学性，才能让幼儿对知识有科学的认知，才能完成培养幼儿的思维能力的任务。对于一些问题的分析，更需要具有严密的推理过程，循序渐进、逐步深入，注重浅显的、合乎逻辑的、通俗易懂的语言的运用。一些见习学生初教幼儿时，常常忽略讲授内容的合理性及内在逻辑性，如教幼儿计算时会出类似"小明吃了 3 个馒头，又吃了 4 个馒头，一共吃了多少个"的问题，而从题目中可知，小明是个孩子，一次吃 7 个馒头，不合理、不科学。

📘 案例呈现

认识不同的船

一名学前教育专业学生孙某见习期间上课，课程名称是《认识不同的船》，准备了一些船的图片。教学过程中，见习学生先出示一张图片，问："这是什么？"幼儿纷纷回答："船""轮船""客轮""邮轮"。见习学生又问："这船是干什么用的呢？"幼儿回答："坐人的""旅游乘坐的"等，见习学生总结："这是我们和爸爸妈妈出去旅游或者探亲什么的时候坐的船，因为是载人的，所以叫客轮。"接着出示第二张图片，问："这是什么船？"有幼儿答出"货轮"，见习学生总结："这船是用于装货的，上面都是集装箱，叫货轮。"接下来出示第三张图片，继续问："这是什么船，是做什么用的？"总结时说："这是帆船，比赛用的。"出示第四张图片，问题仍然是"这是什么船，做什么用的？"她的本意是想让幼儿回答"军舰"。但有一个幼儿回答"航空母舰"。见习学生反问:"是航空母舰么? 航空母舰不是天上飞的吗?"

孙某语言承载的教学内容准确吗, 为什么?

📘 案例分析

案例考核的知识点是交流沟通中的"有较好的言语表达能力。口齿清楚,普通话标准,语速适宜,表达比较准确、简洁、流畅、有条理,有一定感染力"。针对"案例中孙某语言表达的教学内容是否准确及原因"回答问题,侧重点是"语言表达比较准确"。

案例中孙某所说的"航空母舰是天上飞的"是不正确的。她是因为"航空母舰"中有"航空"两字,就想当然地认为这不是船,反映了其备课不够充分、知识面狭窄。另外,孙某对帆船的总结,即"帆船是比赛用的",概括的也有失偏颇、不够全面。而这些问题体现在言语表达上,是言语表达不够准确、不科学。因为教育对象是幼儿,教师不仅要说标准普通话,其承载的内容也应该准确。

3. 教育性原则

教师的教学语言除了准确、符合学科特点外,还应该结合传授的知识,挖掘其内在的德育价值,有利于激发学生健康向上的精神,树立良好的价值观,有一定的教育意义。如一位幼儿教师用抽签选定两位照顾班级植物的小助手,当时大部分幼儿都围在教师周围进行活动,两三个幼儿还在吃饭。教师第一次抽签,抽到了一位正在吃饭还没有过来参加活动的幼儿,教师说:"不巧哎,他还在吃饭。我们抽第二位小助手吧。"没想到抽出来的第二位也在吃饭,围在教师周围的几个幼儿开始说:"他们好慢啊!"教师说:"不可以这样说哦,要说'你们要加油哦'。"一些幼儿转过身,对着吃饭的幼儿说:"你们要加油哦!"从教师的做法中,可以看到,她对围绕在她周围幼儿的语言要求:一是不要贴标签、不给予他人消极暗示;二是尊重他人的差异、不抱怨;三是教会幼儿语言的艺术。

4. 针对性原则

针对性原则是指教师的教学语言,必须是在受教育对象已有的知识经验范围之内能够理解的,与受教育对象的思想感情相通。有人把语言划分为4个层次,按水平依次为:一是深入浅出;二是深入深出;三是浅入浅出;四是浅入深出。就表达内容而言,教师教学应当深入浅出、通俗易懂、简单明了、生动活泼。不能采用浅入深出的表达方式,即不能把一个浅显的道理表达得令人费解,如解释"一堆萝卜"为"是若干萝卜按某种程序排列"。又如,"案例导读"中的霍某使用口令"向左转、向右转",如果幼儿对左右辨别不清,可以在发出号令后,再辅以具体物体或身体功能的方位提示,如"向右转,你拿汤匙的手那面是右侧"。案例导读中,霍某提到"咱们站成两队,男小朋友一队、女小朋友一队"中提到的"男小朋友""女小朋友",也有的见习学生会说"男幼儿""女幼儿",这些说法都不合乎日常用语习惯,应该称为"男孩""女孩"。

二、日常言语表达的特点

日常言语表达是日常生活中非教学时间里教师与幼儿、家长沟通交流时使用的语言表达方式。虽然是非教学时间，但因为身为幼儿教师，社会身份也决定了教师日常口语也要具有科学性、教育性、针对性等特点，除了以上特点外，日常言语表达还具有生活化、不规范、轻松幽默等特点。

1. 生活化

日常用语和幼儿生活密切相关，所以语言也更贴近其生活经验，注重幼儿社会性的培养。例如，和幼儿日常说话也用"请""对不起""谢谢"等礼貌用语，让幼儿潜移默化中从教师言行中习得这些礼貌用语。和家长打交道时，称呼上通常会称呼家长为"某某妈妈""某某爷爷"，而不会以其姓和职务或职业来称呼；沟通内容上，除了幼儿在园学到了什么外，交谈内容也大部分是围绕着幼儿的生活进行，如幼儿在园吃饭、喝水、午睡情况，和其他幼儿互动如何、情绪如何、需要特殊说明的事等。

2. 不规范

因为是日常生活中使用的，所以语句不像教学言语那么符合语法规范，有时可能会省略主语、状语、宾语，甚至是谓语；有时可能会语序倒装……但结合当时语境，这些语句都能被理解，不会出现歧义。例如，在安排下一周或第二天礼仪小标兵时，面对众多志愿者，指着某个或某几个幼儿"你来"（下周或明天，你来当礼仪小标兵）；饭前，提醒没去卫生间的幼儿"洗手去"（你去洗手吧）。

3. 轻松幽默

日常言语表达多发生在教师与幼儿个体互动中，也是教师亲和力表现特别突出的时候，有些教师的幽默感能使师幼关系更加融洽，也能使教育起到较好的效果。如一个幼儿午餐吃得较慢，保育老师收拾完了全班幼儿的碗筷，看这个幼儿边吃边玩弄餐具，就对这个幼儿说："大哥，先吃饭呗，吃完饭再玩，好不？"男孩笑着冲保育老师点点头，真就停下了摆弄餐具的动作，专注于吃饭。

三、提高教师言语表达能力的方法

1. 重视理论修养

没有扎实的学科知识和理论做基础，教师言语表达也会枯燥无味、黯然失色。幼儿教师要多看学前教育专业的书，如教育学、心理学等相关书籍，游览专业相关网站，参加专业前沿的一些会议与培训，丰富专业素养的同时，也在提高着言语表达能力。这样，在和家长沟通时、在遇到家长提问时，能更好地体现出自己专业人士的身份。

2. 注意语言积累

语言表达的能力，根基于积累。一个阅读面窄、词汇贫乏的人不会有很强的语言能力。特级教师朱雪丹总结经验时说："一个人要提高语言能力，必须多看书，从书面语言中吸取丰富的营养，看一些优美的散文，吸取它精练的语言、丰富的词汇，并融会到自己的口头语言中去。面对好奇心十分强烈的受教育对象——幼儿，幼儿教师不仅应该看专业书籍，也应该广泛涉猎各种书刊，做好语词或语句、文章段落等方面的摘要或总结，日积月累，在和幼儿沟通或教学中，才能做到游刃有余。

3. 加强实践训练

使用语言是一种技能，技能可以通过实践训练来提高。一是幼儿教师可以通过写详案、认真备课且背熟后进行教学，来规范自己的教学语言，做到语句精练、规范，没有口头禅。二是通过教师间相互进行教学观摩、研讨，修正语音、音量、调值等问题，使语音正确，没有方音语调。三是常听中央台节目主持人、儿童节目电台广播主持人的发音，并模仿练习，在节奏、语速上加以提高。

第二节　倾听反馈

案例导读

　　某幼儿园小班，幼儿入园两个多月了，绝大部分幼儿入园时情绪比较稳定，个别幼儿偶尔会在家长离开时哭泣几下，很快也就平复了。一天，惠萍入园后在自由活动时和其他幼儿玩得还很开心，但在老师组织户外活动之前，小李老师说："先去小便，然后再出去。"其他幼儿小便完很快就开始往教室外走了，最后一个出来的惠萍在盥洗室外突然开始哭泣，边哭边说："我想妈妈。"小李老师走过去对惠萍说："请你保持冷静。"惠萍边抽泣着边说："我冷静了。"小李老师往教室外走，惠萍紧跟着老师，胡乱地擦着眼角的眼泪。

　　案例中的小李老师对幼儿的倾听反馈，你觉得恰当吗？

一、倾听反馈

　　倾听是指通过感觉器官，如视觉、听觉、触觉等媒介，接受、吸收并理解对方思想、信息和情感的过程。通俗些说，倾听，是用耳朵听、用眼睛看、用嘴提问、用脑思考、用心体验与感受。与听见不同，听见是对声波振动做出反应，是生理过程，是一种被动行为。而倾听是将注意力集中于当前声音的有意识行动，与个体主观感受有关，是一种主动行为。例如，针对幼儿说的"我爸妈打架了"，"听见"是听到了幼儿说话的声音、听到了幼儿父母打架这件事，而"倾听"不仅听到了打架这一内容，还可能听出了幼儿的恐惧与害怕。反馈，是针对倾听到的信息做出的言语、身体动作等方面相应的回应。

二、积极倾听的作用

1. 积极倾听能帮助教师更好地了解幼儿

　　教师积极倾听，伴随着关注的表情和身体动作，有助于了解幼儿的想法与内心体验，有助于得到幼儿更多的信息，教师在掌握尽量多信息的基础上，才会做出更恰当的判断和决策。有时，积极倾听获得的信息，比正式沟通得到的信息还要有价值。这是因为，幼儿感受到来自教师的关注、鼓励，更愿意敞开心扉、袒露秘密。

2. 能增进教师与幼儿之间的关系

积极的倾听态度会使幼儿感到愉快，有助于了解幼儿传达的信息，据此可推断幼儿性格、一些事件或行为背后的目的、意图，还可以训练教师推己及人的心态，锻炼教师的思考力、想象力及客观分析问题的能力。例如，一名教师组织幼儿户外游戏，幼儿们玩得很高兴，但是一个女孩突然哭起来，经询问得知她是被身边的雨可咬了，从女孩胳膊上深深的牙印能看出雨可下口很用力。教师很生气，大声质问雨可："你为什么要咬小朋友，咬你你不疼啊？"雨可可能是被教师的语气吓到了，低着头、不吱声。过了一段时间，教师平复了情绪，把雨可拉到一角坐下来，轻柔地对雨可说："老师知道雨可平时很懂事，今天为什么会咬小朋友呢，是不喜欢她吗？"雨可看到老师和颜悦色的表情就说："我喜欢她，想和她玩。"教师惊讶地张着嘴，好奇地问："喜欢她，为什么下口咬啊？"雨可说："我妈也咬我，说喜欢我才咬的啊。"教师恍然大悟，原来雨可是模仿妈妈的行为。

3. 帮助幼儿更好地自我成长及处理问题

积极倾听能够帮助幼儿厘清思维逻辑，找出问题根本，还可以帮助幼儿发展他们的思想，提供他们机会澄清想说的内容或激励他们做进一步补充。例如，小班的胖虎和班里其他幼儿年龄相仿，但是个发育相对迟缓的幼儿，在语言上落后于其他孩子，听、唱都没问题，但表达上比较吃力。一次自由活动时间，胖虎拿着汽车走到老师面前，抓住老师大腿，老师蹲下身体、眼睛注视着胖虎，问："胖虎，你想干什么啊？"胖虎说："车。"老师点点头，说："嗯，车怎么了？"胖虎憋了半天说："玩车。"老师带着微笑的表情，继续说："和谁玩啊？"胖虎又努力了半天说："老师玩车。"老师看着胖虎，说："请老师和我玩车，你说一遍。"……在胖虎一开始找老师的时候，老师就知道胖虎的意图，但通过积极倾听，使幼儿在鼓励下更好地发展他的语言表达能力。

三、积极倾听的内容

1. 听关键词与事实性内容

关键词，是语言表达中能够描绘具体事实的字眼，这些词汇能透露出一些信息，也会显示出对方的关注重点和情绪所在。通过关键词，能了解到讲话者疑惑的事实问题及其对他人的信任。

例如，在小班积木区，两个幼儿从轨道主题的盒里拿积木准备摆轨道，在这个主题的积木里，只有两颗珠子，女孩先把两颗珠子拿到了手里。男孩摆弄了两块积木后，看着女孩说："我没有珠珠……我没有珠珠。"过了一会儿，女孩抬头说："你要说你玩完再给我。"男孩眼睛往上翻着（在努力地回忆女孩的话），说："我玩完给你。"然后转头接着搭积木去了，又过了一会儿，女孩主动递给男孩一颗珠子说："给你。"这场对话中，关键词是"珠珠"，而事实性内容就是珠子的归属，女孩有两颗珠子，男孩想和女孩要轨道积木中的珠子，女孩听懂了男孩意思但要男孩保证玩完后再还她才给他珠子。两个幼儿听明白了对方话的意思，而且给出了相应的反应。

在倾听语言内容时，除了要听关键词，即根据讲话者语言组织的形式、语言传达的内容和语句中的重复等信号，提炼出讲话者说话的主要观点。讲话者如果是成人的话，还要特别关注讲话者说话的开始、中间或结尾，这些段落隐藏或包含着一些更重要的信息。

2. 倾听情感

积极倾听中，听到语言中的事实性内容容易做到，听到内容中包含的情感有些难度，就像现实中有的人能听到幼儿的笑声但感受不到纯真，能听到一些人的哭泣但体察不到他们的悲苦一样。只有认真倾听，留意捕捉讲话者所表现出的情绪，注意对方避而不谈的地方，可能这正是问题症结所在，这样也才能对其情感有更深入的体会。

山东省科学院幼儿园张桂英的《幼儿教师观察记录：和孩子对话》里有这样一个案例：一天早上入园时间，一个幼儿进教室就告诉教师："小雨在外面哭呢。"教师出去就听到了楼梯处传来的抽泣声，想到小雨之前说过妈妈去外地的事，教师看到小雨时就问："是不是妈妈去外地了啊？"小雨抹了抹眼泪，拉住教师的手说："不是，妈妈今天在家。""那你为什么哭啊？"老师问。小雨用手撩了撩垂到前面的头发，看了老师一眼，又低下头去说："家里有两张接送卡，我想带一张来，可是妈妈不肯让我带。""接送卡是留给爸爸妈妈来接你用的呀，当然要放在家里了。这是小事情，快别哭了，老师可喜欢看你的笑脸了。"老师说。"可是，我想带卡到幼儿园来。"小雨还是坚持这样说，"家里有两张卡的，我只要带一张来。"看着小雨脸上坚决的表情，老师突然意识到：这个孩子因为妈妈经常不在家，爸爸有时接得晚，有时让阿姨来接，前天就因为阿姨没带接送卡，在要求阿姨签字的一会儿时间里，小雨就又掉眼泪了。或许，这就是她坚持要把接送卡带在身边的原因吧！"哦，你怕爸爸来接你的时候忘记带接送卡吗？"老师问。"是的，妈妈明天又要去外地了。"小雨的声音有些颤颤的。"嗯，小雨最懂事，妈妈不在家，你可以提醒爸爸别忘记带接送卡，老师也可以发短信提醒你爸爸。"老师蹲下来亲了小雨一下，"可是，小雨要坚强一点，不能遇事就掉眼泪。"小雨点点头，去卫生间洗手了。老师有些黯然，这个心思细腻的孩子！老师曾经讨厌她动不动就抹眼泪的样子，每次看见她哭，就随手拿张纸巾给她擦擦泪，很少蹲下来耐心地听她讲哭的原因。童心，是最敏感的，孩子想要的，其实是母亲的关爱啊！

3. 观察表情与行为

倾听过程需要运用各种感觉器官，不仅是耳朵听，还会用到眼睛，可能还会用手摸头、触碰肩等身体部位。在积极倾听中，不仅要听讲话者所说的事实或说话本身，更要运用身体各个感觉器官去观察，尤其是用眼睛去看讲话者的表情、身体动作。例如，一名教师在户外活动时间，像往常一样喊了一声"准备出发"，其他幼儿都迫不及待地排队往教室外走，只有一个幼儿坐在座位上一动不动。教师以为幼儿身体不舒服，用手一摸幼儿额头并不热，蹲下问幼儿："哪里不舒服啊？"幼儿也只是摇摇头，不说话。老师说："既然没有不舒服，就一起出去玩吧。""我不想出去，哪都不想去。"孩子说。教师很好奇地问："为什么，你每次出去不都很高兴吗？"幼儿低头不吱声了，两手使劲摆弄衣角，还往下拽的样子。教师伸手摸了下幼儿的裤子，就明白原因了……幼儿没有说原因，但在积极倾听下，可以关注到幼儿说话时的表情、动作，透过这些来了解言语背后的真正原因。

四、积极倾听反馈的表现及注意事项

（一）积极倾听反馈的表现

积极倾听，目的是鼓励讲话者有说下去的想法或勇气，有助于交流沟通持久且深入，在积极倾听时，要从肯定对方的立场去听、设身处地去听，感受他们讲话时的内心体验，对听到的信息就会有连贯反应，带着一种理解信息全部意义的强烈意图，会做经常性的回应，更多时候，倾听者的情绪和讲话者会保持一致。好的倾听者能对他人的话做出合适反应，避免简单做评价与判断之类的第一反应，应该采取灵活的反应方式，使之与环境相适应。

1. 表现出关注的体态语

听的过程中，倾听者要适时适度地给予一些身体态势语，如自然微笑、注视、点头或与对方保持较多的目光接触、端坐的坐姿等，都能及时地表达对讲话者的肯定和鼓励，这对讲话者来说是极大的鼓舞，自然愿意多讲话。如果对讲话者的话表示欣赏、赞成，可以不时地点头、微笑或竖拇指；如果讲话者说的是一件悲伤、难过的事，倾听者表情也应该是严肃、沉痛的，也可以在讲话者流泪时递纸巾、轻抚其肩或轻拍其背进行抚慰；如果想继续让对方讲下去，可以把椅子移近些，缩短一点空间距离，将身体稍微前倾，保持一个放松而关注的姿势等。

2. 恰当的言语回应

在讲话者说话时，尽量少说话，避免打断讲话者的思路、减少讲话者继续讲下去的欲望，但有时恰当的言语回应能给讲话者一种"对方愿意听我说，希望我继续说下去"的感觉。

交流沟通中的言语回应分 4 种：一是通过提问或重复以确认刚才听到的内容，回应时加入讲话者的关键内容，即将对方所说的予以摘要重复，表示在注意听，鼓励对方继续说。对方就会感觉到你对他所说的话在意、关心，并愿意继续或深入去交流。通常使用的语句是"你的意思是不是……？""你刚才说是……？"二是回应说话者的事实性内容，可以使用的语句通常有"是的、我明白了、好、哦，原来是这样……"语调要尽量保持客观和中立。三是对于一件事或一些事情想多知道些情况，可以重复对方说的要点，鼓励他进一步澄清或解释，可以用"情感反应 + 事件反应"的句式，如"你可能会感到很委屈，爸爸因为你不乖批评了你。""你看起来好像很高兴，因为老师表扬了你。"也可以用"后来呢？""有依据么？"……四是帮助连接，在讲话者说话过程中，一时找不到合适的词汇，或者突然卡住了，可以帮讲话者寻找恰当的词汇来继续后面的交流。"案例导读"中小李老师对惠萍的哭泣做了言语回应，但只是针对幼儿恰当行为的指导，而没有回应幼儿对妈妈的思念，幼儿虽然冷静下来了，但情感却压抑下去了，并没有得到适当的宣泄。

3. 适当的沉默

沉默的情况分两种：一种是倾听者不说话、保持安静听讲话者说。沟通中打断或支配对话就意味着没有积极倾听，因此，在听完讲话者的话之前一定要保持沉默，不管你对讲话者说的内容、观点是赞同与否。二是沟通交流中，可能会出现讲话者与倾听者双方都不说话的沉默状态。这时的沉默，能促进思考，有利于引导对方深思或进一步思考，若讲话者说谎则能引起其恐慌，也能给倾听者留有思考的时间。沉默也有助于控制自我情绪，在自己心生怒火的时候，开口容易失言，影响谈话气氛和自身形象，保持沉默可克制自己激动的情绪。如讲话者在讲到一件悲伤、难过的事情时，难免因为情绪激动、哽咽等而不能继续言语表达，这时就会出现暂时的沉默，倾听者可以递纸巾或采取小幅度的肢体安慰动作，但不要急于用语言安慰、填补这段沉默。

（二）倾听反馈的注意事项

聆听包括 5 个条件：不批评、不判断、尊重、敏锐、以对方为中心，而幼儿讲话时，在教师或家长等成人的倾听方面，常常会出现溜号分神、不能及时回应或回应不准确，甚至不想听等问题，这些问题的原因不只是成人对儿童心理了解不够，更多的是存在着一些习惯性思维，比如：幼儿说的事也不是什么重要事，无非就是孩子之间的矛盾、成人的批评表扬之类的，今天过去了孩子自己都不记得这事了，所以听得进听不进都无关紧要；目前还有一堆事，整理玩具、打扫卫生、教学准备及户外游戏的注意事项等，都迫在眉睫呢，幼儿说话这个事先放一放；幼儿什么都不懂，听幼儿说完，没法回应，感觉没有什么好说的……这些想法都会阻碍认真倾听。所以，作为教师或者家长，都要从内在认识倾听的重要性，重视积极倾听的意义，确立"倾听是解决问题的重要方式"的理念，这样才能做到积极倾听。积极倾听要注意以下几点：

1. 不要打断对方的讲话

打断对方讲话或者在对方讲的过程中插话，通常是两种原因。原因一是倾听者认为自己知道讲话者接下来要说什么，于是对方没讲完，就迫不及待提到自己的有关经历、下定论。或是倾听者有根深蒂固的心理定式或成见，想当然地猜测、先验性地假定对方说话是什么意思，难以用冷静、客观的态度接受对方信息，因此听不进他们实际说什么，往往忽视信息中的有用成分，也会影响倾听效果；或者没等讲话者解释完问题是什么就提出解决方案。例如，一天早上，小班爱哭爱告状的小雯又来找老师了，她刚叫了声"老师"，教师就说："谁又把你怎么了？"小雯说："要喝水。"案例中的幼儿因为饮水机放得高、够不到，想让老师帮她接水。但教师根据幼儿一贯爱哭爱告状的特点就先认定幼儿是告状来了，因为是幼儿，比较单纯、天真，所以教师这种打断并没有影响她继续表达想法，如果换作是成人可能就影响继续交流沟通了。原因二是很多人不是抱着理解目的，而是带着如何答复的目的听，在倾听过程中，与讲话者的观点、看法或价值观不相同，想改变讲话者看问题的角度、看法，从而与讲话者争论，使对话偏题。好的倾听者，在对方讲话过程中，即使有问题、不同意见或看法，也尽量留到稍后再验证；

听与自己是否同意他人讲话观点是毫无关系的，听就是接受其他人所讲的一切，在接受过程中理解他人想法，但理解并不意味着接受。

因此，在交流沟通中，想让对方畅所欲言、让彼此有进一步深入沟通的机会，就要认真倾听、清空自己头脑里的预定想法或杂念，尽量把自己的情绪和对方传递信息的实情区分清楚，避免打断谈话、直接质疑或反驳，要压抑住自己那想表达的欲望，在讲话者没表达完观点或感受之前不要去想自己的答复，即使交流中，对方停顿、沉默，也并不意味着讲完了，要有耐心地等待。除非是为了鼓励讲话者继续深入、让讲话者澄清观点等而适当地加以一些言语的回应。

2. 情绪上不要过于激动，应尽量了解对方

如果过于在乎自己的情绪，就变成听愿意听的而不是真正听到的，会过滤掉与自己观点不同的内容，可能会觉得那些内容不相关、不合理或不协调而屏蔽了一些听到的信息。要通过中立、客观和开放的心态避免这种情况发生。

网上一篇《避免误解和伤害孩子》的文章中讲到，午餐后教师和孩子在麦田边走，有幼儿报告："王老师，文文把小麦折断了。"教师看到一群幼儿围着文文在指指点点，而文文手脚比画着、争辩着，教师生气地走过去，大声喝道："文文，你这样做不是把小麦弄死了吗？"文文用近似哭腔的声音说："我只是想看看小麦的杆里面是什么样的。"教师为自己的冲动而感觉惭愧，蹲下身问文文："你发现了什么？"文文眼睛瞬间亮了起来，兴奋地说："杆里面是空的。"文文的行为是怀着强烈好奇心、求知欲探究小麦的内部结构，并不是教师心里所想的单纯的破坏。由此可见，简单粗暴的制止，可能会扼杀幼儿对自然的关注、对探索的欲望。

3. 避免消极的体态语

在沟通交流时，虽然在言语上进行了回应，也恰当地保持了沉默，但也可能达不到有效的沟通，这可能是交流沟通中的消极体态语导致的。比如，听对方讲话时，整个人坐在椅子里，身体后仰，靠在椅背上，或身体侧对、背对讲话者；眼睛左顾右盼，东张西望；手里一直转笔、玩手指头、摆弄衣服或头发等；身体不停转来转去或变换站立姿势；双臂交叉抱于胸前；手指或脚敲打桌子、地面；双腿交叉或跷二郎腿摇晃；打哈欠、伸懒腰；手撑着头腮……这些身体态势语都程度不同地向讲话者传递着诸如"听你说话感觉好累，内容真是无聊，我对你说的东西没什么兴趣，我不想听你说下去了，什么时候能结束……"等信息。因此，沟通交流时，要尽量避免出现这样的消极体态语。如果因身体状况不佳、时间精力有限等原因，不能进一步交流沟通，也应向对方说明，取得谅解。

章末小结

通过本章的学习，我们主要了解了以下知识点：

（1）教学言语表达能力判断的标准与遵循的原则。教学言语表达能力判断的标准是语音要标准、语调要根据语意内容多样化、节奏要恰如其分、语速要快慢得当、音量

要适中、词汇要丰富准确、语法要规范。教学言语表达要遵循学科性原则、科学性原则、教育性原则、针对性原则。

（2）日常言语表达的特点。日常言语表达有生活化、不规范、轻松幽默等特点。

（3）提高教师言语表达能力的方法。提高教师言语表达能力的方法有重视理论修养、注意语言积累、加强实践训练等。

（4）倾听反馈。了解什么是倾听与反馈。

（5）积极倾听的作用。积极倾听能帮助教师更好地了解幼儿、增进教师与幼儿之间的关系、帮助幼儿更好地自我成长及处理问题。

（6）积极倾听的内容。积极倾听的内容包括听关键词与事实性内容、倾听情感、观察表情与行为等。

（7）积极倾听反馈的表现及注意事项。积极倾听反馈的表现包括表现出关注的体态语、恰当的言语回应和适当的沉默。倾听反馈注意事项有：不打断对方的讲话，情绪上不要过于激动，应尽量了解对方，避免消极的体态语。

议一议

马上要上中班的小宁，还是不喜欢去幼儿园，每天早上去幼儿园对他和家长来说都是很痛苦的一件事。有一天，小宁对来接他的妈妈说："妈妈，等我以后有了钱，办一所老师不批评小朋友的幼儿园……"而在家长接小宁回家时，也经常会听到老师诸如"小宁今天在活动区活动时，先是在建构区待了一会儿，后来又去了阅读角，有点坐不住。""小宁午饭吃得太慢，又是最后一个。""小宁太淘了，上课时老是站起来，挡着其他小朋友。"……你怎么看待小宁所在班幼儿教师和幼儿及其家长的言语交流？

答案提示

一是明确指出幼儿教师的行为是否恰当及其原因。二是依据《幼儿园教师专业标准（试行）》或《幼儿园教育指导纲要（试行）》评价教师的行为对儿童的影响。三是设想自己作为教师，应该怎么做。

练一练

1. 模拟故事表演《小羊和小鱼》。要求：普通话标准，语气、语调、动作、表情符合故事内容，有感染力，能够吸引儿童的注意。

小羊和小鱼

从前，有一对兄妹，他们彼此关心和照顾。可是，他们的母亲去世后，来了一个坏心肠的继母。继母讨厌这对兄妹，她懂得魔法，就念起咒语，把哥哥变成一条小鱼，把妹妹变成了一只小羊。

可怜的小鱼在池塘里游来游去，非常苦恼；小羊也很苦恼，什么也不想吃。

　　有一天，来了几位陌生的客人。狡猾的继母觉得这是个很好的机会，于是叫来厨师，对他说："你去把草地上的那只羊抓来，做成羊肉串给客人吃吧。"

　　厨师什么也不知道，所以抓来了那只小羊，放在厨房里。

　　池塘里的小鱼看见了这一切，于是游啊游，来到了厨房边上的水沟。

　　小羊对着水里的小鱼说："救我，救我。"小鱼也深深地叹气，可他什么办法也没有。他们俩人哭啊哭，很悲伤。

　　厨师一听小羊能讲话，而且小鱼也在悲伤地叹气，吓了一大跳。他明白了，这不是一只真的小羊，而是被坏心肠的继母施魔法变的。

　　于是他轻轻地说："别哭了，我不杀你了。"

　　厨师牵来另一只市场里买来的羊，做成一串串美味的羊肉。他悄悄地把小姑娘变成的小羊和小男孩变成的小鱼带到了一个善良的农妇家里，请求她的帮助。

　　真巧，这农妇原来是小姑娘的奶妈，所以她听了厨师讲的故事后，一下子就猜出了小羊是谁。她带着小羊和小鱼来到一位女预言家那里。

　　女预言家本领很大，她叽里咕噜念了几句咒语，把小羊和小鱼变回了原来的样子。

　　后来，农妇带着两个小朋友，住在大森林的小木屋里，过着贫穷但幸福的生活。

　　2. 幼儿园要培养幼儿的生活自理能力。教师与家长沟通，希望家长在家庭中配合幼儿园的教育，让孩子自己的事情自己做。但是，有的家长认为，如果孩子自己的事情都做了，老师应该做什么？你该如何与家长沟通，取得家长对幼儿园工作的支持和理解？

　　3. 自由活动时，亮亮不小心摔倒了，嘴破了。你及时把他送到了医务室，对伤口进行了处理。离园时，你如何就亮亮摔倒这件事与家长沟通，取得家长的谅解呢？

第五章　思维品质

内容结构图

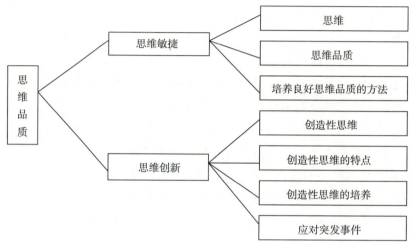

学习目标

1. 能正确地理解问题，条理清晰地分析、思考问题。
2. 有一定的应变能力，在活动设计与实施、环境创设上表现出一定新意。

第一节　思维敏捷

案例导读

　　某幼儿园，每日幼儿离园时，采取的方式是家长在园门口报幼儿名字和班级，然后值班教师在门口用大喇叭喊班级和幼儿姓名，班级教师会把幼儿送到园门口，确认好家长后，让幼儿离园。但有一天幼儿离园时，中1班在宥宥家长来接时，发现宥宥不见了。中1班两个老师立刻开始行动起来，在确认了宥宥当天在园，而且之前确实没有喊宥宥名字、教师也没有送他离开教室的印象之后，宋老师开始调宥宥在离园那段时间的监控，刘老师开始回忆离园开始后陆续送幼儿到园门口的过程，刘老师原本还想发微信群问其他家长有没有见到宥宥，但考虑到会引起家长恐慌就没有发，但让宥宥家长通过微信询问下平时爱和宥宥在一起玩的小朋友的家长，看有没有一起接走。最后，发现宥宥是在班级教师无暇顾及的情况下，跟一个被叫到名字的幼儿一起出了幼儿园，而那个小朋友家长接到两个幼儿出园却没有告知幼儿教师。

案例中的宋、刘两位老师在听闻幼儿丢失这件事后，反应恰当吗？

一、思维

思维是人脑对客观事物间接和概括的反应。具有间接性和概括性两个特征，间接性指通过其他媒介作用认识客观事物，以及借助已有知识经验、条件推测求知的事物；概括性表现在对一类事物非本质属性的摒弃和对共同本质特征的反映。像下面案例中教师对案例中幼儿做法的原因推测及应对办法，都是在已有知识经验基础上推测出来的，或者抽象概括出来的结论和做法。

案例呈现

如何对待好动的蔡昕

某幼儿园大班，幼儿蔡昕是个淘气、调皮的男孩，他活泼好动，坐不住椅子，常常在教师组织教学活动时，走下座位去其他幼儿的位置或在桌子下、在自己椅子周围活动。上了大班，蔡昕性格有所变化，守规矩多了，但也长了许多心眼。一次，李老师给幼儿讲故事《两只笨狗熊》："狗熊妈妈有两个孩子，一个叫大黑，一个叫小黑，它们长得都很胖，但是都很笨，是两只笨狗熊。有一天，天气真好……"蔡昕在座位上扭来扭去，扭了半天，后来站起身举手示意老师："老师，我要上卫生间。"

如果你是李老师，该怎么办呢？

案例分析

案例考核知识点是思维品质中的"能正确地理解问题，条理清晰地分析思考问题；有一定的应变能力，在活动设计与实施、环境创设上表现出一定新意"，针对案例中的问题"教师做法是否恰当"和"恰当与否的理由"来回答。侧重在"有一定的应变能力，在活动设计与实施、环境创设上表现出一定新意"。

作为幼儿教师，一是要全面、客观分析幼儿要去卫生间的情况。如果幼儿平时就爱喝水或者已经有一段时间没组织幼儿去卫生间了，就要允许幼儿去。而蔡昕，在自由活动时可以很久不去卫生间，而且在集体教育活动之前的盥洗时间里已经去过了卫生间，也没观察到他有肠胃不舒服的症状，因此，可以判断是蔡昕对故事不感兴趣、坐不住了。即使允许蔡昕去，也要提醒他：以后要在盥洗时间把大小便处理好，因为故事讲完要提问的。二是清楚幼儿在学习特点上有个性差异，有人对故事感兴趣，有人对科学实验感兴趣，摸清幼儿的学习兴趣与学习方式，能有效地改善自己的教学方式。如针对识字量多的幼儿，可以让他/她带着其他幼儿学习故事；爱表达的幼儿，结合这个教学内容，可以让孩子先猜下，故事讲述的可能是什么，结果会是什么；针对爱画画的幼儿，让幼儿把故事画出来……

二、思维品质

思维品质，是指个体在思维活动中智力特征的表现，也就是每个个体在思维活动上表现的特点。根据这些差异，一般思维品质包括：

1. 思维的广阔性与深刻性

思维的广阔性又称思维的广度，指善于全面地考察、分析问题的思维品质。思维广阔的人，具体表现为思路宽广、善于多方探求，对于一个问题，能通过联想、类比，不局限于某一点，争取更多信息，思考问题的整体与细节、问题的本身与相关情况。思维广阔性需要以丰富的知识为基础，与思维广阔性相反的是思维的片面性和狭隘性。如针对"树上9只鸟，一枪打下来1只，树上还有几只鸟"等类似的脑筋急转弯问题，运用的就是思维广阔性品质。在面试时，针对考官提出的问题，幼儿教师需要从已有知识中搜集与考题相关的知识信息，思维广度越广，搜寻到的信息就越多，但还需要借助思维深刻性定位答案的重点或关键。

思维深刻性也叫思维深度，指善于透过纷繁的现象发现问题本质的思维品质，集中表现在善于深入地思考问题、概括归类，能抓住事物的规律和本质，预见事物的发展和进程。这一品质要求人们具有精深丰富的知识，一个知识不够丰富的人，其思维的深刻性较差。有人思考问题善于打破砂锅问到底，非弄个明白；而有人思考问题往往很肤浅，一知半解。一般说来，那些好学深思、不耻下问的人，思维是深刻的；而那些不求甚解的人，其思维则具有肤浅的不良品质。抽象概括能力高的人思维是深刻的，思维停留在直观水平上的人不具有思维深刻性的品质。通常而言，幼儿思维会停留在直观水平上，如3岁幼儿对要去超市的妈妈提要买东西的要求时，边比画边说"这么长，脑袋这样的（一圈圈转头）"，可见，幼儿思维中，对"茧蛹"概念抓取的特征还不是本质特征。

2. 思维的批判性与独创性

思维的批判性是指思维活动中，从实际出发，严格根据客观标准评价和批判自己或他人思维成果的品质，来自对思维活动各个环节、各个方面进行调整、校正的自我意识。循规蹈矩、人云亦云，还是独立思考、善于发问，是思维批判性的两个方面。批判性的思维能够吸取别人的长处和优点，而摒弃别人的短处和缺点。它还能严格地检查自己思想的进程及其结果，缜密地验证自己所提出的种种设想或假说，在没有确证其真实性之前，决不轻易相信这就是真理。有的人思维具有较强的批判性，能辩证地分析一切，如有的人敢于同教师争论、向权威挑战，这是有思维批判性的表现。

思维的独创性即思维活动的独立性和创造性，表现在独立地分析问题和创造性地解决问题，思维具有独创性的人不依赖别人的思想和原则，不寻求现成的解决问题的方案，而是创造性地寻求并获得研究现实的新途径、新事实和规律，提出新的解释和新的结论。独创性源于主体对知识经验或思维材料高度概括后集中而系统的迁移，进行新颖的组合分析，找出新异的层次和交结点。概括性越高、知识系统性越强、迁移性越灵活、注意力越集中，则独创性就越突出。有的人思维具有较明显的独创性，遇事独立思考、有独特见解、解决问题时有独到方法。如两三岁的幼儿说"不"，就是幼儿独立性发展的标志，是幼儿成长中的必经历程，要多放手让幼儿尝试独立。在对幼儿评价上，大多数教师喜欢夸奖幼儿乖、听话、守规矩，但也有教师认为夸奖幼儿乖不合适，可以表扬幼儿有礼貌、勤快、爱动脑。因为乖、听话、守规矩虽然会给教师工作带来便利，但也会限制幼儿个性发展，还有可能将来进入社会因为不善思考动脑而存在隐患，而评价幼儿有礼貌、勤快、爱动脑，是对幼儿良好品行的肯定，这些品行将来会使幼儿一生受益。前者更多是从众思维，后者则具有思维的独创性。

3. 思维的敏捷性与灵活性

思维的敏捷性是指思维过程的速度或迅速程度，指人们在短时间内当机立断地根据具体情况做出决定、迅速解决问题的思维品质，它反映了智力的敏锐程度。古人所谓"眉头一皱，计上心来"便是思维敏捷的表现。有了思维敏捷性，在处理问题和解决问题的过程中，能够适应变化的情况来积极地思维，周密地考虑，正确地判断和迅速地得出结论。在日常生活和工作中，有的人遇事胸有成竹，善于迅速做出判断，这是具有思维敏捷性；相反，则是遇事优柔寡断。和成人相比，幼儿的思维比较迟缓。例如，一个2岁半的幼儿因为愤怒用小脚踢爸爸，爸爸说："你又不是驴，为什么踢人？"幼儿停止了哭泣，呆呆地站了半分钟，然后认真地对爸爸说："爸爸，鱼没有脚啊。"爸爸说："是驴，不是鱼。"幼儿在那想了半天。一个愤怒的幼儿因为思维而停止了哭泣，并且从这个幼儿思维过程来看，想明白的话需要的时间较长。相反，"案例导读"中的两位老师反应就很迅速、恰当，在听闻幼儿丢失事件后，立刻采取了行动：回忆宥宥在园经过、离园过程、调取监控录像、让家长询问幼儿要好的小朋友家长，等等，都为找到宥宥做好了铺垫：确认是否在园——确认离园时间段是否有人送其离园——确认是否有要好的小朋友家长带其离园，如果这些都不能找到幼儿的话，接下来可能就需要报警了。两位老师解决问题的思路清晰、反应迅速，这就是思维敏捷性的较好体现。

思维的灵活性是指思考问题、解决问题的随机应变程度。特点包括：一是思维起点灵活，即从不同角度、方面，能用多种方法来解决问题。二是思维过程灵活，从分析到综合，从综合到分析，全面而灵活地做综合的分析。三是概括——迁移能力强，运用规律的自觉性高。四是善于组合分析，伸缩性大。五是思维的结果往往是多种合理而灵活的结论，不仅仅有量的区别，而且有质的区别。具体表现是，当问题的情况与条件发生变化时，思维能够打破旧框框，提出新办法。有的人遇事足智多谋，善于随机应变；相反，有的人却脑筋僵化、墨守成规。如在进行环境创设时，虽然确定的是"海洋世界"同一个主题，但思维灵活的教师会从材料材质选择、构图内容、色彩搭配、参与人员等多个角度确定多个方案。

三、培养良好思维品质的方法

1. 丰富感性经验，提供拓宽思维广度和加深思维深度的基础

感性经验，指个体在同客观事物直接接触过程中，受人的情感影响、通过感觉器官获得的关于客观事物的现象和外部联系的认识。个体感性经验越丰富，对其思维广阔性和深刻性就越有利。如一个幼儿见识了不同形状、不同颜色、不同温度、不同硬度、不同材质的灯，才会逐渐理解、正确认识灯的本质特征——"灯是一种照明器具"，这是

思维深刻了。而且，在这个过程中，幼儿也知道了灯有各种各样形状、缤纷各异的颜色、冷热不均的温度及软硬程度不同的材质，这是思维广度扩展了。

丰富感性经验，可通过培养观察力、博览群书及通过网络渠道的学习等方式进行。观察力越细致、越敏锐，观察到的东西就越丰富、视角就会很独特，积累的经验也会越多，才有可能由量变到质变。出外旅游的阅历、涉猎不同领域的过程、阅读不同类型的书籍、网络学习等多种渠道方式，会让人的视野更加开阔、经验更加博杂。尤其是对于面对的教育对象是幼儿的教师来说，幼儿的好奇心与求知欲，需要教师的知识经验更加的丰富与宽厚。在经验丰富的基础上，个体的抽象概括能力才能得以训练和提升。

2. 养成比较、质疑的习惯，加强思维的批判性和独创性

比较是辨别事物、事情的性状或程度的差别，如相同与不同、高低、好坏等。如教师在带班过程中，通过比较会得出：幼儿在不同年龄段，自理能力、语言、动作、思维等各个方面都有发展，但发展速度却不同，语言的发展要明显快于其他方面。质疑，指提出疑问，以求解答。通常质疑是在兴趣、好奇、求知欲驱动下而产生的困惑，也以比较为基础，因为通常产生疑问的时候，都是感觉和以往所知所闻不相同。质疑，不仅能加强个体的思维批判性，也可以培养个体的创新能力及实践能力。如果教师擅长在教育教学活动前后进行比较、质疑，自身的教育教学能力也会在短期内得到迅速提升。

比较、质疑是随时随地可以进行的，无论是比较还是反思，养成习惯都会对人的思维能力有益，可以提升个体的抽象概括能力、分析综合能力，从而有助于培养思维的批判性和创造性。如见到一个人自称是家长，而且在一个非离园时间里要接幼儿走，就要想"为什么会早于以往的时间？他和幼儿是什么关系？他真的是幼儿亲属，而不是骗子或仇人吗？"这是比较和质疑在一起，这种思维形式有助于幼儿的安全，也有助于分析清楚事件缘由。此外，在一些事件或活动结束后的反思，也能发现生活中各事物的联系，以创新的视角来发明创造新的事物，既有助于今后工作的开展，也更促进思维的缜密。

 知识拓展

思维训练①

首先，求同训练。想出 4 种完全没有联系的事物，生活中任何事物都可以，然后将它们分类，每两种事物都要归到一类且与另外两类不同。如一本书、金项链、一瓶可乐、一台电视。1. 金项链和电视属于贵重物品，书和可乐比较便宜。2. 书和电视可以承载大量的信息，戒指和可乐不能。3. 电视和可乐属于新兴事物，书和金项链很久以前就有等。这个训练中没有绝对的对和错，每天训练，思维会变得非常的开阔，看待事物时就会很容易找到不同事物之间的联系，有助于创新。

---

① 怎样进行创新思维训练［EB/OL］.［2016 - 08 - 28］. http://jingyan. baidu. com/article/4f7d57128a25431 a21192751. html, 2012 - 12 - 28, 有改动。

第二是求异，不断发现相同事物的不同点，从不同的角度去审视同一个问题。在别人发表完观点时不要急于肯定回答，而是要想一想不同角度来看的话是怎样的观点。求异是非常重要的一点，是树立创新思维必不可少的。

第三是求合。求合，就是在求同和求异基础上，将发现的不同事物的相同点和不同点结合起来创造新事物的一种思维方式。生活中很多创新的事物都是来自于多种事物的结合。如铅笔和橡皮，正是人们找到二者的共同点，所以有了铅笔上面的橡皮。

3. 厚积薄发，采用多种形式训练思维的灵活性和敏捷性

思维的灵活性和敏捷性与个体的智力水平、知识经验、气质类型等都有关系，气质类型中的多血质、胆汁质都属于反应迅速类型，但这受人的神经类型是兴奋、抑制还是平衡等制约，也就是说，先天的气质类型很难改变。而智力水平和知识经验可以通过教育、训练逐渐提升，上升发展的空间大小要因人而异，和先天的遗传与后天的勤奋努力程度有关，都存在着个体差异。有人很早就显露头角，如称象的曹冲。有人可能厚积薄发显露比较晚，如主张"赤壁之战"、提出"空城计"的诸葛亮被刘备请出茅庐，将近30岁，还有唐宋八大家的苏洵27岁时才发愤读书，在古代都被认为是大器晚成。

在思维灵活性、敏捷性训练形式上，可以采取脑力激荡法、三三两两法、六六法、曼陀罗法、属性列举法等多种形式。脑力激荡是指一群人运用脑力，做创造性思考，短暂时间内对某项问题解决，提出大量构想的技巧。该方法主张只专心提出构想而不加以评价，不局限思考空间，鼓励想出越多主意越好；三三两两法，是指每组两人或三人自由成组，在3分钟限时内，就讨论主题，互相交流意见及分享；六六讨论法，是六人一组，进行限时6分钟讨论，每人1分钟；曼陀罗法，利用一幅九宫格图，将主题写在中央，然后把由主题所引发的各种想法或联想写在其余的8个圈内，可个人也可小组进行；属性列举法，强调使用者在创造过程中观察和分析事物或问题的特性或属性，然后针对每项特性提出改良或改变的构想……

第二节　思维创新

📘 案例导读

6月，学生蔡某在某幼儿园进行为期一个月的专业见习。在见习期间，为完成任务，蔡某设计并进行了一次教学活动。她所在见习班级教室有两扇落地窗户，且临近"空中走廊"（幼儿园是两层楼，但二楼有一部分走廊下面是户外活动区域，悬在空中），阳光非常充足，虽然是6月，室内体感温度较高。蔡某组织实施的教学活动是艺术领域的"画围巾"，先是给幼儿出示了一幅没有颜色、没有图案的围巾画，问幼儿好看不？在得到回应较少的情况下，引导说要是画上花草、小动物是不是能更好看？然后在这幅没有颜色、图案的围巾画基础上，动手画上了一些带有颜色的花、鸟图案。接着发给幼儿每人一张素净的围巾画，让幼儿喜欢什么就在上面画什么，画完之后让幼儿对

旁边幼儿说说自己画的是什么。

案例中蔡某的做法体现了创造性思维吗？为什么？

一、创造性思维

创造性思维，也称创新思维，指以新颖独创的方法解决问题的思维过程，通过这种思维能突破常规思维的界限，以超常规甚至反常规的方法、视角去思考问题，提出与众不同的解决方案，从而产生新颖的、独到的、有社会意义的思维成果。意大利电影《美丽人生》讲述了第二次世界大战时期，一对犹太父子被送进了纳粹集中营，父亲哄骗5岁儿子这是在玩一场游戏，遵守游戏规则的人最终计分 1 000 就能获得一辆真正的坦克回家。天真好奇的儿子对父亲的话信以为真，他强忍了饥饿、恐惧、寂寞和一切恶劣的环境，拿到了父亲所说的一系列的游戏环节的分数，实际上是躲过了很多现实中的生命危险，最终和母亲团聚。电影中父亲把集中营里的危险说成游戏环节、把躲避危险变成遵守游戏规则的分数，就是一种创造性思维，正是父亲的智慧，使儿子没有受到伤害，而且在战争中得以幸存。

"案例导读"中，蔡某的做法更多是常规思维的体现，如在教学模式上：给幼儿看无色、无图案的画——观摩老师绘画——自己练习画画——画后表达，这是通常教师的做法；教学内容上：画围巾，看了幼儿园教材上有这么一个教学内容，直接拿来用。没有根据教学的 6 月时间选画遮阳帽、遮阳伞、扇子、空调等让人觉得凉爽的东西，没有根据幼儿特点或对幼儿创造力培养。比如，在教学环节设计上可以让幼儿说说：天气热了，怎么降温，降温可以用什么东西，这些东西长什么样子、什么形状、颜色，可以在上面添加些什么更好看，再让幼儿动手去创作。

📖 案例呈现

变幻多样的插片①

一次建构活动中，朱晨龙玩了一会儿插片就不感兴趣，老师就问他："你能用它插一棵小草吗？"他摇摇头表示不会，老师就用 3 个插片插了小草给他看，这下他来劲了，表示能拼一间房子。"在房子里还有些什么？"在老师的语言启发下，一所大大的房子、门、沙发、桌子、电视机等慢慢呈现大家眼前。老师让他邀请其他的孩子来参观，只见他的脸上时时洋溢着兴奋。在他的带动下，更多的孩子加入其中，小小的插片在孩子的手中变化出无数的物品。

案例中教师的做法是否恰当，为什么？

---

① 赛措. 管窥幼儿教师的语言艺术［J/OL］. 职教幼教，2014（3）：151［2014 - 12 - 24］. http：//www. xiangdang. net/fanwen. aspx？id = 208785，2014 - 12 - 24，有改动。

案例分析

案例考核的知识点是思维品质中的"能正确地理解问题，条理清晰地分析思考问题；有一定的应变能力，在活动设计与实施、环境创设上表现出一定新意"，针对案例中的问题"教师做法是否恰当"和"恰当与否的理由"来回答。侧重在"有一定的应变能力，在活动设计与实施、环境创设上表现出一定新意"。

如何让幼儿玩插片、将插片玩出多样化，案例中的幼儿教师做得很好，她没有因循旧例，采用简单的教授方法，而是针对幼儿想象力丰富的特点，用了引导启发的办法。案例中教师的做法体现了教师对幼教工作有耐心，也说明幼儿教师的工作要动脑，要有创造性和灵活性。

二、创造性思维的特点

（一）发散思维为主

发散思维是思维沿着不同方向扩展，使观念发散到各个有关方面，最终产生多种可能的答案而不是唯一正确的答案。因为发散思维可以突破思维定式和功能固着的局限，找出许多新的可能的解决问题方案，因而容易产生有创见的新颖观念，是创造性思维最主要的特点，也是测定创造力的主要标志之一。如幼儿园环境创设中，除了墙面外，顶棚、空中、桌子上下、椅子前后及幼儿物品柜等位置都可以用来创设；植物区，不一定要放在一个角落里，也可以空中悬挂种植的吊兰、绿萝；墙面设计，除了采用以往的颜料、纸张等材料外，也可以使用苔藓、酸奶等制作绿色环保、生意盎然且又趣味良多的立体墙。

发散思维有3个指标：

1. 流畅性

流畅性，就是观念的自由发挥，指在尽可能短的时间内生成并表达出尽可能多的思维观念以及较快地适应、消化新的思想概念。流畅性反映的是发散思维的速度和数量特征，一定时间内，数量越多，流畅性越好。流畅性与机智密切相关，如一题多解、一词多组等。

2. 变通性

变通性，就是克服人们头脑中某种自己设置的僵化的思维框架，按照某一新的方向来思索问题的过程。变通性需要借助横向类比、跨域转化、触类旁通，使发散思维沿着不同的方面和方向扩散，表现出极其丰富的多样性和多面性。变通性，强调的是发散的方向，方向越多，变通性越好。如人掉水里，通常是把人从水中救起，使人脱离水，而司马光救人是打破缸，使水脱离人；还有人上高处，通常是人上楼梯，即人走路不动，而电梯的设计是路走人不动。

3. 独创性

独创性，指人们在发散思维中做出不同寻常的异于他人的新奇反应的能力，是发散思维的最高目标。"标新立异""异想天开"等词汇常用来形容思维的独创性，以往所说的"千里眼""顺风耳"随着人类社会发展,都成了现实,这也得益于思维的独创性。

发散思维的3个指标,如"红砖"的用途,可能答案有:打人、铺路、砌墙、压纸、砌台阶、当锤子、作画写字、磨红粉当颜料、练功、垫东西、吸水……在有限的时间内,提供的数量越多,说明思维的流畅性越好;能说出不同种类的用途,如建筑类、文具类、武器类等,说明变通性好;说出的用途是别人没有说出的、新异的、独特的,说明具有独创性。

发散思维,是一种开放性的没有固定的模式、方向和范围的思维,有助于人消除思维定式和功能固着等消极影响,顺利地解决创造性问题。和发散思维对应的是集中思维,又称为求同思维或聚敛思维,就是从已知的种种信息中产生一个结论,从现成的众多材料中寻找一个答案。通过集中思维,对发散思维提供的思维成果进行鉴别、选择、加工,挑选出最合理、最接近客观现实的设想,集中思维具有批判地选择的功能。

(二)多伴随直觉思维

直觉思维,是指不受某种固定的逻辑规则约束而直接领悟事物本质的一种思维形式,是人脑对于突然出现在面前的新事物、新现象、新问题及其关系的一种迅速识别、敏锐而深入的洞察,直接的本质理解和综合的整体判断。是创造性思维活跃的一种表现,它不仅是创造发明的先导,也是创造活动的动力。直觉思维的结果,是使用逻辑思维所得不到的预见、捷径,或是解决问题的最佳方案的雏形。它往往从整体出发,用猜测、跳跃、压缩思维过程的方式,直觉而迅速地领悟。许多科学家的发明创造都是从直觉思维开始的。例如,牛顿观察苹果下落时,在直觉思维启发下,发现了万有引力定律。鲁班发明锯子是受到割手茅草的启发,飞机的设计受到鸟和蜻蜓的启示等。

直觉思维具有直接性、突发性、非逻辑性、或然性和整体性等5个特征。

1. 直接性

直接性是指思维过程与结果的直接性,不依赖于严格的证明过程,以对问题全局的总体把握为前提,以直接的、跨越的方式直接获取问题答案的思维过程,是直觉思维最基本和最显著的特征。

2. 突发性

突发性是指直觉思维的过程极短,稍纵即逝,其所获得的结果是突如其来和出乎意料的。人们对某一问题苦思冥想,却不得其解,反而往往在不经意间突然顿悟问题的答案,或瞬间闪现具有创造性的设想。如著名的"浮力定律"就是阿基米德在浴缸洗澡时突然发现的。

3. 非逻辑性

非逻辑性是指直觉思维不是按照通常的逻辑规则按部就班地进行的,既不是演绎式推理,也不是归纳式概括,主要依靠想象、猜测和洞察力等非逻辑因素,去直接把握事物的本质或规律。如德国地质学家魏格纳卧床养病,百无聊赖时,观看一幅世界地图来消磨时光。看得时间长了,他突然发现大西洋两岸大陆的海岸线十分相似,如果拼起来，非洲西部和南美洲东部就十分吻合，简直像一块完整的大陆。于是他凭直觉大胆猜想，非洲和南美洲原来是连在一起的，后来由于某种原因分开了，这就是著名的"大陆漂移假说"。

4. 或然性

非逻辑思维是非必然的，有可能正确，也可能错误，表现出直觉思维的局限性。

5. 整体性

在直觉思维过程中，思维主体并不拘泥于细节的逻辑分析，而是对事物或现象形成一个整体把握，从整体上识别出事物的本质和规律。

直觉思维作为创造性思维中的一个重要思维活动，是在知识经验的基础上形成和进行的，丰富的知识经验有助于人们形成深邃的直觉。

（三）有创造想象参与

创造想象是用已积累的知觉材料作为基础，使用许多形象材料，并把他们加以加工，通过组合，创造出新的形象来。在新作品创作、新产品创造时，人脑中构成的新形象都属于创造想象。

创造想象产生的条件，有强烈的创造愿望、丰富的表象储备、积累必要的知识经验、原型启发等。强烈的创造愿望，指社会发展不断地提出创造新事物、解决新问题的要求或个体在某方面有强烈的兴趣、需求，当这些愿望或要求被接受，就会成为创造性想象活动的动机。丰富的表象储备，是指进行创造想象时，还必须对有关事物进行细致观察，储备丰富的表象材料。因为创造想象活动的产生还要依赖于个体已有表象材料的数量和质量。积累必要的知识经验，是指进行创造想象时，必须对有关领域进行深入的研究，掌握必要的知识，每一项发明都是对相应领域深入研究的结果。如牛顿的三大定律和其擅长的物理学有关，达尔文的《物种起源》是其长期钻研的生物学领域。原型启发，是指从其他事物上发现解决的方法，对问题解决起启发作用的事物叫原型。任何一个人对某一项发明创造或革新，都不是凭空想象而来的，在开始总要受到某种类似事物的启发。

（四）多有灵感出现

灵感，是指活动中瞬间产生的富有创造性的突发思维状态，不用平常的感觉器官而能使精神互相交通，或指无意识中突然出现的神妙能力、突然间获得的启发或顿悟。灵感并不是什么神秘之物，它是思考者长期积累知识经验、勤于思考的结果，是知识、经验、追求、思索与智慧综合实践在一起而升华了的产物。灵感多少的不同，是各自的思维过程不同，专注程度、思考深度、思考广度、对信息的分支界定方法不一样而已。当然这也跟记忆力、思维敏捷程度等有关。

研究表明，灵感的出现有一定的规律性。首先，灵感出现的基本条件是，个体对所研究的问题有长时间的思考，要反复考虑所要解决问题的一切方面、一切角度及一切可能，即苦思冥想是灵感产生的前提。其次，注意力高度集中在所要解决的问题上，甚至达到痴迷的程度。全心地投入思考，使要解决的问题时时萦绕在心。最后，灵感出现的最佳时机是在长期紧张思考之后的短暂松弛状态下出现的，可能是在散步、洗澡、钓鱼、交谈、舒适地躺在床上的时候或其他比较轻松的时刻。因为紧张后的轻松之时，大脑灵活，感受力强，最易产生联想、触发新意。

三、创造性思维的培养

（一）创造环境的创设

创造的两个基本条件是"心理安全"与"心理自由"。有高度创造性的人常偏离文化常模。如果社会舆论能赞成并奖赏创造活动，能支持或高度容忍"标新立异"、偏离常模的人，创造者则可感到"心理安全"和"心理自由"。同样，教师或父母若态度民主，支持幼儿发表不同的意见，鼓励幼儿积极探索、尝试，用不寻常的方法理解事物，不赞成依赖与顺从，则可形成利于创造性人才成长的"气候与土壤"。因此，创造环境的创设，需要社会、家庭、学校的共同努力。

（二）创造人格的培养

个体具有的创造力能否得以实现，很大程度取决于其是否具有相应的人格特征，优良的人格特征是创造力的催化剂和释放源。培养创造性人格应着重从以下方面入手：保持好奇心；解除对错误的恐惧心理；坚持独创性与多样性；勇于幻想；和有创造性的人接触，接受潜移默化的影响。

（三）创造性思维的训练

创造性思维可通过专门途径训练。其训练的内容主要有：

①用途扩散。即以某件物品的用途为扩散点，尽可能多地设想它的各种用途，如尽可能说出白纸的用途、汤匙的用途。

②结构扩散。即以某种事物的结构为扩散点，设想出利用该结构的各种可能性，如尽可能多地画出含圆形结构的东西，并写出或说出它们的名称。

③形态扩散。即以事物的形态为扩散点，设想出利用某种形态的各种可能性。如尽可能设想利用红色可做什么，办什么事。

④方法扩散。即以人们解决或制造物品的某种方法为扩散点，设想出利用该种方法的各种可能性。如尽可能多地写出或说出用"吹"的方法可以做哪些事情或解决哪些问题。

四、应对突发事件

（一）突发事件

突发事件，即指突然发生的事件，已经造成或者可能造成严重社会危害，需要采取应急处置措施予以应对的自然灾害、事故灾难、公共卫生事件和社会安全事件。有两个特征：一是事件发生、发展和速度很快，出乎意料。二是事件难以应对，必须采取非常规方法处理。这是针对国家范围发生的突发事件，而在幼儿园里，突发事件更多地指不可预料地发生的意外事件，包括遭遇地震、突发火灾等天灾，包括歹徒闯入幼儿园、猥亵或体罚幼儿、校车剐碰等人祸，也包括幼儿烫伤、吞入异物、磕碰等人身安全事件，还包括教育教学与日常生活活动中突然出现、让人意外的一些事件。

 案例呈现

面对闯入幼儿园的歹徒

一天上午，某幼儿园门口，一男子要进园接孩子。保安开门后发现可疑，拦住他继续询问："你的孩子叫什么名字？老师姓什么？"，在男子答不出来的情况下，保安禁止其入内。但男子突然拿出一把菜刀，挥舞着强行冲进了幼儿园，并用菜刀威胁正在户外带幼儿玩耍的老师。

如果你是案例中的老师，该怎么办？

案例分析

案例考核的知识点是思维品质中的"能正确地理解问题，条理清晰地分析思考问题；有一定的应变能力，在活动设计与实施、环境创设上表现出一定新意"，针对案例中的问题"教师怎么办"来回答。侧重在"有一定的应变能力，在活动设计与实施、环境创设上表现出一定新意"。

作为教师，在面临危险或突发事件时，首先要保持冷静，只有冷静才能进行理智思考，想出对策。教师不能惊慌、害怕得大喊大叫，这会导致幼儿跟着一起哭喊，这种混乱的场面也会刺激歹徒的神经，使对方出现一些无法预料的行为。二是尽全力保护好幼儿，因为幼儿作为身心尚未成熟且需要特殊保护和照料的群体来说，他们在幼儿园的安全、健康需要教师和幼儿园负责。而带幼儿户外活动，通常一个班的两位教师都会在场，这时两个教师就应分工合作好，一个教师负责干扰歹徒注意力、使其无暇分身伤害幼儿。另一个教师负责带领幼儿迅速撤离危险区域，同时要尽快报警寻找帮助。在把幼儿带到安全区域后，要安排好专人照料、确保幼儿不会因惊吓而跑出安全区域再次置身于危险中，如锁好教学楼、留下几个老师看护幼儿后，再支援在外和歹徒周旋的老师。三是尽量不要激怒歹徒，在情绪激动之时，歹徒的行为会无法控制。能智取智取，若会武术、跆拳道、擒拿术的也可以采用这些技巧，这些都行不通，就和歹徒唠家常、体谅他的苦衷等，拖时间等警察来解决。

（二）突发事件的处置原则

1. 以人为本

以人为本，在幼儿园里，是以幼儿为本，以幼儿的生命健康、身心发展为中心。无论是天灾人祸，还是人身安全事件、教育教学中意料之外的事件，在处理时，都要考虑无害于幼儿、要促进幼儿身心健康发展。

2. 科学处置

科学处置，是指运用合乎规范、操作程序的方法或流程来应对或解决问题。对于天灾人祸，要及时上报险情与进展；对于幼儿身体伤害，则按照医疗步骤科学救治。如对于幼儿在园期间出现的磕碰后的外伤处理，处置方法：伤口破皮，对伤口进行消毒，从伤口破皮处擦向伤口外侧，避免感染；不允许用手揉伤处、肿胀处，冷敷24小时后改为热敷。如果摔伤，处置方法：不可轻易移动幼儿，可安慰幼儿同时观察幼儿反应，看其是否有骨折等症状，及时送医治疗。

3. 鼓励创新

天灾人祸带来的突发事件，结果通常是比较可怕的，因此，为避免此类突发事件，更多更常见的做法有，可依据防火、防震、防歹徒等主题，进行提前演练，这样在突发事件发生时，能够避免一些手足无措。

因为，还有很多突发事件是无法预料、预测的，所以，在平时就应注重鼓励教师在教育教学活动、日常生活活动中各抒己见，提供创新的民主环境、肯定教师的创新做法。

章末小结

通过本章的学习，我们主要了解了以下知识点：

（1）思维。思维是人脑对客观事物间接和概括的反应。

（2）思维品质。一般思维品质包括思维的广阔性与深刻性、思维的批判性与独创性、思维的敏捷性与灵活性。

（3）培养良好思维品质的做法。培养良好思维品质的做法包括：丰富感性经验，提供拓宽思维广度和加深思维深度的基础；养成比较、质疑的习惯，加强思维的批判性和独创性；厚积薄发，采用多种形式训练思维的灵活性和敏捷性。

（4）创造性思维。也称创新思维，指以新颖独创的方法解决问题的思维过程。

（5）创造性思维的特点。创造性思维特点主要指发散思维为主、多伴随直觉思维、有创造想象参与、多有灵感出现。

（6）创造性思维的培养。创造性思维培养可以通过创造环境的创设、创造人格的培养、创造性思维的训练等。

（7）应对突发事件。了解突发事件及突发事件的处置原则。

议一议

小何老师是上午班教师，负责每天给幼儿上课，在她给幼儿上课时，总会有几个孩子举手要去卫生间，并且在卫生间拖拖拉拉耗费一段时间，直到户外活动时才出来。如果作为教师，你会怎么办？

答案提示

一是考虑幼儿躲避集体教育活动的原因，是教师选取的教学内容不够吸引人、采用的教学方法不恰当，还是幼儿自身身体与精神状况不佳等。二是针对可能的原因，提出相应的解决办法。

练一练

1. 对于经常告状却没有正当理由的孩子，王老师常用的方法是组织全班幼儿集体讨论，通过集体的舆论、行为规则和榜样的行为来教育他。对于李老师的做法，你怎么看？

2. 自由活动时，班里组织玩具分享活动，但是，小花不想和别人分享玩具，你怎么办？

3. 有的幼儿脑子灵活，但是注意力不集中，活动时总是左顾右盼，很难集中注意力完成一件事情，你怎么办？

4. 在幼儿园，有的幼儿性格孤僻，不愿意与人交流，你怎么办？

5. 集体活动时，有的幼儿坐在那里自己玩自己的手，老师说："你不能玩手，请你把手放在身后，和其他小朋友一样和老师一起学儿歌。"对于老师的做法，你怎么看？

第六章　了解幼儿

内容结构图

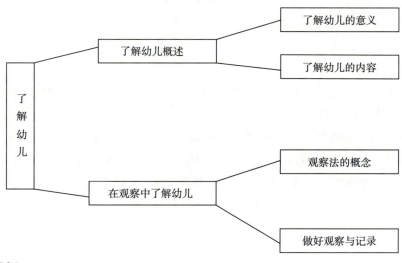

学习目标

1. 具有了解幼儿兴趣、需要、已有经验和个体差异的意识。
2. 能通过观察来了解幼儿。

第一节　了解幼儿概述

案例导读

强强是我们班今年的新生，平时总是动手动脚，我们班小朋友都叫他"破坏大王"。什么东西到了他的手中，一会儿工夫就会遭殃，就连自己身上的衣服也会遭到破坏，不是少扣子，就是拉链坏了。今天的美术活动是画瓢虫，老师给小朋友讲了瓢虫的形状、种类和颜色，老师边示范边告诉小朋友们"瓢虫是由大圆的身体和小半圆的头连接而成"。之后，老师让孩子们自己尝试画一画。洋洋小朋友一会儿工夫就画好了，她自言自语地说："我画了五星瓢虫。"强强看到后，拿起一支笔在瓢虫身上点了几笔。洋洋大声喊："老师，他把我的画画乱了。"强强拿起树叶说："我想让它变成七星瓢虫。"这时，旁边的语薇说："老师他经常捣乱，刚才还抢我的彩笔，我不喜欢和他坐在一起。"过了一会儿，昊昊大叫："老师，你看强强在自己的裤子上画画。"

我走过去一看，果然，他的左腿的膝盖上有黑笔画的圈。我郑重地把他拉过来进行教育，告诉他："今天，我要告诉你妈妈，要是你妈妈知道你是不爱护裤子的孩子，以后肯定不会给你买新裤子了。"他急了："老师，不要告诉妈妈，我以后不画了，真的，不画了。"

了解幼儿是教师进行有效教育的前提。只有了解幼儿，教师才能根据幼儿身心发展的特点和水平，采取有针对性的教育措施，避免不恰当或无效的教育。上述案例中的教师没有完全了解幼儿。强强在洋洋的画上乱画的原因不是因为他好动、破坏性强，而是，他急于表现自己的想象力。但是，由于他没有经过洋洋的同意，就在她的画上乱画，导致了洋洋的愤怒。至于，强强在自己的裤子上画画，说明他喜欢画画，但是，不应该在裤子上画画。教师仅仅就其在裤子上画画一事批评他，并且以不爱护裤子为主要原因。这样做不能使强强认识到自己的错误。教师出现上述不恰当行为的原因是对幼儿的年龄特点没有充分的了解，不能根据幼儿的行为分析其心理动机。这样的教育是无效的。教师应该引导他认识到小朋友之间要互相尊重，只有在经得别人同意的情况下才可以拿别人的东西，才可以在别人的画上画。自己喜欢画画，可以在纸上或者画板上画，不可以随便乱画。因此，了解幼儿是教师开展教育活动的基础。

一、了解幼儿的意义

幼儿已有的知识经验和身心发展水平是教师设计教育活动的起点，促进幼儿德、智、体、美和谐发展是幼儿园的教育任务和目的。从教育的起点开始逐步实现教育的任务，需要教师与幼儿共同的努力。其中，教师是设计和实施教育活动的主导者和策划者，幼儿是教育活动的参与者，是主体，也就是说教师设计活动的目的是为了使幼儿积极主动地参与活动，并在活动中得到发展。因此，了解幼儿对实施教育活动、完成教育任务显得尤为重要。

（一）了解幼儿是教师必备的专业素质

为促进幼儿园教师专业发展，建设高素质幼儿园教师队伍，根据《中华人民共和国教师法》，教育部 2012 年出台了《幼儿园教师专业标准（试行）》（以下简称《专业标准》）。《专业标准》在专业理念中指出："幼儿教师应该以幼儿为本，尊重幼儿权益，以幼儿为主体，充分调动和发挥幼儿的主动性；遵循幼儿身心发展特点和保教活动规律，提供适合的教育，保障幼儿快乐健康成长。"以幼儿为本，遵循幼儿身心发展特点的前提是了解幼儿。了解幼儿是教师必备的专业素质。

（二）了解幼儿是教师设计有效教育活动的前提

《幼儿园工作规程》指出："幼儿园的教育活动应是有目的、有计划引导幼儿生动、活泼、主动活动的、多种形式的教育过程。"但是，不是教师组织和实施的每一种活动都能够实现其教育价值，成为有效的教育活动。所谓有效的教育活动是指幼儿在参与教师设计和实施的教育活动中，得到了具体的进步和发展。因此，衡量幼儿园教育活动是否有效的唯一标准就是幼儿是否获得发展。

(三) 了解幼儿是教师热爱幼儿、尊重幼儿的基础

我国于 2001 年颁布的《幼儿园教育指导纲要(试行)》指出："教师应以关怀、接纳、尊重的态度与幼儿交往。耐心倾听,努力理解幼儿的想法与感受,支持、鼓励幼儿大胆探索与表达。"2011 年 12 月 12 日,教育部正式公布的《幼儿园教师专业标准(试行)》的征求意见稿中,在对待幼儿的态度与行为方面,提出教师要关爱幼儿,重视幼儿身心健康,将保护幼儿生命安全放在首位。上述内容都是对幼儿教师专业行为的一种伦理规范,告诫教师热爱幼儿、尊重幼儿是教育的前提与根本。然而,热爱幼儿、尊重幼儿的基础是了解幼儿,教师必须对幼儿进行全方位的了解,才能理解和包容幼儿的各种言行,产生热爱幼儿、尊重幼儿的主动性,信任幼儿,给他们创造更多发展的机会。爱和尊重是教育的催化剂。了解是爱与尊重的前提条件。只有了解幼儿,教师才能在设计和组织教育活动时,尊重幼儿的身心发展规律和差异,选择合适的教育途径,实施适宜的教育,使每个幼儿都得到发展。

■ 案例呈现

轩轩是个聪明、讨人喜欢的小班儿童。在第一天入园的活动中,他很快被幼儿园的新环境所吸引。一会儿搭积木,一会儿抱娃娃,一会儿看图书,情绪十分愉快,我很高兴有这样适应能力强的孩子。

两三天过去了,轩轩在这两三天里,早上能向老师问好,并主动与奶奶说"再见"。由于哭闹的孩子较多,我便让轩轩自己选择喜欢的活动,他和其他几个不哭闹的小朋友也玩得很开心。

可是,第四天中午吃饭时,我正忙着喂几个不愿自己吃饭的孩子,抬头一看,轩轩的饭菜一口都没动,我鼓励他说:"轩轩最能干了,会自己吃饭。"一会儿只见轩轩眼里含满了泪水,一声不吭地走到我的身边,轻轻拉着我走向他的座位,我蹲在轩轩身边,轻轻地问:"轩轩怎么了? 刚才不是很开心吗?"只见轩轩的眼泪"唰"地流了下来。我一下明白了,像轩轩这样的孩子,对亲人同样依恋,对陌生环境同样不安,只是表现得不像哭闹的孩子那样强烈。

问题:轩轩为什么由刚入园时的愿意吃饭发展为不愿意吃饭? 如果你是幼儿教师你应该怎么做?

■ 案例分析

此题主要是考查考生是否具备了解幼儿的基本知识。考生可以从幼儿的依恋心理入手,分析轩轩的心理和行为。新入园的幼儿对父母都有一种依恋感,在没有找到新的依恋对象而进行有效的转移之前,他们都会不适应新的环境。但是,每个孩子的不适应各不相同。作为小班老师,在日常活动中要密切关注幼儿的表现,从各个方面了解幼儿,发现幼儿的兴趣和需要,帮助幼儿寻找新的依恋对象。当幼儿因为依恋而难以融入集体

生活时，教师要善于因人而异，帮助幼儿及时排解和疏导不良情绪。尤其是不能忽视那些入园表现好、适应快的幼儿。教师也可以在喂其他幼儿饭时适当地喂他几口，以便给他心理的安慰。在午睡或其他活动中，教师也要见缝插针地关注他，或是温柔地抚摸他、轻拍他，或是在他身边悄言几句，或是投以鼓励、赞许的目光。这样，幼儿就能感受到教师的亲切、友善的关注，在新的群体中找到归属感。

二、了解幼儿的内容

要做到在教育活动中因材施教，教师必须从以下几个方面了解幼儿：

（一）了解幼儿身心发展的年龄特征及教育策略

在身体发展方面，小班幼儿环境适应能力较低；手和脚的力量和耐力较差；动作发展快。教师在组织活动时应注意：保证幼儿的户外活动时间，提高幼儿适应季节变化的能力；利用多种活动发展身体平衡和协调的能力，如走平衡木，或沿着地面直线、田埂行走；提供画笔、剪刀、纸张、泥团等工具和材料，或充分利用各种自然、废旧材料和常见物品，让幼儿进行画、剪、折、粘等美工活动来促进幼儿手的动作灵活协调。中班幼儿对外界环境的适应能力有了一定提高，而且能较快适应人际环境中发生的变化。例如，换了新老师能较快适应；身体的平衡性和动作的协调性都在不断发展；身体的力量和耐力水平也在提高，手的动作的灵活性进一步发展。教师在组织活动时应注意：为幼儿提供适宜的户外活动时间，经常观察幼儿在新环境中的饮食、睡眠、游戏等方面的情况，采取相应的措施帮助他们尽快适应新环境；发展幼儿动作的协调性和灵活性，例如，鼓励幼儿进行跑跳、钻爬、攀登、投掷、拍球等活动；开展丰富多样、适合幼儿年龄特点的各种身体活动，例如，走、跑、跳、攀、爬等，鼓励幼儿坚持下来，不怕累；引导幼儿生活自理或参与家务劳动，发展其手的动作。例如，练习自己用筷子吃饭、扣扣子等。大班幼儿能在较热或较冷的户外环境中连续活动半小时以上，能够适应外界环境的变化，较少感冒，能较快融入新的人际关系环境；身体动作协调灵敏，平衡能力强；手的灵活性较高，能够按照要求操作学习用具或劳动工具完成任务，例如，画图形、剪曲线。教师在组织活动时应注意：保证幼儿充足的户外活动时间，经常与幼儿玩拉手转圈、荡秋千、转椅等游戏活动，让幼儿适应轻微的摆动、颠簸、旋转，促进其平衡机能的发展；经常带幼儿接触不同的人际环境，如参加亲戚朋友聚会，多和不熟悉的小朋友玩，使幼儿较快适应新的人际关系；利用各种活动充分发展幼儿的身体平衡能力和协调性；创造条件和机会提高幼儿手的灵活性，例如，幼儿园在布置娃娃家、商店等活动区时，多提供原材料和半成品，让幼儿有更多机会参与制作活动。

在心理发展方面，小班幼儿心理发展的特征是情绪影响行为，思维具有直觉行动性和爱模仿。教师在组织教育活动时应注意：营造温暖、轻松的心理环境，让幼儿形成安全感和信赖感；帮助幼儿学会恰当表达和调控情绪；以正面教育为主，多为幼儿提供可模仿的榜样，强化榜样行为，同时教师还要严格要求自身的行为举止，为幼儿树立良好的榜样。中班幼儿的特征是活泼好动，思维具有具体形象性，能够接受任务，逐渐具有规则意识和可以独立组织游戏活动。教师在组织教育活动时应注意：组织的活动要动静交替，多为幼儿提供动手动脑的机会，满足幼儿活泼好动的需要。教师要选择幼儿能理解的语言来组织活动，避免抽象的活动内容，增强教学的游戏性。鼓励幼儿通过协商确立游戏的主题、规则、材料和玩伴。大班幼儿的特征是学习兴趣开始提高，抽象思维开始萌芽和个性初具雏形。教师在组织活动时应注意：保护幼儿的求知欲，对类似破坏玩具和学习用具的行为，教师坚持正面引导的原则，向幼儿介绍关于玩具或用具的简单机械原理，满足幼儿的好奇心。这一时期，教师可以教给幼儿一些简单的科学知识，引导他们去发现事物之间的内在联系。教师在组织集体活动时，要注意幼儿的个别需要，因材施教。

（二）了解幼儿在身心发展方面的差异及教育策略

幼儿在身心发展方面表现出明显的差异性。发展的个别差异性有两方面的含义：一是指在幼儿发展具有整体共同特征的前提下，个体与整体相比较，每一幼儿的身心发展，在表现形式、内容和水平方面，都会有自己的独特之处。这种表现于个体发展方面的差异性，来源于个体遗传素质和生活环境的差别。例如，同年龄的幼儿，在身高方面有明显的高矮之分。同年龄的幼儿也会由于他们各自神经系统的灵活性的差别，在注意力的持久性、知觉的广度方面有差异。幼儿发展过程中表现出的个别差异性，虽然在一定程度上受到生物因素的影响，但是，更多的结果还是来自环境和教育的差别。二是指同一幼儿的语言、思维、想象、社会性和情感的发展都有不同的敏感期。敏感期是幼儿学习的最佳时期，如果敏感期因幼儿的内在需求受到妨碍而无法发展时，幼儿就会丧失学习的最佳时期，日后若想再学习此项事物或能力，即便花费更多的时间和努力，成果也不显著。

教师在组织教育活动时应注意：①研究幼儿之间的身心发展的个别差异。《幼儿园教育指导纲要（试行）》指出："幼儿园教育应重视幼儿的个别差异，为每一个幼儿提供发挥潜能，并在已有水平上得到进一步发展的机会和条件。"因此，教师应根据幼儿发展的不同水平，在制定幼儿集体活动目标和内容时，关注个别幼儿的需要，提供不同难度的活动内容，进行不同的评价，让每一个幼儿都能够在原有水平上得到发展。②研究同一幼儿不同心理现象发展的敏感期。教师要研究本班幼儿，理解幼儿的自然发展进程及规律，抓住教育的最佳时期，在不同的敏感期，为幼儿创造不同的适宜发展的环境和机会，及时给幼儿以引导、帮助和鼓励。如小班幼儿正处于对细微事物感兴趣的敏感期，教师可以有意识地在日常活动中为他们提供观察事物细微变化的机会，如观察并记录种子发芽的过程。

第二节　在观察中了解幼儿

科学合理的方法有助于教师全面了解幼儿，提高教师了解内容的真实性，从而更好地进行有针对性的教育。观察法是教师或科研工作者了解儿童、研究儿童常用的方法。

一、观察法的概念

观察法是指研究者根据一定的研究目的、研究提纲或观察表，用自己的感官和辅助工具去直接观察被研究对象，从而获得资料的一种方法。

二、做好观察与记录

观察幼儿是教师重要的专业能力之一，是教师专业发展的必要条件。但是，很多教师尤其是新手教师对于为什么观察幼儿、怎样观察幼儿、观察幼儿什么不清晰。因此，了解观察的意义和掌握正确的观察与记录方法可以帮助教师实现有效观察。

（一）教师观察幼儿的意义

观察幼儿是教师与幼儿有效互动的条件，观察可以使教师理解幼儿的行为，进而采取措施促进幼儿的发展；观察有利于促进教师的专业化。

1. 观察是教师了解幼儿最好的方法

幼儿年龄尚小，往往无法用成人或其他人能理解的方式来表达自己的思想，比如，他们无法用比较具体、准确的语言来表达他们内心的想法和感受，又因尚未学习写字，故也无法用文字书写自己的需求与看法，其行为常常遭到成人的误解。观察是教师在自然状态下记录幼儿真实、自然的行为表现过程。

案例呈现

试着迈一步，你一定行的①

户外操场，教师组织幼儿进行走平衡木游戏。丫丫不敢走，一个人在偷偷地流眼泪，为此我降低了难度，让其他小朋友拉着她的手走。这次，丫丫不再往后躲，她高兴地和别人拉着手随着队伍向前走。不一会儿，轮到她上平衡木了，她犹豫了一下，我就站到她的身边。丫丫抓住我的手，稍微一用力就站到了平衡木上。我心中一喜，觉得成功在望。但是，没想到和她拉着手的小朋友迈开大步往前走，吓得丫丫大叫起来："啊！你慢点，我害怕！"我意识到这样不行，忙抓住她的手说："没事，别着急，你松开她的手拉着我的手走吧。"丫丫赶紧松开了手，紧紧地抓住我。"试着迈一步，你一定行的。"在我的鼓励下，丫丫终于鼓足勇气迈出了第一步。由于迈的步子很小，刚迈过来的脚踩在了另一只脚上，差点儿摔倒。她再也不肯迈第二步了，我只好让她下来。这时，我发现，她不再像以前那样拒绝再走，而是又排到了队伍里。当她自己再次站到平衡木上时，聪明地换了一种方式，改成侧着身子、两只脚一点一点地往前挪。虽然速度很慢，中间也有停顿，但是，她最终还是走完了平衡木。于是，我马上鼓励她说："丫丫真勇敢，能够自己走完平衡木了！"丫丫听了我的话，笑着跑到队伍里向其他人说：

---

① 大二班户外活动观察记录表［整理］［EB/OL］.［2016-06-05］. http://www.docin.com/p-520804078.html，有改动。

"你看，我敢走了!"

 案例分析

　　通过日常观察，教师发现丫丫的腿部力量不是一个关键问题，她需要进一步增加有关平衡动作的学习，进一步减少走平衡木的恐惧。因此，教师先是降低了难度，让其他小朋友拉着她的手走；当她独自站在平衡木上时，教师又及时地站在了她的身边；当她不敢大步往前走时，教师鼓励她"没事，别着急，你松开她的手，拉着我的手走吧""试着迈一步，你一定行的"，这些话语给了孩子极大的勇气；在孩子走完平衡木时，教师及时地进行了表扬"丫丫真勇敢，能够自己走完平衡木了!"这一系列行为都是教师在认真观察幼儿之后做出的，是教师了解幼儿的一个体现。正因为有充分的了解，教师才会采取恰当有效的教育措施。

　　2. 观察是促进教师专业发展的重要途径

　　2011 年教育部制定的《幼儿园教师专业标准(试行)》中关于"幼儿保育和教育的知识"内容中就指出教师应当掌握观察、谈话、记录等了解幼儿的基本方法。这就意味着观察幼儿的能力已经作为考察教师专业能力的标准之一。教师观察得越深入、全面，就越机智、灵活，就能够越热情、越有自信地提升自身的专业能力。

案例呈现

饭间一瞥①

观察内容

　　吃午饭时间到了，香喷喷的排骨汤，翠绿的蔬菜海鲜汤，香味扑鼻，孩子们都津津有味地吃着。只见天天的碗里就剩下排骨，还端着碗大喊："老师，我还要饭。"喂她吃肉，她用门牙嚼两下又吐出来。

　　这一段时间，每天吃饭，王思媛都把饭撒得满身、满桌、满地都是。只见她一会儿把馒头撕成小块捏着玩；一会儿用匙子舀汤、舀稀饭倒在桌上、地下；一会儿又用手撕小菜叶子玩，每次大家都已经吃完饭，开始玩玩具了，她的碗里还是满满的一碗饭。

　　嘉嘉小朋友吃饭特别香，每次盛上饭，迫不及待地抓起勺子就吃，经常塞得满嘴饭来不及咽，噎得满脸通红，眼泪直流。而且他吃饭时，碗放在桌子中间，板凳离桌子很远，他也不知道挪一挪碗，拖一拖椅子，只知道伸长了脖子，伸直了身子，使劲够着吃。

行为分析

　　现在的家长过于溺爱孩子，凡事亲力亲为，孩子们没有锻炼的机会，加上父母缺乏相关的教育科学知识，致使孩子们养成了一些不良的饮食习惯。如吃饭时，好吃的一味

---

① 谈心. 观察幼儿：幼儿教师专业发展的关键 [J]. 当代学前教育，2009 (4)：15.

往肚里填，不好吃的"拒之门外"；有的孩子甚至不知如何端碗、拿勺子；有的孩子边吃边玩，浪费饭菜。

教育措施

①改变家长的教育观念。首先，我们向家长介绍有关幼儿饮食习惯的培养方法，帮助家长树立良好的饮食教育观念，家园配合，共同纠正幼儿的不良习惯。其次，针对个别幼儿的个别情况，有的放矢地和家长商讨饮食问题，让家长了解自己的孩子哪些方面存在问题，个别纠正。比如，天天是个特别聪明、乖巧的孩子，他只爱吃蔬菜，不爱吃肉。我们要让家长了解平衡膳食的重要性，家庭中要科学合理地安排膳食，培养孩子少吃零食，正常吃饭的习惯。②针对幼儿不良的饮食习惯，幼儿园制定有效的策略加以引导。例如，做好餐前的信息传递及诱导工作。餐前，教师给幼儿讲"大公鸡和漏嘴巴""珍珍的梦"和"大力水手"的故事，教育幼儿愉快吃饭，不挑食，知道吃青菜有力气，长得高。饭来了，教师可以先讲讲菜的名称、颜色，闻闻香味，介绍菜的营养，激发幼儿食欲。儿童进餐时，教师要以鼓励表扬的口吻为幼儿营造进餐的环境，以奖励小红花的方式表扬幼儿。③科学合理地安排幼儿一日生活活动。例如，日常生活中，适当增加幼儿运动的机会，增进幼儿食欲。教师也可以通过集体教学活动及游戏培养幼儿良好的进餐常规。

（二）教师如何观察幼儿

观察幼儿是为教师实施针对性的教育搜集资料。要使观察真正成为教育的基础，观察要经历观察前的准备、观察中的记录和观察后的反思3个阶段。

1. 观察前的准备

观察前的准备工作主要有确定观察的目的和计划，根据研究目的确定观察的中心、焦点，即需要记录的事件和行为；确定观察的对象、时间、地点和次数等；设计或选择观察记录的方式或工具；确定观察的内容，如观察幼儿的活动兴趣、活动状态和活动需求。

2. 观察中的记录

蒙台梭利说："唯有通过观察和分析，才能真正了解孩子的内在需要和个别差异，以决定如何协调环境，并采取应有的态度来配合儿童成长的需要。"为了更好地了解幼儿，教师一方面要借助各种手段认真观察幼儿，一方面要进行如实的记录，以保证观察资料的真实性和可靠性。

（1）通过各种途径搜集信息

教师对幼儿的观察大多是在一种自然的情境中进行的，是一种被动的观察，是一种借助看和听的手段，来判断或推理幼儿的需要和心理发展水平的活动。这种观察的目的是为了保证搜集资料的真实性。但是，这种自然状态下的观察在有助于教师搜集到所需要的真实信息的同时，却难以满足教师对某些信息的需要。如教师在组织《各种各样的车》主题活动前，需要了解本班幼儿对车的种类、形状和用途的知识的信息，而在日常活动中，教师通过自然观察很难捕捉到这种信息。面对这种情况，教师可以通过设计语言区、美工区等活动区域，引导幼儿参与区域活动，通过观察幼儿与各种车的互动，来了解幼儿关于车的经验。

 案例呈现

车

语言区观察记录

教师："你在马路上看到了什么车？这些车是什么样的？"黄黄："我在马路上看到了许多车，有摩托车、小汽车、自行车。"红红："马路上来来往往许多车，有大车、有小车。"欣欣："我看到了出租车，是红色的。"美美："大卡车的车头像一个大大的正方形、车身像一个大大的长方形，还有圆圆的车轮。"一一："这边图片上的是红色的消防车，我叔叔在消防队上班，他们那里有消防车。"楚楚等一些孩子边看着墙面上从网络下载的图片，边说着自己已经认识的车，并用一些词汇来描述这些车的外形特征，模仿车发出的声音，如小汽车——嘀嘀嘀；摩托车——突突突；大客车——嘟嘟嘟等。

美工区观察记录

幼儿认真观察、比较汽车的外形特征与图形的联系，自由地选择了绘画和制作两种形式来表现各种各样的汽车。楠楠画出了半圆形的面包车；华华画出了长方形的小汽车；冬冬用收集的废旧材料制作了大卡车；月月制作了小轿车；凯凯用圆形、长方形组合画了双层电车。

（2）记录信息，让情景再现

教师在观察的过程中如果条件允许可以现场进行翔实的记录；如果不具备现场记录的条件，教师要通过回忆记录所观察的内容，以备日后教学所需。记录观察内容的方式有多种，教师可以根据需要选择适宜的方式来记录儿童的行为。

①绘制幼儿互动平面图

用几何图形标示出各个活动区域的位置，教师在图上记录进入各个活动区幼儿的名单以及简单的游戏情况，也可记录幼儿与幼儿间互动的情况，一个阶段（如一周）后做统计分析。这样，从纵向可了解幼儿的发展轨迹或智能强项、弱项等，从横向比较中可把握幼儿的特点、行为倾向和个性风貌。

 案例呈现

互动平面图

马老师在观察记录了幼儿与幼儿间互动情况一周后，汇总了幼儿间的互动情况，并将其绘制在一张图上，发现班中的其他幼儿分别与3号、8号幼儿互动的次数最多。老师就此断定3号和8号是幼儿中的中心人物，处于领导地位。在带班过程中，马老师也发现这两位孩子的确是班上能力强的幼儿。

②利用表格进行观察记录

教师先确定重点观察的内容，然后绘制表格，在观察过程中运用简单的符号记录全班幼儿在某一阶段参与该活动的人数、频率等，可更快、更好地把握班上孩子的发展水平和发展速度。

 案例呈现

小班幼儿活动记录

学号	游戏喂豆豆	游戏配对	游戏夹夹子
1	√		√
2	√	√	√
3			√
4		√	

（注：打"√"表示该幼儿已玩过这一区域的活动，并达成了目标）

③采用叙事的方式进行记录

叙事性观察体系常用的记录方法主要有日记描述法、轶事记录法、连续记录法和实例描述法。叙事性记录法的优点在于观察者以叙事的方式记录了被观察者的一个个活动片段，再现了被观察者当时的活动场景，给人历历在目的感觉。

④利用照相机进行记录

对幼儿在活动过程中的某一场景，幼儿的瞬间举止，幼儿表达、表现思想情感的作品进行拍摄，以获取、保留直观的图片资料。这是一种比较新颖、先进的记录手段，它能够记录幼儿某些行为发生发展的过程，包括一些容易被忽视的细节，帮助观察人回忆当时的活动情景。这种方法适用于教师不方便进行现场记录的活动中，可以方便、快捷、生动地还原当时活动的情景，深受教师喜爱。

幼儿活动瞬间

3. 观察后的分析和反思

在观察过程中，教师及时记录幼儿行为发生发展过程的目的是为今后的教育活动提供依据。但是，记录只能再现当时的活动情景，至于幼儿为什么会出现此种行为？此种行为的目的和背景是什么？如果教师不进行认真的分析和反思，则很难发现其中的原因。

章末小结

通过本章的学习，我们主要了解了以下的知识点：

（1）了解幼儿的意义。了解幼儿是《幼儿园教师专业标准（试行）》的要求，了解幼儿是教师设计有效教育活动的前提，了解幼儿是教师热爱幼儿、尊重幼儿的基础。

（2）了解幼儿的内容。了解幼儿身心发展的年龄特征及教育策略，了解幼儿在身心发展方面的差异及教育策略，了解有特殊需要幼儿的身心发展特点及教育策略。

（3）观察法。观察法是指研究者根据一定的研究目的、研究提纲或观察表，用自己的感官和辅助工具去直接观察被研究对象，从而获得资料的一种方法。

（4）观察法的种类。根据不同的分类标准，观察可以分为自然情境中的观察与实验室中的观察、参与性观察与非参与性观察、定量观察与定性观察。

（5）教师观察幼儿的意义。观察是教师了解幼儿最好的方法，观察是促进教师专业发展的重要途径。

（6）观察的步骤。观察要经历观察前的准备、观察中的记录和观察后的反思3个阶段。

议一议

问题1：某教师在组织进餐时是这样做的：当饭送来时，她组织小朋友洗手，并在盥洗室门口看着孩子们洗。许多小朋友草草洗完就擦手了，老师没有发现。孩子们陆陆续续坐到椅子上吃饭，许多孩子还没有完全掌握拿筷子的正确方法，到各桌巡视的老师没有发现这一情况。孩子们吃得非常香，吃完陆陆续续地将餐具送回餐具车。只见送回的餐具一片狼藉，上边还有许多饭粒和剩菜。在整个进餐过程中，该教师像走过场一样带着孩子们完成了吃饭的任务。她一直在看，却什么也没有看到。

请对该教师的做法加以评价。

答案提示

首先，教师的做法是错误的。教育渗透在幼儿园一日活动的各个环节中。教师只有认真地观察幼儿在每一环节中的表现，才能发现幼儿的兴趣和需要，才能发现幼儿行为方面的问题，才能寻找教育的契机，进行针对性的教育。幼儿的一日活动是教师观察的重要内容。在观察之前，教师要依据《3～6岁儿童学习与发展指南》确定本班幼儿在认知、情感和社会性方面的发展目标，依据幼儿的发展目标确定观察的目标。观察是为了教育，只有认真观察，才能发现问题，才能在今后的教育活动中寻找适宜的方式进行针对性的教育。案例中的教师仅仅是在观看幼儿的活动，而不是观察幼儿的活动。由于没有明确的观察目标，因而不能发现幼儿的行为问题，也就不能进行及时的教育。

问题2：在实习时，你发现班里有个小朋友很孤僻，基本上不与其他人一起玩，你试图与他沟通，他也不理睬。班里的李老师对你说："随他吧，只要他不出问题就行了。"

对李老师的说法，你怎么看？

答案提示

首先，李老师的说法不正确。造成幼儿性格孤僻的原因有很多，可能是家庭的原因，也可能是教师的原因。作为教师应该通过日常观察和与家长沟通的方式，分析幼儿性格孤僻的原因，寻找幼儿的兴趣和需要。从幼儿的需要出发给他更多的关心，让他体会到温暖，逐步消除紧张和胆怯的心理，融入集体生活中。

练一练

1. 教师应该如何观察幼儿？

2. 幼儿入园头几天，因为不适应总是哭闹。张老师很心烦，她就吓唬哭闹的孩子说："再哭，就把你送到动物园喂老虎。"对于老师的这种教育方式，你怎么看？

3. 在集体教育活动中，有些小朋友常常借故上厕所而不愿意参加活动，你怎么解决这个问题？

4. 在幼儿园，幼儿之间避免不了发生抓伤、咬伤等事件，如果你是幼儿教师，应如何解决这个问题？

5. 每一个幼儿都觉得自己是最棒的，如果你是教师，你怎么看待这件事情？

第七章　评价与反思

内容结构图

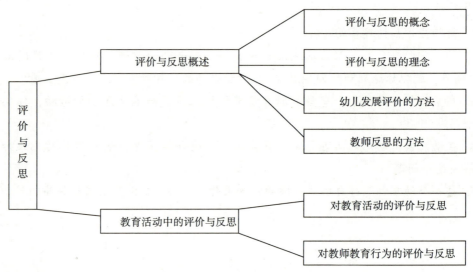

学习目标

1. 能对录像或教育资料中的教育活动、教育行为进行评价；或能对自己的面试表现进行评价。

2. 能根据评价结果提出进一步改善的意见。

第一节　评价与反思概述

案例导读

在面试中，老师提出了这样的问题：如果你组织幼儿的游戏活动，你讲完游戏规则后，有个幼儿大声说："我不知道你说的是什么？"你怎么办？

案例分析

这一题目主要考查考生评价、反思教学和改进教育策略的能力。

一、评价与反思的理念

教育评价是了解教育的适宜性、有效性，调整和改进工作的必要手段。反思是教师对自己教育过程的各个细节的一个认真的思考，评价与反思的目的是促进儿童的发展。

（一）关注每个幼儿的全面发展

评价与反思的宗旨是促进每个幼儿的全面发展，其实质是为改进幼儿的学习提供信息，而不是提供幼儿发展层次证明或履行筛选评定功能。

📘案例呈现

好动的乐乐

问题：最近在不经意中发现乐乐常有不礼貌的生活行为。如经常抢占别人的东西；随意翻动同伴的书并拿其他人的物品；活动中总是喜欢自由行动，在和同伴交流中，如果话不投机便拳脚相加。但是，平时他很喜欢帮老师做事，如分餐具、摆椅子，愿意与同伴争着做。

反思：好动、喜欢做事、表现欲强是孩子的天性。很多孩子喜欢通过做事来引起教师和同伴对他的关注。幼儿的自控能力较差，在集体活动中往往难以自觉地控制自己的行为，常常表现为不遵守规则、自由活动等行为。有些孩子在和同伴交往时，自我意识较强，当他不能和同伴达成统一意见时，喜欢用暴力征服别人，这一行为与家庭教育有一定的关系。要改变幼儿经常出现的上述行为，在今后的教育活动中，首先，我应该注意发挥幼儿的特长，使他们不断获得成功的体验。其次，我要有意识地通过故事教学或游戏活动培养儿童的自控能力，为他们提供可模仿的榜样，从他们感兴趣的事物中捕捉教育的契机，让他们懂得哪些行为是正确的、哪些是错误的，注意发现幼儿的点滴进步及时进行表扬，帮助幼儿树立自信心。最后，我应多与家长沟通，减少家庭的暴力行为，多为幼儿提供合作、友好的榜样。

（二）幼儿发展评价的方法多样

不同的评价内容，应有不同的评价方法。《幼儿园教师专业标准（试行）》在激励与评价维度中强调教师要"有效运用观察、谈话、家园联系、作品分析等多种方法，客观地、全面地了解和评价幼儿"。教育教学活动和幼儿发展本身的复杂性、每一种评价方法的优势与不足决定了教师应针对儿童发展的不同活动内容采用不同的评价方法，或发挥多种方法的综合性优势，以便对儿童的发展进行科学、准确的评价。科学的评价是实施有效教育的前提。

（三）幼儿发展评价着眼于真实自然的情境

幼儿发展评价的改革方向是强调评价的真实性。评价的真实性是指评价背景与生活背景的接近程度，即对幼儿的评价要么在实际生活中进行，要么在模拟真实生活的情境中进行。幼儿发展评价强调真实地记录幼儿的发展，以幼儿生活中发生的真实事件和真实行为作为评价的内容，评价的情境和任务都贴近幼儿的现实生活。在这种情境中，将幼儿的真实行为和作品与广泛的行为例证相结合，以此来寻找教育干预和指导措施。

（四）评价与反思是教师专业成长的主要途径

对幼儿发展进行评价与反思的过程也是教师专业成长的过程。教师是幼儿发展评价的主体。在教育教学活动中，教师为了科学正确地评价幼儿的发展，需要关注幼儿的生活、游戏和学习活动；搜集、记录幼儿的行为表现；查阅同一年龄阶段幼儿身心发展的特点、规律和幼儿发展的案例；将本班幼儿在某一活动中的行为与相应的理论和实践相比较，从而得出本班幼儿在某一方面的发展水平和存在问题的结论，以此为依据积累教育成功的经验和寻找解决问题的措施。这一评价和反思的过程既是促进幼儿发展的过程，又是教师专业成长的过程。

 案例呈现

老师，你不怕金鱼死吗？

在认识金鱼的活动中，孩子们都围到鱼缸周围。教师怕打坏鱼缸，就说："小朋友不能在鱼缸旁边，否则金鱼会死。"幼儿都回到了座位，老师仍然站在鱼缸旁边。一名幼儿问："老师，你为什么还站在鱼缸旁边，你不怕金鱼死吗？"

反思：幼儿以具体形象思维为主，他们喜欢具体形象的事物。我在组织幼儿认识金鱼的活动中，激发了幼儿的兴趣和好奇心，他们主动地围到鱼缸周围试图看一究竟。由于害怕幼儿的拥挤会打破鱼缸，从而伤害幼儿，我用"小朋友不能在鱼缸旁边，否则金鱼会死"的话，要求幼儿回到座位，远离鱼缸。但是，我忽视了幼儿道德认知能力的发展水平。这一时期的孩子已经具备了初步道德认知能力，希望用同一个标准来对待所有的人。在今后的活动中，我应注意以下事项：首先，要全面了解本班幼儿身心发展的年龄特点和规律；其次，在组织教育活动时要以幼儿的身心发展特点为依据选择内容和方式；最后，要以身作则，做幼儿的表率，不欺骗幼儿。如果遇到有可能对幼儿带来伤害的事情，我要直接告诉他们怎么做，为什么这么做。

三、幼儿发展评价的方法

幼儿园教育评价的方法是实施有效教育评价的手段，是教育评价科学性的重要保障。评价者应该根据评价的目的与内容，综合采用观察、访谈、测验、问卷、档案分析等多种方法，在整个教育过程中自然地进行教育评价，以保证教育评价的科学性，发挥其应有的功能。

（一）观察法

观察法是指有目的、有计划地对评价对象进行系统和连续地考查、记录、分析，并对观测结果做出评定的一种方法。观察法主要有自然观察、情境观察和行为核对 3 种类型。

 案例呈现

我的蜡笔盒

要上美术课了，每个幼儿自己到文具柜里取出一盒蜡笔，然后到老师那里去排队。轮到玉玉时，剩下的蜡笔不多了，她左看右看，好像拿在手里的每盒都不是自己想要的那盒，于是露出一脸不悦的表情。她无奈地拿着一盒蜡笔走过来站队。就在这时，她看见站在队伍中的强强手里拿的正是自己想要的那盒。她一把夺过强强手里的蜡笔，还没有等强强回过神来，她已经将自己原先的那盒蜡笔塞到了强强的手中，自己则高兴地站在了队伍中。

案例分析

玉玉能够根据记忆寻找自己用过并喜欢的蜡笔，在发现找不到自己喜欢的蜡笔时，也能控制自己的情绪参加集体活动。当发现自己喜欢的蜡笔在别人手里时，能迅速地抢为己有，并把自己不喜欢的蜡笔硬塞到他人手中。这一切行为说明，玉玉比较有主见，做事执着，能够根据集体的要求约束自己的感情。但是，在发现自己喜欢的物品时，则不顾及他人的感受，说明玉玉的道德发展水平较低，道德行为不稳定。

（二）访谈法

访谈法又称谈话法，是指通过访谈者和受访者面对面地交谈来了解受访者的心理和行为，以此来搜集资料，进行幼儿发展评价的一种评价方法。在这里，访谈者一般由教师来承担，受访者可以是幼儿、家长或同行教师。

案例呈现

不告诉你

午睡结束后，溜溜穿完衣服到我身边看我画画。我便和他聊了起来。"溜溜，你这几天的表现好像不是很好哟，你觉得呢？"溜溜歪着脑袋想了想，点了点头。"你最喜欢和谁讲话呢？讲些什么呢？"溜溜嘟起嘴，嘀咕："不知道了，忘记了。""你不听话，张老师很生气，你知道吗？"我说。"知道！"他说。"那你为什么不听张老师的话呢？"我问。"……""张老师看见你上课不认真，最生气了，你要是乖乖的，像现在这样，那该多好呀！"我接着说。"嗯！"他说。"你还没告诉我为什么我生气时，你还是不听我的话呢！""张老师，你生气的样子真难看！"他说。"什么？"我问。我停下手中的笔，有些吃惊地看着他。"不会吧？"我不信地问。"是的，你那么凶，那么丑，我们就不理你了！"他说。"噢？我们是谁呀？还有谁说我丑呢？"我好奇地问。"嗯……"溜溜用手指拨着桌子，"不告诉你！刚刚不让我告诉你！"他说。"噢！那就算了！不过，你让张老师怎么做才听话呢？"我暗地里直笑。"你好好地对我们说，不要发脾气。"他说。"好吧，不过你也得答应我做好个听话的好孩子！"我说。"好！拉钩！"他说。"拉钩！"

多鼓励，给他信心

最近我班的王传彬，一直不听话。每天都有好多小朋友来告他的状，而且，"罪状"也是十分齐全：打人，骂人，抢小朋友玩具，弄小朋友衣服、头发等。我感觉，每天在耳朵里，总是听着王传彬的名字。我尝试很多办法来教育他，如谈心、严厉批评等，目的是让他转换角色，体会其他小朋友的心情。但是，都没有什么明显的效果。我意识到幼儿园的小朋友对他的排斥在他的心里留下了很深的阴影，他也对自己放弃了。一个对自己不抱希望，心里没有爱的孩子，又能期望他有什么表现呢？我抛弃了自己先前对他的所有的成见，开始关注他，重新了解他。一次区域活动结束后，王传彬收拾好玩具后，看到地上有纸屑，拾了起来。我立刻向全班小朋友介绍了他维护班级卫生的好行为，让全班幼儿给他鼓掌。在为他贴小星星时，告诉他老师很喜欢他这样做，还亲切地摸摸他的头。离园时，我向王传彬的爸爸介绍了孩子在园的表现。他爸爸听后高兴地说："谢谢老师!"接着家长说："孩子的个性比较倔，如果在家做错事我们多对他批评几句，他还会顶撞我们：'不是我，你们不要管我。'所以，我们也不知如何教育他，还是希望老师多费心帮我们教育孩子。"听完家长的介绍，我马上说："孩子有很多优点，你们家长在家要多注意他的优点，多进行鼓励。给他信心。"

适度奖励幼儿

一次活动结束后，年轻的王老师与班主任李老师就大班儿童的教育问题展开了谈话。

王老师："李老师，根据这几天的观察发现你和刘老师奖励幼儿的次数比较少。"

李老师："嗯，以前小班、中班的时候对他们的奖励还是挺多的，但是，现在是大班了，就要少一些了。"

王老师："能说说为什么吗?"

李老师："小班、中班的孩子小一点，就喜欢老师给他们些花花绿绿的东西，像小星星啊、一些印章啊。现在他们都大班了，而且，一些杂志上说如果频繁地对幼儿进行奖励，效果不好，所以，我们就尽量减少奖励的次数，不过有些时候还要用一下。"

王老师："比如什么时候呢?"

李老师："有时候上课为了激发他们的积极性，就设置一些小规则，谁回答得多就给谁一个小星星，或者是有的幼儿的表现确实让我很满意的时候。"

■ 案例分析

通过谈话法来搜集有关幼儿发展的资料，其优势在于教师在整个谈话过程中处于主导的地位，把握着谈话的内容和节奏。教师可以就幼儿在活动中的某一表现与幼儿、家长或同行教师进行交谈，了解幼儿行为的动因，也可以进一步了解幼儿更多的想法，商讨有效的教育措施。教师正是通过与溜溜的谈话才了解到孩子们对自己的看法，才意识到自身的行为对幼儿的影响，才明白了溜溜生气、不听老师话的原因。教师在和家长谈话时，一方面可以将幼儿在园的表现介绍给家长，让家长更充分地了解自己的孩子在幼儿园的发展情况，让教师了解幼儿在家庭中的表现和家长的教育情况；另一方面，教师也可以就幼儿某一行为与家长交流，探寻行为背后的因素，在取得家长支持的同时，将幼儿园的教育理念和方法传递给家长，与家长共同探讨解决问题的方法，促进幼儿的发展。同行教师之间的谈话可以使教师更多地了解幼儿在各种活动中的表现；使教师对幼儿的评价更具有科学性和全面性；也可以就某一教育问题展开讨论，共同商讨解决问题的有效措施。

（三）档案袋法（成长记录袋法）

档案袋评价是在幼儿学习过程中通过教师及幼儿收集幼儿的作品以及他们的表现记

录，将收集上来的材料进行有组织的整理，以展示幼儿的成长、发展过程的评价方法。档案袋评价是一种发展性、过程型的评价方法。

案例呈现

幼儿成长档案袋①

幼儿成长档案袋主要包括的内容有："我的档案""我的成长故事""活动中的我""家长教室"和"幼儿学期发展报告"等板块。

板块一："我的档案"——展现个性自我

在"我的档案"中，详细记录了幼儿的身份信息、个人爱好、生活作息状况、行为习惯、卫生习惯、自理能力等情况，这些都是幼儿入园时个体发展的初始信息，也是"成长档案"中幼儿个性的最初体现。

板块二："我的成长故事"——记录成长点滴

在"我的成长故事"中包括"老师眼中的我""爸爸妈妈眼中的我"和"我在成长" 3 个方面，分别从 3 个不同的角度记录了幼儿成长的点滴。

（一）"老师眼中的我"

我们班的小宇非常内向，入园将近一年了从不主动与人交流，也不参与幼儿园的集体活动。我们在制作成长档案时也针对性地在他与人交往、参与活动方面进行成长记录。

（二）"爸爸妈妈眼中的我"

在这里，父母的观察内容、记录方式是不受限制的，可以是手工作品呈现、童言趣语的文字记录、父母对孩子的寄语、亲子活动照片……在孩子成长的过程中，也留下了爸爸妈妈成长的足迹。

（三）"我在成长"

刚开学时，有"我能高高兴兴上幼儿园""我会自己吃饭""我会自己午睡"，之后又有"我爱做游戏""我会与同伴一起玩""我会使用礼貌用语""我会拍球"等内容。幼儿在成人指导下，根据自己的表现选择动物贴纸进行客观评价，"很好"贴三个，"一般"贴两个，"要努力"贴一个。有一次集体交流"我的成长"活动中，胡逸博的"我会使用礼貌用语"这一栏，妈妈只让他贴两个贴纸，原因是他看见叔叔阿姨不愿打招呼。但是，每天来园他都会有礼貌地和老师、同伴打招呼。妈妈想用这个办法引导他在家里也要做个有礼貌的孩子。

四、教师反思的方法

反思的方法是指教师对具体的反思内容进行思维加工时采用的外显的方法。幼儿教师经常用"想""写"和"谈"的方法来反思教育活动。所谓"想"，是指教师对教育

---

① http://baike.so.com/doc/6493128-6706839.html.

活动的目标、环境、准备和活动过程与结果等进行的思考；所谓"写"，是指教师撰写教育反思日记；所谓"谈"是指教师就教学活动的相关内容与同行教师交流讨论，共同商议解决问题的策略。除此之外，教师用于教育反思的方法还有摄像反思、档案袋和撰写教育博客等。

（一）想一想

想一想是指教师在头脑中反思自己的教学过程和行为。每一个教育活动开始之前，教师都要针对活动的目标，活动的教具、学具和环境以及活动的方式、方法进行认真的思考，以便设计活动方案；活动过程中，教师针对儿童在活动中的兴趣、行为表现思考下一步活动的计划；活动后，教师还要思考本次活动对儿童发展的影响。

（二）撰写反思日记

反思日记是教师以日记的形式记录身边发生的任何事件、抒发真实情感的一种反思方式。反思不是一般意义上的回顾，而是要"返回去"寻找观念的根据，"跳出来"思考自己的行为和观念，需要教师有较强的问题意识、研究意识和解决问题的意识。

案例呈现

洗手绢①

著名儿童教育家蒙台梭利说过："儿童第一次伸出自己的小手代表自我要努力进入这个世界之中。"在一次洗手绢的活动中，主要是让幼儿学会洗手绢和使用手绢。洗手绢是孩子们在生活中很喜欢做的事，因为它不仅仅是洗手绢，还可以从中玩水，玩手绢，玩香皂，玩自己的小手，从中体验快乐。而体验快乐也是一种满足。做律动洗手绢，在活动中将生活中的经验转化成一种知识，也了解到讲卫生的好处和如何讲卫生的方法。同时，这对幼儿也是一种学习。如幼儿学会正确地使用和爱护手绢。通过洗手绢，幼儿又体会和学习了另一种知识，律动，有节奏地练习重音、弱音，倾听能力得到了进一步的提升。幼儿喜欢在操作中学习，在玩中学习，在兴趣中学习。通过教学活动，我知道了孩子需要教师更科学、合理地为他们安排活动内容，使孩子在活动中体会快乐和知识。

案例分析

这种反思方法的优点：一是面向教师自身，写作方式不拘一格，可以随时随地捕捉、记录所观察到的信息，自由灵活，有感而发；二是反思日记是对有教育意义的问题的一种系统思考，承载的是教师深刻的思索，是教师智慧的反映。这种反思方法的缺点是对教师的素质要求较高，它需要教师具备在教育活动中及时地发现问题、详细地描述问题、依据相关的教育理论分析问题和理解问题的能力。

---

① 姚伟. 幼儿园教育评价行动研究［M］. 南京：南京师范大学出版社，2012.

（三）交流讨论

交流讨论是指教师与他人交流、讨论自己的所思和所为。囿于个人经历和经验的教学是狭隘的、封闭的。打破教师教学自我封闭的樊篱，需要对话，尤其是批判性对话。事实上，很多教师也认识到了这一点，他们会在活动前或活动后就活动的目标、方法、内容和效果与同行教师交谈，在阐述自己的活动意图和策略的同时，征求他们的意见和建议。

（四）教师成长档案袋

教师成长档案袋主要收集教师专业成长中的学习成就、展示教师的进步表现、取得的专业成果、个人的培训提高的信息和资料以及教师的自我简介。档案袋的两个重要组成要素是成长的材料和对材料的反思。教师成长档案袋的制作应围绕着记录成长、促进提高、对照评价来进行。利用档案袋进行反思，这种方式的优点是通过照片、文字以及手绘图案等形式，借助"自我简介""经典教案""幼儿个案观察记录""教育文摘""读后感""学习、工作经历""班级工作""家长工作及体会""我的反思日记"等涉及教育教学、管理工作、学习、展示等内容，记录每一位制作档案袋的教师在入职前后，尤其是入职后专业成长的发展历程。

第二节 教育活动中的评价与反思

面试时，考生评价与反思的内容包括录像、文字资料中的教育活动，也包括考生在面试中的表现。

一、对教育活动的评价与反思

总的来讲，对幼儿园教育活动的评价主要包括对生活活动、游戏活动和教学活动的评价。具体来说，考生在评价某一具体的教育活动时，应从活动目标、活动内容、活动方法、活动过程、活动中的幼儿与教师行为等方面进行分析。

考生在评价教育活动时应根据具体问题的要求，将《幼儿园教育指导纲要（试行）》《3~6岁儿童学习与发展指南》《幼儿园工作规程（试行）》《幼儿园教师专业标准（试行）》与幼儿的年龄特点结合起来分析。

（一）对生活活动进行评价与反思

评价幼儿的生活活动，主要是评价幼儿的表现、一日生活常规是否科学合理以及评价和反思教师的教育行为。

案例呈现

整齐划一的管理

面试时，考官问考生："如果你去一所幼儿园见习，发现这所幼儿园的各项事情都安排得井然有序，如作息时间紧凑，幼儿统一如厕和喝水等。你怎么看？"

案例分析

此题主要考察考生利用所学知识对教育活动中幼儿的行为和活动常规进行评价的能力。考生在答题时应以儿童发展的差异性为依据来评价"作息时间紧凑，幼儿统一如厕和喝水"这一现象。考生在回答此类问题时可以从两个方面入手：一是分析教师的教育行为对大多数幼儿发展的积极意义。二是分析教师的教育行为对个别幼儿发展的消极影响。教师统一要求这一教育行为对大多数幼儿发展具有积极的影响。《幼儿园工作规程（试行）》指出："幼儿园日常生活组织，应当从实际出发，建立必要、合理的常规，坚持一贯性和灵活性相结合，培养幼儿的良好习惯和初步的生活自理能力。"合理的常规便于幼儿形成集体的观念，养成统一的作息制度，便于开展集体教育活动；但是，紧凑的作息时间、统一的要求对幼儿发展也具有消极的影响，它忽视了幼儿发展的个别差异，不能满足幼儿的个别需要，容易伤害幼儿的自尊心。

案例呈现

不剩饭菜

很多幼儿园的生活常规中要求幼儿安静进餐，不挑食、不剩饭。为了使幼儿不剩饭，有的教师强迫幼儿吃下盘中的所有饭菜。请问你怎么看待这件事情？

案例分析

这是一道考察考生教育评价能力的问题。回答此类问题需要考生利用所学知识对幼儿园的生活常规进行评价。考生可以从以下方面进行回答：首先，考生要明确教师的做法是否正确。其次，说出教师的行为正确与否的原因，及对幼儿产生的积极或消极的影响。最后，提出改进建议。案例中教师的行为是错误的。制定幼儿园生活常规的目的是培养幼儿良好的生活卫生习惯。但是，幼儿的生长发育水平不一，有的幼儿饭量小，吃不完盘中的饭菜，但是不敢剩下，只能强忍着吃下去，长此以往会使幼儿产生害怕吃饭的心理，不利于幼儿身心健康发展。作为教师应充分了解本班幼儿的生长发育情况，了解每个幼儿的饮食习惯与爱好。为了避免幼儿剩菜剩饭，教师可以采取少盛多添的措施，即每次少盛饭菜，增加添加饭菜的次数，来满足不同幼儿的需要。

（二）对游戏活动进行评价与反思

对幼儿游戏活动的评价与反思内容包括游戏中幼儿的行为表现、活动区的设置、玩具的投放和教师的教育行为。考生在回答这一类型问题时，应结合相关的文件从积极和消极两个方面进行分析，以促进幼儿发展为最终目的。

案例呈现

大家都别理他，让他一个人待着吧！

区角活动时，佳佳为了争抢玩具打了小朋友。老师生气地将他拉到一边说："又是你，好好待在这里吧。"之后继续指导其他幼儿活动，之后对大家说："大家都别理他，让他一个人待着吧。"对老师的做法，你怎么看？

📁 案例分析

这是考查考生教育评价能力的题目。考生在作答时应首先对教师的行为进行明确的评价，给出对与否的答案。其次，根据幼儿的身心发展特点分析幼儿行为的原因。最后，依据相关文件分析教师的行为对幼儿的影响。考生可以进行以下方面的分析：案例中教师的行为不对。受各种因素的影响，幼儿形成了不同的性格。有的幼儿自我意识比较强，没有分享和轮换的意识，形成了独占玩具等物品的习惯，一旦不能满足要求，就打小朋友。这种行为必须要改变。但是，案例中教师的做法过于简单、生硬，容易伤害幼儿的自尊心，容易导致全班幼儿孤立佳佳的现象，是不可取的。《幼儿园教师专业标准（试行)》要求教师要尊重幼儿人格，维护幼儿合法权益，平等对待每一个幼儿。不讽刺、挖苦、歧视幼儿，不体罚或变相体罚幼儿。因此，对于佳佳经常出现因抢夺玩具而打小朋友的问题，教师要认真地分析原因，除了和佳佳耐心谈话，告诉他应该怎么做之外，还可以在集体活动时通过榜样的行为鼓励幼儿学习分享、谦让和轮流等亲社会行为，教师也要和家长沟通，建议家长在家庭教育中培养孩子的亲社会行为。除此之外，教师要反思活动区的玩具是否太少，不能满足活动的需要等问题。只有在尊重的基础上，才能采取有效的措施改变幼儿的不良行为。

📁 案例呈现

谁也不认识谁

小班娃娃家，欣欣正忙着给娃娃穿衣服，冬冬忙着煮饭，宁宁呆呆地坐在沙发上，老师走过去问欣欣："你是谁啊？"欣欣回答："我是妈妈。"老师又问："那他们两个是谁？"欣欣瑶瑶头说："不知道。"老师又问沙发上的宁宁："你知道他们是娃娃家的什么人吗？"宁宁也摇摇头说："不知道。"

评价案例中幼儿游戏的水平，如果你是教师会如何指导他们的游戏？

📁 案例分析

此题主要是考查考生评价幼儿游戏水平和组织、指导幼儿游戏能力的题目。帕顿根据幼儿社会性行为的发展水平，将游戏分为6种：无所事事、游戏的旁观者、独自游戏、平行游戏、联合游戏和合作游戏。从上述案例中幼儿的游戏行为，可以判断出幼儿处于平行游戏阶段。教师如何介入指导幼儿的平行游戏，需要考生依据自己已有的经验和知识结合幼儿的年龄特点总结或设想相应的措施。例如，教师可以以客人的身份访问娃娃家，让每一个幼儿介绍自己的身份并明确他人的身份，通过招待客人，让每一个幼儿都做与自己身份相符的事情，逐步提高幼儿的游戏水平。

（三）对教学活动进行评价与反思

对教学活动进行评价可以以幼儿身心发展的水平、特点和已有的知识经验为依据来评价活动目标、活动准备、活动内容、活动方法的适宜性和活动结果的有效性。无论评价哪一方面的内容，都离不开教师的教育对幼儿发展的影响。因此，考生切记以幼儿发展为中心来评价和反思教学活动，在评价的同时，提出改进的措施。

1. 对活动目标的评价与反思

考生可以从情感、认知和能力三个方面对活动目标进行评价与反思。评价与反思的内容包括：目标的定位是否全面、科学、准确和适合本班幼儿的年龄特点和发展水平；目标表述的角度是否一致；目标是否和具体的活动相联系。

案例呈现

社会活动：祖国宝岛——台湾（小班）

在这一活动中，教师制定了以下目标：知道台湾是祖国不可分割的一部分；初步了解台湾的美丽富饶；萌发热爱祖国的情感。

请依据相关知识评价上述活动目标。

案例分析

此活动目标不适合小班幼儿的年龄特点和已有的知识经验。小班幼儿以感知动作思维为主，对于台湾和祖国这样的概念没有明确的认知，也很难明白"不可分割"这一概念。因此，目标太大、太笼统，难以完成。

案例呈现

数学活动：认识图形（小班）

在这一活动中，教师制定的活动目标如下：能说出圆形、三角形、正方形的名称，并能正确地辨认图形；会按照图形的外形特征匹配图形，体验游戏的快乐。

案例分析

从目标可以看出，此次活动是让幼儿在动手、动眼和动嘴的过程中认识和掌握圆形、三角形、正方形的外形特点，符合幼儿的认知特点。活动目标明确、具体，具有较强的可操作性；目标全面，既有认知目标又有情感目标，符合"促进幼儿全面发展"的教育目的。

2. 对活动准备的评价与反思

考生在答题时注意从环境创设、物质准备和知识经验准备方面评价教学活动准备是否充分。物质准备包括教具、学具和玩具的准备；知识经验准备主要是指幼儿已有知识经验的准备；环境准备主要是指主题活动环境的创设。

案例呈现

谈话活动：我喜欢的动画片《喜羊羊与灰太狼》（大班）

在这次活动中教师所做的活动准备如下：布置动画片主要人物的图片展；歌曲《别看我只是一只羊》和《羊羊顶呱呱》；录音机。

请利用所学的知识对此次活动的准备进行评价。

案例分析

幼儿已有的知识经验是教师能否顺利开展教育活动的前提，也决定了幼儿能否积极主动地投入活动之中。此活动准备没有说明全班幼儿是否都看过《喜羊羊与灰太狼》动画片，因而，如果班里有幼儿没有看过此片，将影响本次活动的顺利进行。同时，由于缺乏相应的主题活动环境，不能使幼儿迅速地投入活动中。此次活动准备不充分。

案例呈现

科学活动：玉米真好吃（大班）

活动准备

1. 物质的准备：多媒体课件《玉米长大了》；生活中的玉米制品；未剥皮的玉米若干；课件；录音机；微波炉；实物玉米植株一棵。

2. 知识的准备：课前请家长和孩子共同收集有关玉米的各种资料并了解相关知识。

3. 环境准备：在活动室布置了玉米丰收的环境。

请对上述活动准备进行评价。

案例分析

教师从物质、知识和环境方面对此次活动进行了充分的准备，使儿童能够在已有知识经验的基础上，在教师的引导下，在教师精心布置的环境中，通过看、听、摸等活动产生知识的迁移，积累新的学习经验和情感。

3. 对活动过程的评价与反思

对活动过程的评价主要是对活动中各个环节，包括导入环节、开展环节和结束环节的评价。评价内容包括：导入环节能否引起幼儿的兴趣，激起幼儿活动的欲望。开展环节能否完成预定的任务；教师所提的问题是否有助于活动的进一步开展，是否适合幼儿的思维特点；教学手段和教学方法的运用是否适宜于完成教学任务；教师的讲述是否完整、清楚和形象，是否符合幼儿的认知特点；活动的时间、场地和教师的教育行为是否与活动的内容相适合，是否适宜幼儿的活动需要和水平；教师是否注意在综合性活动中对幼儿进行引导；活动的环境是否与活动内容相适合，幼儿是否在健康、愉悦和安全的环境中参与活动；教师是否给幼儿自主游戏、操作、合作和思考的机会；教师在活动中的举止、服饰和语言是否具有榜样的作用；教师安排的结束活动是否适宜；延伸活动是否与本次活动有关；整个活动是否达成了预定的活动目标；等等。

案例呈现

城市老鼠与乡村老鼠

面试时，有一考生抽到的题目是"模拟组织一次语言活动：城市老鼠和乡村老鼠"活动结束后，考官要求考生回答两个问题：①如果有的教师提出问题："城市老鼠和乡村老鼠都觉得自己的家好，这是为什么呢？"此问题适合5~6岁的幼儿吗？为什么？②根据故事内容，说说能组织5~6岁幼儿开展其他什么活动？

案例分析

　　这是一道考查考生评价教学活动环节能力的题目。第一题是一道评价他人活动环节的问题。在回答这类问题时，考生切记站在幼儿的角度思考问题，以幼儿的身心发展水平和知识经验为基础来评价教师的教学问题是否适合幼儿的发展。5～6岁的幼儿以具体形象思维为主，抽象逻辑思维刚刚萌芽。因此，问题"城市老鼠和乡村老鼠都觉得自己家好，为什么？"较抽象，幼儿不能理解教师所问问题的内容，也就不知如何回答。如果将问题换成"如果你是一只老鼠，你愿意住在城市，还是住在乡下，为什么？"幼儿可能较容易回答。第二题是一道自评题，考生可以根据自己的经验和想法来设计活动内容，只要活动环节与所讲述的故事有关且符合幼儿的年龄特点和知识经验即可。

案例呈现

公园里最好玩的地方

　　要求：考生以绘画的方式配合开展"寻找公园里最好玩的地方"的活动。

　　问题：你是如何利用你的作品开展"寻找公园里最好玩的地方"的活动的？

案例分析

　　这是一道自评题，主要考查考生对自己所设计的教学活动环节进行评价的能力。考生在回答"评价自己的教学环节"问题时，一方面注意幼儿是活动的主体，一切活动都应符合幼儿身心发展水平，以促进幼儿的发展为目的；另一方面，考生要注意活动领域的融合，设计综合性教学活动。例如，考生除了要组织幼儿开展以《公园里最好玩的地方》为主题的绘画活动外，还可以将艺术活动与语言活动结合起来。在幼儿绘画结束后，教师首先可以组织幼儿分组讲述自己的作品，讨论公园里最好玩的地方。其次，小组选出代表为全班幼儿讲述自己的作品，介绍公园里最好玩的地方。最后，组织幼儿选出2～3个最好玩的地方，在延伸活动中，带领幼儿到公园去玩。

　　4. 对活动方法的评价与反思

　　对活动方法的评价主要是评价教师在教育教学活动中采取的教学措施是否有助于完成活动任务、达成活动目标，是否有助于幼儿的身心发展。

案例呈现

美丽的家园

要求：模拟组织幼儿开展看图编儿歌的活动。设想如果幼儿对老师说"我不会编……"时，你怎么办？

案例分析

此题主要是考察考生解决教育活动中的问题的能力。回答此类问题，教师可以从以下两个方面进行。首先，分析幼儿的年龄特点和语言发展水平，指出幼儿发展的差异性，强调不会编儿歌是一种正常现象。其次，依据《幼儿园教师专业标准（试行）》强调"教师的所有行为都应建立在尊重幼儿、热爱幼儿的基础上，以促进幼儿发展为目的"的理念，教师可以说"不要紧，慢慢来""没有关系，你先听听别的小朋友怎么编""别害怕，你试试，老师会帮你"等。教师也可以采用示范的方法挑选图画中幼儿较为熟悉的人物和事物，选择简单的模式编儿歌，在幼儿熟悉儿歌的模式之后，教师再引导幼儿仿编典型的语句，并给予鼓励，鼓励其大胆仿编其他的语句。

案例呈现

要求：模拟组织幼儿学唱歌曲《好妈妈》。

问题：在教学中，你选择哪些方法激发幼儿的情感？

案例分析

本题主要考查考生运用恰当的方法解决教育活动中的问题，以达成活动目标的能力。每个幼儿都热爱自己的妈妈，为了表达对妈妈的爱，在母亲节到来之时，教师可以教幼儿学唱歌曲《好妈妈》。为了进一步激发幼儿爱妈妈的情感，积极主动地投入学唱活动，在活动开始时，教师可以通过谈话的方式，让每一个幼儿向老师和同伴介绍自己的妈妈，也可以通过小组讨论的方式让每一个幼儿都说一说妈妈是怎么爱我的；在教师示唱环节，教师可以通过示范的方法，声情并茂地朗读歌词，将热爱妈妈的情感传递给幼儿，让幼儿在模仿中表达对妈妈爱的情感；在练习环节，教师可以鼓励幼儿自由演唱，体会爱妈妈的情感。

考生在评价教学活动时应注意以下几个方面：一是依据幼儿的身心发展水平、特点和已有的知识经验评价活动目标是否适宜和全面，是否与我国幼儿园的教育目的相符；二是根据幼儿的已有经验和活动目标评价活动内容是否恰当；三是根据活动内容评价活动准备是否充分；四是根据活动目标评价活动结果是否有效。

二、对教师教育行为的评价与反思

面试时，对教育活动中的教师的教育行为进行评价与反思这种类型的题目主要考察考生利用学前教育理论来评价教师的教育观和教育行为的能力。考生在回答此类问题时，应注意首先对教师的教育观或教育行为进行明确的评价；其次，结合幼儿的身心发展水平和特点对教师的教育行为进行详细的评价与反思。答题时，考生不必面面俱到，只需从积极和消极两个方面分析教师的教育行为即可。

 案例呈现

猜猜他是谁

洗手池的下水孔堵塞了，小明挽起袖子把东西掏出来，下水孔通了，他没有把这件事告诉老师。老师知道后，将这个幼儿的事迹画出来，让全班幼儿猜猜这是谁。对于老师的这种表扬方式，你怎么看？

案例分析

此题主要考查考生评价教师教育行为的能力。考生在答题时应注意两个方面：一是对教师的教育行为给予明确的评价。二是分析教师的教育行为对幼儿产生的积极影响。案例中教师的做法对。首先，教师利用画画的方式表扬小明疏通下水孔，这种做法是对的。其次，幼儿的思维以具体形象思维为主。教师通过画画的方式将小明疏通下水孔的整个过程画出来，还原了事情发展的过程，便于幼儿的理解和学习。教师表扬幼儿的方式有多种，关键是教师要依据具体的事情采取适合幼儿的方式表扬幼儿，在激励被表扬幼儿进一步发展的同时，为其他幼儿树立学习的榜样。案例中教师的表扬方式既可以让幼儿知道为什么教师表扬小明，还可以知道应该学习小明什么。

案例呈现

我也想演出

幼儿园节日活动时由于有领导和家长前来观摩，园长希望各班的节目能体现出最高水平。因此，有些老师只让少数艺术能力强的幼儿参加演出，你如何看待老师的做法？

案例分析

　　此题主要是考查考生对教师的教育行为进行评价的能力。考生在答题时应从两个方面进行分析：一是对教师的教育行为进行明确的评价，给出对与否的答案。二是结合相关的文件分析教师的教育行为对幼儿发展的影响。案例中教师的做法不对。《幼儿园工作规程(试行)》指出："幼儿园应为每个幼儿提供充分参与教育活动的机会，满足幼儿多方面发展的需要，促进每个幼儿在不同水平上得到发展。"幼儿园不能为了提高节目的质量而限制有演出欲望的孩子参加演出活动。上述教师的行为一方面伤害了幼儿的自尊心，剥夺了幼儿参加活动的权利，降低了幼儿参加演出活动的积极性。另一方面，影响了幼儿的全面发展。另外，教师的这种行为容易导致家长和教师的矛盾，影响家园合作。

知识链接

幼儿教师反思日记：只帮两笔①

　　教师：×××

　　时间：×年×月×日

　　第一次用棉签画小草，总有孩子下不了手。"老师，我不会画。"李涵在一边轻声地说。看到老师还没过来，他又讲了一遍。我来到了他身边说："试一试吧。""我不会。"李涵说着依然没有动手，两眼盯着我看。"我们一起来画。"我对他说。李涵听了我的话拿起棉签看着我。我蹲下来，抓住他的手放在画纸上，一边和他一起画，一边说："就这样，从下往上，一棵小草，换个地方，从下往上，两棵小草，再换个地方。"我和他一起画了两笔，再换个地方后，松开了手，李涵迟疑了一下，画了第三笔。然后看了看我，停了下来。"真好，你自己画了一棵小草，很好看，就这样再画吧！"我鼓励他。李涵看看画纸，看到我还在身边，继续画了起来。一笔，两笔……他画得很慢，线条有点歪。我轻轻走开了，李涵没有再叫老师，一个人画好了小草。

　　细细分析，"只帮两笔"体现的是一种教育理念，体现的是教师对孩子的关注和理解。在适当的时候给予孩子适当的支持，又给予孩子一定的空间，鼓励孩子大胆地活动。其实孩子的"不会画"里面包含着许多原因，可能是不想画，可能是不敢画，也可能是确实不会画。教师要了解问题背后的具体原因，依据孩子的特点提供适宜的支持。在活动中，我和他一起绘画的同时，用行动和语言相结合的方法讲述绘画小草的要领，这种方法既符合小班幼儿的思维特点，也给幼儿的学习提供了支架。同时，教师在帮了两笔后松手陪他画了一会，让孩子感受到教师对他的关注和信任，也获得了心理支持。教师的循循善诱让幼儿感受到被尊重、被理解，呵护了幼儿的自尊，让他们拥有了

---

　　① http://i.yanxiu.com/blog/9393390/479061967607289！cateId=0

独立作画的勇气。虽然只帮了两笔，但是，这种行为是真切地尊重并关注幼儿的需要和发展的可能性的体现。教师深入孩子的内心，引导孩子积极主动地活动，这种行为是对"幼儿在先，教师在后""了解幼儿在先，选择自己的工作在后""关注幼儿表现在先，决定自己工作在后"理念的践行。在美术活动中可以"只帮两笔"，那么，在体育活动是否可以和孩子一起只做两下？在语言活动中是否可以和孩子一起只说两句呢？

章末小结

通过本章的学习，我们主要了解了以下知识点：

（1）评价与反思的概念。幼儿园教育评价是以幼儿园教育目标为评价标准，在系统测量的基础上，对幼儿园教育活动及其相关因子进行价值判断，以促进幼儿全面发展的过程。教学反思是指教师为了实现有效的教育教学，在教师反思倾向的支持下，对已经发生和正在发生的教育教学活动以及这些活动背后的理论和假设，进行积极、持续、周密、深入和自我调节性的思考。在思考过程中，教师能够发现并清晰表征教育教学中的问题，积极寻求多种方法来解决问题的过程。

（2）评价与反思的理念。教师在进行教育评价与反思的过程中应坚持关注每个幼儿的全面发展、采用多种评价方法、着眼于真实自然的情境对幼儿进行评价，坚持评价与反思是教师专业成长的重要途径的理念。

（3）幼儿发展评价的方法。对幼儿发展进行评价时，教师可以采用的方法有观察法、访谈法和档案袋法。

（4）教师反思的方法。教师反思的方法有想一想、撰写反思日记、交流讨论和教师成长档案袋。

（5）教育活动中的评价与反思。包括对教育活动的评价与反思和对教师教育行为的评价与反思。教师在对教育活动进行评价与反思时，可以从生活活动、游戏活动和教学活动等方面进行。

议一议

问题1. 模拟组织幼儿开展手指游戏的活动。要求：教师先示范手指游戏的玩法，接着回答问题"活动中，如果遇到幼儿手口配合不一致，双手配合不协调，你有什么解决办法？"

答案提示

幼儿身心发展的差异性决定了个别幼儿在活动中会出现手口配合不一致，双手配合不协调的现象，教师应从关心、尊重儿童的角度正确面对儿童发展的差异性。如教师可以说"别着急，慢慢说，一句一句说""老师教你，看着自己的手，慢慢说""来，和老师一起说"等方式逐步引导幼儿完成活动任务。

议一议

问题 2. 集体活动时，经常出现幼儿因注意力不集中而导致不能完成活动任务的现象。你如何看待幼儿注意力不集中的问题。

答案提示

造成幼儿在学习时东张西望的原因有多种：一是幼儿时期，神经系统发育不完善，注意时间短，注意力不集中，很容易被周围新鲜的事物所吸引。二是幼儿学习的环境较为复杂，干扰因素较多，容易分散幼儿的注意力。三是幼儿从事学习活动的时间超出其注意力集中的时间，产生了注意疲劳，从而导致注意力的分散。为了使幼儿在学习时能够集中注意力，可采取如下措施：首先，教师要精心准备幼儿学习的环境，环境要简单明亮，学习用具能够满足学习需求即可，避免过多的材料、复杂的环境分散幼儿的注意力。其次，教师以完成任务的形式让儿童从事学习活动，并作为引导者陪伴在幼儿身边，提醒、督促幼儿完成任务。最后，教师为幼儿布置的学习内容要适合幼儿的年龄特点和知识经验，符合幼儿的兴趣和需要，以吸引幼儿的注意力。

练一练

1. 大二班的李老师要出差了，园长请你去带班。李老师在和你交接时说："这个班有几个孩子表现很差，既调皮又不爱学习。"你怎么看待李老师的做法。

2. 自由活动时，琪琪哭着跑过来告诉我云云咬她的手指头。只见琪琪手上有一个深深的齿痕，别的小朋友看到琪琪哭了，也纷纷指责云云。如果你是老师你会怎么办？

3. 某幼儿园的元旦活动是亲子活动——家长和幼儿一起做蛋糕。许多孩子的家长都抽空来参加活动，气氛很热闹。然而，小宝一个人坐在角落里一动也不动，因为他的妈妈没有来，他感到非常失落与难过。这时，老师走上前去，严厉地说："回去说说你妈妈，亲子活动都不参加。"试分析材料，说一说该教师的做法对吗？如果你是教师，你会怎么做？

4. 在区角手工活动中，美美又是最后一个完成任务。教师当着全班幼儿的面说："美美，你又是最后一个完成任务的，怎么每次都是你最慢，你不能总拖小朋友的后腿。"对教师的这种教育行为，你怎么看？

5. 小红总是任性发脾气，尽管每次活动时，教师总是心平气和地对他提出要求并进行引导，但是，效果总是不理想。如果你是教师，你会采取什么措施改变小红任性发脾气的习惯？

第八章　幼儿园教育活动中的游戏

内容结构图

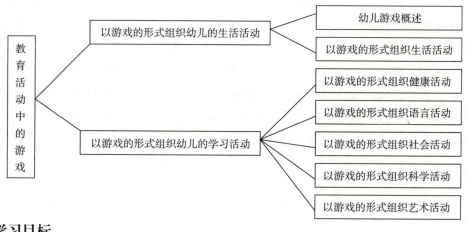

学习目标

1. 理解幼儿游戏的内涵、特点和作用。
2. 能够根据幼儿的年龄特点，以游戏的形式组织幼儿的生活活动和学习活动。

第一节　以游戏的形式组织幼儿的生活活动

案例导读

　　在调查中，我们发现在日常生活中，很多幼儿没有良好的进餐习惯。有的幼儿只吃肉，不吃蔬菜，有的只吃蔬菜，不吃肉；有的幼儿吃饭时，经常出现剩饭或洒饭的现象；有的幼儿在老师发餐点时总是不能排队等待；有的幼儿饭后不主动收拾餐具和桌子。面对上述现象，很多老师想方设法改变幼儿的不良习惯，有的教师尝试利用游戏的形式，引导幼儿逐步形成良好的进餐习惯。实践证明，效果明显。

　　生活活动是幼儿园教育活动的重要组成部分。生活活动的环节有入园、进餐、睡眠、盥洗、如厕和收拾整理等。生活活动游戏化是指教师要有意识地将游戏活动的要素渗入生活活动的各个环节，使幼儿在生活中获得游戏性体验，通过游戏的形式养成良好的生活卫生习惯、学习生活的技能。

一、以游戏的形式组织幼儿的入园活动

通过"传悄悄话"的形式，引导幼儿与老师主动交流。教师在听到幼儿的表达之后，积极地回应，例如，"小红花的衣服真漂亮""小黄花的小手真干净""小绿花今天没有哭"教师用赞美的语言，表达对幼儿的爱，激发幼儿爱的情感，促进幼儿的再次表达。在活动中，教师可以根据游戏的开展进度定期更换材料。例如，在幼儿掌握 3 种颜色以后，教师可以再加入另外两种颜色，既尊重了幼儿的个体差异，又能使幼儿在自己原有的水平上得到发展。

教师在开展入园游戏活动时，应注意的事项：①注重游戏材料的多样化。教师可以借助教学活动中的相关内容，设计活动材料。②尊重幼儿的发展水平。教师在投放游戏材料时要尊重幼儿的年龄特点和个性差异，有梯度地投放游戏材料。③游戏内容和形式要简单、明确。选择的游戏内容，要有明确的目标和主题，游戏的形式要简单，最好用一句话或一个动作的形式来表达幼儿的情感。

二、以游戏的形式组织幼儿的餐点活动

许多幼儿由于进餐习惯不好，吃完饭后，桌上桌下常常会洒下很多饭菜，为了纠正幼儿不良的进餐习惯，教师可以组织幼儿做《鸡妈妈请客》的游戏，引导幼儿逐步掌握正确进餐的方法。

 案例呈现

游戏活动：鸡妈妈请客（小班）

一、游戏目标

1. 体验与同伴游戏的乐趣。

2. 养成有礼貌地做客的习惯。

二、游戏准备

（一）知识经验准备

大多数幼儿都有去别人家做客的经验。

（二）物质准备

课件：鸡妈妈活动的图片；录音机、磁带；小鸡、小鸭、小猴头饰若干；每个幼儿两个碗、两个小勺；塑料垫子若干块。

（三）环境准备

教室布置成鸡妈妈和鸭妈妈家的环境，找两名教师分别扮演鸡妈妈和鸭妈妈。

三、游戏过程

（一）导入部分

幼儿坐在垫子上，教师问："小朋友，你们看，谁来了?"教师让幼儿看鸡妈妈活动的图片。"啊，原来是鸡妈妈。小朋友，你们听，鸡妈妈对我们说什么?"

（二）基本部分

1. 设置做客的情境。

教师打开录音机："小朋友，你们好，我是鸡妈妈，现在果园里各种水果都成熟了，今天，我想请小朋友到我家去做客，品尝各种水果，小朋友，赶快来吧！"

2. 引导幼儿有礼貌地去鸡妈妈家做客。

"啊，原来是鸡妈妈想请咱们去做客，小朋友，到鸡妈妈家去做客一定要有礼貌。到鸡妈妈家门口要先敲门，得到允许后才能进门。见到鸡妈妈后，我们要问鸡妈妈好。"播放开车的音乐，教师做开车的动作，带领幼儿来到鸡妈妈家门口。教师做敲门的动作，鸡妈妈开门后，教师引导幼儿说出："鸡妈妈好！"鸡妈妈说："小朋友们好，今天我给你们准备了各种水果，现在请小朋友们品尝水果吧！"此时，教师要引导幼儿说："谢谢鸡妈妈！"在小朋友吃水果的过程中，教师要对幼儿进行各种良好习惯的培养，告诉幼儿吃东西时，不要讲话。吃完水果后，小朋友离开鸡妈妈家时，教师要引导幼儿与鸡妈妈说："再见！"

3. 通过去鸭妈妈家做客，巩固幼儿的礼貌知识。

这时，电话响了，教师接电话："喂，你好！你是谁呀？啊，你是鸭妈妈。好、好，我们一定去。"原来老师接到鸭妈妈的邀请，让小朋友到鸭妈妈家去做客。"鸭妈妈的点心店今天开业了，她想请小朋友去品尝各种小点心。小朋友一定要有礼貌地去做客呀！"

音乐响起，教师模仿开车的动作，带领幼儿来到鸭妈妈家门口。先敲门，见到鸭妈妈后，引导幼儿说："鸭妈妈好！"当鸭妈妈请小朋友品尝点心时，引导幼儿说出："谢谢你，鸭妈妈！"幼儿吃点心时，教师提醒幼儿，安静吃，细嚼慢咽，一手拿点心，一手接住掉下来的点心渣，以免点心渣掉在地上。吃完点心后，引导幼儿说出："鸭妈妈，再见！"

（三）结束部分

通过小猴请客游戏，进一步巩固幼儿礼貌做客的知识。

"小朋友，刚才，老师接到小猴打来的电话，他说他今天摘了很多桃子，请我们班的小朋友一起去品尝桃子。小朋友，你们戴上小猴的头饰，我们一起去小猴家做客吧！"

四、游戏建议

可以和家长沟通，让家长和幼儿一起玩"做客"或"进餐"的游戏，让家长帮助幼儿养成有礼貌地做客和文明进餐的习惯。

五、游戏评析

根据幼儿的年龄特点和知识经验，教师要从幼儿熟悉的情境入手，通过具体形象的情境表演，培养幼儿有礼貌地做客和文明进餐的良好习惯。在日常进餐活动中，教师也要用游戏的口吻适时地提醒幼儿文明进餐。

很多幼儿有挑食和偏食的习惯，为了让幼儿了解各种饭菜的营养价值，学习饭菜搭配进餐的方法，教师可以组织游戏活动"到小动物家做客"。

案例呈现

小班游戏活动：到小动物家做客

一、游戏目标

1. 认识一些常见的主食、副食及青菜的名称。在品尝中分辨甜、酸、苦、咸、淡等不同味道。

2. 学习正确进餐的方法，不挑食，饭菜搭配进餐。

3. 养成积极主动、愉快进餐的习惯。

二、游戏准备

（一）知识经验准备

幼儿已经掌握了进餐的基本方法。

（二）物质准备

录音机；优美音乐的磁带。

（三）环境准备

将桌子分别围成4个组，布置成家的环境。桌面上分别放有小猫、小狗、小鸡、小兔的动物立体形象。教师按照幼儿的人数摆好餐盘和勺子，盛好饭菜。

三、游戏过程

（一）开始部分

激发幼儿游戏的兴趣。

午饭时间到了，幼儿有序地站队之后，在优美音乐的伴奏下，教师和幼儿谈话："小朋友们，今天，小动物们要请你们去做客。你们看，都是谁请客呀？"（请幼儿说出桌面上动物的名称并做相应的动作）

（二）基本部分

1. 引导幼儿到自己喜欢的小动物家做客。

2. 认识饭菜的名称。

教师："哪位客人愿意说一说小动物们都请你们吃什么了？闻一闻有什么味？尝一尝有什么味？"（幼儿回答后，教师小结）

3. 幼儿进餐，教师以小动物的口吻进行指导。

（1）提醒小客人吃饭时坐端正，一手扶碗，一手拿小勺。

（2）不挑食，一口饭一口菜搭配着吃，不漏嘴巴。

（三）结束部分

（1）收拾餐具，教师："小朋友们，吃完饭后，我们帮助小动物们把碗和小勺收拾好，好吗？"（请幼儿将餐具放在指定的地方）

（2）跟小动物道别，大家一起到户外去散步。

四、游戏建议

每次进餐前，教师可以选择不同的动物头像放在桌面上。这样，既可以引导幼儿认识不同的动物，又可以避免幼儿的视觉疲劳。游戏活动时，可以选择那些食欲旺盛的幼儿说说每种食物的味道，激发幼儿进食的兴趣，养成主动进餐的习惯。

五、游戏评析

在每日进餐活动中，教师可以通过到小动物家做客的方式激发幼儿进餐的欲望。在这一活动中，配班教师或保育员可以扮演各种小动物，向幼儿介绍每种食物的名称和营养价值，鼓励幼儿积极主动、愉快地进餐。此游戏可以不断地变换动物，使幼儿始终保持新鲜感，逐步养成良好的进餐习惯。

三、以游戏的形式组织幼儿的盥洗和穿衣活动

盥洗是儿童最喜欢的活动，也是最容易出现问题的活动之一。在洗手时，儿童要么马马虎虎地洗，要么沉浸于玩水的过程中而忘记了洗手的任务。为了解决这个问题，只靠单纯的说教，儿童很难记住。教师可以通过游戏的形式，来培养幼儿按照要求洗手并节约用水的习惯。例如，事先，教师可以通过集体教学活动引导幼儿学说儿歌《洗手歌》："湿湿手，擦擦皂，手心搓搓，手背搓搓，再用水来洗一洗，关上水龙头，一、二、三，甩三下。"儿童洗手时，教师可以组织幼儿边听音乐，边念儿歌，边按节奏洗手。这样，儿童在迅速掌握正确洗手方法的同时，也养成了节约用水的习惯。教师也可以把洗手的每一个环节画下来，粘贴在水龙头的旁边，便于儿童按照图片指示的步骤完成洗手任务。除了洗手之外，午睡后的自我整理活动对于小班幼儿来讲也是一个比较困难的活动，教给幼儿自我整理的技巧，养成自理的习惯，既可以节省老师的时间，还可以提高幼儿的生活自理能力。为此，教师可以设计游戏的情境，引导幼儿学说《穿衣歌》："捉领子，盖顶子，小老鼠，找洞子，东钻钻，西钻钻，吱吱吱吱上房子。"在轻松、愉快的氛围中，幼儿通过念儿歌，逐步掌握了穿衣服的步骤，形成了必要的生活技能。

 案例呈现

游戏活动：塞好小裤子（小班）

一、游戏目标

1. 在说说、看看、做做中学习把秋衣塞进裤子的方法。

2. 感受独立做事的快乐和满足，知道要保护小肚子。

二、游戏准备

（一）知识经验准备

1. 小班幼儿已经有了初步的脱裤子、提裤子的自理能力。

2. 事先安排幼儿在家里观察爸爸妈妈包饺子的动作。

（二）物质准备

塞裤子流程图、音乐。

三、游戏过程

（一）导入部分

教师引出游戏的主题。

教师先组织幼儿喝水和如厕活动，回来后，让幼儿相互观察衣服的整理情况，并讨论："你们的衣服整理好了吗？为什么要把秋衣塞到裤子里？如果不把秋衣塞进裤子里会怎么样？"请一名整理好衣服的幼儿介绍自己的塞裤子方法。

教师小结：这样整理不仅好看、整齐，还能保护自己的小肚子，避免受凉。

（二）基本部分

1. 看图片，学习塞裤子的方法。

教师出示5张图片，让幼儿仔细观察图片，以儿歌的形式引导幼儿学习塞裤子的方法。

教师指着图片1："这个宝宝在干什么？我们也来试试吧，攥着上衣的最下边往上卷，卷呀、卷呀、卷白菜呀！"（将上衣向上卷起）

用同样的方式学习图片2～图片5。"我们的上衣卷好了，下一步该做什么？你们看，接下来，要把我们的罩裤往下脱一脱，来攥着裤腰向下卷，剥呀剥呀剥白菜呀！"教师指着图3："第三步要干什么呢？看看宝宝在干什么？为了保护自己的小肚子要把秋衣塞到秋裤里，一只手拽着秋裤，另一只手把秋衣从前到后塞到秋裤里，就像装饺子馅，装呀、装呀、装饺子馅。"（将秋衣塞到秋裤里）"后面的秋衣塞不进去怎么办？可以请小朋友帮帮忙。"教师指着图4："秋衣塞好了，小肚子也保护起来了，还要做什么呢？"教师引导幼儿仔细观察后尝试："捏住裤腰往上提，捏呀、捏呀、捏饺子呀，前捏捏、后捏捏、两边还要再捏捏。"（将罩裤提好）教师指着图5："饺子捏好了，开始下锅煮饺子吧，要盖好锅盖噢，宝宝们，快把我们的上衣放下来吧，盖呀、盖呀、盖锅盖呀。"（将上衣放下来）"好了，宝宝们，小肚子藏好了，你们的衣服也很整齐，你们觉得好玩吗？我们再来一次吧！"

2. 在音乐中，幼儿练习塞裤子，老师用儿歌提示幼儿塞裤子，并及时鼓励。

（三）结束部分

教师总结塞裤子的方法，结束游戏活动。

四、游戏建议

游戏活动后，教师可以将整理裤子的图片张贴在卫生间，提醒幼儿如厕后随时按照图片的步骤整理裤子。教师也要与家长沟通，在家庭中与幼儿玩此类游戏，巩固幼儿整理裤子的技巧。

五、游戏评析

教师在组织此类游戏活动前，可以组织幼儿观看包饺子的视频或建议幼儿在家里观察爸爸妈妈包饺子的过程，了解包饺子的基本步骤。在游戏活动中，教师要运用"说做一体"的方式，让幼儿在看看、说说、做做中学习塞裤子的方法，从而使枯燥的生活技能的学习过程变得有趣，也调动了幼儿主动学习的积极性。

四、以游戏的形式组织幼儿的午睡活动

午睡是幼儿园生活活动中的一个重要环节，也是教师较难组织的一个活动。尤其是对于入园前没有午睡习惯的幼儿来讲，午睡是极为痛苦的一件事情。为了消除幼儿午睡前的焦躁、忧虑的情绪，养成幼儿安静、独立午睡的习惯，教师可以通过游戏的形式组织幼儿的午睡活动。

 案例呈现

游戏活动：小仙女送花（小班）

一、游戏目标

1. 养成良好的午睡习惯，不蒙头、不趴着睡。

2. 学习辨别睡觉和起床的音乐，能够在不同的音乐中入睡和起床。

二、游戏准备

（一）知识经验准备

幼儿具备了在音乐提醒下午睡和起床的初步经验。

（二）物质准备

1. 用即时贴材料自制七色花若干。

2. 录音机一台，优美舒缓及活泼的乐曲磁带各一盘。

（三）环境准备

温暖、舒适的午睡休息室。

三、游戏过程

（一）导入部分

激发幼儿游戏的兴趣。

教师出示七色花，引导幼儿认识7种颜色，并学会说"七色花"。"小朋友，这是什么花？你们知道这种花是从哪儿来的吗？"

教师小结："告诉小朋友一个秘密，这是小仙女送给咱班甜甜小朋友的七色花，因为呀，甜甜午睡可好了。小仙女就悄悄地送给了她一朵七色花。"

（二）基本部分

1. 教师提出午睡要求：①小朋友要把小鞋分清左右整齐地放在休息室里。②躺好后，自己盖好小被子，把胳膊放在被子外面，不能蒙着头睡，也不能趴着睡，不讲话，不玩东西，闭上眼睛静静地听着音乐。否则，小仙女看到后就不送给他七色花了。

2. 播放音乐《摇篮曲》，声音由大到小直至消失，教师悄悄地巡视、指导。

教师发现有的小朋友睁着眼睛。悄悄地走过去说："闭上眼睛，否则，小仙女就不会来了。只有等小朋友都睡着了以后，小仙女才会悄悄地把美丽的七色花放在你们的枕头底下。"

3. 教师扮作"小仙女"，将七色花放在午睡中表现好的小朋友的枕头下边。

4. 教师播放欢快的乐曲，声音由小到大，引导幼儿陆陆续续起床。

5. 教师引导幼儿寻找七色花。

教师："小朋友找找看，小仙女送给你七色花了吗？"幼儿纷纷寻找七色花。

（三）结束部分

教师："小朋友，小仙女在你们睡觉时，悄悄地来到了我们班，把七色花放在了那些睡觉快、安静睡觉、不蒙头、不趴着睡觉的小朋友的枕头下边。没有得到七色花的小朋友，如果你们明天午睡时能够安静、快速和用正确的姿势睡觉，小仙女也会给你们送七色花。"

四、游戏建议

1. 教师只能将七色花送给那些快速、安静和采用正确姿势睡觉的幼儿。没有得到七色花的小朋友，教师要个别告诉他没有得到花的原因，帮助他改正不正确睡觉的习惯。

2. 教师要和家长沟通，让家长和孩子做这样的游戏，监督和鼓励幼儿养成正确午睡的习惯。

五、游戏评析

小班的孩子午睡习惯基本没有形成。本次活动中，教师针对小班孩子天真幼稚的特点，设计了游戏活动"小仙女送花"来引导孩子养成主动、安静和用正确的姿势午睡的习惯。教师在指导这类游戏时注意入睡前后要运用不同的音乐，这样，幼儿通过辨别不同的音乐掌握入睡和起床的信号，养成主动午睡和主动起床的习惯。入睡前的音乐声音要由大到小变化，起床的音乐声音要由小到大变化。

第二节　以游戏的形式组织幼儿的学习活动

📘 案例导读

1. 题目：贴人。

2. 要求：模拟引导幼儿玩贴人游戏。

游戏玩法：全体幼儿两两一组排队贴在一起站好，围成一个大圆圈，用"点兵点将"的方式选出一组幼儿，两个人猜拳决定谁追谁跑。俩人追逐跑，既可以绕着大圈跑，也可以在圈内追逐，被追的人在跑的过程中可以任意"贴"在一组幼儿的前面或后面，被贴的幼儿不动，这组的另一名幼儿必须赶紧跑，成为新的被追的人，如果被追上了，需要与追者交换角色继续游戏。

📘 案例分析

本题目主要是考察考生了解幼儿、组织幼儿进行游戏活动的技能技巧和与幼儿沟通的技巧。考生在作答此类问题时一方面要注意幼儿的年龄特点，采用适宜幼儿理解的语言讲解游戏的规则和玩法，必要时可以采用示范法辅助讲解，另一方面考生要注意分析游戏对幼儿发展的作用。

以游戏形式组织幼儿的学习活动，是指教师根据幼儿的年龄特点将枯燥的知识、深奥的道理融于游戏活动中，借助游戏的手段将知识浅显化、适宜化和可操作化，从而使幼儿在愉快、有趣的活动中，积极主动地掌握知识、学习技能。

一、以游戏的形式组织健康活动

健康领域的活动目标是适应幼儿园的生活，情绪稳定；生活、卫生习惯良好，有基本的生活自理能力；有初步的安全和健康知识，知道关心和保护自己；喜欢参加体育活动。教师可以将健康知识融于游戏活动中，借助游戏的手段达成上述目标。

■ 案例呈现

健康游戏活动：勇者闯关（大班）

一、游戏目标

1. 在游戏中练习走、爬、跳，掌握身体平衡的方法。

2. 发展动作的协调性和灵活性，发展想象力、创造力。

3. 乐于参加集体活动，养成互相谦让的良好品质。

二、活动准备

（一）知识经验准备

幼儿已经基本具备了走、爬、跳的能力。

（二）物质准备

音乐"快乐宝贝"，独木桥木板3张；小动物头饰（小猫、小狗、小兔、小羊、大灰狼）若干；动物食物若干（鱼、骨头、萝卜、草）；跨栏5个；大呼啦圈4个，小呼啦圈4个；泡沫垫8张。

（三）环境准备

适宜全班幼儿参与活动的、安全的户外活动场地。

三、游戏过程

（一）开始部分

热身活动，请幼儿跟着音乐的节奏活动身体。

"小朋友们，今天，老师听到一首很好听的音乐，我们一起跟着音乐来活动活动身体吧！"

（二）基本部分

1. 情境导入，激发幼儿的探索欲望。

一位老师扮演森林护卫前来告诉孩子们："森林里小动物们的食物被大灰狼偷走了，小动物们非常着急，他们想请小朋友们帮忙去找回食物。"

教师："小动物们遇到了困难，我们一起去帮助它们找回食物吧！"

教师和幼儿在森林护卫的带领下来到了森林。

"这是什么?"（卡片）

"我们一起瞧瞧，呀，原来卡片上写着：如果你们想得到这些食物就必须通过每个关卡。"

2. 通过游戏，寻找食物。

游戏一：独木桥

教师和幼儿一起走进"森林"，在草丛中突然发现一个信封，拆开一看上边写着：第一个关卡：游戏——独木桥。

"哦，原来是一个游戏，让我们一起来完成任务。"

游戏规则：小朋友自己想办法通过独木桥，只有全体人员顺利通过独木桥才能到达第二个关卡。

要求：小朋友在通过独木桥的时候不能掉下来，独木桥下有鳄鱼，掉下独木桥就会被鳄鱼吃掉，不得进入下一关。

"我们的小护卫们都顺利地通过了独木桥，我们继续前进吧!"

游戏二：钻山洞

"这里怎么又有一个信封呀，我们去看看是不是又要完成任务呢?"第二个关卡：游戏——钻山洞。

游戏规则：小朋友想办法钻过山洞，团结合作共同完成任务。

要求：每个幼儿在钻山洞的过程中不得把山洞撞倒。

游戏三：跳跳乐

"啊! 这里怎么又出现了一个信封呀?"第三关卡：游戏——跳跳乐。

游戏规则：幼儿想办法跃过障碍物，把取得的食物送给接应的小动物。

要求：不得碰倒栏杆，碰倒栏杆的幼儿视为犯规，要回到队尾重新跳。

游戏四：智取食物

"小朋友们真能干，我们顺利通过了 3 个关卡，继续向前!"关卡四：游戏——智取食物。

游戏规则：小朋友与同伴共同想办法，把挂在高处的小动物的食物取下来。

要求：小朋友要合作完成任务，共同拿到任意一样食物才能进入下一关。

（三）结束部分

自由回忆游戏的过程。

教师："小朋友们都很能干，能根据提示自己想办法顺利通过了每个关卡取到了食物。"

森林护卫："小朋友们，谢谢你们为小动物找回了食物，你们是怎么为小动物找回食物的呢?"

幼儿自由回答自己游戏的过程。

"哇! 你们真能干，你们克服了很多困难，越过了许多障碍，为小动物取回了食物。

小动物们为了谢谢大家给你们送礼物来啦!"

四、游戏建议

这是一个大型的户外游戏。在游戏时,教师要提醒幼儿注意安全,对于能力较差、胆小、身体不协调的幼儿,教师要及时给予帮助和鼓励。此游戏,可以以不同的形式多次开展,以巩固幼儿的走、跳、钻的能力,培养幼儿的合作意识。

五、游戏评析

以游戏的形式激发幼儿参与走、跑、跳的活动,符合幼儿的年龄特点。在生动情节的引导下,将简单而枯燥的动作通过游戏的形式再现,激发了幼儿活动的兴趣。在活动中,幼儿不仅发展了走、跑、跳的能力,而且通过合作共同完成任务,培养了他们合作的意识和习惯。同时,每一个游戏环节,都需要幼儿克服一定的困难才能完成任务,培养了幼儿的意志品质。

案例呈现

户外游戏活动:贴人 (中班)

一、游戏目标

1. 发展快跑、躲闪的能力,发展思维的灵敏性和动作的协调性。

2. 喜欢与小朋友一起做游戏。

二、游戏准备

(一) 知识经验准备

幼儿有追逐跑的经验。

(二) 物质准备

乐曲《月光》。

(三) 环境准备

宽阔的活动场地。

三、游戏过程

(一) 开始部分

教师带领幼儿练习走圆圈,做好游戏前的准备工作。大圆走——成四队走——开花走——双圈走。

(二) 基本部分

1. 教师讲解游戏的玩法和规则。

幼儿站成一个大圆,老师向幼儿讲解游戏的名称与贴人游戏的方法、规则。

教师:"今天老师教小朋友玩一个游戏,名字叫贴人。游戏开始时,小朋友要两人一组,紧紧地贴在一起站好。我用'点兵点将'的方式选出一组小朋友,这两个人通过猜拳的方式决定谁追、谁跑。哨声一响,两个小朋友就开始一个跑,一个追。你们可以绕着大圈跑,也可以在圈内跑。被追的人在跑的过程中可以跑到里圈任意一位小朋友面前站住 (贴人),被贴的小朋友站在那里不动,这时站在被贴的小朋友后面的小朋友要赶快跑。追人的小朋友要继续追这个新跑的小朋友。如果追上了，两个小朋友要交换角色，原来追的小朋友变成跑的，原来跑的小朋友变成追的，继续追跑。注意：跑时可以在圈外或者圈内，贴人要站到圈内。两个小朋友在追跑时，其他小朋友要站在原地为他们加油，直到小朋友贴上你时，另外一个小朋友才可以跑。现在，小朋友两个两个贴在一起站成圆圈，老师找两个小朋友做示范，其他小朋友认真看。"

2. 幼儿游戏。

教师注意观察，如果被追者连续贴人 3 次，追的小朋友仍未追到，就另换追逐者。被追到者不再当追者，以免太累。

（三）结束部分

做放松整理动作。幼儿听音乐，边歌边舞。

四、游戏建议

这是一个集体游戏，不需要器械设备，只要场地平整、宽阔即可。户外活动时，教师可以经常组织幼儿玩。

五、游戏评析

此游戏通过幼儿的追跑活动，发展其快跑、躲闪等能力和技巧，提高幼儿动作的协调性和反应的灵活性水平。在玩此类游戏时，教师要注意游戏前要做好相应的准备工作包括场地的清理和幼儿身体的热身活动，以免发生危险事故。游戏时，教师要观察幼儿的表现，如果幼儿出现劳累现象，要及时停止游戏，以免造成意外伤害。

二、以游戏的形式组织语言活动

语言领域的活动目标是：乐意与人交谈，讲话礼貌；注意倾听对方讲话，能理解日常用语；能清楚地说出自己想说的事；喜欢听故事、看图书；能听懂和会说普通话。游戏是发展幼儿语言表达与沟通能力，丰富其语言知识的重要途径。

案例呈现

语言游戏活动：小动物进城（中班）

一、游戏目标

1. 学习用简单的语言描述动物的主要特征，能够根据动物的主要特征编成谜语。

2. 能听懂并理解"小动物进城"的游戏规则，能按照规则进行游戏活动。

3. 体验听说游戏的乐趣。

二、游戏准备

（一）物质准备

动物城堡图片一幅；警察帽两顶；各种动物小图片放在幼儿椅子下。

（二）经验准备

1. 幼儿对游戏活动中涉及的小动物有了初步的了解。

2. 学会唱歌曲《如果感到幸福你就拍拍手》。

三、游戏过程

（一）开始部分

设置游戏情景。

教师：（出示图片）"今天老师给你们带来了一幅城堡图。（提问）你知道这是一座什么城堡吗？城堡门前都有谁？它们是干什么的？你们想进城和小动物们一起玩游戏吗？怎样才能进城呢？"

（二）基本部分

1. 介绍游戏规则。

教师介绍进城方法："想要进城必须将自己扮成小动物，守城人喜欢猜谜语，他看到别人要进城得会念一首儿歌'城门开开，城门关关，想要进来，让我猜猜'。等他念完后，进城的人必须将自己扮演的小动物编成谜语请他猜。如果你编得好，守城人就能猜出来，那么你就能被请进城，如果编得不好守城人猜不出，你就不能进城。小朋友，你们听明白了吗？"

教师提问：①"门卫看到别人进城会念什么？（学儿歌）"②"小动物怎样才能进城？"

2. 幼儿学习编谜语。

"小朋友，你们会编谜语吗？编谜语时注意不能把答案说出来。"

教师（出示一动物图片），引导幼儿集体编谜。"这是谁呀？如果你是小猫，你怎样编谜语才能让别人猜出来呢？请你想一想，可以从小猫有什么本领、小猫的叫声、它喜欢吃什么来编。"

"老师在每个小朋友的椅子下面放了一张小动物的图片，请你拿出来看一看那是什么动物，然后编一则谜语，编好之后，小朋友可以互相说、互相猜。"

3. 引导幼儿游戏。

①两个教师手拉手搭好城门并扮演守城人，"接下来我们要来玩小动物进城的游戏了，这是城门，老师来做门卫。请小朋友用猜谜语的方式进入城门。"教师引导幼儿进行游戏。

②请一个幼儿与教师一起搭好城门，并扮演守城人，教师与幼儿一起再次游戏。

4. 组织幼儿自主游戏。

①游戏前，教师再次边示范边讲解游戏规则。

请两个小朋友手拉手围成一个圆圈，用双手搭成一个城门，并扮演守城人。幼儿排队边念儿歌边依次钻过城门，当念到最后一个字时，守城人双手套住一幼儿，此幼儿必须说出谜语，守城人猜对后才能让他进城。被允许进城的小朋友要回到座位，将动物头饰戴在头上，才可以进城。

②幼儿自主游戏。

③守城人与进城人交换角色，继续游戏。

（三）结束部分

当全体幼儿都进城后，教师："小动物们，你们来到动物城高兴吗？我们一起随着音乐边唱边表演吧！"

"如果感到高兴你就拍拍手（拍两下），如果感到高兴就学小猫叫（叫两声），如果感到高兴就学小兔跳（跳两下）。"

四、游戏建议

可将动物头饰投放到活动区，请小朋友在区域活动中继续玩猜谜语的游戏。

五、游戏评析

通过游戏活动激发幼儿了解小动物的主要特征的欲望，再通过编谜语的形式促使幼儿掌握小动物的主要特征。这种活动方式，符合幼儿的年龄特点，幼儿在活动中通过看、说和玩，既掌握了知识，又促进了语言表达能力的提高。在组织这类活动时，教师要注意根据本班幼儿的年龄特点和知识经验，教师要选择幼儿熟悉的小动物作为谜语的主题。在教学中，教师也可以继续引导幼儿认识其他小动物，并介绍小动物的显著特征，以便幼儿能根据小动物的特征编谜语。

案例呈现

手指变变变

1. 语言游戏：手指变变变。

2. 游戏要求：有节奏地边念儿歌边做动作，示范游戏玩法。

3. 游戏内容：一根手指头呀（双手各伸出食指），变变呀（双手各伸出食指由内向外绕圈），变成毛毛虫呀（双手食指伸直），爬爬爬（两根食指弯曲向前移动）。两根手指头呀（双手各伸出食指和中指，做成剪刀形状），变变变呀（两个"剪刀"由内向外绕圈），变成小白兔呀（将双手"剪刀"放在头顶，做兔耳朵），跳跳跳（兔耳朵在头顶上下移动）。三根手指头呀（双手各伸出食指、中指和无名指），变变变呀（双手的三根手指头由内向外绕圈），变成小花猫呀（双手的 3 根手指放在嘴边，做小花猫的胡须），喵喵喵（胡须在嘴边里外移动）。

案例分析

本题目主要考查考生了解幼儿、组织幼儿进行游戏活动的技能技巧和与幼儿沟通的能力与技巧。考生在作答此类题目时，一方面要注意了解游戏适宜对象的年龄特点和语言发展水平。另一方面，教师在示范时要采用适合班级幼儿年龄水平的语速，注意手指动作与言语内容的一致性。第三，在幼儿游戏时，如果遇到幼儿双手配合不协调时，教师要采用恰当的方法进行个别指导。

小班语言游戏活动：手指变变变

一、游戏目标

1. 练习从 1 数到 3。

2. 能手口协调地做手指游戏。

二、游戏准备

（一）知识经验准备

幼儿已经初步具备了手口协调的能力。

（二）物质准备

毛毛虫；剪刀；小白兔和小花猫的图片。

三、游戏过程

（一）开始部分

1. 教师引导幼儿手口协调地从 1 数到 3，每数一个数，两只手都要伸出与数字相同的手指。

2. 用手指模仿毛毛虫、小白兔和小花猫相一致的动作。

（二）基本部分

1. 引导幼儿学习儿歌：手指变变变。

2. 教师手口一致地示范儿歌。

3. 教师与幼儿一起手口一致地学习儿歌。

4. 幼儿手口一致地练习儿歌。

四、游戏建议

教师可以与家长沟通，让家长与幼儿在家庭中玩；教师也可以在活动之间组织幼儿进行游戏；教师还可以在某种活动开始前进行此游戏，以发展幼儿手口一致的能力，集中幼儿的注意力。

五、游戏评析

小班幼儿年龄小，不能理解数的实际意义，教师组织此类活动的主要目的是引导幼儿积极地进行游戏体验，以培养幼儿乐于与大家一起游戏的情感，发展幼儿的手口协调一致的能力。在幼儿根据数量伸出小手指时，如果小手不够灵活，教师要及时给予帮助，同时教师要给予幼儿充足的反应时间，以便幼儿能够主动地伸出自己的手指。

三、以游戏的形式组织社会活动

社会领域的活动目标是能主动地参与各项活动，有自信心；乐意与人交往，学习互助、合作和分享，有同情心；理解并遵守日常生活中基本的社会行为规则；能努力做好力所能及的事，不怕困难，有初步的责任感；爱父母长辈、老师和同伴，爱集体、爱家乡、爱祖国。将社会领域的活动内容寓于游戏之中，通过游戏的形式达成活动目标是幼儿园教师常用的教育手段。

案例呈现

社会游戏活动：小小驾驶员（中班）

一、活动目标

1. 练习听信号走、跑交替，发展身体的灵活能力。

2. 乐意参与活动，具有合作的意识，知道遵守交通规则。

二、游戏准备

（一）知识经验准备

幼儿已经认识了红绿灯标识及含义。

（二）物质准备

音乐磁带：《我是小小交通警》《去郊游》；呼啦圈每人一个；红绿灯标识图片；有关交通规则的动画片。

（三）环境准备

宽敞、安全的游戏场地。

三、游戏过程

（一）开始部分

1. 热身运动。

幼儿在教师带领下，手持呼啦圈模仿开车的动作小跑步进入场地。放音乐《我是小小交通警》，教师带领幼儿随音乐做热身运动。

2. 情景导入。

教师："今天我们一起玩一个游戏，老师做交通警察，你们做小小驾驶员。驾驶员要听从交通警察的指挥。"

（二）基本部分

1. 游戏"小小驾驶员"。

①布置游戏环境：教师把红绿灯标识图片分别插入活动场地的四周，播放音乐《去郊游》。

②讲解游戏规则：幼儿按照"红灯停，绿灯行"的信号，练习"开车""停车"。幼儿根据交通警察的不同指令，做出停车或开车的动作。不遵守游戏规则的驾驶员，要与警察交换角色。

③师幼游戏"小小驾驶员"。

④幼儿扮演交通警察，幼儿自主游戏"小小驾驶员"。

2. 增加游戏内容，继续游戏"小小驾驶员"。

驾驶员根据交通警察的指令变换不同的交通工具，也可以两人合作，前面的幼儿把呼啦圈套在身上，后面的幼儿用手拉着前面幼儿的呼啦圈。

（三）结束部分

幼儿回到座位，教师播放有关交通规则的动画片，巩固幼儿关于交通规则的认知。

四、游戏建议

此游戏可以在室内或户外活动时进行。

五、游戏评析

理解并遵守日常生活中基本的社会行为规则是社会领域的教育目标。在游戏活动中掌握知识和技能是幼儿教育的理念。游戏"小小驾驶员"引导幼儿听从交通警察的指挥从而学习遵守交通规则，符合幼儿学习的特点，是对学习方式的游戏化理念的一种践行。教师在组织活动时要注意安全，防止幼儿拥挤。游戏可反复进行。

📘 案例呈现

盲人摸象

1. 游戏：盲人摸象。

2. 玩法：幼儿一人扮演"盲人"（用眼罩蒙住眼睛），其余人做"大象"。游戏开始后，"大象"可以做各种动作四散走跑。当"盲人"喊口令"定"，"大象"则蹲在地上不动，"盲人"开始摸寻"大象"。在此过程中，"大象"需要有一只脚固定不移动，身体可以转动，躲避"盲人"摸寻。如果"大象"被摸到，"盲人"则需要通过触摸，分辨出是谁，猜对后，交换角色，游戏重新开始。

3. 考核要求：结合动作模拟对幼儿讲解游戏的玩法，动作演示到位，便于幼儿模仿。

📘 案例分析

此题目主要考查考生了解幼儿、与幼儿交流与沟通的能力与技巧，以及随机应变的能力。考生在作答此类题目时要注意以下三点：第一，注意根据本班幼儿的年龄特点设计游戏情节，此游戏的前提是幼儿之间的相互了解与熟知。第二，游戏之前，教师要详细地讲解和示范游戏的规则。第三，教师在设计游戏时要做好游戏中个别幼儿不能辨别出所摸幼儿是谁时应采取的措施。

社会游戏活动：盲人摸象（大班）

一、游戏目标

1. 了解班级小伙伴的外形特征。

2. 能用手指触摸的方法辨认同伴。

3. 体验游戏的快乐。

二、游戏准备

（一）知识经验准备

幼儿之间已经相互了解。

（二）物质准备

教师自制幼儿高矮胖瘦的图片；眼罩和欢快的乐曲。

（三）环境准备

宽敞安全的游戏场地。

三、游戏过程

（一）开始部分

出示图片，引起幼儿观察的兴趣。

教师一一出示图片，让幼儿辨别图片中人物的不同，引导幼儿说出图片中幼儿高矮胖瘦、发型、眼镜、服装等显著特征。

（二）基本部分

1. 请幼儿举例说说身边的小朋友，并进行比较。引导幼儿仔细观察并记忆每个小朋友的外形特征。

2. 讲解、示范游戏的玩法。教师引导全班幼儿手拉手围成一个大圆圈，教师扮演盲人，站在圆圈的中心，其余人做"大象"。欢快的音乐响起，游戏开始。"大象"可以做各种动作四散走跑，当"盲人"喊口令"定"，"大象"则蹲在地上不动。"盲人"开始摸寻"大象"。在此过程中，"大象"需要有一只脚固定不动，身体可以转动，躲避"盲人"摸寻。如果"大象"被摸到，"盲人"则需要通过触摸，分辨出是谁，猜对后，"大象"与"盲人"交换角色，游戏重新开始。

3. 教师引导幼儿分配游戏角色，并做游戏。

（三）结束部分

教师小结。对于游戏中能够迅速猜出"大象"的"盲人"，教师进行表扬，并与幼儿讨论为什么这个"盲人"能够迅速地猜出"大象"，引导幼儿逐步认识到经常与同伴交往，了解同伴的显著特征的重要作用。

四、游戏建议

与家长沟通，让家长在家庭中和幼儿一起玩游戏，让幼儿了解家长的显著特征。

五、游戏评析

此游戏可以促使幼儿彼此间的互相了解和熟悉，激发幼儿愿意与同伴交往和游戏的欲望，对于发展幼儿的社会交往能力具有重要的作用。教师在指导此类游戏时一要注意游戏的安全性，提醒幼儿注意跑的速度不要太快，避免拥挤和碰撞。二要注意对幼儿讲解游戏的玩法时，要面向全体幼儿，动作演示要到位，便于幼儿理解和模仿。三要注意对于那些一直猜不出"大象"的"盲人"，教师要通过描述"大象"的显著特征来提示"盲人"。

四、以游戏的形式组织科学活动

科学领域的活动目标是使幼儿对周围的事物、现象感兴趣，有好奇心和求知欲；能运用各种感官，动手动脑，探究问题；能用适当的方式表达、交流探索的过程和结果；能从生活和游戏中感受事物的数量关系并体验到数学的重要和有趣；爱护动植物，关心周围环境，亲近大自然，珍惜自然资源，有初步的环保意识。游戏是实现科学领域活动目标的重要途径。

案例呈现

科学游戏活动：纸的力量大（大班）

一、游戏目标

1. 了解改变纸的折叠厚度、形状与纸的承受重力的关系。

2. 动手动脑尝试探索增加纸的承重力的方法。

3. 体验与同伴探索与交流的乐趣。

二、游戏准备

（一）知识经验准备

幼儿学会了折叠纸的方法，有记录的经验。

（二）物质准备

白纸；积木若干；记录纸；记录笔。

三、游戏过程

（一）开始部分

1. 设置问题情境，引出"让纸站起来的"的话题。

2. 教师出示纸，了解幼儿的生活经验。

"哪位小朋友知道纸可以用来做什么？"

（二）基本部分

1. 引出问题，激发幼儿的兴趣。

"这张纸的用处特别多，一会儿，我们还会慢慢地发现，这张纸还有更加神奇的特性。现在，哪个小朋友能够想办法让这张纸站在桌子上。"（教师发给幼儿每人1张纸，自由探索）

2. 幼儿初步尝试发现纸可以承重的特性。

（1）"小朋友用的方法不一样，但是，都能让纸站起来。那么，这张神奇的纸上能不能放东西呢？"

（2）"有人说能，有人说不能。那么，请你拿一个玩具放在纸上，看看纸还能不能站住？"（幼儿动手尝试）

（3）"刚才，我发现这个小朋友的纸站得特别稳，我们一起来观察一下他是怎么放的？"（引导幼儿发现，放玩具时要靠近角会更稳）

3. 幼儿探索记录，发现纸的对折次数与承受重量的关系。

（1）"没放稳的小朋友赶快调整一下，现在都能放一块儿积木。那还能再继续放吗？"（幼儿猜测）

（2）教师讲解记录的方法，引导幼儿尝试用记录纸记录在操作过程中的发现。

"现在，请小朋友尝试记录每次折纸的情况。老师这里有一张记录纸，小朋友们，注意观察，这是折一次纸时，你放的积木的数量的记录，这是折两次纸时，放的积木数量的记录，这是折三次纸时，放的积木的数量的记录。请你每次尝试之后，都要数一数所折纸的次数，所放积木的数量，并在记录纸上画出（用○表示）。"

（3）幼儿讨论让纸承受更多积木的方法。

"我发现这个小朋友放的积木最多，请他来说一说是怎么放的。"（个别幼儿介绍经验）

"如果我们把这张纸再对折一下，能不能放更多呢？请你来试一试，别忘了记录。"（幼儿再次尝试）

（4）幼儿继续探究让纸承受更多积木的方法。

"我发现你们放的积木越来越多，纸也站得越来越稳了。如果我们将纸再对折一次，折三次的时候，你觉得你能放几块积木呢？"（幼儿猜测）

"好，那你来试一试，看看能不能放得像你说的那么多。"（幼儿自由操作，教师提醒幼儿记录）

（三）结束部分

（1）"现在来观察一下你的记录纸，你将纸折几次时放的积木最多？为什么？"

（2）教师在前面桌子上出示将纸分别折一次、两次、三次时的造型，请幼儿观察。

教师小结："小朋友们看，这张纸变得越来越小了，但是，它每条边的厚度都增加了，所以站得也就更稳了。"

四、游戏建议

与家长沟通，让幼儿和家长探究纸的不同的折叠方法，继续探究让纸站起来和承受更多东西的方法。

五、游戏评析

通过动手操作激发幼儿的好奇心和探究欲望是科学探究活动的主要目的。教师在组织此类活动时一要注意示范讲解记录的方法。二要注意对于积极探究的幼儿，教师要及时引导其他幼儿观察、分析、总结其探究的结果。三要注意对于探究中有困难的幼儿，教师可以采取让幼儿自由结伴，通过合作的方式进行探究的指导方式来给予幼儿成功的机会，以培养幼儿的自信和独立探究的勇气。

案例呈现

数学游戏活动：该怎么付钱（大班）

教师为大班超市游戏提供了自制的钱（1元、2元和5元等）。并为每件商品标上了价格，想让幼儿在买卖游戏中运用所学的数学知识。可是，老师发现幼儿在游戏时，扮演顾客的小朋友随便付钱，扮演收银员的小朋友随便收钱和找钱。请你根据以上材料设计指导幼儿利用钱币玩超市游戏的方案。

案例分析

本题主要考察考生了解幼儿、与幼儿沟通的能力和技巧，并运用所学的知识指导幼儿游戏的能力。考生在作答此类题目时，应注意教师指导幼儿角色游戏的方法，切忌采用强硬的、干涉性的方式，以免影响幼儿游戏的兴趣。教师可采用介入的方式，通过扮演相应的角色来指导幼儿的游戏。

数学游戏活动：该怎么付钱（大班）

一、游戏目标

1. 认识1元、2元和5元等人民币，了解它们之间的换算关系。

2. 掌握购物时不同的付钱方式，感受数学与生活的密切联系。

3. 体验购物的乐趣和成功付钱的喜悦。

二、游戏准备

（一）知识经验准备

1. 活动前幼儿对人民币有初步认识，有超市购物的经验。

2. 幼儿认识汉字"元"和数字 1、2 和 5 等。

（二）物质准备

（1）装有 5 个 1 元的纸币、5 个 1 元的硬币和 2 个 5 元的纸币的盒子，幼儿人手一份。

（2）付钱方法展示板四块。

（3）直观演示 1 元、5 元、2 元钱币之间换算关系的课件。

（4）幼儿人手一张存钱卡。

（三）环境准备

布置"超市"环境，货架上摆有各种实物，并标明价格。

三、游戏过程

（一）开始部分

导入活动，认识硬币。

教师："今天，老师给小朋友带来了一份礼物，请你们轻轻地打开盒子，看看里面装着什么。"

（二）基本部分

"哇，好多硬币！小朋友们看看，都有多少钱的硬币？""好，现在请小朋友把盒子盖起来，老师要考考你们。"

1. 认识钱币。

（1）认识 1 元和 5 元。

"小朋友们看，这是多少钱的硬币？"引导幼儿观察硬币上的标识。

教师小结：对了，它的上面写着"1 元"，它就是 1 元钱。

以同样方式引导幼儿认识 1 元和 5 元的纸币。

（2）比较 1 元和 5 元纸币的区别。

教师小结：1 元纸币是绿色的，上边有 1；5 元纸币是紫色的，上边有 5。

（3）游戏：取钱币。

"我们一起玩一个取钱的游戏：老师说出多少钱，请小朋友快速地举起这个钱，看谁举得又快又准确。"

老师发布命令："请举起 1 元的硬币，请举起 5 元的纸币，请举起 1 元的纸币。"幼儿取相应的钱币。

"今天，小朋友认识了这么多钱，我们一起去超市购物吧！"

2. 游戏：购物。

"去超市购物时，小朋友要先看看货架上都有哪些商品，每一件商品的价格是多少，然后选一样自己喜欢的商品，到收银台付钱。""请小朋友拿着钱盒到 1 号货架购物吧！"

游戏规则：幼儿带着钱盒，到超市 1 号货架选购商品。教师事先设计的每一件商品均为 1 元和 5 元。幼儿选购商品后要到收银员处付钱。收银员由老师担任，幼儿在付钱时要准确说出所支付的钱和应找回的钱，幼儿只有付钱正确才能拿走商品。

收银员："谁买的是 1 元的商品？你是怎么付钱的？""谁买的是 5 元的商品？你是怎么付钱的？"教师引导幼儿掌握钱币之间的换算关系。

3. 继续游戏，探究多种付钱的方法。

游戏规则：幼儿到超市 2 号货架选购商品。2 号货架的商品的价格分别是 2 元、3 元、4 元。收银员由幼儿担任，幼儿购买商品时要准确说出付钱的方法，幼儿只有付钱正确才能拿走商品。教师进行观察，如果遇到幼儿不能正确付钱或者收银员不能正确收钱或找钱，教师马上介入游戏进行指导。

4. 第三次购物，巩固钱币的经验，体验成功的喜悦。

"今天老师还给大家准备了一个神秘的礼物——存钱卡。这一次，老师要请小朋友将你的付钱方法存在存钱卡里。去超市购物时，请小朋友选一样自己喜欢的商品，看看多少钱，然后回到座位上，将你的付钱方法粘在银行卡的背面。"

幼儿自由购物，将付钱方法贴在存钱卡上。教师巡回指导，引导幼儿介绍自己的付钱方法。

（三）结束部分

"今天我们认识了 1 元、2 元和 5 元，学会了不同的付钱方法，到超市里买了这么多的商品，真开心！现在请小朋友将你们买的商品与同伴一起分享吧！"

四、游戏建议

教师可以将标有价格的商品以及其他材料投放到活动区，让幼儿在区域活动中继续玩购物的游戏，进一步巩固幼儿对钱币的认识。

五、游戏评析

此游戏可以发展幼儿的计算能力，引导幼儿了解数学和生活的关系。数学活动本是一个较为枯燥的活动。本次活动，教师通过游戏的方式引导幼儿认识、了解每一种钱币的标识。掌握钱币之间的换算方法，符合幼儿学习的特点，幼儿活动的积极性较高。教师在指导游戏时，如果遇到幼儿不能按照商品的价格付钱或收银员不能正确收钱或找钱的现象，教师要进行介入引导。教师可以以顾客的身份介入游戏，提醒收银员按照商品的价格收钱，教师也可以以经理的身份介入游戏，提醒顾客正确付钱。

五、以游戏的形式组织艺术活动

艺术领域的活动目标是能初步感受并喜爱环境、生活和艺术中的美；喜欢参加艺术活动，并能大胆地表现自己的情感和体验；能用自己喜欢的方式进行艺术表现活动。艺术领域的活动目标可以通过游戏活动来实现。

案例呈现

音乐游戏活动：糖梅仙子（中班）

一、游戏目标

1. 能按照节奏较清晰地唱出歌曲《糖梅仙子》。

2. 尝试在集体面前大胆表演。

3. 体验与同伴游戏及表演的乐趣。

二、游戏准备

（一）知识经验准备

幼儿已经具备在教师引导下根据歌曲图谱演唱歌曲的经验。

（二）物质准备

《糖梅仙子》的音乐；图谱两幅；仙女棒一个；装有糖果的篮子若干。

（三）环境准备

将活动室布置成精灵国环境。

三、游戏过程

（一）开始部分

出示图谱一，用故事引入活动，欣赏ABA段。

教师："你们知道我是谁吗？我是从精灵王国来的糖梅仙子，昨天精灵国的国王过生日，我和小精灵们都去给国王庆祝，那里可热闹了，你们想知道生日会上发生了什么有趣的事情吗？让我来告诉你们吧！听！"（教师徒手做动作，不唱，幼儿欣赏。）

（二）基本部分

1. 学习演唱歌曲的A段。

①欣赏A段。（教师出示糖果，唱出歌词）

②出示图谱二，播放音乐，教师示范演唱A段。（教师点谱）

③请幼儿根据图谱说歌词，教师用唱的方式引导。（送了几次糖果）

④播放A段音乐，教师示范动作，幼儿模仿。

⑤播放A段音乐，幼儿自己练习动作。

2. 接龙游戏"送糖果"。

每个幼儿说出自己喜欢吃的糖，并用接龙的方式游戏。如糖梅仙子最爱苹果糖、苹果糖样样都喜欢，送给你。（第一名幼儿"送"给下一位同伴）

3. 播放B段音乐，教师指图谱，幼儿做动作。

①出示图谱，教师指图谱，着重点出泡泡糖吹了几下。

②学习精灵国王吹泡泡糖。

精灵国王吹啊吹啊，吹出的泡泡有的那么大，有的那么小，我们来看看最大的泡泡国王吹了几下？最小的泡泡吹了几下？还有一些吹了几下？

（三）结束部分

完整感受音乐。播放 ABA 段音乐，请幼儿站起来给同伴送礼物。

四、游戏建议

将仙女棒与水果篮投放到活动区，以便幼儿在区域活动中继续游戏。

五、游戏评析

通过游戏的形式开展音乐活动，可以引导幼儿逐步理解和记忆歌词的内容。教师在指导这类游戏时，一要注意讲解与示范的结合，对于动作性较强、便于幼儿模仿的歌词，教师可以先通过自己的示范，让幼儿模仿，当幼儿掌握动作要领时，也可以引导幼儿在其他歌词处创编动作。二要注意集体讲解与个别指导的结合。三要面向全体幼儿，让每一个幼儿都参与到游戏活动中。

案例呈现

绘画游戏活动：开火车（小班）

一、游戏目标

1. 使幼儿乐于参加活动，初步感受绘画的乐趣。

2. 幼儿能根据自己的意愿尝试选择红、黄、蓝 3 种颜色作画，并大胆地画长长的线。

二、游戏准备

（一）知识经验准备

认识红、黄、蓝 3 种颜色，能够用笔进行绘画。

（二）物质准备

黄、红、蓝油画棒若干；印有小兔车站和小熊车站的大小画纸若干；《火车快飞》的音乐；电话和铃声。

（三）环境准备

用画纸布置的小兔车站和小熊车站；幼儿面对面围坐成两个同心圆圈。

三、游戏过程

（一）开始部分

游戏：小司机开火车。

教师："火车要从小熊站开到小兔站，坐在外圈的小朋友起立，我们一起开火车，呜呜……"开一会儿后，"请中间一排的小朋友上我的火车，现在我们的火车越来越长了，呜呜……，火车到站了，小朋友可以下车了！"

（二）基本部分

1. 集体游戏：小小蜡笔开火车。

（1）"小司机开火车真有趣，从这一头开到那一头，油画棒宝宝看了真开心，也想玩'开火车'的游戏。小朋友们，我们教它们开火车，好吗？"

（2）"油画棒宝宝等不及了，我们先请哪种颜色的宝宝来开火车呢？"

（红色的宝宝开车），教师示范。（教师边画边提示：在开火车的时候，我们先找到小熊车站，从小熊站一直开到小兔站才能停下来）

（3）请小朋友来开火车。（提醒幼儿从小熊站一直开到小兔车站才能停）

2. 幼儿作画，教师巡回指导。

（1）"小朋友的油画棒也想开火车了，快请它们出来开火车吧！"

（2）引导幼儿用画笔从小熊车站一直画到小兔车站。

（3）鼓励幼儿尝试用不同颜色的油画棒作画。

3. 教师讲评幼儿的作品。

请幼儿大胆说出自己所用的油画棒的颜色。"你请了哪些油画棒宝宝来开火车呢？"

（三）结束部分

（丁零零……）教师："喂，你好，这里是小（3）班，哦，原来你是猫大哥呀，你要请我们班的宝宝去做客？好、好、好。宝宝们，猫大哥要请我们班的宝宝去做客，我们一起开着火车去吧！"

四、游戏建议

将油画棒投放到活动区，让幼儿在区域活动中也能用不同颜色的画棒画出长长的线条。

五、游戏评析

很多幼儿都喜欢随意画画。如何培养小班幼儿按照要求画画是幼儿教师经常遇到的困难。《开火车》游戏，通过引导幼儿从火车的出发站画到到达站的方式，使幼儿逐步掌握了画直线的方法，能够按照要求画画。教师在活动前指导幼儿开火车时，可以根据室内活动场地的长度，将幼儿分成小组来开火车，避免因出现火车拐弯的现象误导幼儿。同时，教师要尽量将能力较差的幼儿安排在距离教师较近的地方，能力强的幼儿在后边，以避免火车断裂或拐弯。

📘 章末小结

通过本章学习，主要掌握以下知识点：

（1）幼儿游戏的内涵主要表现为它是一种可见的特殊性活动和一种可体验的游戏精神。

（2）小班幼儿游戏的特点是目的性不明确、兴趣持续时间短、游戏兴趣差异大、游戏规则不明确。中班幼儿游戏的特点是游戏的自主性增强、社会交往需求增强、创造性增强。大班幼儿游戏的特点是合作意识增强、规则意识逐渐形成、动作控制能力增强。

（3）游戏的作用是促进幼儿身体的发展，促进智力的发展，形成健康的人格，促进情感的发展和促进幼儿社会性的发展。

（4）教师要利用游戏的形式组织教育活动。

练一练

1. 语言游戏。

（1）题目：水果蹲

儿歌：《水果蹲》

苹果蹲，苹果蹲，苹果蹲完香蕉蹲；香蕉蹲，香蕉蹲，香蕉蹲完梨子蹲；梨子蹲，梨子蹲，梨子蹲完橘子蹲。

（2）考核内容

①根据儿歌的内容，配合简单的动作，进行演示。要求：动作简单，符合儿歌的节奏和幼儿的年龄特点，便于幼儿边念儿歌边做动作。

②根据儿歌内容为小班幼儿设计游戏，模拟对幼儿讲解游戏规则。要求：讲解要结合示范动作，动作要领要明确，便于幼儿模仿。

2. 健康游戏。

（1）题目：拍墙

（2）考核内容：模拟引导幼儿玩"拍墙"的游戏。

游戏玩法：一人当"拍墙人"，其他人当争取去拍墙的人。"拍墙人"面对墙壁用手掌拍墙三下，拍到第三次结束时，"拍墙人"快速回头看向他走来想要拍墙的人，当"拍墙人"回头时还有人正在动，那正在动的人就淘汰出局，想要拍墙的人如果能坚持到最后不被"拍墙人"看到动并顺利拍到墙时就胜利地轮为下一个拍墙的人。

（3）考核要求

①结合动作讲解游戏的玩法，教师动作演示要到位，便于幼儿模仿。

②教师对游戏规则的讲解要清楚，便于幼儿理解与把握。

3. 社会游戏。

（1）题目：踩报纸

（2）考核内容：模拟引导大班幼儿玩踩报纸的游戏。

玩法：幼儿每4人一组。每组幼儿站在一张铺开的报纸前，老师吹一声口哨开始，幼儿迅速把脚放到报纸范围内，没有将脚全部放在报纸范围内的幼儿将被淘汰，被淘汰的幼儿回到自己的座位上。教师清点人数，哪组的幼儿多，哪组获胜。如果遇到人数相同的组，则进行第二轮比赛，决定胜负。

（3）考核要求

①结合动作讲解游戏的玩法，教师动作演示要到位，便于幼儿模仿。

②教师对游戏规则的讲解要清楚，便于幼儿理解与把握。

4. 科学游戏。

（1）题目：有力量的空气

（2）考核内容：模拟演示引导幼儿玩"有力量的空气"的游戏。

教师给幼儿每人准备了一个透明玻璃杯、一张纸板，还有一盆水。给玻璃杯倒满水，盖上纸板，然后把杯子倒过来，杯子里的水不许倒出来。要求：不要把杯子掉在地上，也不要把水洒出外面，不要弄湿自己和别人的衣服。

（3）考核要求

①当幼儿不能独立完成游戏任务时，教师要介入游戏活动进行指导。

②教师的讲解要清楚，语速和语调要适合幼儿的年龄特点。

5. 美术游戏。

（1）题目：刷画游戏

（2）考核内容：模拟引导幼儿玩刷画游戏。

教师准备好塑好膜的硬纸板、纱网、小牙刷、水彩和图画纸。教师事先将塑好膜的硬纸板制作成不同形状的拓板，用纱网与硬纸板装订成网。

（3）考核要求

①设计两种游戏方法，玩刷画游戏。

②教师可以边示范边讲解游戏的玩法。讲解要清楚，便于幼儿掌握游戏的操作方法。对于一些注意事项，教师要多次强调，便于幼儿记忆。

③对于不能独立完成任务的幼儿，教师要采取适宜的指导方法。

第九章　幼儿园教育活动的设计与组织

内容结构图

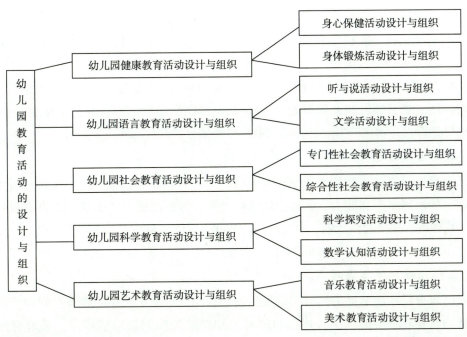

学习目标

1. 掌握幼儿园教育健康、语言、社会、科学和艺术活动设计和组织的形式、方法及应注意的事项。

2. 能够根据幼儿的年龄特点和幼儿园教育活动的目标组织相应的教育活动。

第一节　幼儿园健康教育活动设计与组织

案例导读

最近，幼儿园中班有一个小朋友在儿童医院走丢。通过调查发现，该幼儿园某班25人中有10人曾走丢过。而且，中班幼儿的活动能力增强，活动范围相应扩大，遇到的危险也相对增多，但是，安全意识较差。请根据以上材料设计并组织一次防止幼儿走丢的安全教育活动。

案例分析

　　这是一道考查考生设计和组织幼儿园身心保健教育活动的知识与能力的试题。考生在作答此类试题时，一要考虑儿童的年龄特点和知识经验，二要遵循教育活动设计的基本结构，三要预设活动组织过程中幼儿可能出现的问题及解决对策。

　　要设计和组织科学有效的幼儿园教育活动，教师必须要掌握活动设计的基本结构。

一、幼儿园教育活动设计的基本结构

（一）活动名称

　　活动名称是指一次具体教育活动的名字，一般是对活动目标和活动内容的反映。写活动名称时，一般会在前面或后面附上班次。如"礼貌歌（小班）""我有一双巧巧手（中班）""我是环保小卫士（大班）"等。活动名称的设计要简洁明了，切入主题，并且具有趣味性，能够激发幼儿的兴趣。具体要求：①活动名称尽量体现教育活动的目标；②名称尽量符合儿童化的特点；③活动名称尽量贴近教育活动的主要内容。

（二）活动目标

　　活动目标是通过本次活动所期望获得的幼儿在哪些方面的发展。根据幼儿的年龄特点、现有的发展水平和能力，教师应从认知经验、情感态度、动作技能3方面设计活动目标。目标的表述要简洁清晰、角度统一，准确、具体、全面，具有可操作性；一个目标要通过多种活动来实现，一个活动要指向多种目标；目标条目不宜太多，一般2~3条。

（三）活动的重点与难点

　　教师要分析本次活动的内容，依据活动的目标确定本次活动的重点；同时，教师还要依据幼儿身心发展的水平、特点和已有的知识经验确定活动的难点，采取有效的措施，达到突出重点、解决难点的目的。

（四）活动准备

　　活动准备包括经验准备、情感准备、物质准备和环境准备。经验准备是指为达成本次活动的目标，幼儿应具备的知识经验和技能；情感准备是指幼儿参加本次活动要具备的情感和心理；物质准备包括幼儿的操作材料和教师教具的准备；环境准备是指本次活动应做好的场地和环境布置等。

（五）活动过程

　　活动过程包括开始部分、基本部分和结束部分。开始部分即导入活动，教师可以通过各种方法将幼儿导入本次活动，开始部分时间不宜太长。教师在设计活动的基本部分时，要考虑以下几点：活动大体分为几个步骤？每一步骤由哪些活动组成，采用什么形式和方法？哪个步骤是重点，用什么方法突出重点？哪个步骤是难点，如何突破？每一步骤的时间如何分配？每一步骤中，教师要向幼儿提出哪些问题？步骤之间如何过渡与衔接？在活动的结束部分，教师要考虑结束的方式，既要使这一次活动圆满结束，又不能结束幼儿活动的积极性。结束活动的设计要体现开放性，在形式上要不拘泥于常规。

（六）活动延伸

活动延伸是指教师在组织活动后，要设计一些与本次活动相关的延续活动，使教育内容自然地渗透到幼儿的一日生活之中，更好地达成活动的目标。教师在设计延伸活动时，要交代清楚延伸的内容和指导要点。

（七）活动评价

活动评价的内容包括对活动本身的评价和对幼儿发展的评价。对活动本身的评价包括对活动目标、活动内容、活动方法、活动过程、活动环境以及师幼关系等内容进行综合评价。对幼儿发展的评价包括对幼儿知识经验的评价、对幼儿探究方式和方法的评价、对幼儿情感、态度的评价。评价的目的是找到自己所设计的教育活动中的优势与劣势，以便及时调整与改进，从而提高教师的教学能力和教育质量。

二、幼儿园健康教育活动设计与组织

健康是指人在身体、心理和社会适应方面的良好状态。幼儿园的健康教育活动包括身心保健活动和身体锻炼活动。

（一）身心保健活动设计与组织

幼儿身心保健教育活动是幼儿园教育活动的内容之一，在组织形式、方法和注意事项方面都有自己的特点。

1. 身心保健活动的组织形式

选择身心保健教育活动的组织形式的依据是健康领域的发展目标、本班幼儿的年龄特点和已有的知识经验、本次活动的内容和本园的实际情况。活动形式有专门的健康教育活动、生活活动、游戏活动和家园合作。

（1）专门的健康教育活动。

专门的健康教育活动是针对幼儿发展过程中经常出现的健康问题而专门设计的有明确的针对性和目的性的集体教育活动。如为了培养中班幼儿的生活自理能力，教师设计了"我会穿衣服""我是小小值日生""我会叠衣服"等活动。

（2）生活活动。

除了专门性的集体教育活动外，幼儿园还可以将身心保健教育内容渗透到幼儿一日生活的各个环节，以便随时随地加强对幼儿知识的巩固和行为的训练。如就餐时，教师要提醒幼儿饭前洗手；吃饭时，提醒幼儿安静进餐，不挑食、不偏食、细嚼慢咽；如厕时，教师要提醒男女幼儿分批进入厕所或男女分厕；睡觉时，提醒幼儿保持正确的睡眠姿势；看书时，提醒他们书与眼睛要保持一定的距离，不走动看书。

（3）游戏活动。

游戏活动也是实施健康教育活动的重要途径。教师在组织幼儿户外游戏活动时，通过正确的示范，提醒幼儿根据动作的要领进行攀、爬、跑、跳等活动，避免身体受到伤害；游戏过程中，教师要提醒幼儿与同伴分享、合作并快乐游戏，从而培养儿童爱的情感和良好的情绪；在使用游戏材料时，教师通过教给幼儿正确的使用方法，来避免游戏材料对幼儿的伤害。

（4）家园合作。

幼儿园身心保健教育内容与家庭生活密切相关。如果家长及时了解幼儿园的教育内容与要求，并在家庭生活中积极配合幼儿园的教育，按照教师的要求培养幼儿良好的饮食习惯、睡眠习惯和卫生习惯，训练幼儿的生活自理行为，就能巩固幼儿在幼儿园学到的知识和技能。

2. 身心保健活动的组织方法

教师可以通过讲解演示法、动作和行为练习法、情境表演法、感知体验法和讨论评议法来组织身心保健教育活动。

（1）讲解演示法。

讲解演示法是指教师边讲解、边结合动作演示或通过实物、模拟演示，具体而形象地向幼儿传授粗浅的有关健康的知识和技能，提高幼儿对健康的认识水平。

（2）动作和行为练习法。

动作和行为练习法是指教师组织幼儿对已经学过的生活技能、健康行为等进行反复的练习，加深理解，从而形成稳定的技能和良好的生活习惯。

（3）情境表演法。

情境表演法是指教师或幼儿就特定的生活情境加以表演，或通过录像向幼儿展示生活情境，让幼儿观察和分析情境中所涉及的健康问题，以此来丰富幼儿的知识，形成良好的生活、卫生习惯。

（4）感知体验法。

感知体验法是指教师组织幼儿通过各种感官认识和判别事物特性的方法。这种方法能有效地激发幼儿参与活动和在活动中勇于探究的兴趣和欲望，加深幼儿对事物认识的印象。

（5）讨论评议法。

讨论评议法是指幼儿在参与健康教育的活动中，教师引导幼儿提出问题，发表自己的意见与看法，通过讨论，得出结论达成共识的一种方法。

3. 身心保健活动设计案例

 案例1

健康活动：不乱吃东西（中班）

一、活动目标

1. 知道随便乱吃东西的危害。

2. 愿意用简单的语言与同伴大胆交流乱吃东西的危害，具有自我保护意识。

二、活动准备

（一）知识经验准备

认识图片上的食物，知道哪些食物不能吃。

（二）物质准备

故事：肚子疼的冬冬；烤肠、草莓等食物图片；幻灯片；"√"和"×"卡片若干。

（三）环境准备

以"安全食品"为主题进行环境创设。

三、活动过程

（一）开始部分

教师与幼儿就肚子疼的话题展开谈话，导入本次活动。

（二）基本部分

1. 听故事：肚子疼的冬冬。

一天，妈妈从幼儿园接冬冬回家，冬冬非要买烤肠吃，妈妈只好给冬冬买了两根。冬冬马上吃了。回到家，冬冬看见篮子里盛着许多草莓，抓起来就吃。妈妈说："冬冬，等洗干净了再吃。""我不怕脏。"冬冬吃了很多。夜里，冬冬的肚子疼得不得了。

问题：

①冬冬吃了哪些食物？

②冬冬吃了这么多食物，肚子会有什么感觉？

③如果你是冬冬，应该怎么做呢？

小结：好吃的东西虽然味道很好，但是，为了保护我们的肚子，不能吃得太多，而且没洗干净的食物也不能吃，一定要洗干净才能吃。

2. 交流讨论：哪些东西不能吃。

①放假了，天气很热，我们应该吃哪些食物，要少吃或者不能吃什么食物？

②马路上，香喷喷的羊肉串、烤鸡翅真诱人，怎么办？

③吃鱼的时候要注意什么？

④观察图片后思考：这些食物为什么不能吃？老鼠、苍蝇叮咬过的食物；过期的食品；腐烂变质的食物；没洗干净的食物。

小结：大街上卖的烧烤一类的食物特别不卫生，不能吃；老鼠、苍蝇叮咬过的食物不能吃；吃水果之前一定要洗干净；买食物要看保质期；吃鱼要将鱼刺剔干净，一旦鱼刺卡住了，我们不要哭，哭了鱼刺就陷得更深，要告诉大人或老师，直接去医院看病。

（三）结束部分

游戏：对与错。

教师播放幻灯片，让幼儿根据幻灯片的内容判断对与错。认为对的行为，就举起"√"卡片；认为错的行为，就举起"×"的卡片。

把药带进幼儿园吃；用嘴巴不停地吸果冻吃；玻璃球放在嘴里玩……

小结：这些行为都太危险了，容易使小朋友受伤。小朋友不能乱吃东西，要好好保护自己的身体，注意饮食安全，吃干净、卫生、不过期的食物。

四、活动延伸

回家后告诉爸爸妈妈哪些食物可以吃，哪些食物不可以吃，食物吃多了，会出现什么后果。

五、活动评价

《纲要》指出：幼儿园必须把保护幼儿的生命和促进幼儿健康放在工作首位，要密切结合幼儿的生活和活动进行安全、保健等方面的教育，以提高幼儿的自我保护能力。日常生活中经常发生幼儿将玩具、吸管等材料放在嘴里咬的现象，有的幼儿也存在暴饮暴食的问题。因此，对幼儿进行"不乱吃东西"的教育是必要的。本次活动以故事为线索，通过观察图片、观看幻灯片，让幼儿知道哪些食物可以吃，哪些食物不可以吃，哪些行为是对的，哪些行为是错的，从而培养幼儿健康饮食的意识和习惯。

案例2

健康活动：不要走丢 （中班）

一、活动目标

1. 知道外出的时候要跟随成人，不随意乱走。

2. 了解走失的后果，有初步的自我保护意识。

二、活动准备

（一）知识经验准备

有的幼儿有走丢的经历，所有幼儿在活动前听家长讲过幼儿走丢的故事。

（二）物质准备

有走丢经历的幼儿，在家长帮助下绘画走丢时的情景图；动画片《生活习惯——出门手拉手》。

（三）环境准备

娃娃家活动区；超市活动区。

三、活动过程

（一）开始部分

教师讲述"一个小朋友在医院看病时走丢"的故事导入本次活动。

（二）基本部分

1. 根据故事提出问题。

①儿童医院里的人多吗？

②小朋友找不到妈妈后，心里怎么想的？

③妈妈找不到小朋友后，怎么了？

小结：在人多的地方，小朋友要紧紧跟着大人，不能随意乱走。如果走丢了，小朋友就会很害怕。妈妈找不到小朋友，也会着急地哭。

2. 幼儿绘画并讲解图画内容。

有走丢经历的幼儿，拿出事先画好的图画。在教师的引导下讲述何时何地走丢以及当时的感受。

小结：小朋友和家里人外出时，一定要跟着大人，如果走丢，就会很危险，可能会被人贩子卖掉，也可能被车子撞伤，爸爸、妈妈都会很着急。

3. 游戏：跟大班的幼儿一起玩娃娃家。

大班幼儿扮演爸爸、妈妈，中班幼儿扮演宝宝。

教师："今天天气真好，宝宝要跟着爸爸、妈妈出去散步了，怎样跟着他们才不会走丢呢？"

一部分幼儿进行游戏：大班幼儿领着中班幼儿"散步"。

教师："他们是怎么跟着爸爸、妈妈散步的？"

教师："刚才爸爸、妈妈拉着宝宝的手。这次，爸爸、妈妈两只手都拎着篮子，无法用手拉着宝宝，你们想一想，怎么样跟着爸爸、妈妈出去才能不走丢呢？"

另外一部分幼儿进行游戏：大班幼儿双手拎着篮子，领着中班幼儿"散步"。

教师："你们是怎样跟着爸爸妈妈的？"

小结：当爸爸妈妈手里有东西，没办法拉着宝宝的手时，可以拉着他们的衣服或是挽着他们的胳臂，这样就可以不走丢。

4. 游戏：去"超市"购物。

教师："去超市买东西，超市里的人多，东西也多，爸爸、妈妈买东西，没办法看着你，想想应该怎么样才不会走丢？"幼儿进入活动区开始游戏。

教师："有没有宝宝走丢啊？"

教师："超市里的人那么多，你们怎么做，才能不走丢？"

小结：爸爸、妈妈和宝宝今天真能干！在人多的时候，爸爸、妈妈手中都有东西，没办法拉着你的时候，你们应该紧紧地跟着爸爸、妈妈，千万不能乱走。

（三）结束部分

播放动画片《生活习惯——出门手拉手》。

教师："和爸爸、妈妈外出时，在人多的地方一定要紧紧拉着他们的手，如果他们手里有很多东西，不能拉着小朋友的手，我们要拽着他们的衣服，或者挽着他们的胳膊，紧紧跟着他们，不能随意乱跑，不能走丢。"

四、活动延伸

小朋友回家后，要告诉爸爸、妈妈外出时要拉着你们的手，不要让你们走丢。还要问问爸爸、妈妈，如果小朋友走丢了，应该怎么做？下一次活动时，我们讨论如果走丢了，应该怎么做，才能找到爸爸、妈妈。

五、活动评价

公共场所人多，幼儿的兴趣广泛、活动能力强，因此，经常发生幼儿在公共场所走丢的现象。为了培养幼儿的自我保护意识，避免走丢，有必要设计本次活动。《不要走丢》活动通过让幼儿讲述走丢的亲身经历，引起其他幼儿情感的共鸣，提高安全的意识；通过游戏活动，训练幼儿不走丢的技能。

案例 3

心理健康活动：微笑的魅力（大班）

一、活动目标

1. 了解心情和人面部表情的关系，理解微笑的魅力。

2. 学习控制自己的情绪，能够关注他人，用微笑感染他人。

3. 学习仿编诗歌。

二、活动准备

（一）知识经验准备

幼儿已经知道一年四季中春天是花开最多、最艳的季节。

（二）物质准备

诗歌挂图一张；歌曲《歌声与微笑》；难过和微笑的图片各一张；小镜子每人一个；绘画材料若干。

（三）环境准备

收集空姐等人员微笑服务的图片张贴在展示墙；每个幼儿从家庭的相册里选出自己家庭成员的最佳微笑的照片张贴在主题墙上。

三、活动过程

（一）开始部分

看微笑。播放歌曲《歌声与微笑》，在歌声中幼儿参观微笑图片展，教师引出课题。

教师："小朋友一起搜集了许多微笑的图片，有空姐的，有小朋友的爸爸妈妈的，还有小朋友自己的，现在请小朋友一起去看一下这些图片好吗？"

（二）基本部分

1. 问微笑。

教师提问：你看了这些微笑的图片的心情是怎样的？

2. 说微笑。

依次出示难过和微笑的图片，引导幼儿分别说出看了图片后的感受，通过对比让幼儿进一步感知微笑的魅力。

小结：当一个人心情不好或者难过时就会露出痛苦的表情，让人看了很难受，心情也会被感染。当你开心、高兴的时候，就会露出可爱的、具有魅力的微笑，让人看了后感觉很舒服。所以，当我们不高兴、不开心的时候要想一些高兴的事情，让自己高兴起来。这样，你自己快乐，你身边的人也会和你一起开心，大家就可以和你一起分享快乐。

3. 听微笑。

教师："我这里有一首赞美微笑的诗歌，小朋友想欣赏一下吗？"

教师朗诵诗歌：当微笑写在脸上，脸就显得特别漂亮，好像花朵开在春天里。当微笑藏在心底，心里就充满了欢喜，好像春天开满的花朵。

教师提问：

(1) 诗歌里是怎样说微笑的？

(2) 为什么诗里把微笑比喻成春天的花朵？

4. 讲微笑。

教师出示诗歌挂图，帮助幼儿理解诗歌大意。

教师提问：

(1) 是什么让脸显得特别漂亮？好像什么？

(2) 是什么让心里充满欢喜？好像什么？

(3) 怎样把微笑留住？

5. 理解微笑。

教师引导幼儿讨论并总结：和身边的人友好相处，互相帮助，身边的人快乐自己也会很开心；每个人开心的时候才会有微笑，每个人要始终用开心的情绪去面对别人和所有的事情，那样就会把微笑永远留住……

6. 接龙游戏。

教师提醒幼儿记住自己创编的诗句，进行诗句接龙游戏。

游戏规则：教师说前5行，幼儿用自己的语言替换第3行和第6行并进行接龙。

7. 画微笑。

教师："小朋友们都喜欢微笑，因为微笑能让人美丽。那么，我们微笑时是什么样子的呢？让我们一起来看一看吧！"

(1) 幼儿每人拿一面小镜子，教师引导幼儿照着镜子做出不同的表情，说说每种表情当时的心情，说出自己最喜欢的表情是什么？

(2) 鼓励幼儿画出自己最喜欢的微笑的表情，让幼儿进一步感受微笑的美丽和魅力。

(三) 结束部分

教师："微笑很神奇，它能让人美丽，让你的心情舒畅，能让身边的人感到快乐，也能让一些不高兴的事情悄悄地从身边走开。微笑这么好，对我们每个人来说都十分重要。那么，我们怎样把微笑留住呢？我们要和身边的人友好相处，互相关心、互相帮助，这样你开心了，你身边的人也就会更快乐。所以，当我们不高兴、不开心的时候要想些开心的事情来调整自己，让自己高兴起来。让我们用微笑面对一切，这样，你快乐，我快乐，大家都快乐！让我们一起随着音乐唱起来，跳起来吧！"

四、活动延伸

小朋友，带着你们的微笑，一起到外边和其他小朋友们游戏吧！让他们也像你们这样笑起来！

五、活动评价

《纲要》中的健康教育活动内容之一是建立良好的师生、同伴关系，让幼儿在集体生活中感到温暖，心情愉快，形成安全感、信赖感。快乐的情绪能够使他人也快乐，不良的情绪也会影响他人的心情。为了使幼儿在幼儿园每天都能快乐地生活，教师必须要教给幼儿快乐的方法，提供使幼儿快乐的环境。微笑可以改变自己和他人的心情，调整自己的情绪。本次活动中，教师通过看微笑、听微笑、谈微笑和画微笑活动，让幼儿切实感受到微笑的魅力。

（二）身体锻炼活动设计与组织

教师在为幼儿设计身体锻炼活动时，应根据活动目标、内容和幼儿的年龄特点选择适宜的活动形式、方法，并了解相关的注意事项。

1. 身体锻炼活动的组织形式

幼儿园身体锻炼活动的组织形式主要有体育教学活动、早操、户外体育活动和幼儿运动会。

（1）体育教学活动。

幼儿园体育教学活动是一种有目的、有计划和有组织的体育活动，是幼儿体育锻炼的基本形式，是一种正规性的教育活动。它以学习身体动作为主要内容，以反复练习为主要手段，目的是发展幼儿的基本动作技能，提高身体素质，促进幼儿身心全面发展。

（2）早操。

早操是幼儿园在早晨开展的，以基本体操为主要内容的一种身体锻炼活动，是一种非正规性的教育活动。

（3）户外体育活动。

户外体育活动是幼儿园身体锻炼活动的重要组织形式之一，是除早操活动外的其他户外体育活动形式。

（4）幼儿运动会。

幼儿运动会的内容主要有以班为单位且全体幼儿都参加的具有表演性质的小型团体操、幼儿集体舞、竞赛性游戏（包括幼儿游戏和亲子游戏）。

2. 身体锻炼活动的组织方法

幼儿园身体锻炼的方法多种多样，教师在开展活动时，应根据幼儿的年龄特点、身体发展水平和已有的知识经验，结合幼儿园具体的条件和活动内容，综合运用多种方法，灵活组织儿童的体育活动，以促进儿童身心健康发展。

（1）讲解法。

讲解法是教师用语言向幼儿传授体育知识、动作技能并进行思想教育的一种方法。

（2）示范法。

示范法是教师以正确的动作为范例，使幼儿了解动作的形象、结构和要领的一种方法。

（3）练习法。

练习法是教师根据教学任务，有目的地反复做某种动作的方法。

（4）游戏法。

游戏法是指教师以游戏的形式组织幼儿进行身体锻炼的方法。

（5）比赛法。

比赛法是指在规定的比赛条件下，引导幼儿充分运用已掌握的各种动作技能，通过竞赛以决胜负的一种方法。比赛法有严格的规则和明显的竞争因素，对体能要求较高，一般适用于中、大班儿童。

（6）口令法。

口令法是指教师借助口令、哨声、音乐、鼓声、拍手等有节奏、有特色的声响，来引导幼儿进行身体锻炼的一种方法。

3. 组织身体锻炼活动应注意的事项

教师在组织幼儿的身体锻炼活动时，应注意以下事项，以保证体育活动的有效性：

（1）日常性。

日常性是指幼儿园应将幼儿的身体锻炼活动合理渗透在一日活动的各个环节中，通过幼儿对动作技能的反复练习，以达到巩固、提高和增强体质的作用。

（2）适量性。

适量性是指教师在组织幼儿进行身体锻炼活动时，活动量的安排要符合幼儿身心发展水平和特点，过大或过小都将影响幼儿身体的正常发育。

（3）多样性。

多样性是指教师组织幼儿进行身体锻炼活动的形式和指导方法多种多样，以满足不同幼儿兴趣和身体发展水平的需要，并完成不同的活动任务、达成不同预定的活动目标。

（4）循序渐进性。

循序渐进性是指教师选择幼儿进行身体锻炼活动的内容、方法和运动量要符合幼儿身心发展的规律，由易到难、由简到繁、逐步深化、不断提高，避免因内容、方法和运动量不当对幼儿造成身体的伤害。

（5）兴趣性。

兴趣性是指教师选择幼儿身体锻炼的内容、形式和方法要符合幼儿的年龄特点和兴趣需要，具有趣味性，通过游戏的形式激发幼儿参与活动的积极性和主动性。

（6）安全性。

安全性是指教师选择幼儿的身体锻炼活动的内容、形式、运动量、器械和活动场地都要符合安全的要求，以保证幼儿身体健康和安全为活动的前提和目的。

4. 身体锻炼活动设计案例

 案例1

健康活动：拉"南瓜"回家（小班）

一、活动目标

1. 能够边拉物体边向前走。

2. 感受与同伴合作的乐趣，愿意参加游戏活动。

二、活动准备

（一）知识经验准备

能够用绳子套住物体向前拉。

（二）物质准备

大塑料套圈或绳圈 2 个；口哨 1 个；南瓜头饰和农夫头饰若干；粘贴画若干。

（三）环境准备

宽敞、安全的活动场地，场地上用直线标出起跑线，用圆圈标出南瓜的家。

三、活动过程

（一）开始部分

故事导入，激发幼儿的兴趣。

一个老师扮演农夫，一个老师讲述故事。

"春天的时候，农民伯伯在地里种了很多南瓜，秋天到了，地里长出了一个个大南瓜，农民伯伯想把南瓜搬回家，可是，他一个人搬不动这么多南瓜，怎么办啊？"

（二）基本部分

1. 设置问题情境，鼓励幼儿动脑思考。

"小朋友，动脑筋想想办法，我们一起帮助农民伯伯把南瓜运回家。南瓜太大，一个人抱不动，怎么办？"

2. 教师合作，示范讲解运南瓜的办法。

"老师这里有一根绳圈，把它套在南瓜上，看看能不能拉着南瓜回家。"

3. 教师合作，示范讲解游戏规则。

"南瓜太大了，我们抱不动，只能拉着它回家。现在，小朋友分成两队，我们比赛，看看哪一队的小朋友拉的南瓜多。拉南瓜多的那一队的小朋友，将每人得到一枚小粘贴画。"

游戏规则：幼儿分成两队进行"拉南瓜"比赛，每队的两名幼儿为一组，一人套上大塑料套圈，蹲着当"南瓜"，一人当"农夫"，拉着大塑料套圈从起点向前走到终点——"南瓜"的家。

4. 幼儿游戏拉"南瓜"回家。

（三）结束部分

小（2）班的小朋友，今天表现非常好。在农民伯伯遇到困难时，我们主动地帮助他将南瓜运回家，这样，农民伯伯就不用担心南瓜烂在地里了。以后，小朋友有困难，需要帮忙时，我们也要主动地帮助他们。这样，我们小朋友就能够快快乐乐地在一起生活。

四、活动延伸

农民伯伯看到小朋友帮助他将南瓜运回了家，特别高兴，他准备了各种各样的南瓜菜和饭，请我们一起去他家做客，现在老师带你们一起去做客吧！

五、活动评价

本次活动主要是训练小班幼儿边拉物体边前进的能力。在活动中，个别幼儿可能会出现两个幼儿不配合的现象，针对这个问题，教师在示范游戏玩法时，要告诉幼儿：要想拉着"南瓜"回家，扮演"南瓜"的小朋友必须要配合农夫，并按照"农夫"的路线前进，这样才能很快将"南瓜"拉回家。本次活动在训练幼儿身体协调能力的同时，对于培养幼儿的合作意识具有积极的作用。

案例2

健康活动：小矮人摸灯（中班）

一、活动目标

1. 在情境中练习全蹲走，锻炼下肢的力量，增强动作的协调性、平衡性。

2. 增强合作意识，体验合作成功的快乐。

二、活动准备

（一）知识经验准备

幼儿已看过《白雪公主》的故事，由教师分别扮演白雪公主和小矮人。

（二）物质准备

音乐；话筒；小矮人的头饰和游戏规则的说明图。

（三）环境准备

场地中央横放着一根绳子；场地的另一端摆放一张贴绒板，板上有苹果图片若干。

三、活动过程

（一）开始部分

幼儿扮演小矮人，听音乐做热身运动。

教师："今天天气真好，我们小矮人出去做运动吧！"（听音乐做热身运动）

（二）基本部分

1. 交代任务，明确全蹲走的要领。

一位教师扮作小矮人哭着跑来："昨天坏皇后又来了，她给白雪公主吃了毒苹果，白雪公主生病了。"

教师："嗯！你不要哭，我们一起来想想办法，帮助白雪公主。"

教师："听说，在遥远的森林里，有一种很神奇的果子，吃了它，什么病都会好的。让我们赶快去摘果子救白雪公主吧！"

教师："小矮人是怎么走路的？"

教师讲解示范全蹲走的要领："膝盖弯曲下蹲，双手抱住膝盖，上身挺直，一步一步往前挪。"

幼儿自由练习全蹲走。

2. 由全蹲走转换成直立行走。

教师手持游戏规则说明图，为幼儿讲解游戏规则："小矮人自己摘不到树上的果子。

有一位老伯伯告诉他们，前边有一排'神灯'，如果小矮人用手摸神灯一下，他们的身体就会突然变高，就能跨过'神灯'摘果子，送给白雪公主了。我们一起出发去摘果子吧！"

①教师带领幼儿有序地全蹲走。

教师："前边有一排'神灯'，我们赶快过去摸'神灯'，就能长高了。"

②由全蹲变直立行走，并跨过"神灯"。

教师："我们长高了，赶快去摘果子帮助白雪公主吧！"

3. 分组比赛，训练幼儿身体的协调性。

将小矮人分成两组比赛，看看哪组的幼儿最快完成摘果子的任务。

（三）结束部分

"白雪公主病了，小矮人主动地克服困难帮助她，为她治病。小朋友有困难了，我们也要互相帮助。小朋友还要不怕困难，遇到问题，动脑筋想一想，一定会想出好的办法来。"

四、活动延伸

白雪公主吃了小矮人送来的苹果，身体很快好了。她来邀请小矮人和她一起游戏，我们一起去和白雪公主做游戏吧！（幼儿全蹲走出教室。）

五、活动评价

本次活动主要是训练幼儿掌握全蹲走的技能和训练幼儿身体的协调性与平衡能力。以故事的形式引导幼儿开展身体锻炼活动，符合幼儿的年龄特点，易激发幼儿活动的积极性和主动性。此活动要求场地较宽阔，便于幼儿活动，避免身体的碰撞。教师在指导活动时，一要注意幼儿的安全，二要注意幼儿的个别差异。

案例 3

健康活动：快乐的小青蛙（大班）

一、活动目标

1. 尝试用身体来表现各种概念，获得新的运动经验。

2. 体验成功的乐趣，形成活泼、开朗的性格。

3. 养成遇事勤思考的习惯；发展平衡能力。

二、活动准备

（一）知识经验准备

幼儿学过各种游泳的动作和青蛙跳的动作。

（二）物质准备

曲奇饼干盒若干；青蛙头饰若干；平衡板、拼垫若干。

（三）环境准备

宽阔安全的场地，并在场地上画两个大圆圈。

三、活动过程

（一）开始部分

热身运动：小青蛙游泳。

以小青蛙到河里去游泳为主线，编排做出各种游泳的姿势。

（二）基本部分

1. 有趣的荷叶游戏。

①游戏一：荷叶叠叠高。

教师："今天，青蛙宝宝要从荷叶上快速地跳过，有的荷叶高，有的荷叶低，你们有没有信心？"

幼儿先进行单层盒的平衡练习，再进行两层或多层盒的练习。老师给予指导，根据幼儿的实际情况增加曲奇盒的高度，以激发孩子们的活动兴趣。

游戏场地器械分布图：第一层次：单层盒。第二层次：两层或多层盒。

教师小结：表扬大胆勇敢的"小青蛙"。

②游戏二：踏荷叶比赛。

教师示范讲解游戏规则：幼儿分成两组先从荷叶上快速走过，再两脚并拢、摆动两臂从跳垫上跳过，然后走过平衡板，跑回起点。最先连续完成3次的一组获胜。

幼儿开始游戏。老师注意在平衡板处保护幼儿，提醒幼儿连续玩3次，并进行适时的鼓励。

场地器械分布图：增加练习密度（连续玩3次），一方面可以减少孩子的等待，另一方面又提高幼儿的活动量。

2. 探索活动。

（1）启发幼儿探索的欲望。

教师："曲奇饼干盒有这么多的玩法，你们真是太聪明了，你们还能想出曲奇饼干盒的其他玩法吗？"

教师："你们可以一人、两人、多人合作玩，可以用身体的任何一个部位来玩。"

（2）提出安全要求。

（3）幼儿自由探索。

教师表扬幼儿的与众不同的想法，并请大家评价和学习。

（三）结束部分

教师与幼儿回到教室。教师对活动进行小结，表扬大胆尝试、克服困难的幼儿；表扬动脑思考、探索新玩法的幼儿；激发幼儿下一次参加活动的愿望。

四、活动延伸

刚才，小朋友像小青蛙一样跳得又高又快，那么，你们知道小青蛙生活在什么地方，有哪些习性吗？一会儿，我们就一起来认识一下小青蛙。

五、活动评价

本次活动，以发展幼儿的平衡能力为主，同时穿插诸如跳跃技能练习的系列活动。

为了增加练习的趣味性，激发幼儿主动练习的愿望，活动以游戏的形式开展，并充分利用和挖掘了身边的废旧材料——曲奇饼干盒。曲奇饼干盒是幼儿园现有的材料，而且重量和大小都非常适合幼儿。通过不同层次的活动，既达成了活动目标，又照顾了幼儿的个别差异。

第二节　幼儿园语言教育活动设计与组织

 案例导读

老猫睡觉醒不了

老猫睡觉醒不了，

小猫小猫爱游戏，

自己跑到外面去。

老猫醒来瞧一瞧，

咦，小猫小猫在哪里？

喵，喵，小猫小猫在这里。

考核要求：

①请根据儿歌内容，配上简单的动作，进行演示。

②根据儿歌内容为小班幼儿设计一次语言游戏活动。

案例分析

这是一道考查考生根据主题要求为幼儿设计语言游戏活动的能力的试题。考生在作答此类试题时，一要了解儿歌的节奏，根据节奏设计动作；二要了解小班幼儿的年龄特点和兴趣需要，所设计的动作要能引起幼儿的兴趣；三要注意动作示范的规范性，以便幼儿能进行正确的模仿。

《3~6岁儿童学习与发展指南》指出："幼儿的语言能力是在交流和运用的过程中发展起来的。"因此，发展幼儿的语言能力应从倾听与表达和阅读与书写两方面进行。

一、听与说活动设计与组织

听与说活动是一种特殊形式的语言教育活动，活动的目标是以培养幼儿倾听和表述能力为主，活动的内容主要集中在听和说的理解和表达方面。教师应根据幼儿的年龄特点、活动目标和活动内容选择活动的形式来设计与组织幼儿的听与说活动。

（一）听与说活动的形式

幼儿园的听与说活动主要包括谈话活动、讲述活动和听说游戏活动。

1. 谈话活动

幼儿园的谈话活动是教师有目的、有计划地引导幼儿围绕一个话题进行谈话的语言教育活动。目的是引导幼儿学习谈话的规则，掌握谈话的方式和技巧，提高与他人交流的水平。

2. 讲述活动

讲述活动是一种有目的、有计划的语言教育活动，旨在创设一个相对正式的语言运用场合，要求幼儿依据一定的凭借物，使用较规范的语言来表达个人对某事、某物和某人的认识，并进行语言交流。讲述活动包括看图讲述、实物讲述、情境表演讲述和生活经验讲述。

3. 听说游戏

听说游戏是由教师设计组织，有明确的语言学习指向目标，有明确的语义内容的一种语言游戏，目的是培养幼儿的倾听和表达能力。

（二）听与说活动的设计与组织

听与说活动的形式不同，设计和组织方式也不一样。

1. 谈话活动设计与组织

教师在设计幼儿的谈话活动时，首先，要明确活动的目标；其次，要根据目标确定活动的步骤。

（1）明确谈话活动的目标。

幼儿园谈话活动的目标主要体现在以下几方面：具有倾听他人谈话的能力；具有围绕话题展开谈话的能力；具有运用谈话规则进行交谈的能力。

（2）确定谈话活动的步骤。

组织谈话活动的步骤主要有创设谈话情境、引导幼儿围绕主题自由交谈、引导幼儿逐步拓展谈话范围。

2. 讲述活动设计与组织

教师在设计与组织讲述活动时，首先，要明确讲述活动的目标；其次，要确定讲述活动的步骤。

（1）明确讲述活动的目标。

讲述活动的目标包括感知理解目标、表述目标和倾听目标。

（2）确定讲述活动的步骤。

设计和组织幼儿的讲述活动可以遵循以下步骤：感知理解讲述对象；运用已有经验讲述；引进新的讲述经验；巩固和迁移新的讲述经验。

3. 听说游戏设计与组织

听说游戏主要是通过游戏的方式对儿童进行语言教育。

设计和组织听说游戏要遵循以下步骤：创设游戏情境；交代游戏规则；引导幼儿游戏；幼儿自主游戏。

4. 听与说活动设计案例

案例1

谈话活动：好吃的早餐（中班）

一、活动目标

1. 学习用简短的语句说出早餐的种类、味道及自己进餐后的感受。

2. 学会安静地倾听别人的谈话，了解别人谈话的内容，能够有意识地倾听。

3. 能大方地在集体面前表达自己的想法。

二、活动准备

（一）知识经验准备

幼儿认识早餐中食物的名称，具有用简短的语句表达自己的想法的能力。

（二）物质准备

面包、油条、麻团、豆浆等食品；切成小块的早点若干，并用牙签插好。

（三）环境准备

幼儿分坐在桌子旁边；播放舒缓的音乐。

三、活动过程

（一）开始部分

创设谈话情境，引出谈话话题。教师出示早点，提问："桌上有什么？这些食物是什么时候吃的？"

小结：早上吃的食物又叫早餐。

（二）基本部分

1. 引导幼儿围绕话题谈论生活经验。

教师："今天早餐你吃了什么？你还吃过哪些早餐？吃了早餐以后，你有什么感觉？"

幼儿一一向大家介绍自己吃的早餐，并说出不吃早餐的感觉。

2. 拓展谈话的范围。

教师："我最喜欢吃的早餐是鸡蛋和牛奶。鸡蛋香香的，牛奶甜甜的，很有营养。"

教师："你最喜欢吃的早餐什么？为什么喜欢吃？"

幼儿一一说出自己喜欢吃的早餐及原因。

3. 小结：早餐有多种多样，吃不同的早餐，我们的感觉也不一样。吃早餐可以使小朋友长高个，身体棒棒的，不生病。

（三）结束部分

幼儿品尝早点。

教师将事先准备好的早点给幼儿品尝，结束活动。

四、活动延伸

小朋友回家后，要告诉爸爸妈妈吃早餐对我们身体的好处，让爸爸妈妈每天都要吃早餐。

五、活动评价

本次活动在让幼儿了解早餐对身体发育重要作用的同时，为每个幼儿提供了用简短语言表达自己想法的机会，锻炼了幼儿在集体面前大胆表达的能力，也学习了甜甜的和香香的词语。

案例2

拼图讲述活动：小动物的家（中班）

一、活动目标

1. 丰富词汇"美丽""高高的""五颜六色"。

2. 结合背景图拼出一幅有情节的画面，并能用一段完整、连贯的语句将主要内容有顺序地表达出来。

3. 愿意在同伴前讲述，并学习评价他人的讲述。

二、活动准备

（一）知识经验的准备

带幼儿到园里的动物房，观察小动物的家是什么样子的。

（二）物质准备

录音机；磁带；磁板教具；大背景图2张；小背景图12张；立体动物图片若干。

（三）环境准备

在活动室创设"保护动物"的主题环境。

三、活动过程

（一）开始部分

出示图片，引导幼儿观察。

教师出示大背景图和小背景图，上面有小河、森林、房子和花草树木等场景，教师引导幼儿有条理地观察，并说："美丽的大森林里，住着一些小动物，每当音乐响起时，它们就纷纷回家了。小朋友们跟着音乐一起开始想象，把这些小动物找出来并放在背景图上。"

教师播放音乐，乐曲中有轻快活泼的乐段，也有恐怖可怕、平稳舒缓、沉重缓慢的乐段，幼儿每两人一组，根据想象将小动物放在自己前面的小背景图上。

提问："这些小动物的家在哪？家的旁边有什么？它们的邻居是谁？请小朋友自己先讲讲。"

（二）基本部分

1. 幼儿自由讲述。

幼儿自由地讲述自己摆放的"小动物的家"，教师巡回指导，倾听幼儿的讲述，引导幼儿围绕"家在哪儿？家的旁边有什么？邻居是谁？"等话题完整、连贯地讲述。

2. 学习新的讲述经验。

教师根据幼儿自由讲述的情况，有重点地示范讲述"小动物的家"。

（1）注意讲述的顺序。从背景图的上方开始讲，逐渐过渡到图的中间，最后讲图的下方。

（2）讲述时注意词汇的丰富性。例如："小兔子住在美丽的小河边，那儿开着五颜六色的花朵。小兔子的邻居是小喜鹊，小喜鹊住在高高的大树上，它每天都准时将小兔子叫醒。"

3. 集中倾听。

（1）幼儿再次摆放动物并自由讲述，教师提醒幼儿运用新学的讲述经验进行讲述。

（2）每组请一名幼儿到前边讲述，并评议他们讲得出色的地方，鼓励其他幼儿向他学习。

4. 巩固和再实践。

每组两名幼儿相互讲述，或两名幼儿合作讲述"小动物的家"。教师提醒幼儿讲述时运用想象力，讲述的内容要与众不同，词汇更丰富，句子更完整和连贯。

（三）结束部分

教师评议幼儿的活动情况，对有进步的幼儿给予表扬。

四、活动延伸

将背景图移至语言区，幼儿可以讲述"小动物的家"，也可以根据想象，自由讲述"美丽的大森林"。

五、活动评价

本次活动的目标制定得准确、具体、重点突出；过程的设计条理清晰、层次性强；幼儿在活动中有充分的讲述和表现的机会，一改过去讲述活动气氛沉闷的局面，充分体现了讲述活动中人人有机会讲述的要求。尤其是活动中间部分的设计，层层深入，从幼儿已有的语言经验入手，以教师示范的形式，教授幼儿新的讲述经验，并通过幼儿自己的再次讲述和倾听同伴的讲述，加深了对新经验的认识。延伸活动既可以让幼儿练习讲述的内容，又可以充分调动、发挥他们的想象力和创造力，满足了不同能力水平幼儿的需求。

 案例3

听说游戏：老猫睡觉醒不了（小班）

一、活动目标

1. 能区别并练习发出喵和猫两个音，学习并记忆儿歌内容。

2. 在教师的引导下能够根据儿歌的内容，想象并做出相应的动作，能听懂并理解简单的游戏规则。

3. 喜欢与同伴一起参加游戏活动。

二、活动准备

（一）知识经验准备

具有参与简单游戏活动的经验。

（二）物质准备

老猫头饰一个；小猫头饰若干。

（三）环境准备

在活动室创设绿色草地的环境。

三、活动过程

（一）开始部分

创设情境，引发幼儿的兴趣。

一个教师扮演老猫躺在草地上睡大觉"呼……呼……"。

教师提问："老猫在睡觉，小猫在干什么呢？"

（二）基本部分

1. 学习儿歌《老猫睡觉醒不了》。

（1）幼儿初步感知儿歌内容。

教师示范朗诵儿歌，对幼儿说："老猫睡觉醒不了，小猫在干什么？"教师与幼儿一起朗诵儿歌。

（2）幼儿跟诵儿歌，注意"喵"和"猫"的发音。

教师大声朗诵，幼儿轻声跟诵；教师轻声朗诵，幼儿大声跟诵。

（3）幼儿集体大声朗诵儿歌。

（4）教师示范边朗诵儿歌，边做简单的动作。

（5）幼儿自由模仿，边朗诵，边做动作。

2. 游戏：老猫睡觉醒不了。

一只老猫在草地上睡着了，怎么也叫不醒。爱游戏的小猫，看到妈妈睡着了，就偷偷地跑到外边做游戏去了。老猫睡醒啦，睁眼一看："咦，小猫哪里去了？啊，原来小猫在这里！"

（1）教师带领幼儿做游戏。

教师扮演老猫，众幼儿扮演小猫。

（2）幼儿集体游戏。

一幼儿扮演老猫，其他幼儿扮演小猫。

游戏玩法：扮演老猫的小朋友躺在事先铺好的垫子上装睡觉，扮演小猫的小朋友悄悄地走到门外做游戏。老猫睡醒后伸了一个懒腰，发现小猫都不见了，出门找小猫，发现小猫后紧紧地抱住他。被抱住的小猫，与老猫交换角色。

游戏规则：①要做出与角色相对应的动作。②老猫睡醒后要说出："咦，小猫小猫在哪里？"小猫要说："喵，喵，小猫小猫在这里！"之后，老猫才可以抓住小猫。

（三）结束部分

在游戏中自然结束活动。

四、活动延伸

将幼儿带到室外，继续做"老猫睡觉醒不了"游戏。此游戏将训练儿童悄悄走、快速跑和躲避的能力。

五、活动评价

游戏活动"老猫睡觉醒不了"的目标体现了听说游戏的主要目标：帮助幼儿发准难发的音和易混淆的音，听懂并理解游戏规则，提高控制自己动作和语言反应的能力。活动过程以情境创设为导入，通过教授儿歌、根据儿歌内容进行游戏活动，将语言活动与健康活动融为一体，体现了活动的综合性，便于儿童更好地理解儿歌的内容。活动延伸部分，教师根据儿歌内容设计了相应的健康活动，让儿童在熟悉儿歌内容的基础上，发展身体的运动和协调能力。

二、文学活动设计与组织

幼儿园的文学活动是以文学作品为基本教育内容而设计组织的语言教育活动，目的是培养幼儿的阅读与书写能力。

（一）文学活动的组织形式

幼儿常见的文学作品有童话、幼儿诗歌、生活故事、幼儿散文、谜语和绕口令等。文学活动的组织形式有故事讲述活动和诗歌散文活动。

1. 故事讲述活动

儿童故事是指为儿童编写、适合儿童阅读、欣赏的故事。幼儿园的故事讲述是指教师依据自己对故事的理解，有感情地将自己看过、听过的儿童故事讲给幼儿听，以便达到语言教育目的的活动。

2. 诗歌和散文活动

诗歌和散文活动是教师有意识地通过欣赏、仿编和创编活动将诗歌和散文中蕴含的文化知识、情感和观念传递给幼儿，以丰富语言知识，提高语言能力的活动。

（二）文学活动设计与组织

文学活动的形式不同，设计和组织步骤也不一样。

1. 故事讲述活动设计与组织

设计和组织幼儿故事讲述活动应遵循以下步骤：首先，创设故事情境。创设情境的目的是导入活动。导入的方法有：直观教具导入、谜语导入、表演导入、提问导入和难点前置导入。其次，感知故事内容。再次，理解故事内容。最后，延伸故事活动。

2. 诗歌、散文活动设计与组织

设计和组织幼儿的诗歌和散文活动应遵循以下步骤：创设作品情境；感知作品内容；理解作品内涵；延伸作品活动。

3. 文学活动设计案例

案例1

语言活动：萝卜兔的故事（中班）

一、活动目标

1. 初步理解故事内容。

2. 体验开动脑筋，解决问题的愉快心情。

3. 大胆想象，并能用较清晰的语言积极地表达自己的想法。

二、活动准备

（一）知识经验准备

已经认识并了解萝卜的基本特征。

（二）物质准备

多媒体课件《萝卜兔的故事》；水果；动物头饰若干；轮胎图片若干；根据故事内容绘制的挂图；萝卜兔头饰若干。

（三）环境准备

幼儿分组围坐在桌子旁。

三、活动过程

（一）开始部分

情境导入，引起幼儿的兴趣。

"嘟，嘟，小朋友，老师这里有一辆与众不同的卡通车，我们一起来看看！"

提问："这辆车与别的车有什么不同呢？""这'萝卜车'是怎么来的呢？我们一起来看看和听听。"

（二）基本部分

1. 幼儿分段欣赏故事。

教师逐一展示多媒体课件，引导幼儿欣赏故事。

提问："猜猜看，萝卜兔会怎么去旅行？""萝卜兔怎么过沟？""萝卜车掉到沟里去了，怎么办呢？"

2. 幼儿完整欣赏故事。

教师借助绘制的挂图完整地为幼儿讲述故事。

3. 师幼共同回忆故事。

教师在总结幼儿回答问题的同时，引导幼儿回忆相关的故事内容。

4. 幼儿互讲故事。

引导幼儿把萝卜兔的故事相互地讲给好朋友。

5. 个别幼儿讲故事。

鼓励幼儿大胆地讲述故事。

（三）结束部分

游戏"我们旅行去"。

幼儿戴上头饰，模仿开车的样子，一起走出教室。

四、活动延伸

请小朋友回家后将所学的故事讲给爸爸妈妈听。

五、活动评价

通过情境表演导入活动，激发了幼儿听故事的兴趣。为帮助幼儿熟悉故事的内容，教师又设计了层层递进式的提问，将幼儿的注意力导向对故事表层信息和深层信息的感知和理解。通过生动有趣、层层递进的故事情节调动幼儿想象的积极性，目的是发展幼儿的理解和想象能力。

 案例2

诗歌欣赏活动：雪地里的小画家（大班）

一、活动目标

1. 学习诗歌，理解诗歌内容。

2. 根据诗歌内容大胆想象，仿编诗歌。

3. 愿意和同伴一起欣赏诗歌，朗诵诗歌。

二、活动准备

（一）知识经验准备

了解有关动物冬眠的知识，识别各种动物的脚印。

（二）物质准备

相关课件和《雪绒花》乐曲。

（三）环境准备

关于《冬天》的主题环境布置。

三、活动过程

（一）开始部分

以景激趣。

教师利用课件引出诗歌。秋天里，枫树爷爷画了一幅很美的画，染红了大地，染红了天空（课件展现出秋天枫树景象，枫树爷爷满脸笑）。冬天来了，北风呼呼地吹，吹走了枫树爷爷的画，枫树爷爷伤心极了（课件出现北风吹来，树叶卷走，枫树爷爷皱了眉头）。天越来越冷，你们看，天空里下起了什么？（《雪绒花》音乐起，课件展现下雪场景，同时伴有风雪声）

（二）基本部分

1. 学习诗歌。

（1）观察课件

下雪了，下雪了，雪地里来了一群小动物（《雪绒花》音乐停，踏雪声起），它们来干什么？它们在雪地里留下了什么呢？（课件逐一出现小鸡、小猫、小鸭、小马等动物在雪地里留下的脚印）

（2）提出问题

"谁来到了雪地里？它们在雪地里留下了什么？它们的脚印像什么？"

"这些脚印就像一幅画，我们画画要用笔、颜料，可小动物画画不用颜料，也不用笔，那它们的画是怎样画出来的呢？"

（3）讲解冬眠

"小青蛙上哪儿去了，青蛙怎么不参加活动呢？原来，小青蛙躲在洞里睡着了。还有哪些动物是冬眠的动物呢？"

（4）学习诗歌

枫树爷爷笑哈哈地说："小动物的画真美，我再也不伤心了，我要把你们编进诗歌里。"由枫树爷爷朗读诗歌，幼儿欣赏。

2. 仿编诗歌。

"还有些小动物，它们的画也很美，我们能不能把它们也编进诗歌里呢？"

3. 游戏：《帮小画家找画》。

"小动物们画的画都有自己的特色，可粗心的小画家们把自己的画弄丢了，请你们帮忙找找，送还给它们。"

（三）结束部分

"小动物和枫树爷爷都很感谢孩子们，它们要走了，送给我们一人一幅画（动物脚印），我们一起谢谢小动物，和它们再见了。"

四、活动延伸

幼儿用动物脚印拼图想象编故事。

五、活动评价

本次活动，教师改变了以往单一的诗歌教学方法，充分利用多媒体教学手段，让幼儿的思维、想象得到尽可能的发挥。同时在活动中教师尽可能地调动幼儿学习的主动性和积极性，让幼儿在不知不觉中学习了诗歌，仿编了诗歌，既欣赏了诗歌的美，又发挥了幼儿的想象力。

 案例2

看图讲述活动：小老鼠搬鸡蛋（大班）

一、活动目标

1. 能够用连贯的语言讲述小老鼠和鸡蛋之间有趣的事情，学习新词"破壳而出"。如图9-1所示。

2. 能借助"云朵"辅助卡片，大胆想象小老鼠、大象的语言和心理活动，丰富故事内容。

3. 感受小老鼠好奇、快乐的心情，体验看图讲述的乐趣。

小老鼠搬鸡蛋

二、活动准备

（一）知识经验准备

初步具备看图并理解图片内容的能力。

（二）物质准备

大图片6幅；云朵卡片1张；幼儿操作的小图片每人1套。

（三）环境准备

主题活动"可爱的动物"环境布置。

三、活动过程

（一）开始部分

谜语导入，激情引趣。

教师通过谜语引出故事的两个主人公——老鼠和鸡蛋。让幼儿猜想老鼠和鸡蛋之间发生了什么事情。

（二）基本部分

看图讲述《老鼠搬鸡蛋的故事》

1. 出示图片中的图1和图6，运用设疑和逆推的方法搭建讲述的框架。

（1）"第一幅图片中有谁？小老鼠发现这个鸡蛋会怎么做？"

（2）"最后鸡蛋怎么了？小鸡从蛋壳里出来可以用一个什么好听的词来说？"

（3）"知道还有哪些小动物出生时也是破壳而出的？"

（4）"现在只有第1幅和第6幅图片，还缺哪几幅图片？（根据幼儿的回答出示其他图片）"

2. 引导幼儿有顺序地观察图片，了解故事的线索，进行初步讲述。

（1）提出问题，引导幼儿观察图片

"这是什么时候？""谁在哪里发现了什么？""它是怎么做的？小老鼠又发现了什么？它是怎么想的？它又是怎么做的？""突然发生了一件什么事情？结果怎样了？""现在知道鸡蛋是怎样变成小鸡的了吧？""请小朋友把这件事情完整地讲给旁边的小朋友听。"

（2）请个别幼儿讲述故事。

3. 引导幼儿大胆添加描述动物心理活动的语言，进一步理解图片内容，感受故事的趣味性。

"刚才，鸡蛋怎么变成小鸡了？""小老鼠感觉怎样？小老鼠为什么会感到很奇怪？那它会怎么说？""小云朵里的内容都表示什么？""在这里小老鼠会怎么想？它和小鸡之间会说什么？""这个小云朵表示小动物一些奇怪的想法，它除了表示小动物的想法还可以表示什么？""小云朵可以飘到哪里？这儿为什么奇怪？"

（根据幼儿的想法，将云朵飘到不同的图片上）

第1幅图："在这里小老鼠为什么很奇怪？"

第2幅图："小老鼠来到了哪里？它抱着鸡蛋在想什么？"

第3幅图："小老鼠发现了什么？它会认为什么？它会怎么做？"

第4幅图："有什么事让小老鼠奇怪了？风是从哪里来？小老鼠在这里爬会有什么感觉？"

第5幅图："大象为什么很奇怪？小老鼠在它的鼻子里，它有什么感觉？小老鼠为什么也很奇怪？大象和小老鼠之间会说什么？"

第6幅图："小老鼠为什么很奇怪？小老鼠和小鸡之间会说什么？"

4. 鼓励幼儿操作图片，完整讲述，丰富讲述的内容。

（1）教师提出讲述要求：用上云朵卡片，故事要讲得完整、丰富、有趣，并给故事起个好听的名字。

（2）引导幼儿操作小图片自由讲述故事，教师指导。

（3）请个别幼儿完整讲述故事。

（三）结束部分

启发幼儿进行双向提问，发展幼儿的求异思维。

"对图片和故事你还有什么想法和不理解的地方？哪位小朋友能帮他解答一下？""后来小老鼠和小鸡之间还会发生什么有趣的故事？"

四、活动延伸

将图片投放到语言区，引导幼儿在区域活动中自由地讲述。

五、活动评价

本次活动的目标定位较准确，符合《幼儿园教育指导纲要(试行)》中的幼儿语言发展的总目标。活动准备充分。活动过程中，教师通过谜语引出故事的主人公，符合儿童的年龄特点；通过出示第1幅和第6幅图片，激发幼儿的好奇心，促进幼儿大胆想象。在整个讲述中，教师按照故事的顺序提出问题，引导幼儿根据教师的问题思考、讲述，从而形成对故事的完整认识。通过请个别幼儿完整讲述故事，鼓励其他幼儿大胆讲述，既满足了个别幼儿的需求，又照顾了大多数幼儿的发展水平。

案例 3

语言活动：仿编儿歌《小雨点》（中班）

小雨点

一、活动目标

1. 感受下雨的优美意境，产生积极探索自然现象的兴趣。

2. 发展想象力和口语表达能力，发展拓展性思维的能力。

3. 认真观察图片，初步学习仿编儿歌的方法。

二、活动准备

（一）知识经验准备

幼儿对学习儿歌具有了初步的兴趣。

（二）物质准备

《小雨点》课件；花儿；鱼儿；苗儿及小雨点胸饰。

（三）环境准备

将主题墙布置成下雨的情境，幼儿围坐成半圆形。

三、活动过程

（一）开始部分

课件导入，激发幼儿的兴趣。

教师请幼儿观看课件，观察下雨天，倾听雨的声音。

提问："小雨点从天上落下来，发出什么声音？""小雨点落下来，落到我们身上，有什么感觉？我们心里感觉怎么样？""小雨点还会落到哪里？它们会觉得怎么样？"

（二）基本部分

1. 感知并理解诗歌内容。

（1）引导幼儿欣赏图片并提问："小雨点，沙沙沙，唱着歌，落到哪里？花儿变得怎么样了？花儿为什么会这样？""花园里还有谁？小雨点落到它的身上，它会怎么样？"

（2）引导幼儿欣赏图片并提问："小雨点还落到了池塘里，鱼儿变得怎么样了？从哪里可以看出鱼儿很开心？""池塘里还有谁？小雨点落到它们的身上，它们会怎么样？"

（3）引导幼儿欣赏图片并提问："这是什么？小雨点落在禾苗的身上，禾苗会怎么样？""禾苗为什么生长得这么快，好像被拔起来似的？""田野里还有谁？小雨点落在它们的身上，它们会怎么样？"

2. 完整地欣赏儿歌。

小雨点，沙沙沙，落在鱼池里，乐得鱼儿摇尾巴。小雨点，沙沙沙，落在花园里，乐得花儿张嘴巴。小雨点，沙沙沙，落在稻田里，乐得苗儿往上拔。

"小雨点沙沙沙地唱着歌，一会儿落到花园里，一会落到池塘里，一会落到田野里，像个顽皮的小朋友，把夏天打扮得真漂亮。咱们给这首诗歌取个名字吧！"

3. 进一步理解诗歌内容。

教师出示课件《小雨点》，引导幼儿进一步学习诗歌。

4. 出示背景图，引导幼儿仿编诗歌。

（1）"小雨点除了落在花园里、池塘里、田野里，它们还会落在哪里呢？谁会怎么样呢？"

教师鼓励幼儿大胆想象，创编诗歌。（根据《小雨点》诗歌的句式仿编）

（2）教师记录幼儿仿编的诗歌。

（三）结束部分

1. 举行诗歌朗诵会，评选小诗人，展示幼儿仿编的诗歌。

2. 请幼儿分角色表演诗歌。

四、活动延伸

请幼儿将仿编的儿歌画成图画，贴在展板上展览。

五、活动评价

本次活动的主要目标是培养幼儿仿编儿歌的兴趣。教师通过感知、理解、完整欣赏等环节引导幼儿逐步理解诗歌的内容，产生学习诗歌的兴趣。接着，教师通过背景图，引导幼儿想象雨点掉落的场所，让幼儿根据想象学习仿编诗歌的方法。整个过程设计紧凑、合理，符合幼儿学习的特点，在活动延伸部分，教师又引导幼儿将仿编的诗歌内容画成图画张贴在展板上，让幼儿互相学习与欣赏。这种把诗与画相结合的方式，进一步激发了幼儿爱美、欣赏美和创造美的兴趣。

第三节　幼儿园社会教育活动设计与组织

案例导读

请为5~6幼儿设计一个与国庆节有关的社会教育活动方案，活动内容自选，活动名称自拟。要求：写出活动目标、活动准备、活动过程、活动建议与延伸；目标全面、具体、恰当、有可操作性；准备充分；活动过程安排合理，注重幼儿身心与学习特点，基本能保证目标的实现；建议与延伸适当。

■ 案例分析

这是一道考查考生设计和组织幼儿园社会教育活动的知识与能力的试题。首先，考生需要考虑幼儿园大班幼儿的年龄特点和题目要求，选择适宜的社会内容。其次，需要遵循幼儿园社会教育活动组织与实施的基本结构。最后，需要预设在活动组织的过程中可能遇到的问题及解决策略，选择适宜的教育方法。

幼儿社会领域的学习与发展过程是其社会性不断完善并奠定健全人格基础的过程。人际交往和社会适应是幼儿社会学习的主要内容，也是其社会性发展的基本途径。幼儿在与成人和同伴交往的过程中，不仅学习如何与人友好相处，也在学习如何看待自己、对待他人，不断发展适应社会生活的能力。

一、专门性社会教育活动设计与组织

专门性的社会教育活动是教师从幼儿园社会教育目标和原则出发，结合本班幼儿实际需要，选择相应的内容，精心设计教学过程并组织实施，有目的、有计划、有组织地对幼儿进行社会教育的活动。

（一）专门性的社会教育活动组织形式

专门性社会教育活动的组织形式有参观活动、谈话活动、实践活动、讲述活动、情境表演和扮演活动以及主题活动。

1. 参观活动

参观是教师根据教育目的和幼儿的生活经验，选择适当的地点，带领幼儿对某一社会设施或社会现象进行有预期目的的观察活动。

2. 谈话活动

谈话活动是教师有目的、有计划地引导幼儿以生活中的某个现象或社会现象为主题，联系已有的生活经验，讲述并讨论自己和他人的感受、看法和经验的活动过程。

3. 实践活动

实践活动是幼儿教师有目的地创造一定条件，组织幼儿直接参与某个社会活动，引导幼儿感知、体验和学习某种行为方式或某种劳动技能的教育活动。

4. 讲述活动

讲述活动是教师以生动形象的语言向幼儿描述某一事物的特征、解释事物之间的联系，帮助幼儿丰富社会认知的重要教育形式。

5. 情境表演和扮演活动

情境表演是教师根据教育目标，有意创设某种特定情境或组织扮演活动，使幼儿在特定的环境气氛中受到情感熏陶，因情感作用而获得社会经验的社会教育活动。

6. 主题活动

主题活动是指围绕一个主题，设计多种形式和不同侧重点的综合性教育活动，这种形式更符合社会教育中整合、多元、连贯又相互渗透的特点。

（二）专门性的社会教育活动组织方法

1. 语言传递法

语言传递法，包括讲述法、讨论法和谈话法。

（1）讲述法。

讲述法是指教师用口头语言向幼儿讲述社会教育内容的方法。可以讲述一些道理、规则，或向幼儿讲述一些"是什么、为什么及怎么做"等之类的问题。

（2）讨论法。

讨论法是指在幼儿园社会教育活动中，教师指导幼儿就某些社会性问题和现象进行相互启发、交换意见以获取社会性知识的一种方法。

（3）谈话法。

谈话法是教师与幼儿相互提问、对答的教育方法。谈话法的运用可以使教师借助恰当的问题，帮助幼儿分拣、提炼原有的社会知识经验，使之系统化、明确化。

2. 直观教育法

直观教育法主要包括演示法和参观法。

（1）演示法。

演示法是指教师将实物、教具直接展示给幼儿看，或者引导幼儿通过实际表演，思考或表现对社会知识的理解，使幼儿从中明白一些道理。

（2）参观法。

参观法是教师根据社会教育的目的和内容，组织幼儿在园内或园外通过对实际事物和现象的观察、思考，获得新的社会知识、掌握社会规范的教育方法。

3. 行为练习法

行为练习法即教师组织幼儿按照正确的社会行为规范去进行实践的一种方法。它能使幼儿掌握正确的社会行为规范，形成和巩固幼儿的社会行为习惯。

4. 移情训练法

移情，也叫感情移入，指在特定的情境下个体对他人情感体验的理解和分享。移情训练法是通过故事、情境表演等形式使幼儿理解和分享别人的情绪体验，使幼儿在日后生活中对他人类似的情绪体验会主动地、习惯性地产生理解和分享的教育方法。

5. 角色扮演法

角色扮演法即教师创设现实社会中的特定情境，让幼儿扮演一定的社会角色，使幼儿表现出与这一角色一致的且符合这一角色规范的社会行为，并在此过程中感知角色间的关系，感知和理解他人的感受和行为习惯，从而掌握自己承担的角色所应遵循的社会行为规范和道德要求。

6. 陶冶熏染法

陶冶熏染法是指利用人际关系、行为环境、社会风气和情感气氛等来陶冶幼儿的性情，培养幼儿良好的社会公德、社会行为和亲社会的情感。它包括环境陶冶法和艺术感染法。

7. 观察学习法

观察学习法是指幼儿通过模仿或观察学习，直接学会新的行为模式，获得相应的社会行为的方法。

（三）组织专门性的社会教育活动的注意事项

（1）丰富幼儿的生活经验，结合具体情况进行教学。

（2）丰富幼儿的情感体验，培养健康的情感和态度。

（3）创设条件，促使幼儿将社会认知转化为积极的社会行为。

（4）营造互动氛围，有效发挥师幼互动的作用。

二、综合性社会教育活动设计与组织

对幼儿进行社会教育除了专门性的社会教育活动外，还可以通过综合性的教育活动对幼儿进行教育。所谓综合性的社会教育其实是一种随机渗透的教育活动，它是由社会教育的随机性和潜移默化的特点决定的。在这种教育活动之前，教师没有明确的目标，只是在活动中根据活动内容以及幼儿的需要随机进行。

（一）综合性的社会教育活动的组织形式

幼儿园综合性的社会教育活动的主要形式包括区域活动、日常生活活动、家园与社区的合作教育和其他领域活动的渗透等。

1. 区域活动

区域活动也称区角活动或活动区活动，是儿童在教师创设的教育环境即活动区中，按照自己的兴趣意愿进行探索和游戏的一种活动。在区域活动中，幼儿的"去自我中心化"得到促进，自我意识得到增强。

2. 日常生活活动

幼儿每天从进园到离园，除了晨间活动、晚间活动、各类游戏、集中教育活动以外，其他的如如厕、盥洗、餐点、睡眠等环节均属于日常生活活动。

3. 家园与社区的合作教育

家庭和社区是对学前儿童产生影响的最直接的环境，是学前儿童最早接触的社会环境。幼儿园应积极尝试开放并整合家庭、社区的教育资源，实现家园共育、园区教育一致，促进学前儿童社会性的发展。

4. 其他领域活动的渗透

其他领域的渗透即把社会性教育目标渗透在各个领域的教育活动中，可以发挥各领域之间互相弥补、互相促进的作用。儿童的身心发展是一个与周围生活环境积极相互作用并协调发展的过程。强调整体教育观，有利于进行符合幼儿身心发展特点的教育。

（二）综合性的社会教育活动的组织方法

综合性的社会教育活动的组织方法同于专门性的社会教育活动组织方法。

三、社会教育活动设计案例

案例 1

社会活动：粗鲁的小老鼠（大班）

一、活动目标

1. 学习正确与人交往的方法，懂得初步的交往礼仪。

2. 愿意用礼貌的行为与人交往。

3. 能够判断人们交往行为的对错。

二、活动准备

（一）知识经验准备

了解老鼠的生活习性。

（二）物质准备

1. 故事《粗鲁的小老鼠》课件。

2. 小老鼠、蜗牛、小鱼、小猪的头饰各一个。

3. 幼儿日常行为(包括文明的和不文明的)图片若干，即时贴做的哭脸、笑脸，幼儿人手一个。

4. 自制的"文明小天使"胸贴若干。

（三）环境准备

准备便于全班幼儿参与活动的游戏场地，教室墙面的内容与文明礼貌和社交礼仪有关。

三、活动过程

（一）开始部分

播放课件中的儿歌《小老鼠》，导入课题。(老师带领幼儿随儿歌的节奏，做身体律动进入活动室，引发幼儿参与活动的兴趣。)

提问：

1. 儿歌中说的是谁？

2. 小老鼠平时喜欢干什么？

3. 小老鼠见了猫会怎样？

小结：一般的小老鼠比较胆小，一有动静就赶快逃跑。可是有一只小老鼠不是这样，它总觉得自己了不起，结果吃到苦头了，我们一起来看看这只小老鼠身上到底发生了什么故事。

（二）基本部分

1. 播放课件《粗鲁的小老鼠》，引导幼儿了解故事内容。

提问：

(1) 故事的名字是什么？

（2）故事中有哪些小动物？

（3）小动物之间发生了什么事情？

2. 教师完整地讲述故事，引导幼儿理解和记忆故事内容。

提问：

（1）故事中的小老鼠是什么样的？

（2）小老鼠是怎么对蜗牛的？

（3）小老鼠对河里的小鱼做了什么？

（4）小老鼠后来碰到了谁？小老鼠的脚怎么肿起来了？

（5）小老鼠为什么低下了头？

小结：小老鼠自以为了不起，说话粗鲁，对人很没礼貌，最后得到了教训。

3. 创设问题情境，引导幼儿掌握正确与人交往的方法。

小朋友们，你们有过对别人不礼貌的行为吗？如果你是小老鼠，你会怎样有礼貌地对待蜗牛、小鱼和小猪？

（教师依次请小朋友扮演蜗牛、小鱼和小猪，引导幼儿探索正确与人交往的方式）

（1）你碰到正在慢慢爬行的蜗牛，应该怎么做？

（2）如果你想喝水，但是，此时有小鱼在游泳，你怎么说比较好？

（3）如果小猪睡觉挡住了你的去路，你该怎么办？

（4）如果小老鼠很有礼貌地对待别人，那它的脚会不会受伤？

（5）在生活中，我们怎样做一个讲文明懂礼貌的人呢？

4. 游戏："我是小法官"。

组织幼儿参加游戏活动"我是小法官"。通过活动增强幼儿讲文明、懂礼貌的意识。

游戏规则：将幼儿分成5组，每组8人，5组依次进行。教师出示图片，请幼儿判断对错，对的在图片上贴笑脸，不对的贴哭脸。

（三）结束部分

小朋友们从小要养成文明礼貌的行为，和别人说话时要轻声细语，不要说脏话、粗话，做人要谦虚，可不要像小老鼠那样，自以为了不起，最后吃亏了才后悔。只有懂得尊重别人的人，才能得到别人的尊重。

四、活动延伸

1. 幼儿根据自己所知道的交往礼仪，自编儿歌。

2. 家长可以请朋友或同事来家做客，让幼儿学习待客礼仪。

五、活动评价

角色扮演活动可以大大地激发幼儿的观察力、想象力和表现力。在整个活动过程中，教师的角色是合作者、支持者和引导者。教师将与幼儿共同完成整个活动任务，达成活动目标。

案例2

社会活动：小小志愿者（中班）

一、活动目标

1. 提高动作协调性，并用多种方法"玩水桶"。

2. 能将同伴的经验进行迁移，并能与同伴合作玩耍。

3. 有初步的同情心。

二、活动准备

（一）知识经验准备

初步具有推车连续走的技巧，能够根据信号改变车子行进的速度。

（二）物质准备

装水的饮水桶每人一个；背景音乐；优秀志愿者奖牌若干。

（三）环境准备

游戏环境布置：医院；幼儿园；超市；工地。

三、活动过程

（一）开始部分

幼儿扮演角色，调动活动的积极性。

1. 幼儿扮演小小志愿者推着小车去探路。

幼儿听信号沿场地四周推水车。如果教师说："上高速公路啦。"幼儿就将水车推得快；如果教师说："过小路了。"幼儿就将水车推得慢。如果教师说："爬山了。"幼儿就将水车拉在身体的后面，跨大步走……

2. 在推水车过程中，教师巡回指导，指导幼儿推水车时不要拥挤。

要点：指导幼儿散开推水车不和别人挤在一起。

（二）基本部分

1. 设置问题情境，激发其探究的兴趣。

我们小小志愿者到灾区去送水，要走很远的路，因此，我们要练好送水的本领，才能把水安全地送到灾区。那么，我们怎样用"饮水桶"练本领呢？教师组织幼儿讨论。幼儿尝试"水桶车"的玩法。

（1）幼儿自选"饮水桶"，各自尝试"水桶车"的玩法。

幼儿在尝试过程中，教师进行观察并引导幼儿用多种方法推"水桶车"。

①观察要点：观察哪些幼儿会动脑筋想办法玩"水桶车"，哪些幼儿是跟着别人模仿玩。

②找出难点，重点练习。请个别幼儿示范水桶车的玩法，在示范中找出一至两个难点动作，让幼儿重点练习（集体练习、小组练习、个别练习）。

（2）幼儿合作尝试"水桶车"的玩法。

幼儿在尝试过程中，教师进行观察并适时引导。

①观察要点：观察哪些幼儿能合作玩，玩的方法最多；观察哪些幼儿合作有困难。

②找出难点重点练习。分别请两对幼儿进行示范，示范中找出一至两个难点动作，并让幼儿重点练习。

（3）游戏："为灾区运水"

①教师介绍游戏的方法与要求。

场地上四周设置若干大山（爬网）和医院、幼儿园、超市、工地，中间放置若干"饮水桶"的图片，幼儿扮演小小志愿者，听到信号，推着水车为灾区运水。在运送过程中，听到"地震"的声音时，就要进行躲避，直至将"饮水桶"全部运完为止。

游戏要点：幼儿在运水过程中不能相互碰撞；如听到地震的声音时，必须在原地进行躲避，并用多种方法进行表现。

游戏规则：每次送水时只能送一瓶；设置的医院、幼儿园、超市、工地处，小小志愿者都要为之送水。

（三）结束部分

小小志愿者胜利地完成了运水的任务，教师用奖品进行鼓励。幼儿推着水车绕场一周，活动结束。

四、活动延伸

家长带小朋友到附近的社区、超市、敬老院等参加志愿活动。

五、活动评价

在整个活动设计中，教师始终以幼儿为主体，教师是辅助性的，时而点拨幼儿的方法、时而拓展幼儿的思路、时而给予鼓励。这种设计将使幼儿的创造潜能得到最大的发展。活动的环节是层层推进的：幼儿从独自创新地玩到结伴玩，在每一次玩的时候，教师的暗示语也是层层递进，不断地挑战幼儿，激起幼儿思维的火花，挖掘幼儿创意的潜能。

案例3

社会活动：和爸爸妈妈逛书店（中班）

一、活动目标

1. 知道书中有丰富的知识，知道书店是卖书的地方。

2. 喜欢图书，爱护图书，养成良好的看书习惯。

二、活动准备

（一）知识经验准备

召开家长会，向家长介绍参观书店的意图和指导孩子阅读的方法。

（二）物质准备

每人准备好购书的零钱。

（三）环境准备

与书店联系，争取书店的相关人员的支持，配合幼儿园搞好参观活动。

三、活动过程

（一）开始部分

提出活动要求，激发幼儿参加活动的兴趣。

今天我们要和爸爸妈妈一起去书店。每个小朋友可以找自己喜欢的图书看，也可以请爸爸妈妈讲讲图书中的故事，向他们提出和图书内容有关的问题。

（二）基本部分

1. 请家长带幼儿参观书店的每一个区域，向他们介绍各类书籍，使他们知道书店里的书是分类摆放的。

2. 请家长选择一本自己喜欢的儿童书籍，挑选其中的一段讲给孩子听，让孩子感受书的魅力，知道书中有许多吸引人的故事，还有许多甚至连大人都不知道的知识。

3. 孩子、家长各选一本喜欢的图书认真翻阅，家长有意识地用自己对阅读的热情和兴趣来感染孩子。

（三）结束部分

让每个孩子用自己的零花钱购买一本自己喜欢的图书。

四、活动延伸

1. 请幼儿带一本自己最喜欢的图书来园，办一个"小小书店"，让大家交换着阅读，或开展角色游戏。

2. 来园活动时，可引导幼儿自制小图书并讲述图书内容。

3. 提供胶水，引导幼儿自己修补图书，教育幼儿要爱护图书。

4. 组织一次"故事诗歌表演会"，要求每个幼儿都要参与，表演内容必须是自己通过书本听来或看来的，幼儿可以独立表演，也可以和父母一起表演。

五、活动评价

幼儿园的教育活动不应仅仅局限在教师和幼儿之间开展。幼儿的早期阅读需要教师的引导，更需要每个家长的积极参与。我们希望通过这一亲子活动，使家长意识到自己应成为孩子阅读的启蒙老师。

第四节　幼儿园科学教育活动设计与组织

幼儿的科学学习是在探究具体事物和解决实际问题中，尝试发现事物间的异同和联系的过程。幼儿的科学学习的内容包括科学探究和数学认知。

一、科学探究活动设计与组织

 案例导读

种子的生长

春天到了，老师在班级的植物角种上了的绿豆、黄豆、大蒜等植物，过了没多久就都发出了嫩芽。班里的孩子都对此非常感兴趣，常常趴在植物角观察种子发芽的情况，还经常和老师、小朋友进行讨论。请根据以上材料，画出"种子的生长"图示，并结合图示设计组织一次中班关于"种子的生长"的科学活动。

案例分析

这是一道考查考生设计和组织幼儿园科学教育活动的知识与能力的试题。考生在作答此类试题时，一要考虑相关的自然科学知识内容和幼儿科学学习的主要方法，二要考虑儿童的年龄特点和已有的知识经验，三要遵循教育活动设计的基本结构，四要预设活动组织过程中幼儿可能出现的问题及解决对策。

（一）科学探究活动的组织形式

1. 专门的科学探究活动

在当前的幼儿园科学教育实践中，面向全体幼儿的、统一的、专门的教育活动是幼儿园科学教育活动最普遍的组织形式，也是效率较高的学习方式。

2. 区域科学活动

区域科学活动是指教师设置一定的科学教育环境，幼儿通过自主选择和操作来进行的学习活动。作为科学教育的重要形式，区域科学活动可以让幼儿根据自己的意愿选择材料和进行操作，符合幼儿的兴趣，有助于幼儿获得多方面的科学知识经验。幼儿园的区域科学教育环境有在班级中设立的活动区域和全园共用的专门科学活动室，包括自然角、科学角、饲养区、科学发现室、户外种植园等。

3. 科学游戏活动

科学游戏是能够让幼儿获得相关知识经验的游戏活动，是幼儿园科学教育的重要途径。不同于其他的科学教育形式，游戏能让幼儿在轻松、愉悦的状态下进行学习，并且这种学习完全出于幼儿的内部动机，寓教于乐。幼儿园科学游戏活动的形式多种多样：感知游戏，可以训练幼儿的视觉、听觉、触觉和嗅觉，提升观察认识能力；操作游戏，这是幼儿利用相关材料作为玩具进行的游戏，有助于发展幼儿的动手能力和探究能力；情境游戏，是教师根据一定的意图，创设特定的场景，让幼儿通过观察、思考发现事物之间的联系，有助于幼儿思维的发展和解决问题能力的提升。

4. 生活中的科学教育

生活中的科学教育活动主要是指与幼儿生活紧密联系的科学教育活动，是幼儿丰富科学知识经验的重要途径。教师和家长要善于发现和利用生活中的各个环节，如去幼儿园的路上、户外散步、参观博物馆、参观动物园等场合对幼儿进行适时的科学教育，满足他们的好奇心。

（二）科学探究活动的学习内容

幼儿园的科学活动主要是引导幼儿探究自然环境与人类生活的关系，探究身边事物的特点及变化规律，感受科学技术及其对人们生活的影响。

1. 探究自然环境与人类生活的关系

主要包括探究常见动植物及其与环境的关系，如动植物的特性、动植物的基本需要、动植物的简单行为、动植物与环境的关系；自然界中的非生物及其与人及动、植物的关系，如探索沙、石、土的物理性质，感受水的无色、无味、透明的性质，探索一些和水有关的物理现象；探究人与自然环境的关系，如人体外部基本结构及功能、人体对环境的改变与适应现象。

2. 探究身边事物的特点及变化规律

主要包括探究天气、气候和季节的变化规律，如四季的变化、天气现象（冰、雪、雨、雷等）；探究常见的物理现象，如力、光、热、声、磁、电等；天文现象，如天空中的物体及其变化规律，如太阳、月亮、星星等。

3. 感受科学技术及其对人们生活的影响

主要包括学习使用生活中常见的科技产品，如家用电器、各种交通工具、现代农业、各种科技玩具；学习使用简单的工具，如使用小剪刀、小锤子、榨汁器、订书机等；学习简单的科技小制作，运用工具和材料制作简单的科技玩具，如风车、不倒翁等。

（三）科学探究活动的组织方法

幼儿科学学习的核心是激发探究兴趣，体验探究过程，发展初步的探究能力。科学教育的基本方法是自主探究，具体来说教师可以通过观察法、实验法、讨论法、制作法、游戏法等方法组织幼儿进行科学学习。

1. 观察法

观察是一切科学活动的基础。对于幼儿来说，观察法就是幼儿在教师的指导下，运用眼、耳、口、鼻、嘴等多种感觉器官，通过看、听、尝、闻、触等感觉活动，认识事物和现象，进行科学探究的方法。用观察法学习科学，有助于幼儿直观、具体感受事物特征，丰富幼儿的感知经验。因此，观察法是幼儿园科学教育中最基本和最重要的方法。

在具体的活动中，教师可以根据幼儿的年龄特点和观察的具体对象，灵活运用个别观察、比较观察、长期系统观察等观察方法。对个别物体观察是指幼儿在教师的引导下，对单个的物体或现象进行观察，了解物体或现象的特征、属性、习性等；如小班幼儿通过看、闻、摸、尝等方式认识苹果的颜色、形状、味道、口感、营养价值等。比较观察是幼儿在教师的引导下运用直观观察的方法分析两种或者两种以上的物体的相同和不同之处，从而认识事物；如中班幼儿通过比较的方式观察橙子、橘子和柚子的相同和不同，加深对这3种水果的认识。长期系统观察是幼儿在较长的一段时间内持续对某一物体或现象进行有计划的观察，以了解其变化发展的规律；如幼儿观察并通过各种方式记录种子的发芽过程，从而知道种子生长的秘密。

2. 实验法

实验法是指在人为控制的条件下，幼儿通过操作一些安全的科学材料、设备，来验证一些简单的科学现象，感受事物的变化及事物之间关系的方法。采用实验法学习科学，可以最大限度地调动幼儿学习的积极性，满足幼儿动手操作、自主探究的欲望，有助于幼儿在活动中发现问题、提出问题、解决问题，从而更深刻地理解科学现象。

教师在组织实验活动时，可以根据幼儿的年龄和实验内容的差异采用不同的设计思路。第一种思路，教师先演示实验并说明要点，再让幼儿按照教师的要求亲自实验，这种思路适用于当实验内容及材料较为复杂或幼儿年龄较小的情况，如中班实验活动"物体怎样下落"。第二种思路，教师先展示材料并让幼儿根据任务要求自由实验，接着教师请幼儿说说自己在实验中用到的方法和发现，最后教师进行总结和引导，如小班实验活动"蛋宝宝怎样站起来"。第三种思路，教师提供实验材料，让幼儿对某一情境下的实验结果进行猜想，接下来再通过亲自操作实验进行验证，如大班实验活动"哪个沉，哪个浮"。

3. 讨论法

讨论法是指幼儿在教师的指导下，围绕某一活动主题与老师、同伴进行平等的交流，陈述表达自己的观点和发现，倾听他人的意见和想法，在协商中求同存异、达成共识，并在这一过程中丰富科学经验、提升科学探究能力的方法。这种方法能有效地帮助幼儿表达自己真实的想法，在讨论和评议中培养幼儿倾听同伴意见的习惯，提高他们的辨别和语言表达能力，进而提高幼儿的科学探究水平。

讨论法作为科学活动的常见方法，通常有两种用法：第一种是将讨论作为活动中的一个环节，如在实验活动"沉与浮"中，幼儿讨论"怎样能让沉下去的东西浮上来"。第二种是针对某些幼儿无法进行直观操作或者抽象难懂的内容，如"动物怎样过冬""垃圾分类"等，教师可以引导幼儿运用讨论交流的方式进行学习，以训练幼儿思考、表达、倾听、分析的能力。

4. 制作法

制作法是幼儿通过学习某些简单工具进行科学小制作，从而了解技术、体验技术，并思考、探索其中蕴含道理的科学学习方法。通过制作法学习科学，可以训练幼儿的动手操作能力，同时还有助于幼儿认识生活中常见的工具及使用方法，让幼儿在积极参与活动的过程中学到科学知识、掌握操作技能、满足科学探索的好奇心。

在设计技术制作类活动时，教师应该选择幼儿感兴趣并且与幼儿生活经验相关的内容，通过制作科技产品引导幼儿进一步发现和理解科学现象，体验其中蕴含的科学原理和掌握制作技巧，如中班活动"奇妙的降落伞"、大班活动"可爱的不倒翁"等。在设计科技产品和工具使用类活动时，教师要为幼儿提供给充分的自主探究机会，让幼儿在操作的过程中丰富科学经验，并将习得的经验运用到生活中，如中班活动"厨房小用具""我会用筷子"等。

5. 游戏法

游戏法是指运用自然物质或科学材料以及相关图片、玩具等进行的带有游戏性质的趣味性比较强的活动方法。

（四）组织科学探究活动应注意的事项

1. 引导幼儿充分参与活动

科学活动的核心在于幼儿的自主探究，因此，教师要关注幼儿的主体性，引导幼儿充分参与科学探究，帮助幼儿实现在自身水平上获得发展和提升。

首先，教师应当在活动组织过程中提供充分的操作机会，让幼儿在各个环节中通过观察、讨论、实验、思考、表达等方式参与活动，在确保活动秩序和幼儿安全的前提下，尽量减少对幼儿的束缚和控制，使幼儿发挥创造性和自主性。其次，教师在幼儿探究的过程中也要适当给予指导和提示，通过演示、提问、启发等方式帮助幼儿自己提出问题并尝试解决。

2. 对幼儿的行为进行观察

教师对活动的指导应贯穿于活动始终，而这一切的基础则是教师对于幼儿行为的观察、分析和解读，以便结合幼儿实际情况实施适宜的、有针对性的指导。教师要从以下几方面观察幼儿：首先，观察幼儿在活动中的情绪表现，如幼儿是兴奋、平静还是无聊。其次，观察幼儿参与活动的能力，如幼儿能不能按照正确的顺序进行实验、操作中有哪些问题、有什么新的想法和发现。最后，观察幼儿与同伴交往的情况，如幼儿之间如何分工、能不能互相帮助等。

在观察的基础上，教师应该结合幼儿的情况，对遇到困难或需要提高的幼儿进行针对性的指导和帮助。面对小班幼儿，教师可以直接帮助他们处理问题；面对中班和大班幼儿，教师要通过提供材料、启发提问等方式引导幼儿尝试多种方法探究，鼓励幼儿自己寻找问题的解决办法。

3. 运用多种方式组织活动

集体科学活动面向的是全体幼儿，但其中也存在个别差异和个别学习。教师在活动组织的过程中必须兼顾集体和个别幼儿的需求，因此，教师要根据活动的内容和幼儿的年龄特点选择集体学习、小组合作、独自操作等方式组织幼儿学习。教师可以通过谈话、讨论等方式对全体幼儿进行指导，也可以组织幼儿以小组合作学习的方式开展观察、操作活动，以便教师更多地接触幼儿，集中了解他们的学习情况。另外，在条件允许的情况下，幼儿也可以进行独自的操作和探索活动，教师结合具体情况进行针对性的个别指导。

4. 使用恰当的提问和回应技巧

科学教育活动强调幼儿的自主探究，与此同时，教师恰当的引导和支持也非常重要。教师的提问是启发、引导幼儿思考的有效措施，教师在组织科学活动时，有必要事先对提问进行设计，并对幼儿的反应进行预判，再给予恰当的回应。针对不同的科学活动，有不同的提问类型，如激发兴趣的提问——"你们猜猜谁会先掉下来？"，引发讨论的提问——"小朋友们有什么办法？""面对这样的情况你会怎么做？"引发探究的提问——"请你摆一摆这些材料，看看会怎样？"引发想象的提问——"如果你长大了，想发明什么样的汽车？"等等。

在提问的基础上，教师还应该仔细倾听幼儿的回答并进行分析，做出"互动式"的回应，给幼儿以鼓励或纠正，促进幼儿的学习。所谓"互动式"的回应，就是教师要将幼儿的回答和问题相联系，给予幼儿具体有针对性的评价和反馈，如"你的主意太有趣了，一会儿咱们来试一试"，而不是简单的"真好""请坐"，甚至直接忽略。另外，教师还要善于运用非语言的方式给予幼儿积极的回应，如眼神、动作和语气，以便更好地与幼儿互动，引发幼儿积极探究。

（五）科学探究活动设计案例

 案例1

科学活动：观察西红柿（小班）[①]

一、活动目标

1. 能运用多种感官，感知了解西红柿的主要特征和简单食用方法。

2. 能在教师的引导下，运用多种方式找寻观察物，提升观察感知能力、判断能力。

3. 愿意参与认识西红柿的活动，乐意与他人交流自己的发现。

二、活动准备

（一）知识经验准备

幼儿在日常生活中见过西红柿、吃过西红柿。

（二）物质准备

1. 图标1张；感官标记、特征标记若干；布口袋1个；西红柿、青瓜、红荔枝、红苹果标记图卡各1张；篓子3个；塑料刀具1把；课件。

2. 学具：盘子（盘上有盖布）；西红柿、青瓜、红荔枝、红苹果实物。

（三）环境准备

将活动室布置成小厨房。

三、活动过程

（一）开始部分

创设游戏情境，引出观察任务。

1. 教师出示蒙着布的盘子，引起幼儿参与兴趣。请幼儿掀开盘子上的布，说出盘中食物的名称（西红柿、青瓜、红荔枝、红苹果），教师同时展示相应的标记图卡。

2. 教师提出下一环节的观察任务："在这4个宝宝当中，有一个宝宝要和我们玩捉迷藏的游戏，请你们用小眼睛、小手、小鼻子来找一找它，好吗？"

（二）基本部分

1. 根据线索进行选择、感知和操作，初步把握观察物的特征。

（1）线索一：它又红又圆。

①它的第一个特点是又红又圆，请小朋友找找，把又红又圆的食物拿到盘子外边来。

②幼儿按要求感知、操作。

③请幼儿说说为什么在盘子里留下青瓜，并引导幼儿说出青瓜"又绿又长"的

---

① 陈晓娟，张昱. 小班科学活动观察西红柿［J］. 教育导刊（幼儿教育），2009（8）：45-46. 略有改动。

特征。

④请幼儿将青瓜宝宝送到画有青瓜标记的篓子里。

（2）线索二：它的身体是滑滑的。

①它的第二个特点是身体是滑滑的，请小朋友找找，谁的身体是滑滑的，把身体滑滑的食物放回到盘子里。

②幼儿按要求感知、操作。

③请幼儿说说为什么在盘子外留下红荔枝，并引导幼儿说出自己触摸荔枝的感觉，明确荔枝表面粗糙的特征。

④请幼儿将荔枝宝宝送到画有荔枝标记的篓子里。

（3）线索三：它没有明显的气味。

①它的第三个特点是没有明显的气味，请小朋友闻一闻，哪个是没有什么味道的，请将它拿出盘子。

②幼儿按要求感知、操作。

③请幼儿说说为什么在盘子里留下红苹果，并引导幼儿学习闻的方法。

④请幼儿将苹果宝宝送到画有苹果标记的篓子里。

（4）请躲在布口袋中的神秘宝宝"西红柿"出来，让幼儿发现与自己操作后的结果（只剩西红柿）吻合，获得成就感。

2. 运用多种感官，进一步感受西红柿的主要特征。

（1）游戏1：眼睛看看我。

①引导幼儿看西红柿："请你仔细看看西红柿是什么样子的，它是什么颜色的，是什么形状的?"

②幼儿在教师的引导下自由观察，并大胆表达自己的发现，教师将幼儿的发现记录在图表中。

③教师用刀将一个西红柿切开，请幼儿看看西红柿里面是什么样子的。

小结：西红柿是圆圆的，它有红红的身体，头上还有一顶绿色的小帽子；西红柿的里面有红红的肉，还有籽，切开还流出了汁儿。

（2）游戏2：小手摸摸我。

①引导幼儿摸一摸西红柿："请你用小手轻轻地摸一摸，说说是什么感觉，硬硬的还是软软的? 凉凉的还是热热的?"

②幼儿用手触摸西红柿，并感知其特征，大胆表达自己的发现，教师将幼儿的发现记录在图表中。

小结：西红柿是滑滑的，它的身体是软软的，摸起来凉凉的。

（3）游戏3：小嘴尝尝我

①教师请幼儿品尝西红柿，说说吃到嘴里的感觉。

②幼儿大胆表达自己的发现，教师将幼儿的发现记录在图表中。

小结：西红柿有许多的汁，酸酸甜甜的，咬起来软软的，非常好吃。

（三）结束部分

拓展生活经验，了解西红柿的多种食用方法。

1. 请幼儿说说西红柿除了可以生吃，还可以怎样吃。

2. 播放课件，了解西红柿的其他食用方法(炒菜、煮汤、榨汁、番茄酱等)。

四、活动延伸

小朋友回家和爸爸妈妈说一说今天认识的西红柿，并请爸爸妈妈用西红柿给自己做一道菜，一起品尝。

五、活动评价

西红柿是幼儿生活中常见的蔬菜，营养丰富，可以作为小班幼儿的科学探究内容。本次活动以观察为主要认知手段，让幼儿通过看一看、摸一摸、尝一尝等方式了解西红柿的主要特征，符合《3~6岁儿童学习与发展指南》中提出的"能用多种感官或动作去探索物体"要求，有助于提高幼儿的科学探究能力，并使幼儿加深学习的印象。在活动中，教师选择了材料特征突出且有交叉的4种食物，让幼儿通过感知操作逐步排除，结合游戏的方式，让幼儿在操作的过程中慢慢建构自身的知识体系，使活动更能体现探究性、挑战性和趣味性。

案例2

科学活动：奇妙的影子（中班）

一、活动目标

1. 知道影子的形状、颜色与物体的关系等特点。

2. 能用观察、实验、讨论等方法探究影子的特点。

3. 积极参与探究活动，感受玩影子的乐趣。

二、活动准备

（一）知识经验准备

幼儿在生活中见过自己的影子和他人的影子。

（二）物质准备

1. 教具：不同大小、样式的毛绒玩具若干。

2. 学具：画纸、画笔。

（三）环境准备

阳光晴朗、天气暖和、安全卫生的户外场地。

三、活动过程

（一）开始部分

经验导入，引发幼儿对影子的探索兴趣。

教师引导："你有影子吗？你的影子在哪里？你见过什么样的影子？"

（二）基本部分

1. 引导幼儿观察，借助毛绒玩具发现影子的特征。

（1）"这些毛绒玩具的影子都一样吗？"

（2）"将毛绒玩具举起双手，它的影子怎么变化了？"

（3）"可爱的毛绒玩具穿的衣服是什么样子的？布娃娃影子的衣服是什么颜色的？"

小结：影子的形状和物体本身形状有关，影子随物体变化而变化，影子是黑色的。

2. 引导幼儿观察、比较、交流自己和影子的不同。

分组实验：教师引导幼儿在阳光下做各种动作，观察影子的形状变化。

（1）"小朋友们像老师一样做一做好玩的动作，看看你的影子有什么变化？"

（2）"你和你的影子长得一样吗？哪里不一样？"

小结：小朋友的影子是躺在地上的，虽然和我们自己长得很像，但形状还是不一样的。

（三）结束部分

绘画记录，请幼儿把自己和自己的影子画下来。

1. 教师提醒幼儿思考怎样画出自己的身体和影子，注意影子的位置、颜色和形状。

2. 请幼儿展示和介绍自己的作品，说说自己和自己的影子是哪一个。

四、活动延伸

请小朋友们回家看看爸爸妈妈的影子，也看看大树、房子、小动物的影子，说说它们都是什么样子的，还可以画下来，拿到幼儿园给老师和小朋友展示。

五、活动评价

《3～6岁儿童学习与发展指南》中指出："充分利用自然和实际生活机会，引导幼儿通过观察、比较、操作、实验等方法，学习发现问题、分析问题和解决问题；帮助幼儿不断积累经验，并运用于新的学习活动，形成受益终身的学习态度和能力。"影子是幼儿生活中常见并且感兴趣的科学现象，了解影子的特点能够满足幼儿的好奇心，同时丰富科学经验。在本次活动中，教师通过经验导入的方式引导幼儿说说自己的影子是什么样子，激发了幼儿参与活动的积极性；在活动的展开部分，教师采用了观察、比较、直观感受的方式，让幼儿在亲身体验的过程中，发现影子在颜色、形状方面的特征，以及影子和实物的不同，很好地体现了幼儿作为探究学习的主体；在结束部分，教师再次运用绘画的方式，让幼儿画出自己和自己的影子，帮助幼儿进一步感受自己和影子之间的关系，加深幼儿的印象，同时增加活动的趣味性。

案例3

科学活动：小动物怎样过冬（大班）

一、活动目标

1. 了解一些小动物的过冬方式，感受动物习性与环境适应的关系。

2. 收集资料，大胆表达自己关于小动物过冬方式的发现。

3. 愿意参与探究，懂得爱护小动物。

二、活动准备

（一）知识经验准备

幼儿已经知道部分动物的特征和一些生活习性。

（二）物质准备

1. 教具：动物过冬课件；小动物卡片一套；音乐《动物怎样过冬》。

2. 学具：笔；操作记录单。

（三）环境准备

活动室"冬天"主题的布置。

三、活动过程

（一）开始部分

1. 幼儿跟随音乐《动物怎样过冬》做动作。

2. 教师和幼儿交流人们过冬的方式。

教师引导："小朋友，现在是什么季节？你感觉怎么样？寒冷的冬天到了，小朋友们是怎样过冬的呢？"

3. 引导幼儿思考讨论小动物过冬的方法。

教师引导："我们可以穿上棉衣、棉裤、棉鞋、戴上棉帽，还可以用暖气、空调，可是你们想过没有，小动物不会穿衣服，那它们是怎样过冬的呢？"

（二）基本部分

1. 结合课件欣赏故事。

教师引导："小朋友请欣赏故事，看看这里的小动物怎么过冬的。小朋友仔细听，听完老师有问题提问。"

（1）"故事里都有哪些小动物？"

（2）"它们在一起商量什么事情？"

（3）"请小朋友们说一说故事中的几种小动物是怎样度过寒冷的冬天的？"

2. 请幼儿说说其他小动物过冬的方式，并记录。

（1）"冬眠的动物还有哪一些？加厚皮毛的动物还有哪些？迁徙的动物还有哪些？储存粮食的动物有哪些？"

（2）指导幼儿用自己喜欢的方式记录小动物过冬的方式，填写记录单。

3. 再次观看课件，思考为什么动物过冬的方式不同。

（1）"这些小动物都是怎样过冬的？"

小结：冬眠的动物有蛇、青蛙、乌龟；迁徙的动物有大雁、燕子；加厚皮毛过冬的动物有兔子、鹿、狐狸、麻雀、乌鸦；储存食物过冬的动物有松鼠、蜜蜂、蚂蚁；让卵过冬的动物有螳螂、蝗虫。

（2）"小朋友，你们知道小动物为什么要这样过冬吗？"

小结：动物过冬的方式有冬眠、储存食物、迁徙、加厚身上的皮毛，它们用这些方法过冬是为了适应冬天寒冷的环境，保护自己。

（三）结束部分

了解多种动物的过冬方式，萌发关爱动物的美好情感，幼儿评选"动物过冬方式之最"。最懒的过冬方式——冬眠：蛇、青蛙、乌龟等；最勇敢的过冬方式——迁徙大雁、燕子等；最聪明的过冬方式——加厚皮毛或羽毛：兔子、鹿、狐狸、麻雀、乌鸦等；最勤劳的过冬方式——储存食物：松鼠、蜜蜂、蚂蚁等；最有爱心的过冬方式——让卵过冬：螳螂、蝗虫等。

四、活动延伸

冬天到了，怎样才能让我们的身体在冬天里更好、更健康呢？小朋友要多多锻炼身体，参加体育运动，那么，接下来我们就去操场上做操吧！

五、活动评价

这是一次科学与语言相结合的综合性活动。与动物相关的内容是幼儿熟悉、喜欢和感兴趣的，也体现了《幼儿园教育指导纲要》科学领域中"幼儿对周围的事物、现象感兴趣""爱护动植物，亲近大自然"的要求。本次活动中，教师结合音乐律动，通过让幼儿说说生活经验的方式引入主题，激发了幼儿参与活动的积极性；在活动过程中，教师以故事贯穿始终，通过启发式提问等方式引发幼儿思考、讨论、交流和记录，使幼儿在活动中充分地动手动脑，体现了科学活动的探究性，也发展了幼儿的语言表达能力；最后，教师以"动物过冬方式之最"的方式结束活动，趣味性强，让幼儿在轻松的氛围中加深对活动内容的理解。

二、数学认知活动设计与组织

 案例导读

分辨图形

幼儿园建构区域中，孩子们用各种形状的积木"盖楼房"。请你用正方形、圆形、三角形、长方形、半圆形、梯形等基本图形组合的方式，画出一个建筑物的正面平面图，要求能表现物体的主要特征，富有创意；同时，请你结合你的作品设计组织一次幼儿园中班分辨图形的数学教育活动。

案例分析

这是一道考查考生绘画技能和设计组织幼儿园数学教育活动的知识与能力的试题。考生在作答此类试题时，一要考虑艺术作品的创意性，二要考虑中班幼儿已经掌握的图形的相关知识，三要遵循教育活动设计的基本结构，四要预设活动组织过程中幼儿可能出现的问题及解决对策。

（一）**数学认知活动的组织形式**

幼儿园数学认知活动的组织形式有专门的数学认知活动、数学游戏活动、其他活动中的数学认知活动和生活中的数学认知。

1. 专门的数学认知活动

专门的数学教育活动是指教师有计划、有目的组织的全体幼儿共同参加的、运用集体、小组和个人等组织形式学习数学知识和数学技能并发展幼儿思维的一种专项活动。例如，认识图形类活动"认识三角形"（小班）、学习数概念类活动"3 的分解与组成"（中班）、比较测量类活动"比比谁最长"（大班）、学习方位类活动"它们在哪里"（小班）等都是专门的数学教育活动。

2. 数学游戏活动

游戏活动也是组织数学教育活动的重要途径。由于数学知识具有一定的抽象性，容易造成幼儿学习上的困难，因此，如果教学方法不当，可能会使数学学习变得枯燥乏味。结合游戏开展数学活动则能够大大提高幼儿学习的积极性，使他们在轻松、自然、有趣的环境中学习，并取得较好的效果。例如，在学习"相邻数"这一内容时，教师可以运用扑克牌组织"找朋友"的游戏(某个小朋友先出一张牌，大家再轮流前后接牌，如出牌的人出 5，后接 6 或 4，手中牌先出完者胜利)，使幼儿在游戏中不知不觉复习了有关相邻数的知识。教师要善于运用各类游戏从多个方面开展数学教育，例如，运用各类材料和玩具学习分类、找规律、点数等内容，在结构游戏中学习形状、空间、测量等内容，在角色游戏中学习加减运算、计数等内容。

3. 其他活动中的数学认知活动

在幼儿的生活中，各种知识都是互相联系和渗透的，而且都不同程度地表现为一定的数量关系和空间形式。因此，除数学之外的其他活动内容也都与数学教育有关。教师可以有目的、有计划地将数学教育渗透到其他教育活动中，以巩固、加深、补充和发展幼儿的数学知识和数学技能。例如，在绘画、手工等美术活动中，幼儿要准确辨认物体的形状、大小比例以及位置才能创造出好的作品；在体育活动或音乐律动活动中，教师可以引导幼儿识别和区分上下、前后、左右等方位；在认识时间规则的社会活动中，教师可以指导幼儿认识钟表上的整点和半点。

4. 生活中的数学认知

日常生活的各种活动是对幼儿进行数学教育的重要途径。教师可以在幼儿园一日生活的各个环节中积极引导幼儿感知和复习数学教育内容，使幼儿在既轻松又自然的情境中获得相关经验、提升数学能力。例如，在晨间问好点名时，教师可以请幼儿数数自己小组坐了几个小朋友；在用餐时，教师可以让幼儿根据小组人数取餐具和分发餐具；在过渡环节，教师可以运用儿歌、顺口溜、歌曲、手指谣等形式将单调的数学知识转变为有节奏和韵律的文学、艺术形式进行学习。

（二）数学认知活动的内容

幼儿园数学教育内容包括集合、数、形、量、时间和空间等几个方面。

1. 感知集合

包括物体的分类；认识"1"和"许多"；比较两个物体组数量的相等和不相等。

2. 10 以内的数

包括 10 以内的基数(数的实际含义、数的守恒、相邻数和 10 以内自然数列的等差关系等）；10 以内的序数；10 以内数的组成；认读 10 以内阿拉伯数字。

3. 10 以内的加减法

大班：学习解答和自编简单的求和、求剩余口述应用题；学习运用数的组成知识进行加减运算。

4. 量的知识

包括比较大小、长短、高矮、粗细、厚薄、宽窄、轻重、容积等；正、逆排序；量的守恒；量的相对性和传递性；自然测量。

5. 简单的几何图形

包括圆形、正方形、半圆形、椭圆形、梯形；球体、正方体、圆柱体、长方体；图形之间的简单关系。

小班：认识圆形、三角形和正方形，能根据图形名称取出图形并说出名称。中班：认识长方形、椭圆形、梯形；能按平面图形角和边的数量正确辨认大小、颜色和摆放位置不同的图形。大班：进一步理解平面图形之间的关系；认识球体、正方体、圆柱体和长方体；区分平面和立体图形的不同。

6. 空间方位

包括上、下、左、右、前、后、远、近等空间方位；向前、向后、相左、向右、向上、向下等运动方位。

小班：以自身为中心区分上下方位；认识并说出近处物体的上下位置。中班：以自身为中心区分前后方位；以客体为中心区分前后方位；会按指定方向（向前、向后）运动。大班：以自身为中心区分左右；会按向左右方向运动。

7. 时间

包括认识早晨、晚上，白天、黑天，昨天、今天、明天，一星期 7 天的名称及顺序；认识时钟。

小班：认识早晨、晚上、白天、黑夜。中班：认识昨天、今天和明天。大班：认识时钟，学会看整点和半点；学会看日历，知道一周 7 天的名称和顺序。

（三）数学认知活动的组织方法

教师可以通过操作法、游戏法、比较法、讲解演示法、归纳演绎等方法组织幼儿进行数学学习。

1. 操作法

操作法是幼儿通过动手操作直观教具，在摆弄的过程中进行探索，从而获得数学经验、知识和技能的一种学习方法。

2. 游戏法

游戏既是幼儿数学教育的途径，也是数学活动中重要的组织方法。数学游戏是在教育教学过程中，用以完成一定教学任务的游戏，它有规定动作和规则，教师可以将要求幼儿掌握的初步数学知识和技能，渗透到规则和动作中。如情节性数学游戏，在"1和许多"活动中，教师可以设计"小白兔搬萝卜"的游戏；运用感官的数学游戏，在"认识三角形"活动中，教师可以设计运用"神秘箱"游戏，让幼儿通过触摸，感知图形；口头数学游戏，在"比一比"活动中，教师可以设计"相反游戏"，教师说大、幼儿说小等。

3. 比较法

比较法是通过对两个（组）或两个（组）以上物体的比较，让幼儿找出它们在数、量、形等方面相同和不同的一种活动组织方法。比较是一种思维的过程，是对物体之间某些属性上建立关系的过程。在这一过程中，幼儿的思维进行着复杂的分析和综合活动。因此，比较能促进幼儿思维的发展。教师在运用比较法时，应注意让幼儿进行充分的观察和操作，并在比较的过程中进行适当的启发和提问，结合重叠、连线等形式指导幼儿，使幼儿在掌握知识的同时学会相关技能。

4. 讲解演示法

讲解演示法是教师通过向幼儿展示直观教具并配合以口头讲解，把抽象的数、量、形等知识、技能或规则，具体呈现出来的一种活动组织方法，是讲解与演示相结合的方法。这种方法尤其适用于学习新内容或对幼儿来说较难理解的内容，能帮助幼儿克服困难和厘清思路，同时引导幼儿独立进行新的探索。需要注意的是，教师在运用讲解演示这一方法时，要结合幼儿的年龄特点和认知水平，活动要以生动、活泼的方式进行组织，动静结合，讲解时重点突出、语言生动简练，避免填鸭式的知识灌输。

5. 归纳和演绎法

数学活动中，归纳法是指在幼儿已有知识的基础上，概括出一些简单的本质特征或者规律，从而获得新的数学知识的方法，是从特殊到一般的过程；演绎法是指幼儿运用一些带有规律性的知识进行推理，以获得新的数学知识的方法，是从一般到特殊的方法。考虑到幼儿的认知水平和数学经验，归纳法和演绎法更适用于中、大班的数学活动。幼儿通过探索主动习得数学经验，有助于初步推理能力的发展并获得满足感，进而产生学习数学的积极性。

（四）组织数学认知活动应注意的事项

教师组织数学活动应注意以下事项：有效创设学习情境；恰当选择和使用操作材料；进行个别指导。

（五）数学认知活动设计案例

 案例1

数学活动：认识正方形（小班）

一、活动目标

1. 认识正方形，感知正方形的主要特征。

2. 能分辨出正方形，从生活中找出含有正方形的物品。

3. 喜欢参加数学活动。

二、活动准备

（一）知识经验准备

幼儿在生活中见到过正方形的物品。

（二）物质准备

1. 教具：圆形；正方形；三角形饼干图片若干；"小火车"。

2. 学具：大小正方形若干；正方形卡纸；"小火车"。

（三）环境准备

在主题墙上粘贴各种正方形或正方形物品的图片。

三、活动过程

（一）开始部分

"神秘袋"游戏。

教师出示"神秘袋"，让幼儿猜一猜、摸一摸里面有什么，引出活动主题——认识正方形。

（二）基本部分

1. 幼儿操作，初步感知正方形特征。

（1）教师出示正方形卡纸，并提问："正方形是什么样子？正方形有几个角？正方形有几条边？"

（2）幼儿摆弄自己的正方形卡纸，教师指导幼儿在观察、触摸的过程中感知正方形的特征并大胆表达。

小结：正方形有4个方方的、尖尖的角，正方形有4条直直的边。

2. 操作"小火车"，感受正方形对称的特征。

（1）教师出示没有车厢的"火车"，请幼儿观察发现火车车厢的形状是正方形的，车厢的大小不一样，请幼儿找出大小与车厢匹配的正方形。

（2）幼儿在教师的指导下操作学具，教师提醒幼儿将正方形转一转，看看它是否能放在原来的车厢上，并说一说自己在操作过程中的发现。

（3）教师结合幼儿的发现，请幼儿折一折正方形卡纸，比一比4条边的长短和4个角的大小。

小结：正方形的4个角是一样大，4条边也是一样长，转一转，不变样。

3. 分享"饼干"，辨认正方形。

教师引导："火车司机叔叔非常感谢小朋友，想请小朋友'吃饼干'。不过这里有好多形状的饼干，正方形的最好吃了，你们能找到吗？"

每组幼儿分得一盘饼干图片，请幼儿找出正方形的"饼干"，并展示。

4. 找找活动室里的正方形。

请幼儿观察活动室，看看哪些东西是正方形的，告诉老师和同伴。

（三）结束部分

教师总结正方形的特征，请幼儿回家和爸爸妈妈一起找找、说说生活中正方形的物品。

四、活动延伸

游戏：小企鹅跳冰块

场景布置：教师将呼啦圈平放在地上当作冰块，正方形与非正方形（圆形、三角形）的卡纸图标各放入呼啦圈中心，没放呼啦圈的地面假设是水。

游戏规则：全体幼儿扮演"小企鹅"。教师说指令："小企鹅"先在水里游泳，当听到"有风浪了"时，就必须找含有正方形标识的冰块站上去，站在其他形状的冰块上的"小企鹅"将被淘汰。当听到"风停了"的指令时，"小企鹅"可到水里游泳。游戏可反复进行。

五、活动评价

活动内容的选择符合小班幼儿的认知特点和数学认知需求。目标难易程度合理，具有可操作性。活动过程设计合理、环环相扣，教师以"神秘袋"形式导入，激发幼儿的兴趣；再结合幼儿的年龄特点，让幼儿通过看一看、摸一摸的操作方式感受正方形的基本特征；并运用幼儿感兴趣的"小火车"作为教具，创设任务情境，让幼儿进一步感知正方型的特点；接着结合生活经验，让幼儿通过找饼干、说说教室里的正方形来进行图形辨认，巩固所学知识增加活动的趣味性。最后，教师还设计了游戏作为活动的延伸，使幼儿在轻松愉快的氛围中进一步巩固相关经验。

案例2

数学活动：5以内的相邻数（中班）①

一、活动目标

1. 知道相邻数的概念，掌握5以内各数的相邻数。

2. 理解并能说出多1或少1的关系。

3. 喜欢与同伴交流。

二、活动准备

（一）知识经验准备

幼儿已经初步了解了6以内的基数含义。

（二）物质准备

1. 教具：森林背景图；6张蘑菇房子图片；标有1~6的大点卡和数卡一套；小猴头饰、小兔头饰、老虎图片一张；故事《住宾馆》。

2. 学具：幼儿数学操作板；1~6的点卡；标有1~6的数字卡片。

---

① 幼儿教师网，http://www.yejs.cn/Article/HTML/35519.html，略有改动。

（三）环境准备

在主题墙上分类粘贴数量在 5 以内的各种动物、水果、蔬菜的图片。

三、活动过程

（一）开始部分

1. 拍手游戏："×××（小朋友名），我问你，你的朋友在哪里？""在这里！"（被问的小朋友举起旁边小朋友的手）

2. "我们每个小朋友都有自己午休的小床，请你说一说自己的邻居都有谁？"

（二）基本部分

1. 讲故事，认识 5 以内的相邻数。

（1）教师结合图片讲故事并提问引导幼儿思考。

"熊猫说 2 号有两个邻居，它们都是谁呢？""小猴子的家应该是几号呢？""小兔说它的家是 5 号的邻居，5 号的邻居是谁呢？""小兔的家不是 6 号，那应该是几号呢？"

（2）操作数字卡片，理解相邻数含义。

① "2 的邻居是谁呀？"（2 的邻居是 1 和 3，也叫作 2 的相邻数）

② "3 有没有相邻数，它们是谁？4 有没有相邻数，它们是谁？5 有没有相邻数，它们是谁？"

小结：每一个数都有两个相邻数，2 的相邻数是 1 和 3，3 的相邻数是 2 和 4，4 的相邻数是 3 和 5，5 的相邻数是 4 和 6。

（3）幼儿自主操作材料，巩固认识探索 3、4、5 的相邻数。

2. 操作探究，理解相邻数间多 1 或少 1 的关系。

（1）请幼儿思考并说说为什么 1 是 2 的相邻数，3 是 2 的相邻数。

（2）发放幼儿数学操作板及操作点卡，指导幼儿按照从小到大的顺序排列 1~6 的点卡，回顾 1~6 数量大小关系。

（3）操作点卡，请幼儿依次找出比 2、3、4、5 多 1 或者少 1 的数，引导幼儿依次说一说 2、3、4、5 的相邻数及其相互关系，从而使幼儿理解相邻数间多 1 少 1 的关系。

小结：每个数都比前一个相邻数多 1，比后一个相邻数少 1。

（三）结束部分

给黑板上的数字找相邻数，巩固幼儿对相邻数的认识。

四、活动延伸

在数学区玩一玩其他的数字点卡，看看它们的相邻数都是多少，和你的好朋友说一说。

五、活动评价

本次活动是语言活动与数概念认知的数学活动相结合的综合性活动。活动内容和目标符合中班幼儿的年龄特点和认知水平。在活动的过程中，教师始终关注幼儿的主体地位，为幼儿提供了充分的思考、操作、探索的机会，体现了《3~6 岁儿童学习与发展指南》中"能通过实际操作理解数与数之间的关系"的要求。活动以故事入手，结合游戏、操作等形式组织幼儿体会"相邻数"的概念，并理解相邻数之间的关系，遵循了幼儿数学学习由易到难、由简单到复杂的循序渐进的规律，思路清晰、趣味性强。在发展幼儿思维能力的同时，也发展了幼儿的语言表达能力。

附故事：

住宾馆

小动物们去旅游，来到了森林宾馆，要在宾馆休息。熊猫负责给小动物们分房子。熊猫把所有动物的房子都分好了，贪玩的小猴很晚才赶到。小猴跑到熊猫面前说：我的钥匙呢？熊猫管理员拿出了钥匙笑眯眯地说："在这儿。给你，你是2号的邻居。"小猴一听："2号的邻居我知道，不就是3号吗？拜拜！"不等熊猫把话说完一阵风似的就跑了。

小猴拿着钥匙来到了3号房，可是3号房间好像没有锁，小猴正纳闷，开门一看，呀，里面住着一只大老虎，可把小猴吓坏了，赶紧关上房门。小猴想：一定是熊猫管理员搞错了。可是熊猫管理员说2号的邻居有两个，不只是3号。最终在大家的帮助下，小猴终于找到了自己的房间，原来1号才是自己的房间。从此，小猴知道了原来2号有两个邻居，一个是1号，一个是3号。

小猴子刚找到自己的房间，小熊又拿着钥匙来找房间了，小熊左找右找，怎么也找不到自己的房间了，小熊只知道自己是5号的邻居，可是5号的邻居是谁呢？这下可把小熊难坏了。最终还是在大家的帮助下找到了5号房的邻居，一个是4号，一个是6号。可是两个房间，到底哪一个是小熊的房间呢？结果用钥匙一试，没有打开6号，却打开了4号，原来小熊的房间是4号房。从此，小熊也知道了，原来5号的邻居有两个，一个是4号，一个是6号，它自己住在4号房间。

案例3

数学活动：1分钟有多长（大班）

一、活动目标

1. 体验1分钟的长短，初步懂得参与各项活动都要珍惜时间。

2. 感受时间的重要性。

二、活动准备

（一）知识经验准备

幼儿具有一定的时间概念，对于时间单位有初步了解；家长和幼儿共同对穿衣服、刷牙、洗脸等日常生活环节所花费时间进行统计。

（二）物质准备

1. 教具："1分钟能干什么"PPT、钟表。

2. 学具：幼儿操作材料每组1套（珠子和绳子、夹子和乒乓球、纽扣练习板、10以内加减算术题若干）；记录单每人一份。

（三）环境准备

关于"我要上学了"的主题环境布置。

三、活动过程

（一）开始部分

情境导入，引导幼儿讨论 1 分钟有多长。

教师引导："小花猫和小白兔聊天，小花猫说它迟到 1 分钟错过了火车，所以它觉得 1 分钟很短；小白兔说用 1 分钟拔了满满一筐的胡萝卜，所以它觉得 1 分钟很长。小朋友觉得 1 分钟是长还是短？1 分钟有多长呢？"

（二）基本部分

1. 看一看，1 分钟有多长。

（1）幼儿看时钟上的秒针转 1 圈，体验 1 分钟的长短。

教师引导："刚刚小朋友都看了秒针转了 1 圈，这就是 1 分钟的时间，你能说说你的感受吗？1 分钟是长还是短？在刚刚的 1 分钟里你都在想什么？"

（2）观看 PPT，看看别人 1 分钟能做什么。

结合 PPT 内容，师幼交流，说说小朋友在 1 分钟时间里能做什么（绕着小花园跑 1 圈、拍皮球 50 下、吃掉 2 个大馄饨、唱 1 首小儿歌）。

2. 做一做，1 分钟能做什么。

（1）我们 1 分钟能做些什么。

教师引导："刚刚我们看到了别人在 1 分钟之内能做到的事，现在我们也来试一试，看看你自己在 1 分钟里可以做什么，好不好？"

以小组为单位发放材料，教师计时，引导幼儿在 1 分钟的时间内运用材料串珠子/夹乒乓球/扣纽扣/做算术题，记下操作结果后，小组成员互相交换再次操作。

（2）幼儿汇报 1 分钟的操作结果。

（3）教师与幼儿讨论：为什么同样是 1 分钟，但每个人的结果不一样？

小结：1 分钟的时间对每个人来说都是一样的，它不长也不短，如果我们更认真、更熟练、更集中注意，那就可以在 1 分钟里做更多的事情。

3. 说一说，怎样珍惜时间。

（1）组织幼儿交流自己之前的记录结果。

教师："前些日子，我们每个人对自己起床、刷牙、洗脸、吃早餐所花费的时间进行了统计，结果怎样呢？谁花的时间最长？谁花的时间最短？做同样的事情时间花得多结果会怎样？时间花得少结果又会怎样？"

（2）引导幼儿讨论怎样更快更好地做事情。

教师引导："珍惜时间是个好习惯，我们都应该把事情做得又快又好，那你有什么好办法呢？"

小结：时间非常珍贵，我们应该珍惜时间。不论是在家还是在幼儿园，小朋友都要抓紧时间，不磨蹭、不拖延，对不熟练的事情多练习，争取把每件事都做得又快又好。

（三）结束部分

教师组织幼儿收拾材料，感受又快又好地做事情，活动自然结束。

教师引导："今天小朋友们都体会到了时间的宝贵，下面请大家用 1 分钟的时间整理好你们小组桌面上的材料，看看哪一组小朋友做得又快又好。"

四、活动延伸

回家和爸爸妈妈一起制定一份作息时间表，试一试按照计划好的时间做事情。

五、活动评价

本次活动是让幼儿从生活和游戏中感知时间的存在，体验时间的长短及时间与我们生活节奏的关系，从而增强大班幼儿的时间意识，养成良好的学习、生活习惯，同时也有助于幼小衔接。活动通过简单的故事导入，激发幼儿的兴趣，并引发幼儿关于"1 分钟到底是长还是短"的思考；接下来，活动通过具体的看一看、做一做、说一说的方式，使幼儿亲自体验了 1 分钟的长短，感受时间的宝贵；最后，通过整理材料的方式结束活动，富有竞赛的要素，具有趣味性，与活动主题相呼应。

第五节　幼儿园艺术教育活动设计与组织

艺术是人类感受美、表现美和创造美的重要形式，也是表达自己对周围世界的认识和情绪态度的独特方式。幼儿园艺术教育活动包括音乐教育活动和美术教育活动。

一、音乐教育活动设计与组织

 案例导读

三只猴子

1＝D　4/4

欧美童谣

5 3	3 3 4	3 2	2	5 2	2 2 2 3	2 1 1 1	1

三　只　猴子在　床上　跳，有一只　猴子头上　摔了一个包，
两　只　猴子在　床上　跳，有一只　猴子头上　摔了一个包，
一　只　猴子在　床上　跳，它的　头上　摔了一个包，
你们看　床上　静悄　悄，猴子们　不知跑到　哪儿去　了，

5 3	3 3 4	3 2	2	5 5 5	5 5	3 1 2 1	1

妈　妈　急得　大声　叫："赶　快　下　来　别　再　跳。"
妈　妈　急得　大声　叫："赶　快　下　来　别　再　跳。"
妈　妈　急得　大声　叫："赶　快　下　来　别　再　跳。"
床　上　床下　都　找　不　到，原来在　医院床上　不能动　了。唉！

考核要求：（1）完整、流畅地弹奏歌曲。节奏准确，有表情地歌唱，吐字清晰，把握准确的音高。（2）模拟面对幼儿歌唱歌曲。教唱的方法基本适合幼儿的特点，能激发幼儿的兴趣，适合幼儿的能力水平。（3）请在 10 分钟内完成上述任务。

案例分析

本题目的在于考查考生设计幼儿园歌唱活动的知识与能力。歌唱活动是幼儿园音乐教育的主要内容，幼儿唱歌与成人不同，考生既要思考幼儿音域发展的特点和知识经验，又要思考歌唱活动设计的基本结构及注意事项，选择适宜的方法教唱。在弹唱和教唱的过程中，考生要注意自己的表情，想象幼儿在活动中的表现和可能遇到的困难，适时地给予正确的指导。

设计与组织幼儿园音乐教育活动的前提是了解活动的基本结构、组织形式、组织方法和注意事项。

（一）音乐教育活动设计的基本结构

1. "三段式"结构

"三段式"结构是指把音乐活动分为开始部分、基本部分和结束部分的一种组织结构。这种组织结构在很长一段时间里被幼儿园音乐教育活动所普遍采纳，是一种比较传统的音乐活动组织结构。一般在开始和结束部分通常是安排复习性质的活动内容。开始部分最常见的程序是律动进教室—练声—复习歌曲或韵律动作，结束部分最常见的活动是复习韵律活动、歌表演或音乐游戏。基本部分就是安排新授知识的活动。

2. "一杆子式"结构

"一杆子式"结构是指没有明显的 3 部分划分界限，而是围绕新内容来组织安排活动的一种组织结构。这种结构的特点是以突出主题、激发儿童兴趣为导入目的，递进式地进入新作品的感受和学习活动中。这种组织结构目前在幼儿园的音乐活动中运用得较多。

（二）音乐教育活动的组织形式

幼儿园音乐教育活动的组织形式主要包括歌唱活动、韵律活动、打击乐器演奏活动和音乐欣赏活动 4 个方面。

1. 歌唱活动

唱歌是音乐艺术表现中最通俗、最普及、最易为幼儿所理解和喜爱的、最富有感染力的一种音乐表现形式，所以，歌唱是幼儿园音乐教育中的主要内容。歌曲是幼儿喜闻乐见的易于理解和接受的音乐内容。设计活动时力求教学形式多样、练习方法灵活。

2. 韵律活动

韵律活动是音乐和动作相结合的活动，包括律动、舞蹈、音乐游戏和其他节奏动作。韵律活动要求幼儿的动作既要符合音乐的情绪、节奏、力度、速度的变化，又要注意动作正确、协调、有表现力。

3. 打击乐器演奏活动

幼儿园的打击乐器演奏活动是指在音乐声中有节奏地敲打某些打击乐器的一种活动。它包括练习演奏已经配置好的器乐曲、声乐曲和为其他唱歌、舞蹈活动伴奏。

4. 音乐欣赏活动

音乐欣赏活动是幼儿园音乐教学的基础，是幼儿感知、理解音乐，体验音乐情感的一种重要的音乐教育实践活动。通过欣赏活动，幼儿能感受到优美的旋律，从中得到自然美的启示、旋律美的感染及心灵美的熏陶，在欣赏中陶冶心灵。

（三）音乐教育活动的组织方法

依据活动的内容和幼儿身心发展的水平和特点，教师可以采用范例法、语言指导法和练习法来组织音乐教育活动。

1. 范例法

范例具有形象性、具体性、直观性和真实性。主要包括示范和演示两种方法。示范主要指教师用现场的演唱、演奏、做动作表演的方法来向幼儿提供活动的范例。教师示范时应正确运用各种方式手段多样化的示范，要注意感情要真挚、表情要恰当、要面向全体幼儿。演示主要指教师用各种直观教具的方法来向幼儿提供范例。如图片、投影、录像、课件，等等。

2. 语言指导法

在音乐教育活动中，运用语言的方法包括讲解、说明、提问、提示、谈话等。适当地运用语言能帮助幼儿感受和理解音乐表演，教师在运用语言时，应力求精练、明确，将具体形象的语言和幼儿的生活经验结合起来。

3. 练习法

掌握音乐技能技巧离不开系统的练习。练习时，教师要注意要求明确，突出练习重点，积极提高幼儿练习的兴趣和主动性，注意循序渐进。同时，应把练习活动的过程组织得生动、丰富，不单调乏味。

以上 3 种方法是音乐教育活动必不可少的方法。教师要根据具体活动的目标和内容，认真、灵活、细致、适度地选择方法。在组织活动的过程中，教师要善于观察幼儿情绪的变化，并采取相应的指导措施。

（四）组织音乐教育活动的注意事项

音乐教育活动的内容和形式不同，教师在组织活动时应注意的事项也不一样。

1. 组织歌唱活动的注意事项

教师在组织幼儿歌唱活动时，应注意以下事项：选择适宜的歌曲；选择正确的歌唱姿势和方法；注重领域间的渗透教育。

2. 组织韵律活动的注意事项

教师在组织幼儿的韵律活动时，应注意以下事项：灵活地选择教学程序；选择幼儿熟悉的、韵律感较强的音乐；注重培养幼儿的节奏感。

3. 组织打击乐器演奏活动的注意事项

教师在组织幼儿的打击乐器演奏活动时，应注意以下事项：提供充足的打击设备；提供品质优良的乐器；提供自由施展的空间。

4. 组织音乐欣赏活动的注意事项

教师在组织幼儿的音乐欣赏活动时，应注意以下事项：丰富幼儿的有关知识和印象；提出明确的教育要求；选择适宜的作品。

（五）音乐教育活动设计案例

案例1

音乐律动活动：《洗刷刷》（小班）

一、活动目标

1. 感受歌曲旋律，学习搓的动作，有节奏地随歌曲做动作。

2. 体验与同伴一起参与音乐活动的乐趣。

二、活动准备

（一）知识经验准备

学习了律动《洗衣服》。

（二）物质准备

沐浴球若干；垫子若干。

（三）环境准备

幼儿站立围成一个封闭的圆。

三、活动过程

（一）开始部分

复习律动《洗衣服》。

教师："宝宝们，妈妈有一大堆的脏衣服还没洗呢，你们帮妈妈一起来洗衣服吧！"幼儿听音乐做动作。

（二）基本部分

1. 感受并表现歌曲《洗刷刷》。

教师："洗衣服好累啊！妈妈的脸上都是汗了，怎么办呢？"

2. 教师示范，引导幼儿感受歌曲旋律。

教师拿沐浴球边唱边做洗脸动作。

教师："妈妈是怎么洗脸的呀？谁来学学妈妈？"

"真舒服啊，妈妈还想再洗一次，你们和妈妈一起来洗吧。"

"妈妈用什么动作表示真舒服啊？"

3. 迁移生活经验，表现歌曲内容。

教师："除了洗洗脸，还可以洗洗哪里呢？"（头、手、脚、脖、胸等）

幼儿分别听音乐洗小手、洗小脚、洗前胸等。

4. 集体表演歌曲，感受音乐活动的快乐

教师："今天天气真热呀，宝宝跟妈妈一起来洗个澡吧！"拿好沐浴球，做一遍。"前面洗干净了，后面的背还没洗干净，怎么办呢？""妈妈有个好办法，我们转过身去，互相帮助洗一洗，跟旁边的好朋友说：'请帮我洗一下吧！'"集体表演一次。

（三）结束部分

"让妈妈闻闻，嗯，真香！让妈妈看看，嗯，真白！我们都是干干净净的好宝宝！宝宝们，我们去休息一会儿吧！"

四、活动延伸

1. 尝试用身体不同部位表现各种生活中的动作。如切菜、刷牙等。

2. 在角色游戏中进行表演。

五、活动评价

《洗刷刷》乐曲，旋律鲜明、节奏欢快。教学活动选材来自于幼儿的生活。因此，幼儿对活动较感兴趣。活动设计中采用了静动交替、师幼互动、幼幼互动等方式来帮助幼儿丰富经验，活动的重点是教师引导幼儿一起探索并发现还可以洗身体的其他部位，用不同的动作表现。引导幼儿借助肢体语言伴随音乐的节奏来表现洗的动态，使幼儿充分发挥自己的想象力和表现欲。

 案例 2

音乐欣赏活动：渔舟唱晚（大班）

一、活动目标

1. 通过多种途径感受音乐的美。

2. 感受和理解速度变化与乐曲性质的关系，提高音乐欣赏能力。

3. 能创造性地表现音乐的美。

二、活动准备

（一）知识经验准备

对歌曲所表达的内容有初步的了解。

（二）物质准备

多媒体课件《渔舟唱晚》；古筝一架；老师熟练弹奏乐曲；各种小乐器及纱巾、彩带等。

（三）环境准备

创设与歌曲表达的意境相关的环境。

三、活动过程

（一）整体感受

古筝是中国古老的民族乐器，距今已有 2 500 多年的历史，因为古筝音色悦耳动听，所以深受人们喜爱。

完整欣赏乐曲《渔舟唱晚》。

提问："听着这美妙的音乐，你想到了什么？"

（二）分段理解

1. 教师完整地弹奏乐曲，幼儿进一步完整欣赏，为乐曲分段。

2. 分段欣赏。幼儿跟着乐曲打节拍，感受乐曲速度的变化。分辨乐曲 3 部分的特点是先缓慢优美，然后逐渐加速，最后回到缓慢优美。

3. 结合多媒体课件，再次完整欣赏乐曲，充分感受乐曲的美。

（三）艺术同构

1. 借助多媒体课件听第一段音乐，找一找哪张图给人的感觉和第一段音乐给人的感觉差不多？为什么？

2. 听第二段音乐（同上）。

（四）创造表现

1. 简单介绍小乐器和舞蹈道具，请每人选一件自己喜欢的道具。

2. 自由讨论。请拿相同道具的小朋友围在一起，试一试怎样使手里的道具随音乐发出优美好听的声音，有几种方法？拿丝巾类材料的小朋友试一试优美缓慢的音乐怎么表现？逐渐加快的音乐怎么表现？

3. 幼儿大胆地、创造性地表现音乐的美。

四、活动延伸

1. 让幼儿将心中对乐曲的感觉画出来。

2. 找一找哪些图画表现慢，哪些图画表现快。

3. 提供材料，让幼儿自由表现乐曲的快和慢。

五、活动评价

《渔舟唱晚》是一首古筝名曲，描绘了晚霞辉映下渔人载歌而归的动人画面。音乐曲调优美，形象突出，对比鲜明，适宜幼儿欣赏。幼儿在活动中的表现是自由的、有创意的、富有个性的，活动设计"重视了幼儿自身的审美感知、审美想象和审美情感体验，重视了幼儿与音乐材料所进行的平等的心灵对话"。这一活动设计可以体会到音乐欣赏除了激发幼儿感受美、表现美的情趣，更具有开启幼儿想象力和创造性思维的价值。

 案例3

歌唱活动：《三只猴子》（中班）

一、活动目标

1. 感受歌曲幽默诙谐的情感，体验歌唱活动的乐趣。

2. 在听听、说说、玩玩的过程中理解歌曲内容，逐步学唱歌曲。

3. 尝试用不同的节奏表现歌曲，培养幼儿感知节奏的能力。

二、活动准备

（一）知识经验准备

已经认识了节奏 | × | 和 | × × × × | 。

（二）物质准备

歌曲音乐、与歌曲内容相关的图片，若干节奏卡片。

（三）环境准备

与安全主题内容有关的环境创设。

三、活动过程

（一）欣赏歌曲，理解歌词

倾听《三只猴子》音乐。

教师：“今天老师带来一首很好听的歌曲，我们一起来听一听。”

提问：“你听到了什么？歌曲是唱谁的？它们发生了什么事？有几只猴子？3只猴子在干什么？后来怎么了？妈妈怎么啦？叫它干什么？”

教师根据幼儿的回答出示图片，帮助幼儿了解歌曲内容。幼儿每说一个内容，教师就唱出这部分歌词，直到播放的内容全部用图片表示出来。

教师：“我们给这首歌取一个名字叫什么？”

（二）节奏游戏，感知歌曲

教师：“小朋友们知道小猴在床上干什么？为什么猴子的头上会摔了一个包呢？怎样跳，头上才不会起包呢？”

幼儿自由回答，教师小结：“如果我们有节奏地跳，头上就不会起包。”

1. 播放音乐，幼儿站在原地，尝试跟着节奏跳。

2. 教师：“刚才，我们是按自己的节奏随意跳，现在，我们一起按照节奏跳。”

教师出示小卡片｜×｜，出示节奏｜× × × ×｜，要求幼儿按照每一句跳4下的方法跳一跳。配班老师给出前奏，教师清唱歌曲第一段。约定前奏不动，音乐响起幼儿才开始跳。

3. 幼儿3人一组，扮演3只猴子，手拉手跟着节奏｜× × × ×｜跳。教师清唱歌曲第一段。

教师更换节奏｜× × × ××｜。

教师：“××这个一拍要跳两下，比前面的节奏快一些。”

教师唱，幼儿用手拍出节奏。

教师：“哪只小猴子想来试一试。”（一人示范）“愿意和他一起跳的准备”。幼儿3人一组跳出节奏｜×× × × ×｜。

教师再次变换节奏｜×× × × ｜。“谁会这样跳？”教师请一名幼儿上前示范，教师再次出示节奏卡片｜× × × ×｜和｜×× × × ×｜。

4. 幼儿分组练习。

幼儿3人一组，自己编一个节奏，跟着音乐（3段）跳。教师对每组幼儿进行指导。

5. 幼儿集体练习。

幼儿分组练习后，教师把他们练习的节奏类型都放到黑板上，进行集体练习。此时要求其他幼儿和老师一起进行伴唱。

6. 幼儿合作练习。

一句歌词有4拍，有3只猴子，每人跳一拍，还多出一拍怎么办？教师让幼儿商量怎么分配，逐步引导幼儿得出最后一拍大家一起跳的结论。

7. 教师小结。

按节奏跳，才会比小猴子跳得安全，头上才不会摔包，我们一起唱一唱。幼儿跟随音乐一起做动作并唱歌。

（三）听歌曲的第四段，并进行安全教育

教师："孩子们，最后这3只猴子都到哪里去了呢？我们一起来听一听。"（播放第四段音乐）

"为什么小猴子都去了医院？""为什么会摔包了？""那你想对小猴子说什么？"

"我相信小猴子听了你们的话，再也不会在床上乱蹦乱跳了，在床上乱蹦乱跳是一件很危险的事情，如果你想玩跳跳床的游戏，可以让爸爸妈妈带你去，也可以像我们今天这样有节奏地跳。我们还可以和小伙伴们边唱边跳，这样一定会比小猴跳得安全，安全了我们才会健康和开心。我们要学会保护自己。"

"现在，我们一起去跳跳床上玩吧！"

四、活动延伸

1. 回家唱给爸爸、妈妈听，并教爸爸、妈妈打节奏，或者和爸爸、妈妈一起表演《三只猴子》。

2. 在区角中投放有关安全常识的图片，根据幼儿已有经验开展有关救护、120急救、包扎等游戏。

五、活动评价

《幼儿园教育指导纲要》中提出："要让幼儿喜欢参加艺术活动，并能大胆地表现自己的情感和体验。"歌曲《三只猴子》幽默诙谐，曲调活泼，趣味性强，叙述着猴子在床上跳，妈妈焦急地等待的有趣故事，深受孩子所喜爱。教师以此歌曲为教材，让幼儿从听、赏歌曲到玩、打节奏（边玩节奏边学唱歌曲）再到随节奏跳跃。整个活动过程的设计，可以使孩子们学得快乐，玩得开心。

二、美术教育活动设计与组织

案例导读

主题手工活动——奇特的脸

考核内容：（1）以手工活动"奇特的脸"配合开展"奇特的……"主题活动。
（2）回答问题：如何利用你的作品引导5~6岁幼儿开展"奇特的脸"的主题活动？

案例分析

本题目考查的是考生设计和组织幼儿园手工活动的知识与能力。考生既要思考怎么科学合理地开展活动，又要思考如何达到教育的目的。因此，在教育过程中，要充分考虑大班幼儿的年龄特点和在现实生活中的表现，遵循美术教育活动中手工活动设计的基本过程，还要预设活动过程中幼儿可能出现的问题及解决策略。

（一）美术教育活动的基本结构

幼儿园美术教育活动的结构既包括幼儿由外向内的感受和吸收，也包括幼儿由内向外的创作和表达。一般包括感知与体验、探索与发现、创作与表现、欣赏与评议等几个基本结构。

1. 感知与体验

在这一环节中，教师要重点指导幼儿仔细观察，促使他们对即将表现的事物有更全面的感受和认知，逐步积累生活和艺术中的视觉语言、符号素材，进而在操作中进行表达。

2. 探索与发现

这一环节一般应以幼儿在自主探究基础上的自我发现为主，教师可以给予一定的提示，最后进行必要的总结、提升和推动。

3. 创作与表现

在这一环节中，教师应为幼儿创设一个宽松自由的创作氛围，鼓励幼儿大胆想象和采用与众不同的表现方式，在积极的情绪状态中运用自己喜欢的方式进行个性化表达。

4. 欣赏与评议

在这一环节中，教师可采取幼儿自述、同伴分享、教师引导等相结合的方式来组织活动。幼儿自述可梳理自己的创作过程和想法，培养初步的反思能力；同伴分享可以让幼儿学会关注别人、尊重别人、欣赏别人；教师引导时应关注幼儿在经验、能力、兴趣等方面的个体差异，以鼓励幼儿的独特性和发现幼儿的进步为主。

以上所列的4个环节只是一个完整的美术教育活动的比较典型的组织实施结构，教师可根据具体的活动内容和本班幼儿的已有的基础和特点进行灵活多样的活动设计和组织实施。

（二）美术教育活动的组织形式

幼儿园美术教育活动的组织形式包括绘画、手工制作和美术欣赏3个方面。

1. 绘画

绘画是幼儿运用简单的物质材料，如蜡笔、彩色水笔、毛笔、颜料等，通过线条、形体、色彩等表现形式，在纸上塑造可视形象，以表达幼儿对周围生活的认识和情感的美术活动。

2. 手工制作

手工制作是指幼儿利用各种材料制作美术作品的过程。幼儿手工制作的题材主要有以下几种：玩具，如折纸玩具、泥塑、面塑等；节日装饰物，如剪窗花、做拉花、做花球等；游戏饰品，如头饰、胸饰、面具等；日常装饰用品，如染纸、粘贴画、瓶盒造型等；贺卡，如生日贺卡、节日卡片等。

3. 美术欣赏

美术欣赏的内容有各种类型的美术作品，包括绘画作品、雕塑作品、建筑艺术、工艺美术、民间美术作品和儿童美术作品。美术欣赏活动需要幼儿有必要的欣赏知识和技能。

（三）美术教育活动的组织方法

根据美术教育本身的特点和幼儿的学习特点，幼儿美术教育多采用以下方法：

1. 观察法

观察法是启发幼儿观察物象、作品，获得对事物的感性认识的方法，是幼儿美术教育的最基本方法。

2. 联想法

教师利用各种手段，如故事、音乐等，把幼儿引进想象的世界，引导幼儿思考和创造的方法。

3. 范例演示法

范例是指美术教育活动中所需的直观教具、图片、标本、模型以及教师画（做）的样品等。恰当地运用范例，对于激发幼儿积极参与美术活动的兴趣和满足其需要有极大的作用。

4. 练习法

练习法是让幼儿通过各种方式反复练习和操作，掌握技巧的方法。

5. 情境激励法

情境激励法是教师创设一定的情境，使幼儿在身临其境中产生表现美的欲望和热情，积极主动地去观察、想象、思维和创造的方法。

6. 谈话欣赏法

谈话欣赏法是教师以语言为中介启发幼儿，并与之交流对作品的感受和看法的方法。教师可以通过先讲解、再提问、最后表达的形式引导幼儿进行欣赏。

（四）组织美术教育活动的注意事项

组织幼儿园美术教育活动应注意以下事项：

1. 组织绘画活动的注意事项

首先，引导幼儿感知或回忆、提取与本次活动相关的经验。

其次，讲解的语言要简练，富有启发性，示范动作要清楚，让幼儿在较短的时间内掌握本次活动的基本技能。在讲解示范中，教师应注意为幼儿留下宝贵的思维空间，不限制幼儿的创作。在实际运用时，教师应根据本次活动的内容、所使用工具材料的不同以及幼儿的实际水平等灵活地、有侧重地进行讲解和示范。

最后，教师在了解每个幼儿构思、造型、色彩、构图等方面不同发展水平的基础上，针对幼儿的特点采用分层指导法，有针对性地进行辅导，让每一个幼儿都能够在自己原有的水平上得到发展。

2. 组织手工活动的注意事项

首先，在活动导入时，教师可以用所要制作的形象，激起幼儿创作表现的愿望。教师引导幼儿直接感知或回忆，提取相关的经验，帮助幼儿分析所要制作的事物的外形特征。

其次，对不同年龄班的幼儿，教师的指导应各有侧重。如泥工活动小班幼儿刚开始接触泥工活动时，要让幼儿玩泥，体验泥的柔软、可塑性，如可以组织幼儿制作"元宵""饼干"等。在泥工塑造技能学习方面，教师要边示范、边讲解，让幼儿跟着教师的动作模仿。中、大班幼儿可以进一步学习分泥、连接、捏边、砌合、抻拉等技能，老师应重点示范所学的技能。

最后，作品评价应遵循鼓励的原则，采用教师评价与幼儿评价相结合的方式。评价的重点在于幼儿是否按照技能的要求塑造作品。教师还应注意在泥工活动中培养幼儿良好的卫生习惯，同时还要注意要求幼儿遵守剪纸活动中的安全常规。

3. 组织美术欣赏活动的注意事项

幼儿美术欣赏活动的设计，要考虑到以下两方面：一是要做到结构完整，即幼儿美术欣赏活动设计的基本要素要完备齐全；二是要尽力做到各基本要素的科学合理安排。如目标表述要清晰和全面，符合幼儿的年龄特点，对整个活动具有导向作用；内容要丰富多样，适合幼儿的兴趣、感知、理解的特点和水平；方法运用要灵活多样，能充分发挥幼儿的主动性和积极性，使幼儿在知识、情感、能力等方面获得全面的提升。此外，还要做到活动的各个环节自然、紧凑，实施的步骤有序、合理，具有一定的创新性和较强的可操作性等。

在欣赏活动中，教学方法的运用也很关键。首先，教师要注意调动幼儿审美的积极性，对幼儿的启发要做到饱含感情、充满兴趣。活动开始时，教师不要急于做讲解分析。因为教师的讲解极易给幼儿造成思维定式，影响幼儿自身主动的感知和体验。其次，教师不要过多、过深地讲解分析，避免对幼儿进行填鸭式的灌输。应通过提问的方法，对幼儿加以引导，使他们沿着一定的程序积极地进行思考、联想、感受，提高审美能力。最后，教师的总结应事先设计好，做到言简意赅、通俗易懂，使幼儿能理解。语言要充满联想，以调动幼儿的情感与想象。

（五）美术教育活动设计案例

 案例1

绘画活动：美丽的春天（中班）

一、活动目标

1. 具有热爱大自然的情感。

2. 具有感受美、表现美的能力，能够根据想象，创造性地印画。

二、活动准备

（一）知识经验准备

幼儿已经具有用颜料作画的经验。

（二）物质准备

示范画；水粉纸；油画棒；各色水粉；抹布；脸盆；水；勾线笔。

（三）环境准备

创设与春天有关的教室环境。

三、活动过程

（一）开始部分

欣赏画。教师出示示范画，引导幼儿欣赏。

教师："今天我带来了几幅图画，请小朋友来看一看。你看到了些什么？觉得怎么样？说出你看了图画以后的感觉。"

教师："小朋友再看一看，图画上画的是什么季节？你是从哪里看出来的？"

教师："那你们再来看一看这幅画是怎么画出来的？"

小结：小朋友说对了，这种用手印出来的画就叫手指印画。

（二）基本部分

1. 幼儿讨论手指印画。

教师："现在，请你们想一想，你们用小手能印出哪些图案？"

教师："请你们再和好朋友说一说春天的哪些景物能用小手印出来。"

2. 幼儿分组印画，教师指导。

教师："请你们用小手蘸取喜欢的水粉颜料印画，印出美丽的春天吧！"

教师巡回指导，及时给予幼儿帮助。并提醒幼儿注意画面整洁，及时擦干净手，不要弄脏纸和衣服。

3. 欣赏评价幼儿作品。

老师将幼儿作品一一粘贴到前面的黑板上，请幼儿欣赏评价，并谈谈自己的感受。引导幼儿用语言、动作表达出所感受到的春天的美，培养幼儿对大自然的热爱之情。

教师："你觉得哪幅画最美？为什么？"

小结：每个小朋友都印得很好，印出了自己心中最美的春天。

（三）结束部分

春天还有很多美丽的景物，我们一起去教室外寻找春天吧！

四、活动延伸

1. 幼儿在印画基础上进行添画。

2. 幼儿用折、剪的方式描绘春天的美景。

五、活动评价

本次活动设计，各环节之间衔接自然，材料准备充足、全面，教学难度适合中班幼儿的生活经验，在整个活动中，孩子们活动的积极性将得到极大的调动。本次活动既可以培养幼儿的语言表达能力，又锻炼了幼儿的动手操作能力，可以很好地完成教学目标。

 案例2

折纸活动：折小鱼（小班）

一、活动目标

1. 用对角折的方法折叠不同的鱼。

2. 在折纸活动中体验其中的乐趣。

二、活动准备

（一）知识经验准备

幼儿已经初步掌握对角折的方法。

（二）物质准备

大小不同的各色正方形手工纸若干（每个幼儿两张）；蓝色海底世界背景图一张；各种各样鱼的图片。

（三）环境准备

创设与环境保护有关的教室环境。

三、活动过程

（一）开始部分

谈话引入课题。"在海底世界，本来生活着许许多多的鱼儿，由于很多人不讲卫生，海洋里的水变脏了，很多鱼儿没有了家（出示背景图）。后来，人们给海洋治好了'病'，现在有些鱼儿已经回来了，可有些鱼儿还不知道呢。"

出示各种各样鱼的图片，激发幼儿折纸的兴趣。

"今天，老师教小朋友们制作鱼，让它们都回到自己的家，好吗？"

（二）基本部分

学习鱼的不同折法。

1. 出示范例，教师示范，并讲解折法。

（1）将正方形纸对折成三角形。

（2）将长边上的两个角向上折（或折一个角）。

（3）添画上眼睛。

2. 幼儿练习折大鱼小鱼，教师巡回指导。

（1）对于有疑问和有困难的幼儿及时指导。

（2）添画鱼儿头部眼睛时，注意在适当位置。

3. 教师协助幼儿将折好的鱼儿粘贴到背景图上，送"大鱼""小鱼"回到自己的家——海底世界。

四、活动延伸

1. 回家后教爸爸妈妈折小鱼。

2. 模仿小鱼游来游去。

3. 尝试折出不同的动物。

五、活动评价

在活动中，教师设计运用海洋背景图及丰富的图片向幼儿展示各种各样鱼的图片，让幼儿在一步步惊喜中了解各种小鱼不同的特征与形态，从而对纸折小鱼活动产生兴趣。老师在示范折小鱼的时候，重点要强调折的方向，添画时应该把折好的小鱼翻过来，画在平的一面。巡回指导时要注意及时发现问题，有针对地进行指导。

案例3

手工活动：漂亮的鞋子（大班）

一、活动目标

1. 了解鞋子的基本组成部分及特点，掌握鞋子左右对称的特点。

2. 学会用剪、粘贴、绘画等多种方法设计鞋面，并与鞋底合理组合制成拖鞋。

3. 愿意与同伴一起做手工。

二、活动准备

（一）知识经验准备

幼儿已基本掌握了左右对称的特点。

（二）物质准备

各式鞋子的图片课件；音乐磁带；幼儿制作鞋子的纸、剪刀、胶布、彩笔、小饰品等。

（三）环境准备

将教室布置成一个鞋店，鞋店中有各种鞋子。

三、活动过程

（一）开始部分

教师："小朋友，听说附近刚开了一家阳光鞋店，今天我们去参观一下好不好？"幼儿听音乐进入活动室。小朋友与售货员阿姨相互问好。

（二）基本部分

1. 通过参观鞋店，了解鞋子的组成部分和特点。

教师："小朋友，你们看这些鞋子漂亮吗？看一看它们由哪几部分组成，它们有哪些不一样的地方。"

幼儿自由观察，教师进行指导后，幼儿自由发言。

2. 在观察过程中教师引导幼儿通过比较发现一双鞋子在大小、图案、颜色方面一样的地方。学习词汇"对称"。

3. 教师进行小结。

4. 教师组织幼儿欣赏各式鞋的图片，丰富幼儿对鞋子的认识，并简单了解鞋子的作用。

教师："这些鞋子真的太漂亮了。"

售货阿姨："还有很多漂亮的鞋子我的鞋店没有，不过我这里有一些鞋子的图片，你们想看一下吗？"

（1）幼儿观看课件，了解不同的鞋子，简单说出鞋子的作用。

（2）售货阿姨："小朋友，夏天到了，最近来我们鞋店买凉拖鞋的人特别多，可是我们鞋店的凉拖鞋不多了，你们能帮我制作一些吗？"

5. 组织指导幼儿制作鞋子。

（1）幼儿讨论并说出制作过程，教师总结。

教师引导幼儿说出根据自己鞋子的大小画出鞋底，再装饰鞋底，然后制作鞋面，装饰鞋面，最后用各种方法将鞋面和鞋底结合起来。

（2）教师利用课前已装饰好的鞋底和斜面简单示范粘贴的方法。

（3）教师指导幼儿进行制作

教师："小朋友的桌子上有许多废旧的材料，我相信经过小朋友灵巧小手的创作，这些材料就会变成一双双精美的鞋子，小朋友赶快找个地方进行自己的创作吧！"

①在制作过程中鼓励幼儿利用各种废旧物品大胆进行制作。

②在装饰鞋底和鞋面时注意左右对称。

③引导幼儿用不同方法将鞋面装在鞋底上，并尝试把脚穿在自己做的鞋子里。

④提醒幼儿注意安全，遇到动手有困难的幼儿，可由教师给以帮助或小朋友互相帮助。

6. 幼儿穿上自己制作的鞋子，体验成功的喜悦。

教师："小朋友都做好了鞋子，穿上它试一试。呀！小朋友做的鞋子真棒。我们跳舞庆祝一下吧！"

（三）结束部分

教师："小朋友，快点把我们制作的鞋子摆在柜台上吧。"（阿姨感谢小朋友）

四、活动延伸

幼儿可以在家中与爸爸妈妈一起试着设计各种样式的鞋子。将各种制作材料和工具投放到活动区，便于幼儿在区域活动中继续制作鞋子。

五、活动评价

本次活动通过参观鞋店激发幼儿对鞋子的兴趣。通过观察使幼儿了解鞋子的特点，通过自由描述鞋子的特点可以发展幼儿的语言表达能力。此外，在活动中，教师鼓励幼儿通过剪、贴等操作方法大胆尝试制作，既可以发展幼儿的自主性，又可以增强幼儿的审美能力和创造能力。

章末小结

通过本章的学习，我们主要了解了以下的知识点：

（1）幼儿园身心保健活动的组织形式有专门的健康教育活动、生活活动、游戏活动和家园合作。组织方法有讲解演示法、动作和行为练习法、情境表演法、感知体验法和讨论评议法。应注意的事项有集体健康行为指导与个体健康行为指导相结合；身心保健教育活动与其他领域的教育活动相结合；身心保健教育活动与家庭和社区健康教育相结合；身心保健教育活动与幼儿年龄相适宜；教师及周围成人应提高自身的心理素质。

（2）幼儿园身体锻炼活动的组织形式有体育教学活动、早操、户外体育活动和幼儿运动会。组织方法有讲解法、示范法、练习法、游戏法、比赛法和口令法。组织身体锻炼活动应将日常性、适量性、多样性、循序渐进性、兴趣性和安全性相结合，以保证活动的有效性。

（3）幼儿园听与说活动包括讲述活动和听说活动。讲述活动包括看图讲述、实物讲述、情境表演讲述和生活经验讲述。讲述活动的组织步骤是感知理解讲述对象、运用已有经验讲述、引进新的讲述经验、巩固和迁移新的讲述经验。听说活动的组织步骤是创设游戏情境、交代游戏规则、引导幼儿游戏、幼儿自主游戏。

（4）幼儿园文学活动有故事、诗歌、散文等活动。设计故事讲述活动的步骤有创设故事情境、感知故事内容、理解故事内容、延伸故事活动。组织诗歌、散文活动的步骤有创设作品情境、感知作品内容、理解作品内容、延伸作品活动。

（5）幼儿园专门性社会教育活动的组织形式有参观活动、谈话活动、实践活动、讲述活动、情境表演和主题活动。组织方法有语言传递法、直观教育法、行为练习法、移情训练法、陶冶熏染法、角色扮演法和观察学习法。在组织活动时，教师应注意的事项有丰富幼儿的生活经验，结合具体情况进行教学；丰富幼儿的情感体验，培养健康的情感和态度；创设条件，促使幼儿将社会认知转化为积极的社会行为；营造互动氛围，有效发挥师幼互动的作用。

（6）幼儿园综合性社会教育活动的组织形式有区域活动、日常生活活动、家园合作活动和其他领域的渗透活动。教师在利用区域活动对幼儿进行社会性教育时应注意的事项有活动前要向幼儿介绍区域活动的名称、玩法及规则；遵循循序渐进的原则，注意动、静活动区的合理分隔；创设条件，引导幼儿主动探究；适时介入、协助参与，促进幼儿的发展。

（7）幼儿的科学学习的内容包括科学探究和数学认知。科学探究活动的组织形式有专门的科学探究活动、区域科学活动、科学游戏活动、生活中的科学教育。科学探究活动的学习内容有探究自然环境与人类生活的关系；探究身边事物的特点及变化规律；感受科学技术及其对人们生活的影响。科学探究活动的组织方法有观察法、实验法、讨论法、制作法和游戏法。组织活动时教师应注意引导幼儿充分参与活动、对幼儿的行为进行观察、运用多种方式组织活动、使用恰当的提问和回应技巧。

（8）幼儿园的数学认知活动形式有专门的数学认知活动、其他活动中的数学认知活动、数学游戏活动和生活中的数学认知活动。数学认知活动的内容包括集合、数、形、量、时间和空间等几个方面。组织方法有操作法、游戏法、比较法、讲解演示法、归纳演绎法。组织数学认知活动应注意的事项是有效创设学习情境、恰当选择和使用操作材料、进行个别指导。

（9）幼儿园音乐教育活动的组织形式有歌唱活动、韵律活动、打击乐器演奏活动和音乐欣赏活动，教师可以采用范例法、语言指导法和练习法来组织音乐教育活动。教师在组织歌唱活动时应注意选择适宜的歌曲、选择正确的歌唱姿势和方法、注重领域间的渗透教育。组织韵律活动的注意事项有灵活地选择教学程序，选择幼儿熟悉的、韵律感较强的音乐，注重培养幼儿的节奏感。教师在组织幼儿的打击乐器演奏活动时，应注意以下事项：提供充足的打击设备、提供品质优良的乐器、提供自由施展的空间。教师在组织幼儿的音乐、欣赏活动时，应注意以下事项：丰富幼儿的有关知识和印象、提出明确的教育要求、选择适宜的作品。

（10）幼儿园美术教育活动的组织形式包括绘画、手工制作和美术欣赏 3 个方面。组织方法有观察法、联想法、范例演示法、练习法、情境激励法和谈话欣赏法。组织绘画活动的注意事项有：引导幼儿感知或回忆、提取与本次活动相关的经验；讲解的语言要简练，富有启发性，示范动作要清楚；有针对性地进行辅导。组织手工活动的注意事项有：激起幼儿创作表现的愿望；对不同年龄班的幼儿，教师的指导应各有侧重；作品评价应遵循鼓励的原则。

练一练

1. 可爱的小鸟。

内容：以绘画《可爱的小鸟》配合开展 4～5 幼儿的主题活动"有趣的动物"。

要求：绘画的动物造型生动、富有童趣，画面内容有创意。

活动建议：可组织谈话活动"小鸟的奇特本领"；可以组织美术活动"制作动物面具"；可组织音乐活动"动物表演"；可组织健康活动"动物运动会"；可组织科学活动"动物的尾巴"。

2. 我的爸爸本领大。

内容：以绘画开展"我的爸爸本领大"活动。

要求：①为 4～5 岁儿童开展活动。②根据活动需要绘画。作品应有童趣，使幼儿能够理解，有一定的创意。

活动建议：根据幼儿的绘画作品开展语言活动：我的爸爸能够做什么；社会活动：我爱我的爸爸、认识爸爸的职业等。

3. 歌曲《我有一双小小手》。

我有一双小小手

陆爱珍 词
张 翼 曲

内容：弹唱歌曲，模拟组织 4～5 岁幼儿学习歌表演《我有一双小小手》。

要求：①在指定的音调内，有表情地边弹边唱，把握旋律的音高，吐字清晰，节奏准确。②教学方法适合幼儿的年龄特点，能激发幼儿的兴趣。

4. 学儿歌。

瓜

苦瓜满脸是皱纹，

冬瓜脸上搽香粉，

黄瓜脸上长痘痘，

西瓜脸上画花纹。

内容：模拟对幼儿表演儿童，模拟组织幼儿学儿歌活动。

要求：①表演儿歌。普通话标准，语气、语调、动作符合儿歌内容，有感染力。②模拟组织 3~4 岁幼儿学儿歌的一个活动。教学活动有利于幼儿学习、理解朗读儿歌。教学方法有趣，能够吸引幼儿参与活动。

5. 大烟斗爷爷。

大烟斗爷爷

小黄狗、小花狗和小黑狗，是鼻子最灵的 3 个好朋友。这时，一股味道飘过来，小黄狗一闻，说："糖炒栗子，真香真香！"又一股味道飘过来，小花狗一闻，说："美味炸鱼，真香真香！"轮到小黑狗了，它四下里一闻，说："哈，我闻到了红烧排骨的味道，想流口水。"这时一股浓浓的黑烟飘过来了，3 只小狗一齐皱眉头，齐声说："又辣又呛，好臭好臭！"狗熊爷爷叼着大烟斗，看到小朋友们捂鼻子，狗熊爷爷害羞了，要把大烟斗扔进小河。小松鼠说："别扔别扔。"它盖房子正好缺烟筒，肯定好用！森林里空气又洁净了。

内容：结合故事《大烟斗爷爷》，模拟组织一次 4~5 岁儿童的健康活动。

要求：①模拟故事表演。普通话标准，语气、语调、动作符合故事内容，有感染力。②教学活动要符合儿童的年龄特点，方法适宜，能够调动儿童学习的积极性。

6. 看图编儿歌。

内容：看图编儿歌。

要求：①模拟对幼儿念儿歌。②根据儿歌内容为 5~6 岁儿童设计一次相应的教育活动。③预测幼儿在编儿歌时可能出现的问题，教师如何解决。

7. 好吃的水果。

内容：主题绘画活动——好吃的水果。

要求：①以绘画活动"水果面具"配合开展"好吃的水果"主题活动。②回答问题：如何利用你的作品引导5~6岁幼儿开展"好吃的水果"的主题活动？

第十章　讲述故事

内容结构图

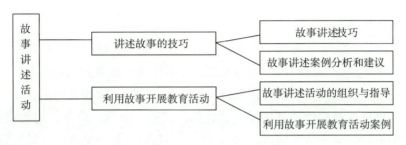

学习目标

1. 掌握故事讲述的技巧，愿意讲述故事。
2. 能够运用技巧绘声绘色地讲述故事。
3. 能够借助故事讲述开展教育活动。

第一节　讲述故事的技巧

案例导读

猴吃西瓜

　　猴王找到了一个大西瓜，可是，怎么吃呢？这个猴啊，从来也没有吃过西瓜，忽然，它想出了一条妙计。于是，把所有的猴都召集起来。

　　它清了清嗓子："今天，我找到了一个大西瓜。至于这西瓜的吃法嘛，我当然……当然是知道的。不过，我要考验一下大伙的智慧，看看谁能说出这西瓜的吃法。如果说对了，我可以多赏它一块。如果说错了，我可要惩罚它！"

　　……（故事内容略）

　　考核内容：模拟为4~5岁幼儿讲故事。

　　考核要求：①有幼儿意识，表现出正在对幼儿讲故事。

　　　　　　　②普通话标准，口齿清楚，语速适宜，有感染力。

案例分析

　　这是一道考查考生故事讲述能力的试题。要讲好故事，吸引幼儿的注意力，使他们爱听、愿意听故事，认真思考故事的内容，教师既要熟悉故事的内容、掌握故事讲述的技能技巧，还要了解本班幼儿的年龄特点、知识经验和兴趣爱好。除此之外，准备与故事内容相符的教具与环境也是教师讲好故事的重要条件。

一、故事讲述技巧

讲述故事的技巧是教师组织有效的教育活动的前提，也是教师利用故事教学促进幼儿健康发展的关键。教师应掌握的技巧有正确地选择故事、恰当地改编和创编故事。

（一）选择故事

在故事教学中，为了发挥故事的教育作用，教师选择的故事应具有内容儿童化、趣味性强；语言规范、优美、形象、浅显易懂；文学性强、叙事方式和表现手法符合幼儿的思维水平的特点。在选择故事前，教师首先应考虑幼儿故事强调的不是非此即彼的正反面对抗，而是重视基础价值观的建立，比如，友爱、分享、公平、契约精神和尊重。其次，应考虑不同年龄段幼儿的思维和语言特点。最后，教师要考虑现阶段班级主题活动的内容。统筹考虑之后，教师要在具体活动中有针对性地选择适合幼儿的故事。面对3~4岁的小班幼儿，应选择情节简单、内容易懂的故事，如《鸭妈妈找蛋》《小熊买糖果》等；面对4~5岁的中班幼儿，可以选择中外经典的童话，如《美人鱼》《勇敢的小锡兵》《小红帽》等；面对5~6岁大班的幼儿，可逐步加入历史故事、科普故事、寓言故事等。

（二）改编故事

故事材料选好后，教师要熟悉故事中的人物、情节，弄清楚贯穿故事情节的线索，把握事情发生、发展、高潮和结局，还要弄清人物的主次和他们的性格特点以及相互之间的关系，领会故事的主题思想。在此基础上，教师再根据讲述目的、讲述对象的思维和语言的发展水平以及故事本身的特点，对故事进行改编。改编故事包括删、增、改故事主体，设计故事开头和结尾等。

1. 删次要情节

故事中有些细节或情节与主要情节无关可删去，把讲的重点放在故事的主干上，使故事更紧凑。有些不利于幼儿成长的内容也要删去，以免产生消极的影响。

2. 增生动细节

故事中有的地方可以增加一些细节，使故事具体生动，尤其是短故事。如《猪八戒换脑袋》中"孙悟空急忙扶住他说：'唉，你一早上哪儿去了？'猪八戒皱着眉头说：'都怪我嘴馋贪吃，吃坏了肚子，拉屎去了……哎哟，哎哟……哎哟哟……'沙和尚慌忙对孙悟空说：'师兄，快把八戒送医院。'"为了突出猪八戒借用计谋的憨态可掬，可在"沙和尚慌忙对孙悟空说"的前面增加动作和语言细节，如猪八戒捂着肚子在地上打起滚来："哎哟！疼死我了。"

3. 改个别句段

在大的篇章结构上增删之后，教师还可以对个别段落或词句进行修改。如把生硬的叙述改为生动的对话，以突出人物的性格；把能用象声词的地方加入象声词，以使内容活灵活现；改长句为短句，改书面语为口语，以便通俗易懂。如《小猪变干净了》原文这样描述"小猪走着走着，看见前面有一只长耳朵、短尾巴、红眼睛的小白兔，就高兴地喊道……。"可以改成"小猪走着走着，忽然看见前面有一只小白兔，长长的耳朵、短短的尾巴、红红的眼睛，可漂亮啦，它就高兴地喊起来……"改后的故事讲起来更口语化，幼儿更容易接受。

4. 设计开头结尾

故事的开头要设计得有吸引力，以引起幼儿倾听的欲望，从而达到激情引趣的目的；故事的结尾要能够让幼儿有所思索，富有意味，从而达到延伸活动的目的。如《青蛙卖泥塘》故事开头可以设计一段和幼儿互动的对话："小朋友们，你们知道青蛙住在哪里吗？""青蛙呀，住在烂泥塘里。""那什么是烂泥塘呢？""那里没有树，也没有草，只有一堆烂泥巴。"教师与幼儿互动后自然激发幼儿听故事的欲望。又如，《野猫的城市》的结尾可以做如下设计："野猫讲的城市没有人要听了，森林里的小动物都不喜欢野猫的城市。小朋友们，如果你向森林里的小动物介绍城市，会是什么样的呢？"幼儿自然会顺着问题思考："野猫讲的城市对吗？我会如何描述我们的城市呢？"

（三）讲述故事

在讲述故事之前，讲述者要阅读故事，理解故事人物的性格特点，分清叙述语言和人物语言，模拟动物和人物的声音，把握节奏，恰当地使用态势语来形象生动地表达故事的内容，吸引幼儿的注意，发挥故事的教育作用。

1. 分析语言

要讲好故事，声音的高低快慢、抑扬顿挫一定要符合情节的展开和人物性格的发展。恰当地利用声音来表达故事人物的特点的前提是讲述者要分析故事的叙述语言和人物语言。

首先，叙述语言，用声要自然、平稳，要体现讲故事者的情感和态度。如"猴儿王找到个大西瓜"这个句子，正确的讲法是："王"字后面稍作停顿，"王""西"两字调稍高，"到个""瓜"都是轻声念法，"王""大""西"3字念得较重；语速上，"找到个大西瓜"这一截较"猴儿王"稍快。这样，念出来的句子就显得起伏有致，自然也就生动活泼了。一句话尚且如此琢磨，句与句之间语气语调就更应有变化了。因此，在实践中，教师要根据具体情况灵活处理，叙述时要根据句意及上下文联系，处理好语气的轻重、节奏的快慢、语调的升降。一般来讲，需要强调的读重一些；语气连贯的，即使中间有标点符号也可不停或少停；表现紧张惊险的场面、兴奋热烈的情绪，速度可快一些；表现悲哀、疑问、思考的则可慢一些；表现转折、惊疑的语气或反问句句调要高一点，高调后面往往都要把句调降低一些。

其次，人物语言，要有故事人物的"角色"感。我们在模仿角色的语言时，可以先从性别和年龄两个方面来考虑。从性别方面来区分，角色语言可分为男性和女性语言。女性角色的声音应尖细，男性角色的声音应低沉。发女性角色声音时舌头要靠前，发男性角色声音时舌头要靠后。从年龄方面来区分，角色的语言可以分为幼儿、年轻人、中年人和老年人。幼儿的声音接近女声，声音亮，气息弱。年轻人的语速较快；中年人语速较慢，声音稳重、浑厚、底气足；老年人的声音苍老、沙哑，语速缓慢、断断续续。如果动物角色按性别和年龄划分的话，大象、熊、老虎等动物的形象类似男性形象；小猫、狐狸、鱼儿等动物类似女性形象；小鸡、小猴等小动物就用幼儿的声音模仿；牛、狮王等健壮的动物用中年的声音模仿；乌龟、老猴、老山羊等动物用老年人的声音模仿；梅花鹿用年轻人的声音模仿。模仿角色的语言还要结合作品来分析角色的性格、角色语言的情感变化等因素。从角色性格来看，性格刚强的人说话铿锵有力，性格懦弱的人说话有气无力，狡猾的人说话油腔滑调，诚实的人说话中肯坦诚等。从角色情感来看：高兴时，气满声高；悲伤时，气沉声缓；生气时，气粗声重；恐惧时，气提声抖；充满爱意时，气柔声缓；着急时，气短声促；平静时，气舒声平。

2. 模拟声音

由于情节的需要，讲故事时，教师还要模仿自然界的风声、雨声、雷声等，模仿人的笑声、哭声、叹息声等，模仿动物的鸣叫声等。教师要模拟好各种动物的叫声，首先要消除害羞的心理，只有当我们的声带和发音器官彻底放松了，才有可能伸展自如，发出尖细粗哑、大小高低各不相同的声音来。其次，要注意体会，用心琢磨。如羊叫的声音是极为尖细且有些发颤"咩——"；公鸡打鸣高亢嘹亮且往往由小到大"喔—喔—喔——"；母鸡的叫声"咯嗒"，"咯"音是反复出现的，"嗒"的音拖泥带水的较长，有点像"咯咯咯嗒——"；牛叫声低沉浑厚而且悠长"哞——"。加入拟声的成分可大大增强讲故事的真实性和感染力。

3. 运用态势语

要把故事讲好，特别是要表现出人物的性格，常常需要借助一些态势语。态势语也称"体态语""身势语""人体语"，是一种以说话人的表情、手势、动作、眼神来传递信息，诉诸听话人视觉的无声伴随语言。

态势语主要是用动作和眼神表示符合故事内容要求的各种姿势，从而吸引幼儿的视觉，帮助幼儿形象地理解故事的内容。使用态势语要注意手、眼的动作跟故事内容的配合，讲到哪儿、指到哪儿、眼神跟到哪儿，还要自然得体，切忌故作姿态。态势语只是辅助手段，动作幅度不宜过大，走动范围不宜超过 3 步，更不能在讲述中跑起来，不要完全蹲下，不要旋转。讲故事中运用态势语，一要注意运用面部表情来模拟人物的表情，二要注意运用肢体的动作来模拟人物的动作形态或其他事物的形态。例如，《猴吃西瓜》中讲到猴王对猴民说话时，脸一板表示威严，可把双手向前伸平划一下，头稍昂，眼睛俯视中带点斜视。讲到老猴时可做驼背弯腰的动作，这样，幼儿不仅从声音中听到而且仿佛从动作中看到猴王、老猴的形象了。

4. 控制节奏

讲故事的节奏要适宜。要根据故事情节的发展和幼儿的接受能力确定讲述的节奏。讲述主要情节时，语速宜慢，以便交代清楚；讲述次要情节时，语速要快，使情节快速推进。情节转换时，要适当地停顿，这样既可以体现讲述的节奏感，又能给幼儿以思考的余地。此外，失望、伤心、平静等负面情绪以及景物描写、事件叙述部分则适合用慢节奏来表现；在表现快乐、兴奋、恐惧、愤怒、辩论等亢奋情绪时，教师则要采用快节奏的方式。故事节奏控制得恰到好处，幼儿才喜欢听，才能起到引人入胜的作用；节奏控制过快，幼儿听着忙乱；节奏控制过慢，幼儿听着冗长，慢慢则因失去耐心而导致注意的转移。

（四）创编故事

故事创编是幼儿园语言教学的一种常见形式。故事创编活动是在幼儿理解故事、积累大量知识经验的基础上，组织幼儿进行的一种具有积极意义的创造性活动。不同年龄的幼儿在语言方面具有不同的发展水平和知识经验，幼儿教师要根据幼儿的年龄特点，确定故事创编活动的组织要点。

1. 小班幼儿的故事创编

小班幼儿进行故事创编的重点是创编故事结局。教师应选择适当的作品，从讲述故事入手，帮助幼儿理解故事。在讲完故事后，教师通过引导幼儿讨论、表演、操作等活动，帮助他们进一步理解故事。教师还可以利用网络活动，为幼儿提供迁移作品的经验，为创编故事结局做好准备。在设计创编故事结局时，教师可根据幼儿的发展水平，创编难度不同的结局。有的"大局已定"，只要一句话作为故事的结局；有的已给幼儿充分的暗示，要创编出符合逻辑的结局；有的可以提出新的假设，要求幼儿创编出与原故事不同的结局。

2. 中班幼儿的故事创编

中班幼儿进行故事创编的重点放在创编故事情节的高潮部分。教师在组织此类活动时，应当有目的地引导幼儿理解故事情节发展的线索，感受故事中人物形象的特点，推知这种特性的人可能做出的事情。这样幼儿就能顺利地创编出故事情节的高潮和结局。

3. 大班幼儿的故事创编

大班幼儿的故事创编重点放在创编完整的故事上。创编时，由教师点出故事的开端，由幼儿去发展情节，创编故事的高潮、结局。在故事创编中，大班幼儿会对增加的角色赋予合适的对白和行为。这一年龄段的幼儿创编的故事更有想象力和逻辑性。

三、故事讲述案例分析和建议

 案例呈现

三只小猪盖房子（适合大班）

猪妈妈有三个孩子，一个是小黑猪，一个是小白猪，还有一个小花猪。

有一天，猪妈妈对小猪说："现在，你们已经长大了，应该学一些本领。你们各自去盖一间房子，盖好后就搬出去自己住吧！"①

三只小猪问："妈妈，用什么东西盖房子呢？"猪妈妈说："稻草、木头、砖都可以盖房子，但是草房没有木房结实，木房没有砖房结实。"②

三只小猪高高兴兴地走了。走着，走着，看见前面一堆稻草。小黑猪忙说③："我就用这稻草盖草房吧。"小白猪和小花猪一起向前走去，走着，走着，看见前面有一堆木头。小白猪连忙说③："我就用这木头盖间木房吧。"

小花猪还是向前走去，走着，走着，看见前面有一堆砖头。小花猪高兴地说：④"我就用这砖盖间砖房吧。"于是，⑤小花猪一块砖一块砖地盖起来。不一会儿，汗出来了，胳膊也酸了，小花猪还不肯歇一下。花了3个月的时间，砖房终于盖好啦！红墙红瓦，真漂亮。小花猪乐开了花。

山后边住着一只大灰狼，它听说来了三只小猪，⑥哈哈大笑说："三只小猪来得好，正好让我吃个饱！"

大灰狼来到草房前，叫小黑猪开门。小黑猪不肯开。大灰狼狠狠地吹了口气，就把草房吹倒了。小黑猪急忙逃出草房，边跑边喊：⑦"大灰狼来了！大灰狼来了！"木房里的小白猪听见了，连忙打开门，让小黑猪进来，又把门紧紧地关上。

大灰狼来到木房前，叫小白猪开门。小白猪不肯开。⑧大灰狼用力撞一下，小木房摇一摇。大灰狼又用力撞了一下，木房就倒了。小黑猪、小白猪急忙逃出木房，边跑边喊："大灰狼来了！大灰狼来了！"砖房里的小花猪听见了，连忙打开门，让小黑猪和小白猪进来，又紧紧地把门关上。

大灰狼来到砖房前，叫小花猪开门。小花猪不肯开。大灰狼用力撞一下，砖房一动也不动，又撞一下，砖房还是一动也不动。大灰狼用尽全身力气，对砖房重重地撞了一下，砖房还是一动也不动。大灰狼头上撞出了3个疙瘩，四脚朝天地跌倒在地上。大灰狼还是不甘心，看到房顶上有一个大烟囱，就爬上房顶，从烟囱里钻进去。三只小猪忙在炉膛里添了许多柴，把炉火烧得旺旺的。大灰狼从烟囱里钻进去，结果跌进热锅里，被开水烫伤了。从此，它再也不敢来捣乱了。

小黑猪不好意思地对小花猪说⑨："盖草房虽然最省力，但是很不结实，以后我要多花力气盖砖房。"小白猪也嘟囔着对小花猪说："盖木房也不结实，以后我也要多花力气盖砖房。"小花猪看着两个哥哥，坚定地点点头说："好，让我们一起来盖一座大的砖房，把妈妈也接来，大家一起住吧！"

案例分析

《三只小猪盖房子》围绕三只小猪用不同材料盖房子及大灰狼撞草房、木房、砖房的不同结果展开故事情节。《三只小猪盖房子》是一篇充满浓郁儿童情绪的经典童话故事。故事中生动有趣的情节，使幼儿充分感受作品的思想感情，懂得做事要不怕吃苦、踏踏实实、不要图省力的道理，同时，也要明白同伴遇到困难时，要相互帮助、相互扶持。在角色处理上，三只小猪的声音可设计成憨厚低沉的声音，小黑猪和小白猪懒散而幼稚，小花猪认真而坚定；大灰狼凶狠而愚蠢，它的声音动作要夸张地塑造。

指导建议

①猪妈妈语气舒缓、慈爱，脸上洋溢着期许鼓励的微笑。

②小猪满面疑惑"用什么东西盖房子呢"，猪妈妈耐心解释。猪妈妈和小猪角色变换时，脚下站位要发生适当的变化，如身体稍向左侧扮演猪妈妈，身体稍向右侧扮演猪宝宝。

③小白猪和小黑猪都是迫不及待的语气。

④小花猪的语气要坚定果断。

⑤边讲边做盖房子、擦汗、甩胳膊的动作，"砖房终于盖好啦！"一句及后面讲述，满脸自豪双手做出大房子盖成的动作。

⑥张开五指模仿大灰狼凶狠贪婪的表情，同时发出"哈哈"的恐怖的笑声，大灰狼的声音是低沉、沙哑的。

⑦小黑猪和小白猪都是边跑边喊"大灰狼来了"，面带惊慌失措的表情。

⑧讲到大灰狼每次撞房子时，双腿蹲马步，用胳膊肘用力做撞的动作，后面大灰狼头上撞出3个大疙瘩、跌倒、被烫都相应做出痛苦的表情加上"哎哟哎哟"的惨叫或是"疼死我了"的哀嚎。

⑨小黑猪和小白猪真诚地向小花猪表白要盖结实的砖房子，语气诚恳略含后悔的意思。小花猪语气坚定，并用双手自豪比画出大房子的动作。

案例呈现

猴吃西瓜（适合中班）

猴王找到了一个大西瓜，可是，怎么吃呢？这个猴王啊，是从来也没有吃过西瓜，忽然，它想出了一条妙计。于是，把所有的猴都召集起来。①

它清了清嗓子："今天，我找到了一个大西瓜。至于这西瓜的吃法嘛，我当然……当然是知道的。不过，我要考验一下大伙的智慧，看看谁能说出这西瓜的吃法。如果说对了，我可以多赏它一块。如果说错了，我可要惩罚它！"②

小毛猴眨巴眨巴眼睛，挠了挠腮说："我知道，我知道，吃西瓜是吃瓤！"③

"不对！小毛猴说的不对！"一只秃尾巴猴跳出来说，"我小的时候吃过甜瓜，吃甜瓜就是吃皮。我想，这甜瓜是瓜，西瓜也是瓜，吃瓜嘛，当然也是吃皮喽。"④

这时候，大伙争执起来："吃西瓜吃皮！""吃西瓜吃瓤！"可争了半天，也没争出个结果，于是都不由得把目光集中到一只老猴的身上……⑤

这老猴认为出头露面的机会来了，它清了一下嗓子说："这吃西瓜嘛，当然……当然是吃皮喽。我从小就爱吃西瓜，而且……而且一直都是吃皮的。我想，我之所以老而不死，就是因为吃了西瓜皮的缘故……"⑥

猴王认为找到了正确答案，开言道："对！大伙说得对！吃西瓜是吃皮。哼！就小毛猴崽子说吃瓤，那就让它一个人吃吧！咱们大伙，都吃西瓜皮！"⑦

西瓜一刀两半，小毛猴吃瓤。大伙是共分西瓜皮……

一个小猴子觉得不是味儿，悄悄地问旁边一个猴子："哎，我说，这东西怎么不是个滋味呀？"⑧

"那，那是你吃不惯。我过去常吃西瓜，西瓜呀，就是这个味儿。"⑨

案例分析

这是一篇寓言故事，讲的是猴子吃西瓜，不懂装懂的故事。具有很强的角色感，每只猴子都有自己独特的语言特色，幼儿教师要根据它们不同的性格、地位，用不同的语气、语调来体现。

文中的猴王是只雄壮的中年猴子。因此，讲的时候要运用浑厚声音，讲出威风的感觉，虽然它不知道该吃西瓜的哪个部位，但是由于角色的需要，它最后做出的决定还是很具有威力的，讲时要讲出坚定、威武，居高临下的角色感。因为他不知道怎么吃，而选择"今天，我找到了一个大西瓜。……我可要惩罚它！"的方法，想考考大家，证明猴王是个很聪明的猴子。而后当猴王说"对！大伙说得对！吃西瓜是吃皮。哼！就小毛猴崽子说吃瓤，那就让它一个人吃吧！咱们大伙，都吃西瓜皮！"的语气应有所变化，除了自信威严还应带有讽刺小毛猴的意味。

小毛猴则因为年轻，很轻率就说："我知道，我知道，吃西瓜是吃瓤！"因此，讲的时候要体现出小毛猴的那种轻率、稚嫩的语气。而"不对！小毛猴说的不对！"一只秃尾巴猴跳出来说，"我小的时候吃过甜瓜……当然也是吃皮喽。"要体现出争抢及否定小毛猴的语气来。而后"吃西瓜吃皮！""吃西瓜吃瓤！"要讲出大家七嘴八舌的感觉。老猴则是猴群中最有资历的，又是年纪最老的一只猴子，因此，在讲"这吃西瓜嘛，当然……当然是吃皮喽。我从小就爱吃西瓜，而且……而且一直都是吃皮的。我想，我之所以老而不死，就是因为吃了西瓜皮的缘故……"的时候不仅要体现出老猴的年龄特点，还要体现出老猴学识渊博，经验丰富的感觉。而后小猴子说的那句话"哎，我说，这东西怎么不是个滋味呀？"就要体现出小猴子觉得味道不对却不敢大声说出来，一种怀疑的语气，并悄悄地问着旁边的猴子的感觉。最后那句话"那，那是你吃不惯。我过去常吃西瓜，西瓜呀，就是这个味儿。"要体现出不懂装懂的那个语气，更要有讽刺的味道。虽然味道不好，但还是坚定地认为吃西瓜就要吃皮的说法。

这篇作品是一个体现不懂装懂的寓言故事，语言很富有形象感，而且轻松幽默，讲述时要有画面感，才能讲出很强的形象塑造感。

指导建议

①开头微笑讲述，两手做出抱着一个大西瓜的样子；"可是"一句做皱眉状，"这个猴王啊"一句伴以微笑，"忽然"一句食指指向头部，表示想出了办法。

②"今天，我找到了一个大西瓜"猴王表情威严，音色变粗。强调"当然"两个字，并点点头。"不过"一句，脸一板，表示威严，手向前伸出，平划过，表示"你们"。"多赏它一块"可赞许地点点头，"惩罚它"可瞪起眼睛点视，表示威吓。

③做小毛猴挠腮的动作，注意由下向上，语气轻快、天真，表情稚嫩，音色清脆。

④短尾巴猴性格比较憨直，语气坚定，表情固执，为表示强调可加几次点头动作。

⑤众猴子迷惑的表情，目光向一旁偏转。

⑥老猴子暗暗得意的表情，音色苍老，"清了一下嗓子"一句，装腔作势地咳嗽，时不时停下来沉吟，眯眼，摇头晃脑，极力强调自己的权威性。

⑦猴王威严胜利的表情，伸手向前向下切下，表示肯定；斜视小猴，表示轻蔑，单手向外扬出，表示不屑。"咱们大家"一句，可以做出胜利的手势。

⑧这只猴子因为不好吃而做出愁眉苦脸的表情，又因为怕猴王而小声咬耳朵说话。

⑨极力地自我吹嘘，不屑一顾的表情。

案例呈现

鸭妈妈找蛋（适合小班）

鸭妈妈，生鸭蛋，那鸭蛋像姑娘的脸蛋①，谁见了都说："啊↗，多么可爱的鸭蛋↘!"鸭妈妈听了，乐得嘎嘎嘎地叫②："嗯↘，这是我生的蛋啊!"

可是，鸭妈妈有个毛病：不在窝里生蛋，它走到哪里，就生在哪里③，所以它常常找不到自己生的蛋。

有一天傍晚，鸭妈妈又忘了在哪儿生的蛋了，它在院子里跑来跑去④，怎么也找不着，就问母鸡："鸡大姐，您看见我的蛋了吗？您拾过我的蛋吗↗?"

母鸡说："我没看见呀↘!"

鸭妈妈赶紧跑出院子去，正碰上老山羊带着小山羊回家来。鸭妈妈忙问老山羊："羊大叔，您看见我的蛋了吗↗? 您拾过我的蛋吗↗?"

老山羊说：⑤"我没拾过你的蛋呀↘! 你到池塘边去找找看。"鸭妈妈奔到池塘边，找了好一阵子，还是没找着，只好回到院子里。它看见黄牛回家来，就问："牛大伯，您看见我的蛋了吗↗? 您拾过我的蛋吗↗?"

黄牛说：⑥"我可没见过你的蛋，也没拾过你的蛋。你老是丢三落四的，这可不好啊!"

鸭妈妈叹了一口气说："唉! 我忙得很呢，⑦要游泳，要捉小鱼小虾，还要下蛋……一忙，就记不清蛋生在哪儿了。"

黄牛说："你说你忙，我呢？⑧耕地，拉车，磨面，可不像你那样丢三落四的。"

母鸡说："我也生蛋呀，我都生在窝里，可不像你天天要找蛋。"

山羊说："你呀，做事不用脑子!"

鸭妈妈拍了拍脑袋，说："啊，啊，不是我不用脑子，一定是我的脑子有毛病!"

山羊、黄牛和母鸡一起劝鸭妈妈："你别着急，好好儿想一想：你今天到过哪些地方？到底在哪里生了蛋？"

鸭妈妈低下头⑨，从大清早出窝想起——池塘边吗？没生过蛋。草地上吗？也没生过蛋。小树林里吗？根本没去玩过。

"啊↗，啊↗！"鸭妈妈想起来了，它可难为情了，低着头说，"今天，今天，我还没生过蛋！"

案例分析

《鸭妈妈找蛋》中的鸭妈妈是个粗心大意、丢三落四的角色，蛋走到哪里生到哪里，甚至连自己生没生蛋都不记得。这一角色的角色语言语速要慢，以健忘者的语调来表现。另外3个角色鸡大姐、牛伯伯、老山羊叔叔，根据动物的特点，说话前模仿其叫声，如母鸡说"咯咯咯哒——我没看见呀！"牛伯伯出场可以用双手做牛角状，并模仿其叫声"哞——"。老山羊叔叔出场时，可以做将胡须的动作，并模仿其叫声"咩——"。牛伯伯和山羊叔叔责备鸭妈妈的语言，要严肃中显出语重心长的语气。

指导建议

①双手托脸蛋儿头倾向一侧并微笑。

②嘎嘎地笑两声(声音略扁)，"我生的蛋"用骄傲、神奇的语气讲述。

③走两步，然后半蹲下，装作在生蛋。

④在原地跑两步(不要太多跑动)，很着急的面部表情。

⑤做将胡子动作，咩——叫一声，然后摆手。老山羊的声音苍老、沙哑、缓慢。

⑥两手放头顶做牛角状，哞——叫一声，然后摇头。黄牛的声音低沉、稳重，语速较慢。

⑦⑧说一件事，简单地用动作模仿，如双手向两侧划动，做游泳状。

⑨低下头，做想事情状。

第二节　利用故事开展教育活动

案例导读

动物职业介绍所

大猩猩开了一家动物职业介绍所，它在电视上做了个广告:尊敬的各位动物，您有合适的工作吗？你想充分发挥自己的特长吗？请到大猩猩动物职业介绍所，它能让您如愿以偿。

广告登出不久……

……（故事内容略）

猩猩所长笑着说:"我们每个人都有自己的长处，找到自己的长处，就不愁找不到合适的工作啦!"

考试要求:

1. 完整地讲述这个故事。

2. 针对大班幼儿出示 4 种动物:猩猩、龙虾、青蛙、袋鼠;根据故事内容为 5 ~ 6 岁儿童组织一次语言活动。

3. 请在 10 分钟的时间里完成这个故事活动。

案例分析

这是一道考查考生利用故事讲述组织教育活动的试题。考生在作答试题时:一要了解故事的主要情节和人物的特点。二要了解本班幼儿的年龄特点、语言发展水平和已有的故事学习和讲述的经验。三要注意讲述时自己的情绪、语速和精神状态要以激发幼儿的兴趣、吸引幼儿的注意、鼓励幼儿主动思考为目的。四要注意活动的目标,设计通过故事讲述活动达成活动目标的策略。五要当大体流程已在脑海中呈现后,再将其书写在纸上,在撰写的过程中,逐步完善各活动衔接的处理以及细节的处理。

幼儿园的故事教育活动的形式有专门性的故事讲述活动和与其他教育活动相结合的故事讲述活动。掌握故事教育活动的方法有助于教师有的放矢地开展教育活动,提高教育质量。

一、故事讲述活动的组织与指导

专门性的故事讲述活动有看图讲述故事和看图创编故事两种形式,不同形式的教育活动有不同的组织环节。

(一)故事讲述活动中常用的组织方法

组织幼儿的看图讲述活动,主要有以下方法:

1. 表演参与法

幼儿生性好动,故事讲述活动不应只是教师讲、幼儿听,而是调动幼儿的积极性,共同参与活动。这样既可以帮助幼儿理解故事的内容,也可以使他们进一步体验故事的思想情感。如故事《小老鼠和落叶》里鼠妈妈和小老鼠打扫落叶这一段是全文的重点和难点;这里不仅有"顶、扫、耙、扛"这些表示打扫的动词,还运用了"有的……有的……还有的……"的句式,为了突出重点,解决难点,教师可以准备小老鼠的头饰和一些简单的道具,让幼儿进行打扫落叶的情景表演。在表演过程中,要求幼儿自然地运用作品中的对话、动作、表情来再现作品。通过表演,幼儿能够进一步理解故事中出现的动词及情景,掌握人物的对话,体会小老鼠和鼠妈妈的感情。

2. 迁移讲述法

有些故事短小精悍,适合幼儿运用已有的生活经验和故事经验,发挥想象力,进行扩充性的迁移讲述。如故事《小蜗牛》,篇幅不长,却囊括了季节变换的顺序和四季的典型特征。教师可以在网络中精选或亲手绘制春、夏、秋、冬四季的图片,引导幼儿进行迁移讲述。讲述完故事的第一段，然后提问："这是哪个季节发生的事？"幼儿回答——春天。教师顺势提问"春天就像蜗牛妈妈说的，只是树叶儿发芽了吗？还有哪些美丽的景色呢？我们快帮小蜗牛找找吧！"通过大屏幕或手绘图片向幼儿展示春季的画面，引导幼儿看图描述春天的景色，比如，小草变绿了，迎春花、桃花、杏花都开了，小蝌蚪在水里快活地游来游去，小燕子从南方飞回来了，小朋友在草地上放风筝……同样的，在以后的夏、秋、冬三季的扩充性讲述中，幼儿会积累更多的讲述经验。通过这个活动，不仅加深了幼儿对四季特征的认识，而且幼儿讲述故事的主动性、创造性得到了充分的发挥。更为难得的是面对自己编构的故事，会增强幼儿讲述故事的信心。

3. 情景再现法

故事教学活动需要参与者有极大的热情，这就需要教师根据幼儿的年龄特点，创设一个充满生活色彩、能激发幼儿情绪的情境，让幼儿积极主动想象、大胆表达自己的想法，体验语言交流的乐趣。如故事《最奇妙的西瓜》，重点是要让幼儿感受参赛西瓜的奇妙之处，发展幼儿的求异思维能力和口语表达能力。教师可精心制作一些新颖有趣的西瓜模型：手提包形的西瓜、汽车形的西瓜、装着水龙头的大西瓜、花篮形的西瓜……播放轻松欢快的背景音乐，教师头戴王冠，以西瓜国国王的身份，笑容可掬地迎接每一位小贵宾(由幼儿扮演)，幼儿参观西瓜展示会，初步了解这些西瓜的奇妙之处，并自由和小伙伴交流。之后，"国王"安排"小贵宾"们观看情景表演，通过这一方式让幼儿了解故事的内容。接着，"国王"让"小贵宾"说说："最喜欢谁发明的西瓜？奇妙之处在哪里？"最后，"国王"让小贵宾谈谈："你想发明怎样的西瓜来参加明年的西瓜节？"通过活动，幼儿始终置身在宽松、自由的游戏情景中，想说、爱说并且敢说。在与老师、同伴的互动中，幼儿不仅得到了愉快的情绪体验，还积累了故事讲述的经验。

4. 续编创编法

积累一定的故事经验后，幼儿可以学习续编创编故事。如在讲完故事《七色花》后，教师出示一朵能撕下花瓣的七色花(教师自制的道具)，开展"假如我有一朵七色花……"的故事创编活动。幼儿围绕话题展开想象，大胆地描述心中的美好愿望。教师可以先给幼儿示范："假如我有一朵七色花，我要变出好多好多的故事书，分给全世界的小朋友，让大家共同分享美好的故事。"幼儿们会顺势说："假如我有一朵七色花，我要让小朋友住到迪士尼乐园里，与白雪公主和七个小矮人一起玩耍……"幼儿们心中的愿望，千奇百怪，随着他们的描述，属于幼儿们自己的故事就完成了。教师可以把幼儿讲述的故事用录音设备录下来，或者让幼儿们用画笔把自己的愿望画下来，最后，在全班儿童面前展示，幼儿会获得强烈的成就感。

(二) 看图创编故事活动的指导策略

教师在指导幼儿进行看图创编活动时，常常采用以下策略：

1. 创设故事情境

皮亚杰认知理论认为主客体相互作用的活动是感知的源泉，又是思维的基础。创设与故事内容相应的情境，使幼儿亲身体验，通过提问、回答、想象来创编故事。如小班看图创编活动"小象请客"，教师先创设了一个小象家的情境。教师扮演小象，小朋友分别戴上自己喜欢的小动物头饰，在欢快的音乐中到小象家做客。小象问："你们是怎么来的?"小动物们抢着说："我是跳来的""我是飞来的""我是慢慢爬来的"……幼儿很自然地把"爬、跳、飞"这些动词与各种小动物进行匹配。接着教师取出各种食物有香香的香蕉段，有酸酸的柠檬片，有咸咸的香肠块，请幼儿们闭上眼睛尝一尝。然后老师引导幼儿用规范的语言说出自己此时的感受，幼儿们凭借已有的经验，结合游戏情境的体验，积极地用自己的语言表达对食物的感知。当幼儿最后再观察图片时，特别兴奋，因为图片上的情节就是自己刚才的经历，讲述的欲望被极大地激发。在这样的游戏情境中，幼儿轻松地完成了故事的创编。

2. 观察故事图片

幼儿的年龄特点决定了幼儿的有意注意的持续时间短，而且不懂得按顺序观察，往往看什么就说什么，有时忽略主体，有时忽略细节。教师在指导幼儿观察图片时，不仅要激发幼儿的观察兴趣，还要教会幼儿正确的观察方法。

（1）整体观察与重点观察。

整体观察实际就是整体地观察画面，把握事物的整体，了解事物发展的整个过程和主要内容。重点观察即观察画面细节，把注意力集中在细节和重点部分，了解画面中隐含的内容，并通过画面想象出图画以外的内容。

（2）顺序观察和比较观察。

顺序观察即按照事物发展的一定顺序进行观察。事物的顺序主要有时间顺序、空间顺序、主次顺序等。如果观察时按照由近及远、由上到下、由左到右、由里到外、由整体到部分的顺序，就不会遗漏画面中的内容。比较观察就是把几种事物放在一起进行比较，找出事物之间的相同之处和不同之处，从而把握事物的本质和规律。如在大班看图讲述活动"荡秋千"中，通过比较观察，幼儿能比较二、三两幅图中的异同。相同点：背景相同——大树下；情节相同——小熊荡秋千。不同点：表情不同，一张小熊是快乐的，一张小熊是痛苦的；人物不同，一张图中有奔跑的松鼠，一张图中没有松鼠；状况不同，一张图中树枝完好，一张图中树枝断了……比较观察，像一把钥匙打开了幼儿想象的大门，使幼儿迅速找到了小熊痛苦的原因。

荡秋千

3. 分析故事情节

教师对作品要进行深入细致的分析，把握作品哪个部分具有想象拓展的功能，适合搭建平台让幼儿展开想象的翅膀，然后，巧妙设计提问，激励幼儿参与，引导幼儿进行创造性讲述。如《大象救兔子》，教师先出示三只不同表情的小兔图片，请幼儿倾听一段有情绪变化的音乐，猜猜"小兔的表情为什么会变化？可能发生了什么事情？"这一猜想过程极大地调动了幼儿的思维积极性，每个幼儿可以根据自己对音乐的独特理解进行建构。接着，教师出示相关图片，抛出一系列循序渐进的问题："小兔看到老虎，心里会想些什么？如果你是大象会怎么救小兔子？小兔子已经得救了，大象干吗还要吸水用力喷老虎？"等等。这些问题引领幼儿去分析、推理、思考，具有极广阔的想象空间。幼儿的答案是丰富多样的，既有个性化的对话，也有紧张的情节描述。

大象救兔子

4. 设计有效问题

故事创编教学中，由于大量发散性提问的运用，可能使幼儿的想象偏离整个故事的情节，一旦偏离就成了无目的的空想。因此，在允许幼儿合理想象的同时，更要用有效的提问让幼儿沿着预设的故事目标深入。如故事《笨笨猪》中，当笨笨猪被老虎抓住时，笨笨猪需要想出办法来使自己逃脱，幼儿看了图片以后立刻有了各种各样的方法："报警""喊救命""告诉老虎，我的肉不好吃，别吃我""用力挣脱""顺势一滚"，等等。然而，故事中小猪的方法既机智又诙谐，还能够反映出老虎的愚昧。因此，在肯定并应用了幼儿的想法之后，教师边出示图片边讲述笨笨猪的话："我原来不笨的，是因为吃了一条笨笨蛇之后才变笨的。"再引导幼儿思考"老虎听了之后，是怎么想的？"幼儿自然地想到了"它吃了蛇变笨了，我吃了笨笨猪不是也要变笨了吗？还是甭吃了。"这样引导之后，教师既没有生硬地扭转幼儿的想法，又让幼儿接触了新的思维方式。

5. 提供创编条件

在创编活动中，教师要提供多种条件助成幼儿创造性表达。当幼儿对文学作品的学习、理解和体验已经达到一定程度时，教师可以进一步创造机会，提供必要的情景和环境支持，满足幼儿扩展想象，创造性地运用画、唱、演、做等方式表达自己的想法。幼儿表达的语言是多种多样的，幼儿对故事的理解、想象、迁移也是各不相同的。这就要求教师提供多种材料，允许幼儿根据自己的需要、兴趣爱好、个性特点等选择自己喜欢的方式表达自己的想象。这种开放性的表现形式能为幼儿自由发挥想象提供丰富而广阔的天地。如故事《狼和小羊》的结局创编活动中，教师可为幼儿提供动物木偶、头饰、绘画材料、动物粘纸、泥塑等材料，幼儿可以根据需要运用语言畅想、绘画构思、创意表演等方式表达自己富有个性的想象，充分享受自由表达和创造的快乐。同时也可在故事表演时，对故事的内容或情节进行丰富与扩展。如故事《笨笨猪》的最后一个环节，不是原有故事的表演，而是添加了另外两个角色狼与狐狸，它们同样是像老虎一样设置圈套或陷阱来欺骗小动物，但是却采用了不同的手段，让幼儿们在一次次的表演中，明辨善恶、真伪，在遇到事情时多一点思考，免于受骗上当。在这样的表演中，将幼儿的认识推向创造阶段，实现知、情、意、行整体教育的功能。

二、利用故事开展教育活动案例

 案例 1

语言活动：动物职业介绍所（大班）

一、活动目标

1. 感知故事内容，初步理解常见的动物特征与"职业"的内在联系。

2. 能够用自己的经验分析不同动物的特点，考虑"介绍"合适的工作，并能够用"因为……所以……"的句式完整地表达出来。

3. 喜欢听故事，体验不同职业的乐趣。

二、活动重难点

1. 活动重点：了解故事内容并知道不同职业的不同特点。

2. 活动难点：对故事进行续编，根据动物特征与职业的关系创编儿歌。

三、活动准备

1. 经验准备。

对社会中各种常见职业有所了解，如医生、老师、消防员、警察等。

2. 物质准备。

音乐《大猩猩》、动物图片、职业服及职业用品纸片。

3. 环境准备。

将活动室布置成职业介绍所。

四、活动过程

（一）开始部分——律动导入，引出大猩猩

教师："小朋友们，教室里面来了一只大猩猩，让我们跟着它一起跳舞吧！"

播放音乐，师幼唱跳《大猩猩》。

教师："我们跟着大猩猩一起跳舞吧。"

大猩猩，大猩猩，凹凸不平的大猩猩，你是怎么走路的？

大又长的胳膊呀，晃啊晃啊，摇啊摇，就是这么走路的。

大猩猩，大猩猩，凹凸不平的大猩猩，你是怎么跳舞的？

大长胳膊举起来，肩膀一颤一颤的，就是这么跳舞的。

大猩猩，大猩猩，凹凸不平的大猩猩，你是怎么吃饭的？

大大的盘子装满了果实、树叶还有草，我最爱吃！

教师："小朋友，你们知道吗？这只可爱的大猩猩上电视了。让我们一起去凑凑热闹吧。"

（二）基本部分——活动展开

1. 完整讲述故事，运用提问引发幼儿思考动物的特征和职业的内在联系。

（1）出示图片，如下图所示，讲述并表演故事开头部分。

大猩猩上电视　　　　　　　　　大猩猩的动物职业介绍所

（2）出示图片，如下图所示，继续讲述故事，并伴随有效提问。

①第一个上门咨询的小动物是——龙虾。

教师："小朋友们，你觉得龙虾先生适合做什么职业呢？"

总结：因为龙虾的大钳子像把剪刀，所以它适合当一个好裁缝。

②第二个上门咨询的小动物是——青蛙。

教师："小朋友们，动动小脑筋，帮助大猩猩想一想，青蛙适合什么职业？"

总结：因为青蛙的水性很好，所以它适合当一个好的游泳教练。

③第二个上门咨询的小动物是——袋鼠。

教师："袋鼠有什么特点？它适合什么职业？"

（3）讲述故事结尾，出示图片，如下图所示，并进行续编。

教师："小朋友，你们猜一猜大猩猩根据动物的特长，帮它们找到了什么好工作？"

教师出示小狗、小松鼠、大象、蚯蚓等动物的图片，组织幼儿进行故事续编。

最后鼓励幼儿用"因为动物的哪个特点，所以它适合做什么工作"的句型进行概括。

2. 创编儿歌，巩固故事内容。

教师引导幼儿提取故事概要，根据图片创编儿歌，并朗读儿歌。

3. 分组比赛——小动物的工作服。

（1）教师："小动物们马上要工作了，我们来为小动物们选择好看的工作服。"

（2）教师将幼儿分组，运用小组比赛的形式，看哪一组小朋友又快又准确地为小动物们选择好工作服。教师分发动物图片（如下图所示）和工作服及职业用品纸片，组织幼儿进行拼贴。

（3）教师宣布比赛结果，并总结。

教师："感谢小朋友给动物们选择的工作服，它们穿着新的工作服开开心心地要去工作了。"

（三）结束部分——谈话活动：我未来的职业

教师组织幼儿进行谈话活动，幼儿根据自己的特长和喜好，谈谈未来想要做什么职业。

五、活动延伸

将活动材料投放到活动区，教师引导幼儿在区域活动中将未来的职业画出来，并粘贴在美工区的画墙上。

六、活动评价

《动物职业介绍所》故事篇幅较长，角色众多，社会事务繁杂，有游泳教练、邮差等，对于小年龄班幼儿有一定难度，因此，该活动适合大班幼儿。大班幼儿可以根据自己的已有经验和知识储备理解动物特征与职业的内在联系。大班幼儿喜爱参与续编故事，创编儿歌等活动，教师可以运用幼儿的想象力和丰富的语言表达能力，引导他们积极参加活动。

案例2

看图讲述故事：换尾巴（中班）

一、活动目标

1. 理解故事大意，了解动物尾巴的不同作用，正确认识自己的长处和短处。

2. 能根据故事内容积极参加讨论，发展语言表达能力。

3. 喜欢听故事，体验帮助别人带来的快乐。

二、活动重难点

活动重点：认识一些常见的小动物的尾巴，知道尾巴的不同功能。

活动难点：理解故事深层含义，正确认识自身的优势和不足。

三、活动准备

1. 知识经验准备。

对小兔、小松鼠等其他动物有初步了解。

2. 物质准备。

小动物及尾巴图片、小兔子挂图、小袋鼠挂图、大灰狼挂图、兔妈妈挂图。

3. 环境准备。

在活动室的主题墙上粘贴小兔、小松鼠等多种动物的尾巴及用途的图片。

四、活动过程

（一）开始部分——律动导入

由《走路歌》引出歌曲当中的小动物来到教室当中，激发幼儿的兴趣。

（二）基本部分——活动展开

1. 教师声情并茂地完整讲述故事。

教师："故事的名字叫什么？故事中的主人公都有谁？它们在做什么？"

2. 出示人物挂图，帮助幼儿串联故事内容。

（1）出示小松鼠、小白兔挂图，引导幼儿说出它们尾巴的特点。

（2）结合挂图，向幼儿呈现互换尾巴后两个小动物的形态，帮助幼儿从感官上感受尾巴的不同。

提问：小松鼠和小白兔互相交换尾巴了吗？它们分别拥有了什么样的尾巴。

（3）出示小松鼠在森林里的挂图，引导幼儿观察并说出换尾巴之后的小松鼠遇到了什么问题。

（4）出示小白兔的图片并提问：小白兔遇到了什么问题？谁救了它？

（5）出示最后的图片，提问幼儿故事中的小白兔和小松鼠后来怎么样了？把尾巴换回来了吗？

小结：每只小动物都有不同的尾巴，它们的尾巴都有自己的用处；每个小朋友身上也都有优点和不足，我们要喜欢自己，欣赏自己。

3. 找尾巴游戏，引导幼儿观察，升华幼儿情感。

教师："又有些小动物也赶来了，请小朋友看一看都有谁？"

教师："请小朋友观察一下这几只小动物和你之前看到的有什么不一样的地方吗？你愿意帮助它们把尾巴找回来吗？"

（三）结束部分——歌唱结束

幼儿在愉悦优美的歌唱中结束本次活动，提升幼儿对小动物的喜爱之情。

五、活动延伸

请小朋友到美工区画出一只自己喜欢的小动物，并与自己的好朋友分享。

六、活动评价

《换尾巴》故事篇幅较短，角色较少，因此，该活动适合中班幼儿。中班幼儿可以根据自己的已有经验和知识储备理解动物尾巴的作用，能够为不同的动物找到自己的尾巴，在教师的引导下，能够理解故事的深层含义。他们能在教师的活动安排下，完成本次教学活动。

案例3

故事创编活动：掉进酒桶的老鼠（大班）

一、活动目标

1. 能借助画面内容创编"救鼠"和"逃生"的故事情节。

2. 能用连贯的语言大胆地讲述，发展语言能力及想象力。

3. 体验创造性讲述的快乐。

二、活动准备

1. 知识经验准备

有创编故事的初步经验。

2. 物质准备

故事《掉进酒桶的老鼠》录像资料；电脑一台。

3. 环境准备

鼠、兔、鸟、狗、羊、鸭、鸡、猴、猫、牛、装有许多酒的酒桶图片各一张，并布置在黑板上：酒桶图片在中间，猪、兔、鸟、狗、羊、鸭、鸡、猴、猫、牛图片呈圆形翻贴在酒桶图片外圈。

三、活动过程

（一）开始部分：出示小老鼠图片，激发幼儿观赏兴趣

教师用一种神秘的口吻介绍幼儿即将观看的录像。

教师："小朋友，你们看谁来了？""这是一只聪明勇敢的小老鼠，今天让我们听一听、看一看这只小老鼠的故事吧！"

（二）基本部分：欣赏并创编故事

1. 分段播放录像，幼儿欣赏。

（1）播放录像第一部分：从故事开始到小老鼠掉进酒桶里等着有人来救它。

教师出示事先布置好的黑板，把小老鼠图片放在黑板上的酒桶图片中。教师提问："小老鼠为什么掉进酒桶里？小老鼠在酒桶里怎么样？"

教师引导幼儿创编"救鼠"情节："谁会来救小老鼠呢？怎样救的？"幼儿每说出一种动物，老师就把相应的图片翻过来，用粉笔画线把动物与酒桶连起来。如果黑板上没有幼儿创编的动物，教师就用粉笔画出来，幼儿没有提到的动物，老师最后把它翻过来，并引导幼儿进行创编。

（2）播放录像第二部分：从来了一只小花猫到小老鼠同意小花猫救自己上来。

教师："小花猫和小老鼠是好朋友吗？小花猫为什么要救小老鼠？小老鼠为什么同意小花猫救自己？"

（3）播放录像第三部分：从小花猫把小老鼠救上来到张开嘴巴要吃小老鼠。

教师引导幼儿创编"逃生"情节："小老鼠被小花猫吃了吗？它是如何逃脱的？"幼儿用连贯的语言大胆创编小老鼠"逃生"过程。

（4）播放录像第四部分：从小花猫张开嘴巴要吃小老鼠到最后。

教师："当小花猫要吃小老鼠时，小老鼠说了什么？小花猫是怎么做的？小老鼠逃回洞里又是怎么说的？"

教师要求幼儿用故事中的语言进行讲述。

2. 幼儿完整地欣赏故事录像。

3. 幼儿借助放慢的无声录像，复述故事。

教师："这个故事真好玩儿，小朋友还想听吗？下面，我们请几个小朋友看着没有声音的录像为我们讲故事。"

教师把录像放慢一倍，请4名幼儿采用接龙方式，看着无声录像为大家讲故事。

教师："这个故事那么好听，想不想学会了回家讲给家里人听呢？下面，请小朋友跟着无声录像一起讲讲这个故事。"

（三）结束部分：迁移故事主题，渗透思品教育

教师："你喜欢故事里的小老鼠吗？为什么？我们应该向小老鼠学什么？"

教师引导幼儿结合自然灾害、迷路、遇到坏人等境况，讲讲自己是如何想办法解决的。

小结：我们应该向小老鼠一样做个聪明勇敢的孩子，遇到困难的时候不要害怕，要动脑筋想办法解决困难，学会保护自己。

四、活动评价

这是一次大班幼儿的故事创编活动。在本次活动中教师深入挖掘了故事的教育价值，发展了幼儿的想说、敢说的能力。在活动中，教师采用录像、图片的直观形式直接刺激幼儿的视听器官，以录像贯穿整个故事教学，用动物图片引导幼儿发散讲述，符合幼儿思维的特点，便于幼儿大胆想象并讲述，从而达成活动目标。

章末小结

通过本章学习，我们主要掌握以下知识点：

（1）幼儿故事是指具有故事基本特征的内容单纯、篇幅短小，与幼儿的接受能力相适应，供幼儿阅读和聆听的叙事性文学体裁。

（2）幼儿教师讲述故事的技能技巧包括故事的选择、故事的改编（删次要情节、增生动情节、改个别句段、设计开头结尾）、故事的讲述（声音的处理、拟声的技巧、态势语的运用和节奏的控制）和故事的创编。

（3）组织故事讲述活动的方法有：表演参与法、迁移讲述法、情景再现法、续编创编法。

（4）组织看图创编故事活动的方法有：创设故事情境、观察故事图片、分析故事情节、设计有效问题、提供创编条件。

（5）组织综合性故事讲述活动的方法有故事导入法、编演故事法、故事评价法。

练一练

1. 故事讲述训练

实训要求：（1）口齿清楚，流畅完整地讲故事，且要声情并茂。（2）有幼儿意识，表现出正在对幼儿讲故事。

听鱼说话

琼儿的外公是个非常有趣的人。他爱钓鱼。

琼儿看外公把蚯蚓挂上钓钩，就说："蚯蚓不疼吗？"

"好吧，我来问问它。"外公把蚯蚓拿到面前，对它说："你挂在钩上，受得了吗？"

接着，外公把蚯蚓搁到耳朵边听了听，然后对外孙女说："它说，没事儿，它说它最喜欢钓鱼了。"

琼儿不相信外公说的，她要自己亲耳听一听。她把蚯蚓放到耳朵边听了听，说："蚯蚓什么也没说呀。"

"因为它跟你还不熟呢。蚯蚓的心思我知道，它是急着要下水去钓鱼了。"外公说着就把钓钩往前一抛，蚯蚓立刻沉到水里去了。不一会儿，外公钓上来一条鱼。接着，外公把钓竿给外孙女，让她也碰碰运气。

琼儿学着外公的样子，把钓钩抛进了水里。没多久，她也钓到了一条鱼，是一条小鱼。小鱼躺在岸边草地上，小嘴一张一张的。琼儿看着有些不忍心了。

"外公，你看小鱼好像在说什么。"琼儿说。

"是的，鱼儿真的像是在说话哩。"外公说着，拿到耳边听了听，说："小鱼说'拿我做汤，一定很鲜的。'"

"我要自己来听。"琼儿说。

"你能听懂鱼话吗？"外公问。

"试试看吧。"琼儿说着，把鱼搁到耳朵边听了一下，说："小鱼说了'我还小呢，放我回水里去吧!'"

外公又惊又喜，说："你说的是真的吗?"

"一点不假。"琼儿说。

"那好，你就把它放回去吧。"外公说。

琼儿把小鱼轻轻地放回了水里，看着它尾巴一摇一摇地游远了。

外公又把钓钩抛进了水里，又钓起鱼来。他边钓边说："我还从来没见过，学听鱼话竟有像你学得这么快的。一下就学会了。"

"下一回，我要学听蚯蚓说话，准也能一听就会。"琼儿说。

（结尾设计范例）小朋友，我们热爱大自然，大自然就是幸福的。当你热爱生命，生命就是幸福的。有爱的小朋友，是最幸福的。

猪八戒换脑袋

谁都知道，猪八戒有个笨脑袋。猪八戒自己也挺着急。他听说现在人的本领越来越大，可以给人换心、换肺、换手，还能换头哩!有一天半夜，他乘孙悟空和沙和尚熟睡着，就偷偷溜到人间，去找医生给他换个聪明脑袋。

一位白胡子医生见是猪八戒来看病，连忙笑着迎接他："欢迎大仙来看病，请问大仙哪里不舒服?"

"俺……俺是来看……脑子笨的。"猪八戒说完，羞得脖子通红。白胡子医生说："大仙不要着急，我给你换个头就是了。你想换什么脑袋呢?科学家的、诗人的、将军的，还是工程师的?"

猪八戒拍了拍脑门说："俺只要换个像师兄孙悟空一样的聪明脑袋就行了。"

"噢，你要换个孙悟空的脑袋?这倒难了……"白胡子医生搓了搓手，想了一想，忽然想出一个好办法，忙拉住猪八戒的大耳朵，轻轻告诉了他，猪八戒听了哈哈大笑，连连点头，急忙回去了。

再说孙悟空和沙和尚一觉醒来，不见了八戒，正在找他。忽然看见他捧着大肚子，哎哟哎哟叫着走来了。

孙悟空急忙扶住他说："唉，你一早上哪儿去了?"猪八戒皱着眉头说："都怪我嘴馋贪吃，吃坏了肚子，拉屎去了……哎哟，哎哟……喔哟哟……"

沙和尚慌忙对孙悟空说："师兄，快把八戒送医院。"到了医院大门口，猪八戒可高兴了，心里说："哈哈，这回你猴头可上了我的当啦!"

他俩刚刚走到白胡子医生面前，突然闻到一股香味，只觉得天昏地转，一下倒在床上，呼呼地睡着了。

白胡子医生拿起激光手术刀，一按电钮，"唰"的一声，一道白光割下了孙悟空的头，又一按电钮，唰的一声，一道白光割下了猪八戒的头。哈，真棒，一滴血也没出!

只一会儿，白胡子医生就把孙悟空的头缝在猪八戒的身上，又把猪八戒的头缝在孙悟空的身上了。哈哈，这一下可好玩啦。猴身体上长了个大大的猪头，猪身体上长了个小小的猴头，孙悟空和猪八戒醒过来，你瞧瞧我，我瞧瞧你，都惊呆了。

那猴头猪身说："俺是齐天大圣孙悟空，嘿！你是什么妖怪？"那猪头猴身说："嘿！俺才是齐天大圣孙悟空，你是什么怪东西？"两个怪东西越吵越凶，都要白胡子医生说说，到底谁是真孙悟空？

白胡子医生叹了一口气说："唉，我可说不清，还是让你们把头换回来吧！"说着手一晃，放出一股香味，两个怪东西又呼呼地睡着了。哈，只一会儿，两个头又换回来啦！

孙悟空狠狠地捶了猪八戒一拳，笑着说："你怎么好跟老孙开这样的玩笑！"他又跷起大拇指，对白胡子医生说："大夫的医术真比神仙还灵，俺老孙算是服了。"

猪八戒可不高兴，长鼻子翘得老高老高，咕哝着："可是，俺……俺还是笨呀！"

白胡子医生笑眯眯地说："我可以把一台小小电子计算机装进大仙脑袋里，让你变得非常聪明。"

"啊，要开刀？我怕，我怕！"猪八戒抱着脑袋就逃，孙悟空手快，一把抓住他，把他按在床上。

"嗷！嗷……"猪八戒叫了几声，闻到香味，就睡着了。白胡子医生就把电子计算机装进了他的脑袋。

等猪八戒醒来，他已经变成一个非常非常聪明的新猪八戒啦！

2. 故事教学活动设计训练

逃家小兔

从前有一只小兔子，它很想要离家出走。有一天，它对妈妈说："我要跑走啦！"

"如果你跑走了，"妈妈说，"我就去追你，因为你是我的小宝贝呀！"

"如果你来追我，"小兔说，"我就要变成溪里的小鳟鱼，游得远远的。""如果你变成溪里的小鳟鱼，"妈妈说，"我就变成捕鱼的人去抓你。"

"如果你变成捕鱼的人，"小兔说，"我就要变成高山上的大石头，让你抓不到我。""如果你变成高山上的大石头，"妈妈说，"我就变成爬山的人，爬到高山上去找你。"

"如果你变成爬山的人，"小兔说，"我就要变成小花，躲在花园里。""如果你变成小花，"妈妈说，"我就变成园丁，我还是会找到你。"

"如果你变成园丁，找到我了，"小兔说，"我就要变成小鸟，飞得远远的。""如果你变成小鸟，飞得远远的，"妈妈说，"我就变成树，好让你飞回家。"

"如果你变成树，"小兔说，"我就要变成小帆船，漂得远远的。"

"如果你变成小帆船，"妈妈说，"我就变成风，把你吹到我要你去的地方。"

"如果你变成风，把我吹走，"小兔说，"我就要变成马戏团里的空中飞人，飞得高高的。""如果你变成空中飞人，"妈妈说，"我就变成走钢索的人，走到半空中好遇到你。"

"天哪！"小兔说，"我不如就待在这里，当你的小宝贝吧。"

"那就这么办了。来根胡萝卜吧！"妈妈说。

（1）实训内容：请根据故事内容，设计一次中班故事创编活动。

（2）实训要求：①明确活动领域、学段。②根据该年龄段幼儿的特点，合理制定活动目标。③围绕目标进行活动设计，教学设计要根据教学目标及思路对整个教学的环节进行，各环节要环环相扣，层层递进。④为幼儿创设多种创编平台，鼓励幼儿创编合理的情节。

聪明的乌龟

一只狐狸，肚子饿得"咕咕"叫，它东奔西跑地找东西吃，看见一只青蛙正在捉害虫，心里想，先拿这只青蛙当点心，填填肚子也好。

狐狸一步一步轻轻地跑过去，再跑上两步就要抓到青蛙了，可是，青蛙正在捉害虫，一点儿也不知道。

这事儿让乌龟看见了，它急忙伸长脖子，一口咬住狐狸的尾巴。

"哎哟，哎哟，谁咬我的尾巴？"狐狸叫了起来。

乌龟回答了吗？没有。它张嘴说话，不是就放了狐狸吗？乌龟不说话，一个劲儿地咬住狐狸的尾巴不放。

青蛙听见背后狐狸在叫，就连蹦带跳地跑到池塘边，"扑通"一声跳到水里去了。

狐狸没吃到青蛙，气坏了，回过头来一看："啊，原来是一只乌龟，我没吃到青蛙，吃乌龟也行。"

乌龟可聪明了，把头一缩，缩到硬壳里去了。狐狸没咬着它的头，就去咬它的腿，乌龟又把4条腿一缩，缩到硬壳里去。狐狸没咬着它的腿，一看，还有条小尾巴呢，就去咬它的小尾巴，乌龟再把小尾巴一缩，也缩到小硬壳里去了。

狐狸实在饿慌了，就去咬乌龟的硬壳壳，"格崩、格崩"，咬得牙齿都发酸了，还是咬不动。

狐狸说："乌龟，乌龟，我要把你扔到天上去，'啪嗒'一下摔死你。"

乌龟说："谢谢你，谢谢你，你扔吧，我正想到天上去玩玩呢！"

狐狸说："乌龟，乌龟，我要把你扔到火盆里去，'呼啦'一下烧死你。"

乌龟说："谢谢你，谢谢你，你扔吧，我身上发冷，正想找个火盆来烤烤火呢！"

狐狸说："乌龟，乌龟，我要把你扔到池塘里去，'扑通'一下淹死你。"

乌龟听到狐狸这么一说，"哇"的一声哭了："狐狸，狐狸，你行行好，千万别把我扔到池塘里去，我最怕水，掉在水里就没命了！"

狐狸才不理它呢，抓起它的硬壳壳，走到池塘旁边，"扑通"一声，把乌龟扔到水里去了。

乌龟下了水，就伸出4条腿来，划呀，划呀，一直划到青蛙身边。两个好朋友，一边笑，一边说："狐狸，狐狸，你还想吃我们吗？说呀，说呀！"狐狸气昏了，身子一纵，向青蛙和乌龟扑去，"扑通"一声，掉到池塘里去了。青蛙和乌龟看见水面上冒了一阵子气泡，再没看见狐狸露出水面来。

（1）实训内容：请根据故事内容设计一节大班故事表演活动。

（2）实训要求：①根据该年龄段幼儿的特点，合理制定活动目标。②围绕目标进行活动设计，详细介绍表演道具准备、表演要求、表演情景设计、角色的台词、动作、声音、表情设计等。③表演重点理解故事内容，学讲故事中的对话。

3. 看图创编故事训练

西瓜船

图 10 - 8

（1）实训内容：设计一次大班看图创编故事活动。

（2）实训要求：①采用有层次的提问，引导幼儿观察每一幅图。②利用图片引导进行幼儿发散性讲述，运用直观教具，创编趣味性的故事情节。③利用多种教学手段，鼓励幼儿在同伴面前大胆表达。④结合上述要求写一次故事创编活动教案。

 故事范例

西瓜船

有一天，鼠妈妈去超市买了一个大大的西瓜。小老鼠见到了那个大西瓜，恨不得一口把它吃了。西瓜一刀两半，不一会儿，小老鼠就吃完了西瓜。小老鼠想了一个好办法，它用剪刀剪啊剪，把西瓜皮剪成了一只西瓜船。

小老鼠就带着妈妈一起坐着西瓜船去旅行。西瓜船走着走着，小老鼠看到了一条小鱼，它跟小鱼打招呼，小老鼠想把小鱼捉回去。一不小心，它把手伸得太深，掉到河里去了。鼠妈妈赶紧把它拉上来。走着走着，突然，浪翻过来，西瓜船摇来摇去，小老鼠和妈妈都很害怕，妈妈捂住耳朵，小老鼠拉着妈妈的衣服。

这时候，有一只小青蛙游过来，帮它们用力推船，把船推到了岸边。这样，鼠妈妈和小老鼠就上了岸。小老鼠很感谢小青蛙的帮忙。小老鼠对小青蛙说："谢谢小青蛙。"小青蛙说："不用谢！"小老鼠和妈妈还送了礼物给小青蛙，就是它们的西瓜船。"小老鼠再见！"小青蛙边说边跳上了西瓜船。鼠妈妈和小老鼠站在岸边挥手向小青蛙告别。

指导建议

组织幼儿进行看图讲述类型的故事创编活动时，要做到以下几点：首先，要迅速地浏览图画，确定角色和故事主题。其次，细致观察图片，发现每幅图片之间的异同及联系。最后，创编合理的故事情节，确定故事名字，结合图片内容，引导幼儿完整地讲述一个简单的故事。教师可以让幼儿认识到"故事像火车"，有车头（开端）、车厢（过程）、车尾（结束）；还要有故事发生的时间（什么时候）、地点（什么地方）、人物（有谁）等；故事中还要有人物的对话（说了什么）、人物动作（做了什么）、人物心理（想了什么）等。

第十一章　绘画与手工

内容结构图

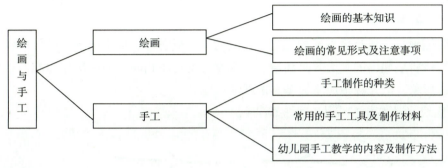

学习目标

1. 掌握绘画的基本知识及涂色方法。
2. 掌握手工制作的基本知识与方法。
3. 能够根据主题要求进行绘画和手工制作，并利用作品开展教育活动。

第一节　绘　　画

案例导读

圆　形

考核内容：用圆形组合绘画，并回答问题。

考核要求：①用圆形组合的方式，画出 4 种能反映事物基本特征的画。②作品要有童趣，幼儿能够理解，并具有创新性。③回答问题：如何将你的作品运用到幼儿园的游戏和教学活动中？

案例分析

此题目主要是考察考生基本的绘画技能、了解幼儿绘画的年龄特点并组织艺术教育活动的能力。考生可以利用作品开展寻找生活中的圆形、拼图、数数以及拼图形编故事等教育活动。

一、绘画的基本知识

绘画以简练概括性的形式语言，结合教师的讲解与示范，在满足幼儿绘画兴趣需要的同时，发展儿童的审美能力和想象力，培养儿童的社会性和积极情感。简笔画是幼儿园最常见的一种绘画种类，是幼儿园教师需要掌握的一项基本技能。简笔画是用简练的线条及基本图形勾画出生动有趣的形象。要掌握简笔画的技能需要教师观察物象，抓住事物的基本特征，用基本形状概括物象，通过联想、夸张的手法表现物象。

运用线条、图形组合来勾画出有趣生动的画面，是幼师需要具备的基本技能。

（一）基本线条

在简笔画中，线是最主要的元素，用线的多种形态，表现不同事物的外形特征。不同形态的线所呈现出的画面效果和给人的视觉感受也不相同。为了快速而准确地画出某一简笔画形象，幼儿教师应掌握基本的线条画法。

1. 横线（从左往右或从右往左画直线）

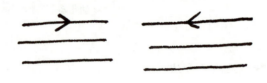

横线

2. 竖线（从上往下或从下往上画直线）

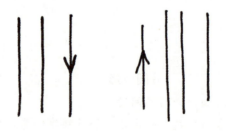

竖线

3. 斜线（从左下往右上、从左上往右下、从右下往左上、从右上往左下画直线）

斜线

4. 锯齿线（由多个斜线呈一定角度组成，斜线之间互相连接）

锯齿线

5. 弧线（上下弧线、左右弧线）

弧线

6. 波浪线（由多个弧线组成，弧线之间互相连接）

波浪线

7. 螺旋线（由多个弧线交叉组成）

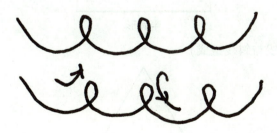

螺旋线

（二）基本图形

将线条按不同位置和长度进行有目的的组合，可形成基本组合图形。这些不同的形体组合搭配在一起会形成简笔画所需要的具体的基本形体。简笔画的关键是对物象的分解，对形体的重新组合。

1. 正方形（由横线与竖线组成，横线与竖线长度相同）

正方形

2. 长方形（由横线与竖线组成，横线与竖线长度不同）

长方形

3. 圆形

圆形

4. 半圆形（由横线与弧线组成）

半圆形

5. 三角形（由横线与斜线组成）

三角形

6. 五角星（由5条线组成）

五角星

（三）图形组合

图形的组合重点表现了物象的个性和典型特征。图形组合可分为风景、动物和人物3种。

1. 风景组合

将自然界中的花草、树木、房屋、山石这些千姿百态的景物分解成不同的基本图形后重新组合。

第一，花草。自然界中最常见的物象。下面介绍2种花草的简笔画画法。如下图所示：

由五角星和弧线组成　　　　　　　　　由椭圆形、斜线、弧线组成

第二，树木。风景组合中的代表物象。如下图所示：

由三角形和斜线组成　　　　由三角形和锯齿线组成　　　　由圆形和三角形组成

第三，树叶。树叶与树木相连接，不同的树种，树叶的形状也不同。如下图所示：

由锯齿线和斜线组成   由椭圆形和弧线组成   由扇形和弧线组成

第四，山石。是风景组合中不可缺少的一部分。山石可突出画面的远近前后关系，有一种深远和空灵感。如下图所示：

由弧线组成   由波浪线组成   由变形的长方形组成

第五，房屋。如下图所示：

由半圆形和弧线组成   由三角形和长方形组成   由长方形组成

2. 动物组合

动物的种类繁多，根据动物的形体结构和生活习性，一般可分为禽鸟、走兽、鱼、蟹、昆虫等几大类。通过观察不同动物的形体个性特征，用简单图形及线条可以概括出动物的基本特征。

第一，禽鸟。画鸡先画鸡的大致轮廓，再画鸡尾、鸡爪及细节。运用基本图形和线条进行勾画。如下图所示：

小鸡由圆形、椭圆形、三角形、斜线组成

下面介绍常见的禽鸟类的画法，鸟类都要有一对飞翔的翅膀、躯干和头部。如下图所示：

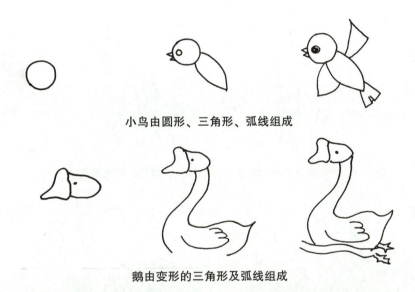

小鸟由圆形、三角形、弧线组成

鹅由变形的三角形及弧线组成

第二，走兽。一般来说，走兽类动物的头部呈圆形或扁圆形，身体躯干呈椭圆形，耳朵有圆形耳、半圆形耳、短尖形耳、长尖形耳。可见在画动物简笔画时，要夸张其外形特征，使其形象生动有趣。如下图所示：

兔子由圆形、弧线组成

猫由椭圆形、三角形、弧线组成

长颈鹿由变形的长方形、半圆形、圆形、弧线组成

骆驼由锯齿线、弧线组成

第三，鱼、蟹、昆虫。这类的动物主要由头、身和尾等构成。

首先来看鱼的画法，鱼类主要由头、鳃、身、鳍等几部分组成，鱼的基本形状由三角形与椭圆形组成。如下图所示：

热带鱼由变形的三角形、弧线组成

金鱼由椭圆形、弧线组成

其次，看看蟹的画法。蟹由头、胸、腹组成躯干，蟹的躯干呈扁圆形，步足较长。如下图所示：

蟹由椭圆形、圆形、斜线和弧线组成

最后，来看昆虫的画法。昆虫类作画顺序为先画头部，再画胸腹，最后添足。常见的昆虫由蜻蜓、蝴蝶、蜜蜂等，其特点是翅膀大。如下图所示：

蜻蜓由圆形、弧线组成

蝴蝶由椭圆形和弧线组成

3. 人物组合

人物简笔画可以从人物头部的形状、五官、表情来表达人物的信息。人物主要由头、身子、上肢和下肢组成。在简笔画中，用常见的图形和线条可以勾画人物的基本特征。

第一，人物头像。可以用正方形、长方形、椭圆形等基本形状来概括人物的头部。表情是人物的关键，生动的表情会使画面生动。如下图所示：

微笑与哭泣

开心与愤怒

老人

第二，人物形态。在简笔画人物中应用大的形体概括人物的形态与动作。如下图所示：

跳舞、踢球

拉琴、跳绳

（四）色彩知识及涂色方法

常用的色彩知识和涂色方法有：

1. 基础的色彩知识

第一，三原色。原色是指无法用其他颜色混合得到的颜色，即第一次色。理论上讲原色只有 3 种：红、黄、蓝。直接用这 3 种颜色中的任何一种大面积上色，画面都会显得鲜明而跳跃。

第二，间色。三原色中任何两种颜色混合产生的颜色称为间色，又称第二次色。调色时，只有用相等量的原色才能调出标准的间色。因此，原色量的比重会影响到调出来的颜色，所以间色的层次是十分丰富的。三原色中的红色与黄色等量调配出橙色，而红色与蓝色等量调配出紫色，黄色与蓝色等量调配出绿色。

第三，补色。补色是指在色环上相对的两种颜色（即：在同一条直径上的两种颜色）为一组补色，如红和绿，橙和蓝，黄和紫。

第四，复色。复色是指含有三原色中任何一种原色的颜色都叫复色，又称第三次色。调色时，不但三原色的量会影响到调出的颜色，黑白之间的不等量也可以调出许多不同的复色。调色时要注意多种复色的混合容易使颜色显脏，所以调色时一定要控制好颜色的量。

第五，冷暖色。红、橙、黄色常使人联想起东方旭日和燃烧的火焰，因此，有温暖的感觉，所以称为"暖色"；蓝色常使人联想到蓝天、冰雪，因此，有寒冷的感觉，紫色给人高贵、典雅之感，绿色有深远之意，所以将蓝色、绿色、紫色称为"冷色"。

2. 基本的涂色方法

第一，大面积的匀涂法。此方法是在简笔画中用油画棒涂色时使用的最基本的方法。涂色时应用力均匀，根据物体的形状来涂。

第二，叠色法。叠色法是指超过两种颜色叠在一起，变成另外一种颜色。用叠色法涂抹时，可以换个笔触方向，对叠几层。

第三，渐变法。用渐变法涂色时，油画棒开始时和纸张形成的角度比较大，这个时候要用力一些，把颜色画深，然后慢慢将笔和纸的角度减小，逐渐倾斜下去，力度也减下去，颜色就慢慢地淡下去了。

（五）构图

根据主题要求，在一定的空间中将各种物象合理地排列与组合称为构图。

常见的构图有单独构图，画面中只有一个单独物体；并列构图，画面中并列安排着数个形象，物体在方向上呈现一致，都是垂直平行，头脚一致地竖立；不对称的均衡构图，均衡地安排、布置画面。

构图时要注意物象间的主次、大小、虚实和疏密的变化。每幅作品都有表达主题的主要对象，这就要求在构图上要突出主体，主体不仅是画面内容的中心也是画面结构的中心。

二、绘画的常见形式及注意事项

绘画的常见形式有主题画、插图画等。主题画是指按照一定的故事情节、场景创作的绘画作品。插图画是指用来搭配故事的图片，使幼儿能清晰地了解故事的内容的绘画作品。

创作主题画时应注意以下事项：第一，主题画大致为人物、动物、景物这 3 大类别，拿到题目考生应思考这个主题要表达的是什么。第二，构思绘画主体，巧妙安排画面。思考主要物象和辅助物要画的是什么，主要物象画在画面的主要位置可近些、大些，背景等陪衬物象画得远一些，小些。第三，画面主色调的把握，确定是冷色调还是暖色调。

 案例呈现

主题画：冬天来了

主题画《冬天来了》的制作方法和步骤：

（1）铅笔勾画出想要表现的物象，物象需形象而生动。选择颜色，由于是冬季，在颜色的主色调上应以冷色调为主。用彩笔或蜡笔、彩铅笔来涂色，注意涂色要均匀。

（2）要体现"冬天"这个词，而且画面新颖，使人眼前一亮，就要用到辅助背景，如树木、屋顶满是雪的房屋。

（3）了解主题思想。这幅主题画想表达的思想是冬天来了、冬天里的景物。因此，在物象的选择上人物不宜过多，画出冬季的着装特点即可。

主题画《冬天来了》

创作插图画时应注意的事项：第一，要读懂故事，知道故事讲述的是什么，故事中的主人公想表达什么思想。第二，色彩不用非常丰富，只要能表达故事的主题思想即可。第三，故事插图不宜过多，过多容易使幼儿产生视觉上的疲劳。

案例呈现

故事：龟兔赛跑

一天，兔子见到了乌龟。它嘲笑乌龟说："瞧你可真慢，一辈子也别想跑得过我！"乌龟不服气，决定与兔子比赛跑。它们请来小猴子做裁判，一起站到起跑线上做好准备。号令一响，兔子就像一阵风似的跑远了，把乌龟远远地落在了后面。兔子想：就算我现在睡上一觉，乌龟也跑不过我！兔子果真躺下呼呼大睡起来。乌龟爬得满头大汗，终于爬上了半山腰。它看见睡得正香的兔子，也很想停下来歇一会儿。可它没有这样做，又坚持不懈地一步步向前爬去。不知过了多久，兔子终于醒了，这时它才发现乌龟早已经超过了自己，距离终点只有几步远了。兔子这下可急了，可是已经太晚了，骄傲的兔子跑得再快，此时也赶不上踏踏实实的乌龟了。看着乌龟成了比赛的冠军，兔子羞愧极了。

考核要求：模拟创设故事插图画《龟兔赛跑》。

案例分析

故事插图画《龟兔赛跑》的制作方法和步骤：

（1）读懂故事，知道谁是主人公，想要表达什么思想。案例中故事主人公是乌龟和兔子，讲述的是它俩之间如何赛跑的故事。

（2）用铅笔勾画出物象，插图不宜过多，画面过多会使幼儿产生视觉上的疲劳。勾画出主要的故事内容。

（3）用彩铅笔涂色，每幅画要保证色彩一致。

（4）用5幅图来描绘即可：第1幅是兔子和乌龟在太阳下；第2幅是乌龟和兔子在起跑线前准备，猴子做裁判；第3幅是兔子很快地领先，乌龟在后；第4幅是兔子在休息睡觉，乌龟在努力地跑；第5幅是等兔子起来再追乌龟时已经晚了，乌龟已到达终点取得了冠军。

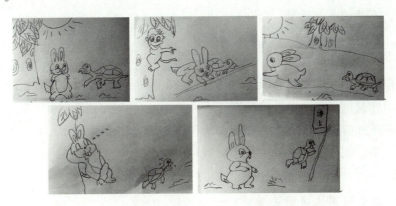

故事插图画《龟兔赛跑》（铅笔勾勒）

故事插图画《龟兔赛跑》（彩铅涂色）

故事插图画《龟兔赛跑》（彩铅涂色）续

第二节　手　工

案例导读

啄木鸟

面试中小张抽到的题目是制作折纸啄木鸟。要求是：①用单菱形折叠出啄木鸟的外形。②作品生动有趣，啄木鸟辨识度高，幼儿能够理解。③回答问题利用这个折纸作品和幼儿开展什么游戏？请说出两种。

案例分析

此题目主要考察考生折纸的基本折法、了解幼儿并组织艺术教育活动的能力。考生可以利用作品开展寻找生活中的菱形动物、数数以及编故事等教育活动。

掌握手工制作的基本技巧不仅可以提高教师的职业技能水平，还有助于教师引导儿童开展生动、有效的教育活动。

一、手工制作的种类

手工制作是利用简单的材料及工具进行一系列翻折、撕贴和拼接等处理的活动，是锻炼手的灵活性及创造能力的一种活动。

手工被广泛地应用于幼儿园教育活动的各个领域，和绘画一样，手工制作属于艺术领域的活动。手工制作能促进幼儿的手、眼和大脑协调能力的发展，是幼儿比较喜欢的一种教育活动。

（一）根据空间形态进行分类

根据空间形态的不同，手工制作可以分为平面手工制作和立体手工制作。平面手工制作，在平面基础上完成的手工作品称为平面手工。平面手工分为粘贴、剪贴、撕贴。立体手工制作，通过粘贴、剪贴等技法制作的三维立体物象。立体手工活动分为折纸、剪纸、泥工和废旧材料制作等。

（二）根据使用的材料进行分类

根据使用材料的不同，手工制作可分为纸工、泥工和废旧材料的制作等。

1. 纸工

纸工包括折纸、剪纸。

（1）折纸的基本方法。

①对边折。

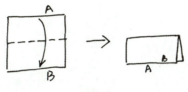

对边折

②集中一边折。

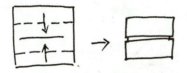

集中一边折

③集中一角折。

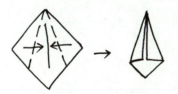

集中一角折

④对角折。

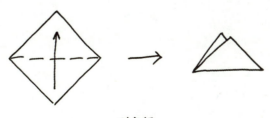

对角折

⑤四角向中心折。

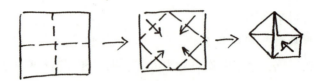

四角向中心折

⑥单菱形折。

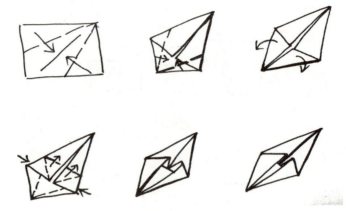

单菱形折

⑦双三角折。

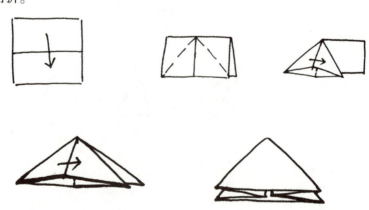

双三角折

⑧双菱形折。

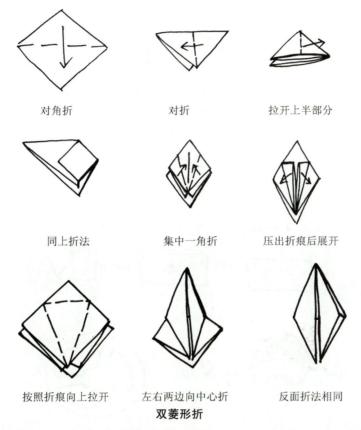

对角折　　　　　　　　对折　　　　　　　　拉开上半部分

同上折法　　　　　　集中一角折　　　　　压出折痕后展开

按照折痕向上拉开　　左右两边向中心折　　反面折法相同

双菱形折

折纸的基本手法有：折叠，将所需大小纸块折起，两层叠合；捏，拇指和食指用力捏折痕，使其挺直；压，折下的纸重叠对正后，用力按压折线；翻，依照折出的痕迹，由内向外轻轻翻出来；拆，将已折的几个步骤拆开，恢复到某一步骤。

（2）剪纸的基本方法。

剪纸的基本方法有对边折剪、对角折剪、三角折剪、四角折剪、五角折剪等。

①对边折剪。

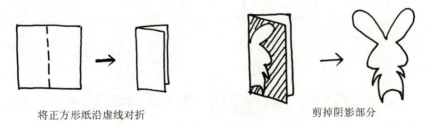

将正方形纸沿虚线对折　　　　　　　　　剪掉阴影部分

兔子对边折剪

②对角折剪。

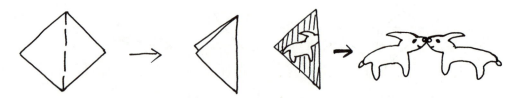

剪掉阴影部分展开

小狗对角折剪

③三角折剪。

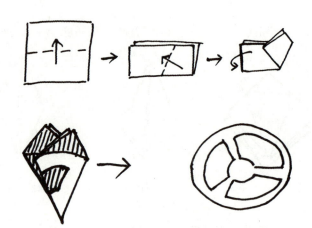

方向盘三角折剪

④四角折剪。

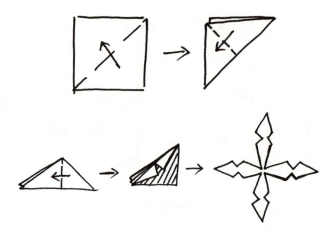

四角折剪

⑤五角折剪。

五角折剪

2. 泥工

制作泥工多采用彩泥、陶泥、超轻黏土和面团等。

基本技法包括简单地揉、搓、捏、团、压。揉,用一只手把黏土放在平板上来回揉,多用于基本形状的制作;搓,可以用双手搓黏土,或者用一只手把黏土放在平板上来回搓,多用于细长的条状形制作;捏,双手配合,根据造型需要把相对复杂的形状捏塑出来,如具体且细小的地方;团,用双手把黏土放在掌心里,来回团搓黏土,多用于圆形制作;压,双手挤压黏土团,或者把黏土放在平板上,用手掌挤压成扁形或凹形。

3. 废旧材料

废旧材料的制作可理解为旧物改造,将生活中失去原本价值且安全卫生、丢掉浪费又不环保的物品进行重新加工制作。

废旧材料取材容易、方便经济、生活中随处可见,如报纸、宣纸、纸杯、彩色硬纸张、礼品盒等纸类物品;碎布、手套、帽子、毛线、花边;吸管、蛋壳、发夹、项链等生活用品;易拉罐、塑料瓶、完整的玻璃瓶、瓶盖、纽扣、彩带等废旧物品。

二、常用的手工工具及制作材料

1. 常用的工具

常用的工具有剪刀、胶水和绘画工具。

2. 常用的制作材料

常用的制作材料有点状材料、线状材料、面状材料和块状材料。

（1）点状材料。

点状材料主要有珠子、纽扣、果仁、瓶盖、豆子和沙子等。

（2）线状材料。

线状材料主要有绳子、线、纸条、吸管和树枝等。

（3）面状材料。

面状材料有纸、布、花瓣、木板和树叶等。

（4）块状材料。

块状材料主要有各种材质的盒子、瓶子，蔬菜、泥块和石块等。

三、幼儿园手工教学的内容及制作方法

幼儿园手工教学的内容主要有折纸、剪纸、撕纸拼贴画、五谷粘贴画等。

（一）折纸

折纸是纸张通过折、叠、压等方法的一种手工制作活动。折纸活动操作简单易行，造型变化丰富，是幼儿手脑结合的益智活动。在折纸过程中可培养幼儿的审美情趣，也是学前教育专业学生提升动手能力和审美能力的一种方法。

案 例

折纸青蛙跳的制作方法步骤：

取一张长方形纸，　　沿着折痕折叠成　　另一半方形折纸，　　上下两端向中间
按折痕折叠后展开　　　双三角形　　　　从中间折叠　　　　　折叠

 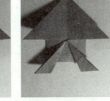 

青蛙的后腿　　　　　后腿向前折叠　　　　前腿向上折叠

后腿部分向前折叠　　　再向后折叠一部分　　　用手指按压后腿部分，
　　　　　　　　　　　　　　　　　　　　　轻轻弹开，青蛙就蹦跳起来了

青蛙跳

（二）剪纸

剪纸是中国古老的一种民间艺术，是用剪刀或刻刀在纸上剪刻花纹及物象的过程。剪纸是一种镂空艺术，在视觉上给观者以艺术的享受。

 案　例

剪纸："连排树"

"连排树"制作方法与步骤：

"连排树"用到剪纸中的连续纹样的剪法。所需材料有彩纸和剪刀。

（1）将长纸条按照虚线折叠，成弹簧状，这里每格的宽度相等。

（2）在第一小格勾画出树的图案，两边要紧贴纸张的边缘，之后用剪刀将阴影处剪掉。

（3）将剪好的图案展开就成了连排树。连续纹样的剪法适用于多种图案，此剪法装饰性较强。

连排树

（三）撕纸拼贴画

撕纸拼贴画的材料随手可得，作品颜色丰富、造型多变。常用的撕纸拼贴画材料有彩色卡纸、海绵纸、杂志等。

 案例呈现

撕纸拼贴画：漂亮的山

制作漂亮的山的基本方法和步骤：

（1）在选择纸张的颜色上不要单一，大块的颜色要统一，以黄色调为主，在块面与块面的交接处颜色对比要强烈，主体物山与背景色蓝色对比要强烈。

（2）双手配合撕纸，按照山的大致形状撕成不规则形。山的形状大小应不同，这样来表现画面的前后左右关系。

（3）粘贴时注意不要过疏或过密，时刻注重画面的整体性，不能粘贴太碎。

撕纸拼贴画：漂亮的山

（四）五谷粘贴画

运用生活中的五谷作为材料，粘贴出生动的、五彩的绘画形象。

 案例呈现

五谷粘贴画：蝴蝶

制作五谷粘贴画的基本方法和步骤：

（1）选择自己需要的五谷备用。

（2）勾画出蝴蝶的大致外形，涂上少量胶水或粘贴上双面胶，然后再用镊子夹起五谷粘贴，大面积用黄色和深红色的黄豆及红豆时，可将黄豆和红豆撒在粘贴的位置之后用力按压。

（3）将粘贴好的蝴蝶晾干。

蝴蝶五谷粘贴画

章末小结

通过本章的学习，我们主要掌握以下知识点：

（1）在绘画的基本知识中，主要掌握点、线条、图形组合的知识和运用知识来勾画有趣生动的画面的技能。

（2）绘画的常见形式有主题画、插图画等。主题画是指按照一定的故事情节、场景创作的绘画作品。插图画是指用来搭配故事的图片，使幼儿能清晰地了解故事内容的绘画作品。

（3）绘画的注意事项。创作主题画时应注意以下事项：第一，主题画大致为人物、动物、景物这3大类别，拿到题目考生应思考这个主题要表达的是什么。第二，构思绘画主体，巧妙安排画面。思考主要物象和辅助物要画的是什么，主要物象画在画面的主要位置可近些、大些，背景等陪衬物象画得远一些、小一些。第三，画面主色调的把握，确定是冷色调还是暖色调。创作插图画时应注意的事项：第一，要读懂故事，知道故事讲述的是什么，故事中的主人公想表达什么思想。第二，色彩不用非常丰富，只要能表达故事的主题思想即可。第三，故事插图不宜过多，过多容易使幼儿产生视觉上的疲劳。

（4）在手工制作的基本技巧部分主要掌握折纸、剪纸、泥工和废旧材料的利用的技巧。

练一练

1. 剪纸：蝴蝶

（1）内容：蝴蝶剪纸。

（2）要求：运用对边折剪的方法完成剪纸《蝴蝶》。

（3）回答问题：①这种纸工方法适合哪个年龄段幼儿学习？②如何利用你的作品开展其他的教育活动？

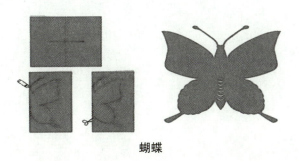

蝴蝶

2. 绘画：我的妈妈

内容：以绘画《我的妈妈》配合，引导5~6岁幼儿开展"我的妈妈本领大"主题活动。

要求：作品的内容与主题相符，富有童趣，有创意。

3. 手工制作：坦克

内容：以手工制作的坦克配合，引导 4～5 岁幼儿开展"废物利用"主题活动。

要求：作品的内容与主题相符，富有童趣，有创意。

坦克

4. 折纸：小猫

内容：模拟引导 3～4 岁幼儿开展制作折纸小猫的活动。

要求：方法适当，作品的内容与主题相符，富有童趣，有创意。

5. 撕贴画：毛毛虫

内容：制作撕贴画《毛毛虫》。

要求：利用作品配合，组织 4～5 岁幼儿开展主题活动"巧妙的昆虫"。方法适当，作品的内容与主题相符，富有童趣，有创意。

小猫

毛毛虫

第十二章 边弹边唱

内容结构图

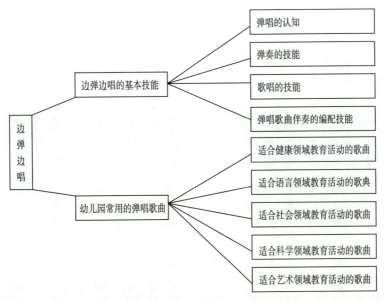

学习目标

1. 理解歌曲的音乐内涵。

2. 掌握边弹边唱所需的各种技能，包括：弹奏技能、歌唱技能、弹唱的编配技能等；具有弹唱的音乐修养与审美能力。

3. 具有弹唱所需的学习心理与表演心理品质。

4. 能够运用弹唱的基本技能组织教育活动。

第一节　边弹边唱的基本技能

案例导读

长　城

1=C 3/4

中速 欢快地

(2 3 2 3 5 | 2 3 2 3 1)
 4   -   5 | 5   -   3
 2   -   2 | 4   -   1
 6·   -   7·| 7·   -   5·

1 2   3   5 | 6 3 5   - | 5 6   i   6 | 5 3 2   -
万 里　长　城　像条龙，　　跨过高　山　长又长，
万 里　长　城　像条龙，　　我爬长　城　高又高，

 3   -   - | 4   5   - | 3   -   - | 3   5   -
 1   -   - | 2   2   - | 1   -   - | 1   2   -
 5·   -   - | 6· 7· - | 6· -   - | 5· 7· -

2 3   5   6 | 5 1 3   5 | 2 3   5   6 | 3 2 1   -
连 着　大　山　和蓝天，　　我爱你　啊　长　城。
长 城　内　外　好风光，　　我爱你　啊　长　城。

 4   -   - | 3   -   - | 4   -   - | 5   3   -
 2   -   - | 1   -   - | 2   -   - | 4   1   -
 6·   -   - | 5· -   - | 6· -   - | 7· 5· -

考试内容：教唱歌曲《长城》。

考试要求：①完整流畅地弹奏，节奏准确。②有表情地歌唱，吐字清晰，把握准确的音高。③模拟面对幼儿教唱歌曲，教唱的方法适合幼儿的特点和能力水平。

案例分析

这是一道考查考生弹唱技能和教唱能力的考题。要完成上述任务需要考生首先具备基本的弹唱儿童歌曲的能力。

一、弹唱的认知

(一) 对弹唱课程的认知

音乐教育是素质教育的重要组成部分，幼儿歌曲弹唱属于音乐教育，它是学前教育

专业的必修课之一，是一门集声乐技能、钢琴技能、乐理知识、和声理论、作曲理论与作品分析等学科于一身的综合性很强的音乐学科。幼儿歌曲弹唱是理论与实践相结合的课程。幼儿歌曲弹唱技能是教师组织幼儿园教育活动的必要技能，它要求弹唱者不仅要掌握键盘（包括钢琴和电子琴）弹奏技能、演唱技能和边弹边唱技能，而且要具有较高的音乐修养和较强的音乐审美能力；不仅要能够正确地弹唱歌曲的曲谱，更要有能力准确地表达歌曲的音乐内涵。每一首歌曲都有其独特的历史、地域、民族风格和歌曲的音乐内涵。

（二）各具特色的幼儿弹唱歌曲

幼儿弹唱歌曲中的每一首歌曲都有其独特的历史、地域、民族风格和歌曲的音乐内涵。

1. 活泼、欢快的幼儿歌曲

健 康 歌

许常德 词
林国荣 曲

1=F 2/4

左三圈 右三圈，脖子扭扭 屁股扭扭，早睡早起 咱们来做运动。

动动手呀 动动脚呀，去做深呼吸， 学爷爷 蹦蹦跳跳 永远不会老。

2. 优美、抒情的幼儿歌曲

小 白 船

朝鲜族儿歌

1=D 3/4

蓝蓝的天空银 河里， 有只小白船，
渡过那条银 河水， 走向云彩国，

船 上 有 棵 桂 花 树，　白 兔 在 游 玩。
走 过 那 个 云 彩 国，　再 向 哪 儿 去?

桨 儿 桨 儿 看 不 见，　船 上 也 没 帆，
在 那 遥 远 的 地 方，　闪 着 金 光，

飘 呀，　飘 呀 飘 向 西 天。
晨 星 是 灯 塔 照 呀 照 得 亮。

3. 科学梦幻的幼儿歌曲

娃 哈 哈

维吾尔民歌
石夫 记谱编词

1.我们的 祖国是花 园，花园里花朵 真鲜 艳，和暖的阳光 照耀着我们，
2.大姐姐 你呀快快 来，小弟弟你也 莫躲 开，手拉着手儿 唱起那歌儿，

每个人脸 上都 笑开颜，娃哈哈，娃哈哈，每个人脸上都 笑开颜。
我们的生 活多愉快。娃哈哈，娃哈哈，我们的生 活多愉快。

小 星 星

1=C 4/4

法国民歌
佚 名 词

1 1 5 5	6 6 5 -	4 4 3 3	2 2 1 -
一 闪 一 闪 亮 晶 晶,	满 天 都 是 小 星 星,
15 35 15 35	16 46 15 35	16 46 15 35	75 25 1 5 35

5 5 4 4	3 3 2 -	5 5 4 4	3 3 2 -
挂 在 天 空 放 光 明,	好 像 千 万 小 眼 睛,
15 35 16 46	15 35 75 25	15 35 16 46	15 35 75 25

1 1 5 5	6 6 5 -	4 4 3 3	2 2 1 -
一 闪 一 闪 亮 晶 晶,	满 天 都 是 小 星 星,
15 35 15 35	16 46 15 35	16 46 15 35	75 25 1 -

二、弹奏的技能

掌握弹奏的基本技能是弹唱歌曲的保障。

(一) 弹奏的基本技能

熟练掌握各大调和小调的音阶、琶音、和弦的弹奏能力并具有移调能力。

(二) 弹奏的技巧

1. 弹奏的指法

指法是自如流畅弹奏的基本保证。弹奏者要严格遵照乐谱上的指法,不要随意改动,以免影响弹奏的流畅性与完整性,增添弹奏的困难。对于没有标明指法的歌曲,要依据弹奏和音乐的需要,并遵循承上启下的指法规律,合理地设计、编配指法。

2. 弹奏的触键

触键是发音优劣的关键所在,它直接决定了弹奏者的琴声能否具有音乐的表现力和感染力。正确的触键方式包括以下几方面:首先,触键应贴近键盘。触键感觉要集中在指尖,不要把力压在身体的某个部位或是键盘上,这样会增强演奏的轻巧性、灵活性、准确性、连贯性和歌唱性。其次,触键应避免装腔作势和不必要的多余身体动作,否则会影响弹奏者的音乐状态和音乐表现力。再次,触键应自然、轻盈,不僵硬,不用蛮力。最后,触键应能够表现出多变的声音层次,弹奏者要有能力熟练掌控钢琴或电子琴整个键盘从最弱到最强所有力度层次和声音层次,并能够依据歌曲音乐内涵的需要,自如灵活地运用这种技术能力。

3. 弹奏的姿势

正确的弹奏姿势要求弹奏者坐如站，两只脚自然分开，与肩同宽，手飘浮在琴键上方，全身各部位自然展开，自然贯通，即要相对独立又要协调统一，全神贯注于指尖，指型、手型、臂形、身形、腿形都要保持一定的弧度，不折指、不夹臂、不端肩、不挺胸、不驼背、不屈腿。

弹奏者正确的弹奏姿势是完美弹奏的前提条件，正确的弹奏姿势像似阳光，既温暖了弹奏者的身和心，使得弹奏者的身和心更具音乐的美感，也会融化弹奏者身、心、脑的僵硬，使得弹奏者的内心更加淡定愉悦，大脑反应更加清晰敏锐，身体动作更加自如灵活。

4. 弹奏的方法

不同的弹奏方法所表达的音乐内涵也不一样。学生在弹唱时应熟练掌握连奏、跳奏和断奏等弹奏方法。

（1）抚摸似的连奏能表达平和、柔美与抒情的音乐内涵。

云

金波 词
尚疾 曲

（2）有弹性地跳奏能表达活泼欢快的音乐内涵。

小 毛 驴

1=C 2/4

中国民歌

| 1 1 1 3 | 5 5 5 5 | 6 6 6 i | 5 — | 4 4 6 6 | 3 3 3 3 |

我有 一只 小毛驴,我 从来 不 骑, 有一 天我 心血来潮

| 5 5 | 5 5 | 6 6 | 5 5 | 6 6 | 5 5 |
| 1 3 1 3 | 1 3 1 3 | 1 4 1 4 | 1 3 1 3 | 1 4 1 4 | 1 3 1 3 |

| 2 2 2 2 | 5. 5 | 1 1 1 3 | 5 5 5 5 | 6 6 6 i |

骑着 去赶 集。 我 手里 拿着 小皮鞭,我 心里 正得

| 5 5 | 5 5 | 5 5 | 5 5 | 6 6 |
| 7 2 7 2 | 7 2 7 2 | 1 3 1 3 | 1 3 1 3 | 1 4 1 4 |

| 5 — | 4 4 4 6 | 3 3 3 3 | 2 2 2 3 | 1 — |

意, 不知 怎地 哗啦啦啦,我 绊了 一身 泥。

| 5 5 | 6 6 | 5 5 | 5 5 | 5 3 |
| 7 2 7 2 | 1 4 1 4 | 1 3 1 3 | 7 2 7 2 | 1 3 1 |

（3）有力地断奏能表达精神豪迈、坚定有力的音乐内涵。

小 海 军

1=D 2/4

常福生 词
柴本尧 曲

| 5. 55 | 5. 55 | 5. 55 6 | 5 5 | 1.3 25 | 1 3 |

我是小海军,

5	5	5	5	5 5	5 5
3	3	3	4	3 3	3 3
1 —	1 —	1 —	7 —	1 1	1 1

5. 5 5 6 | 5 - | 3 3 6 | 5 5 3 | 2. 2 2 3 | 2 - |

开着小炮艇，　　不怕风 不怕浪，勇 敢 向前 进。

```
5   5   | 5   5   | 5   5   | 5   5   | 5   5   | 5   5   |
2   2   | 2   4   | 3   3   | 3   3   | 2   2   | 2   4   |
7   7   | 7   7   | 1   1   | 1   1   | 7   7   | 7   7   |
```

1. 3 2 5 | 1 3 | 5. 5 4 5 | 6 - | 5 5 6 6 | 5 5 3 |

炮 艇 开得 快。　大 炮 瞄得 准。　敌 人 胆敢 来侵犯，

```
5   5   | 5   5   | 5   5   | 6   6   | 5   5   | 5   5   |
3   3   | 3   3   | 3   3   | 4   4   | 3   3   | 3   3   |
1   1   | 1   1   | 1   1   | 1   1   | 1   1   | 1   1   |
```

X X | X - | 6. 6 6 5 | 2 3 | 1 - | 1 - ‖

轰！轰！轰！　打 得 他呀 海 底 沉！

```
5   5   | 5   5   | 6   6   | 5   5   | 5   5   | 5   0   |
3   3   | 3   3   | 4   4   | 2   4   | 3   3   | 3   0   |
1   1   | 1   1   | 1   1   | 7   7   | 1   1   | 1   0   |
```

（4）轻巧的断奏能表达轻快、欢快的音乐内涵。

粉 刷 匠

1=D 2/4

【波兰】佐基洛夫斯卡 词
【波兰】列 辛 斯 卡 曲

5 3 5 3 | 5 3 1 | 2 4 3 2 | 5 - | 5 3 5 3 |

我是 一 个 粉刷 匠，粉刷 本领 强，　我 要 把那

```
    5       5   |    5       5   |    5       5   |    5       5   |
1 3     1 3     | 1 3     1 3     | 7 2     7 2     | 5 4 3 2 | 1 3 1 3 |
```

```
5 3 1 | 2 4 3 2 | 1  -  | 2 2 4 4 | 3 1 5 |
新 房 子，  刷 得 很 漂  亮。      刷 了 房顶  又 刷 墙，

    5   5    5   5    5   5    5   5    5   5
1 3 1 3 | 7 2 7 2 | 1 3 1 3 | 7 2 7 2 | 1 3 1 3 |


2 2 4 3 2 | 5  -  | 5 3 5 3 | 5 3 1 | 2 4 3 2 | 1  -  ‖
刷 子 飞 舞 忙。    哎呀 我的  小鼻子   变呀 变了 样。

  5   5    5   5    5   5    5   5    5   5    5·
7 2 7 2 | 5 4 3 2 | 1 3 1 3 | 1 3 1 3 | 7 2 7 2 | 1 3 1 ‖
```

（5）快速、颗粒性的弹奏能表达华丽奔放、清晰明快的音乐内涵

大　风　车

1=F　4/4

乔　羽 词
孟卫东 曲

```
5 5 4 3 2 1 7 6 ‖ 5 5 5 3 2 | 1 2 1 6 5 - | 6 6 5 6 6 5 | 5· 3 2 - |
                  大风车 吱呀 吱悠悠地 转，  这里的 风景呀 真 好看，

3     2
1     7        3 3 3 3   3 3 2 2 2   3 3 3 3   3 3 2 2 2
5  - 5  -  ‖ 5 1 5 1 5 1 5 1 | 6 1 6 1 5 7 7 7 | 6 1 6 1 6 1 6 1 | 5 1 5 1 5 7 7 7 |


5 6 5 3 2 - | 1 2 6 1 2  -  | 2 2 2 3 5 5 6 | 1· 6 1 - |
天 好看，  地 好看，      还有一群快 乐的   小 伙 伴。

3 3 2 2 2   3 3 4 4 4   4 4 2 2 2   3 3 3 3
5 1 5 1 5 7 7 7 | 6 1 6 1 6 2 2 2 | 6 2 6 2 5 7 5 7 | 6 1 6 1 5 1 5 1 |
```

大 风 车 吱呀 吱悠悠地转， 快乐的伙伴手 牵 着手， 牵着 你的手，

牵着 我的手 今天的小伙伴 明天的 好 朋 友。 嘿！好 朋 友。

三、歌唱的技能

人声是存在人体中的一个奇妙的乐器，它由气息、声音、共鸣三个主要部分组成。人声分女高音、女中音、男高音、男中音、男低音。歌唱的唱法分美声唱法、民族唱法、通俗唱法等。学前教育专业幼儿歌曲弹唱的歌唱方法比较近似于通俗唱法。

歌唱的发声技巧有姿势、发声和吐字方面的技巧。

1. 姿势

正确歌唱的姿势是两脚分开，与肩同宽，坐如站，全身各部位自然饱满，重心轻落于脚，呈吸气状，口腔打开。

2. 发声

歌唱时，歌唱者的鼻腔、口腔、头腔、喉咙、胸腔、腹腔打开，利用气息带动声带振动发声，气息饱满并贯穿身体各个腔体，身体的各个腔体组成共鸣体，把发音区调高到头腔共鸣点上，这样发出的声音音色更美、音量更大、音域更宽，然后再对声音进行美化，最终会形成优美动听的歌声。

3. 吐字

在歌唱时，歌唱者要把握好汉语发音的特征，配合科学的发音方式，歌唱时的吐字才更清晰。

在歌唱时，字无须咬得太紧，但也不可以放松。如果将字咬死，会导致气息流通不畅，影响发声，声音会显得僵硬笨拙，难听；如果咬字松了，会导致气息不足，歌唱状态不稳定，音质与音准无法保证。

（二）歌唱的音乐表达

1. 理解歌曲的音乐风格

不同国家、民族、地域的歌曲具有不同的特点。意大利歌曲奔放热情；法国歌曲雅致浪漫；德国歌曲严谨含蓄；俄罗斯歌曲壮阔宏大；中国北方民歌豪放粗犷，南方民歌含蓄细腻。每一首歌曲作品都需要歌唱者正确地解读，准确地把握歌曲的风格、意境和思想情感，这样在歌唱时才更能增添歌曲作品的艺术感染力。

2. 声情并茂

声情并茂是衡量每一位歌者演唱水平的重要标准。声情并茂中的"声"是指歌唱者的声音，其中包括音色、吐字、音准、旋律、速度、节拍、节奏等。"情"是指歌者对歌曲内在的思想情感的认知、感受与表达。声情并茂就是"声"与"情"的完美结合，只有把歌唱者的声音、情感与歌曲所要表达的音乐内涵很好地融合，歌唱者才能从中找到灵感，以"情"带"声"，用心演绎，将歌曲的音乐内涵给听众描绘出来，赋予歌曲以生命，激起听者的共鸣，使歌者与听众都得到完美的艺术享受。

四、弹唱歌曲伴奏的编配技能

弹唱歌曲伴奏的编配，属于音乐再创作的范畴，是弹唱者对乐理、和声学、作品分析、作曲理论、钢琴演奏和演唱技能等方面知识、技能的综合运用。弹唱者依据歌曲的作品风格、体裁、题材、调性、调式、节拍、曲式结构、和声风格、和声布局、旋律风格、节奏风格、乐句、乐句的终止方式、内部的和声走向、歌词等，选择最能表达歌曲神韵、最能体现歌曲意境的和声、伴奏音型、织体等来编配恰当的伴奏，从而揭示歌曲的内涵、衬托歌曲背景、描绘歌曲意境、渲染歌曲气氛。

（一）弹唱歌曲伴奏织体的3个层次

1. 旋律层

旋律层多在中音区或高音区，它是弹唱歌曲伴奏织体的灵魂，是歌曲思想与情感的表达层。

2. 陪衬和弦层

陪衬和弦层多在中音区，它丰满了歌曲的音乐内涵和音响效果，是弹唱歌曲伴奏织体的躯干。

3. 低音部层

低音部层在低音区，它既拓宽了歌曲的音响效果，也烘托了歌曲的意境表达，是弹唱歌曲伴奏织体的根。

（二）弹唱歌曲伴奏不同音区的音乐表达

钢琴伴奏所选择的各个音区，具有不同的音乐表现力，能唤起人们不同的心理感受。

1. 低音区

低音区的音色低沉、浑厚，令人感觉坚实有力，气势如虹。

2. 中音区

中音区的音色明亮、丰满，令人感觉亲切温暖。

3. 高音区

高音区的音色清亮，晶莹剔透，令人感觉清新、活泼，如童话一般。

（三）弹唱歌曲伴奏中不同和弦的音乐表达

钢琴伴奏所选择的各种和弦，有着不同的音乐色彩表现力，能唤起人们不同的情感体验。丰富的和弦色彩渲染了歌曲的音乐思想、情感、形象，对歌曲起到烘托的作用，灵活巧妙地运用和弦语汇、和弦色彩，能为歌曲的音乐表达增添色彩。

1. 大三和弦

大三和弦的色彩感觉是明亮的，能使人产生到刚强、热烈和明快的情感。

2. 小三和弦

小三和弦的色彩感觉是柔和的，能使人产生温暖、柔美的情感。

3. 属七和弦

属七和弦的色彩感觉是不和谐的，能使人产生不稳定、有倾向性。

（四）弹唱歌曲伴奏的类型

弹唱歌曲伴奏的类型可分为有旋律伴奏、无旋律伴奏和综合性伴奏 3 种。

1. 有旋律伴奏

有旋律伴奏是指含有歌曲主旋律的伴奏。这种伴奏类型有助于弹唱者对歌曲的音准与节奏有更好的表现。

2. 无旋律伴奏

无旋律伴奏是指不含有歌曲主旋律的伴奏。这种伴奏类型会使歌声与伴奏层次分明，伴奏形式更灵活多样，弹唱的艺术性更强，但对弹唱者的音准、节拍、节奏能力有较高的要求。

3. 综合性伴奏

综合性伴奏是指有旋律伴奏和无旋律伴奏兼有的伴奏。这种伴奏类型具备两种伴奏的优点，伴奏效果更丰富多彩，弹唱的感染力更强。

（五）弹唱歌曲伴奏的 3 种基本伴奏音型

1. 柱式和弦

柱式和弦的特点是既可以表现柔和、优美、温柔和宁静，也可以表现雄壮、激昂、有力、果敢。例如：

学做解放军

1=D 2/4

杨墨 词曲

```
3·3 30 | 3·2 10 | 3·2 13 | 5 — | 3 5 3 |
```

1.敲起锣，　打起鼓，　吹起小喇叭，　排好了　　排好了
2.向左转，　向右转，　齐步向前走，　挺起了　　挺起了
3.挎着刀，　握着枪，　背着手榴弹，　勇敢呀　　勇敢呀

```
6 5 | 2·2 23 | 2 0 | 1 1 1 5 1 | 3 — |
```

队伍，　学做解放军。　嗒嗒嗒嗒嗒　嘀，
胸膛，　跑步向前冲。　嗒嗒嗒嗒嗒　嘀，
杀敌，　争取立大功。　嗒嗒嗒嗒嗒　嘀，

```
33 31 3 | 5 — | 3 5 3 6 6 5 | 2 2 2 2 3 | 1 — |
```

嘀嘀 嘀嗒嘀 嗒，　人民呀解放军　多呀么多光荣。
嘀嘀 嘀嗒嘀 嗒，　人民呀解放军　多呀么多威风。
嘀嘀 嘀嗒嘀 嗒，　人民呀解放军　多呀么多英雄。

2. 半分解和弦

半分解和弦的特点是富有弹性，活泼欢快。例如：

数 鸭 子

1=C 4/4

王嘉祯 词
胡小环 曲

```
(1 1 55 53 6 53 | 21 23 1 0) | 3 1 3 3 1 | 3 3 5 6 5 0 |
```

1.门　前　大桥下，　游过 一群鸭，
2.赶　鸭　老爷爷，　胡子 白花花，

快来 快来 数一数， 二四六七八， 咕 嘎 咕 嘎， 真呀 真多呀，
唱呀 唱呀 家乡戏， 还会 说笑话， 小 孩 小 孩， 快快 上学 校，

数 不满到 底 多 少 鸭， 数 不清到 底 多 少 鸭。
别 考个鸭 蛋 抱 回 家， 别 考个鸭 蛋 抱 回 家。

3. 分解和弦

分解和弦的特点是优美如歌、甜美抒情。例如：

小小的船

1=F 3/4

　　　　　　　　　　　　　　　　　　　　　　　叶圣陶 词
　　　　　　　　　　　　　　　　　　　　　　　胡汉娟 曲

弯弯的月 儿 小小的船， 小小的船 儿 两 头尖，

我 在 小小的船 里面， 只看见闪闪的星 星 蓝蓝的天。

（六）弹唱歌曲伴奏补充性的伴奏形式

在歌曲伴奏中，对于前奏、间奏、尾声与歌曲旋律长音、休止音的补充，就是补充性的伴奏形式。它们是弹唱整体音乐表现不可缺少的重要组成部分，其作用是完善了弹唱的音乐艺术形象和音乐艺术境界。

1. 前奏

前奏在歌曲开始之前，其作用有以下几点：预示歌曲的主题内容和思想感情；描绘歌曲的意境，渲染气氛，为演唱者导入音乐情境；展示歌曲的演唱风格、调性、速度、

节拍、节奏、音的高低、力的强弱等；引领演唱者进入歌曲的音乐状态，给演唱者带来具体的音乐形象，激发弹唱者的音乐情感，做好弹唱前的弹唱心理和弹唱状态的准备。

2. 间奏

间奏对歌曲的发展起到承上启下的作用，能够让歌曲自然地、有逻辑地过渡，同时也渲染了歌曲下一段的音乐氛围，推进了弹唱者音乐高潮的尽情发挥。间奏也使得弹唱者在间奏的时间里能够获得短暂的休息，充分地调整气息、调整状态，酝酿情绪。

3. 尾声

尾声是对歌曲终止所进行的加强与补充，进一步抒发了歌曲作品的思想情感，使歌曲的思想情感再次得到强化和升华，让歌曲的音乐表达更充分、更完美。

4. 长音与休止符

歌曲乐句中的长音或休止符不仅表示音乐的静止或停顿，而且具有意犹未尽的作用。这时，钢琴伴奏的填补，衬托了歌声中的情感并予以发挥，形成与旋律的对话，互相呼应，共塑音乐形象。

第二节　幼儿园常用的弹唱歌曲

 案例导读

对不起，没关系

1=D 2/4

王玉田 词曲

5 5 3 | 5 3 1 | 2 — | 1 4 4 | 4 5 6 |

我把他　绊倒　在地，　　我急　忙　扶起他

5 5 6 5 | 3 — | 2 3 5 | 6 3 5 | 3 2 1 — ‖

说声"对不　起！"　他笑　着对我说："没　关　系！"

考核内容：弹唱歌曲《对不起，没关系》。

考核要求：（1）弹唱歌曲。在指定的调内有表情地边弹边唱，把握旋律的高音，做到吐字清晰，节奏准确。（2）模拟组织大班幼儿学习歌表演。教学方法要适合幼儿的年龄特点和能力水平，有利于激发幼儿的兴趣，表情适当。

案例分析

此题主要考核的是考生的弹唱与教唱能力。考生在弹唱时要把握歌曲的风格、节奏；演唱时注意歌曲的旋律，做到吐字清晰；组织相应的教育活动时，注意辨别班级儿童的年龄特点，选择适合儿童发展水平的方法，并预设活动中可能出现的问题及解决措施。

演唱歌曲是儿童自我表现的方式和途径。在幼儿园，教师可以通过演唱歌曲的活动发掘幼儿的潜能，塑造幼儿健康活泼的个性，促进幼儿全面和谐的发展。歌曲以其特有的内涵和情感在幼儿园的领域教育活动中发挥着重要的作用。

一、适合健康领域教育活动的歌曲

依据儿童的年龄，适合健康领域教育活动的歌曲可以分为：

（一）**适合小班健康活动的歌曲**

讲 卫 生

佚名 词
汪玲 曲

1=C 2/4

```
5    5    | 6 6   5 0 | 3 5  6 i | 5   -  |
1.太 阳     眯眯 笑    我们 起 得 早,
2.饭 前     洗洗 手    饭后 不 乱 跑,

 5.    5.       6.      5.       5.    5. 5.
1 3   1 3  | 1 3  1 3 | 1 3  1 3 | 5 2  5 2 |
```

```
i    6    | 5 6   3 0 | 2 5  3 2 | 1   -  |
手 脸     洗干 净    刷牙 不 忘 掉。
清 洁     又卫 生    身体 长 得 好。

 5.    6.       5.       5.    5.    5.      1.
1 3   1 3  | 1 3  1 3 | 5 2  5 2 | 1 5  1  |
```

健康是生命之本，有了健康的体魄，幼儿才能茁壮地成长，生活才能变得更加丰富多彩。《讲卫生》这首歌曲为幼儿讲述了讲卫生的方法（要早睡早起、要天天刷牙洗脸等），有助于幼儿养成良好的卫生习惯。

（二）**适合中班健康活动的歌曲**

理 发 师

澳大利亚民歌

1=C 2/4

```
(5 6  5 4 | 3   1 | 1 1  1 0) | 5 5  5 5 |
                                理 发 店 的
                                下 面 一 位

 7. 5   2 5 | 1 5  3 5 | 1 5  3 5 | 1 5  3 5 |
```

```
6 6  6 6 | 5   3 | 5   3 | 3 3  3 3 | 4 4  4 4 |
老爷爷呀 咔 嚓   咔 嚓,   手里 拿着 一把 剪刀,
请您过来 咔 嚓   咔 嚓,   镜子 里面 看一 看呀,

1 6  3 6 | 1 5  3 5 | 1 5  3 5 | 1 5  3 5 | 2 6  4 6 |
```

```
3  1  | 3  1  | 1̇  -  | 6 7 1̇ 6 | 5  -  |
咔  嚓  咔  嚓,  哎! )
咔  嚓  咔  嚓,  哎! )        就 快 成 功 啦,

1 6  3 6 | 1 6  3 6 | 1 5  3 5 | 1 6  4 6 | 7̣ 5  2 5 |

5 6  5 4 | 3  1  | 1  1  | 1  -  | 1  0 ‖
快 快 喷 雾 沙 沙  沙 沙  沙。

7̣ 5  2 5 | 1 5  3 5 | 1 5  3 5 | 1 5  3 5 | 1  0 ‖
```

《理发师》这首歌曲描述了人们理发时的情景。学习这首歌曲，可以使幼儿初步了解理发的过程，不会因为害怕而不愿意理发。

（三）适合大班健康活动的歌曲

刷 牙 歌

张东方 词
汪　玲 曲

1=D 2/4

```
3 5  5 | 3 5  5 | 6.6 5 4 | 3 5  2 | 5 1 2 3 |(5 4 3 2 3 | 5 4 3 2 |(4 5 4 3 2)|
小牙刷,  手中拿, 我呀张开 小嘴吧, 刷 左   面,       刷 右   面,
早晨刷,  晚上刷, 刷得干净 没蛀牙, 漱漱   口,       笑 一   笑,

5    5    5    5    6    6         5    5    5    5    5    5
1 3  1 3  1 3  1 3  1 4  1 4  7̣ 2  7̣ 2  1 3  1 3  1 3  1 3  7̣ 2  7̣ 2  7̣ 2  7̣ 2

6.6  3 6 | 5  | 0 4 | 3  5 | 1  -  ‖
上 下 里 外 都   呀 都  刷  刷。
我 的 牙 齿 白   呀 白  花  花。

6    6    5    5    5    5    5    5
1 3  1 3  7̣ 4  7̣ 4  1 3  1 3  1 3  1 3  1  -  ‖
```

《刷牙歌》这首歌曲为幼儿讲述了如何刷牙、保护好牙齿的具体方法。与教师的示范和讲述相结合，可以使幼儿生动形象地学习和记忆刷牙的方法。

二、适合语言领域教育活动的歌曲

依据儿童的年龄，适合语言领域教育活动的歌曲可以分为：

（一）适合小班语言活动的歌曲

《小兔子乖乖》这首歌曲可以帮助幼儿理解故事的内容，加深幼儿对故事的印象与记忆，为能够讲述故事打下基础。

（二）适合中班语言活动的歌曲

好孩子要诚实

1=D 2/4

园丁 词
嘉评 曲

```
3 3  1 | 3 3  1 | 3    4 | 5   -  | 3⌒4 5 |
1.小 花 猫，  喵 喵 叫，  喵    喵   叫，         是   谁
2.小 花 猫，  你 别 叫，  你    别   叫，         是   我
1·   5·3·| 1·   5·3·| 1·   5·3·| 7·   5·2·| 1·   5·3·|
```

```
5 6  5 0 | 4    3 | 2   -  | 3    1 | 3 3  1 |
把 花 瓶  打    碎  了?        爸    爸  没 看 见，
把 花 瓶  打    碎  了。        好 孩 子  要 诚 实，
1·   5·3·| 1·   6·4·| 7·   5·2·| 1·   5·3·| 1·   5·3·|
```

```
5 4 3 2 | 3 - | 1 1 4 5 | 6 6 | 5 - |
妈 妈 不 知   道，    小 花 猫   对 我   叫：
有 错 要 改   掉，    小 花 猫   对 我   笑：

7  5· | 1· | 5· | 1 | 6· | 1 | 6· | 7 | 5· |
   2·      3·       4·       4·        2·
```

```
6 5 0 | 4 3 0 | [1.] 2 1 0 : | [2.] 2 1· | 1 0 |
喵，   喵，      喵，           妙。

                                    5· | 5 - |
                                    3·
0 | 6 5 0 | 4 3 | 5· | 5· | : | 5· | 1 | 1 - |
                 7·   1·        7·
```

《好孩子要诚实》这首歌曲可以使幼儿学会模仿小花猫"喵喵喵"的叫声，丰富了幼儿的词汇，特别是举一反三之后，使幼儿掌握了更多的象声词，如小鸡"叽叽叽"、小鸭"嘎嘎嘎"、小狗"汪汪汪"等。歌曲通过问答的方式，告诉幼儿好孩子要诚实的道理。

（三）适合大班语言活动的歌曲

卖 报 歌

1 = F　2/4

安娥　词
聂耳　曲

```
5 5 5 | 5 5 5 | 3 5 6 5 3 | 2 3 5 | 5 3 5 3 2 |
1.啦 啦 啦！啦 啦 啦！我 是 卖 报 的  小 行 家，不 等 天 明 去
2.啦 啦 啦！啦 啦 啦！我 是 卖 报 的  小 行 家，大 风 大 雨 里
3.啦 啦 啦！啦 啦 啦！我 是 卖 报 的  小 行 家，耐 饥 耐 寒 地

1· 5 3 5 | 1· 5 3 5 | 1· 5 3 5 | 5· 5 2· 5 | 1· 5 3 5 |
```

```
1 3 2 | 3 3 2 | 6 1 2 | 6 | 6 5 | 3 6 5 |
等 派 报，一 面 走，一 面 叫，今 天 的 新  闻
满 街 跑，走 不 好，滑 一 跤，满 身 的 泥  水
满 街 跑，吃 不 饱，睡 不 好，痛 苦 的 生  活

1· 5 5 5 | 1· 5 5 5 | 6· 3 5 5 | 1· 6 3 5 | 1· 5 3 5 |
```

```
5 3  2 3 │ 5  － │ 5 3  2 3 │ 5 3  2 3 │ 6 1  2 3 │ 1  － │
真 正  好，      七 个 铜 板  就 买 两 份  报。
惹 人  笑，      饥 饿 寒 冷  只 有 我 会  知 道。
向 谁  告，      总 有 一 天  光 明 会 来  到。

1 5  3 5 │ 5 5  2 5 │ 1 5  3 5 │ 1 5  3 5 │ 6 3  5 5 │ 1 3 ┆5 3 1│
```

结束句

```
5 3  2 3 │ 5 3  2 3 │ 6.  1 │ 2.  3 │ 1  － │ 1  － ‖
总 有 一 天  光 明 会  来   到。

1 5  3 5 │ 1 5  3 5 │ 6 3  1 3 │ 5 5  2 5 │ 1 ┆5 5┆│ 5 3 1│
```

《卖报歌》这首歌曲可以使幼儿初步了解20世纪30年代的报童的苦难生活及对光明的渴望，是对幼儿进行爱国主义教育的优秀的歌曲素材。

三、适合社会领域教育活动的歌曲

依据儿童的年龄，适合社会领域教育活动的歌曲可以分为：

（一）适合小班社会活动的歌曲

让　座

1=D 2/4

刘明将 词曲

```
3 3 4 5│3  1│2 2 1 6│5  －│5 5 6 5│1 2 3│5 3 2 1│
乘 上 公 共 汽 车， 乘 客 实 在 多， 叔 叔 站 起 身 来， 给 我 来 让

2  －│3 4 4 5│3  1│2 2 1 6│5  －│5 5 6 5│1 2 3│
座。    前 门 又 上 来 了， 一 位 老 婆 婆， 我 忙 拉 着 她 的 手

2 2 3 2│1  －│3 5 0 5│3 5 0│2 2 3 2│1  －‖
婆 婆 您 请 坐， 婆 婆 您 请 坐， 婆 婆 搂 着 我。
```

《让座》这首歌曲为幼儿描述了公共汽车上尊老爱幼的情景。结合教师的讲述，可以教育幼儿在实际生活中，从让座做起，从小事做起，从小培养幼儿互相尊重和互相帮助的美德。

（二）适合中班社会活动的歌曲

人人夸我好儿童

沈　云 词
彭家晃 曲

$1=E$ $\frac{2}{4}$

```
( 3 3  3 | 5 5  5 | 6 5 3 2 | 3   2 5 | 1  - ) | 5 5  3 |
                                                    青 菜 青
  1 5 3 5 | 1 5 3 5 | 1 6 4 6 | 7 5 4 5 | 1 5 3 5 | 1 5 3 5 |

  1 5  3 | 2 2  2 | 7 2 5 | 5 5 5 5 5 | 3 1 2 3 | 2 2 2 2 |
  绿 盈 盈，辣 椒 红 像 灯 笼，妈妈 煮饭 我 提 水，爸爸 种菜
  1 5 3 5 | 2 6 4 6 | 7 5 2 5 | 1 5 3 5 | 1 5 3 5 | 2 6 4 6 |

  7 2 5 | 3 3  3 | 5 5 5 | 6 5 3 2 | 3   2 5 | 1  - ‖
  我 捉 虫，好 孩子 爱 劳 动，人 人 叫 我 好 儿 童。
  7 5 2 5 | 1 5 3 5 | 1 5 3 5 | 1 6 4 6 | 7 5 4 5 | 1 5 3 5 | 1 - ‖
```

《人人夸我好儿童》这首歌曲为幼儿描述了幼儿与爸爸妈妈一起劳动的情景。与教师的讲述相结合可以培养幼儿热爱劳动的品质，对培养幼儿的劳动习惯也具有重要的作用。

（三）适合大班社会活动的歌曲

国旗多美丽

常　瑞 词
谢白倩 曲

$1=C$ $\frac{2}{4}$

```
( 1. 3  5 5 | 6   5 | 6   2 3 | 1  - ) | 5    1 |
                                          1.国    旗
                                          2.国    旗

  5 3 | 5 5 3 3 | 6 1 3 | 5 1 3 | 1 5 3 | 5 5 2 | 5 3 1 | 1 5 3 | 5 5 3 3 |

  5   3 | 1. 2 3 4 | 5  - | 5    1 | 5    3 |
  国   旗  多  美 丽，    天 天 升 在
  国   旗  多  美 丽，    五 颗 星 星
  5 5 3 3 | 5 5 3 3 | 5 5 3 3 | 7 2 2 2 | 5 5 3 3 | 5 5 3 3 |
```

（简谱）

朝霞里。 小朋友们爱祖国，
照大地。 祖国前进我长大，

向着国旗敬礼，敬个礼。
向着国旗敬礼，敬个礼。

　　艺术教育是对幼儿进行爱国主义教育的重要途径。歌曲《国旗多美丽》旋律清新、节奏活泼，幼儿易接受，是对幼儿进行爱国主义教育的重要内容。

四、适合科学领域教育活动的歌曲

年龄不同，适合科学领域教育活动的歌曲也不同。

（一）适合小班科学领域活动的歌曲

小雨沙沙

许　竞 词
王天荣 曲

$1=D$　$\frac{2}{4}$

1.-2.小雨，小雨，沙沙沙，沙沙沙，种子种子在说话，

在说话，哎呀呀 雨水真甜，　哎哟哟我要发芽。
　　　　　　 我要出土，　哎哟哟我要长大。

　　《小雨沙沙》这首歌曲为幼儿描述了雨水和种子的关系，通过教师的讲述或观察图片，可以使幼儿明白种子有水才能发芽的道理。

（二）适合中班科学领域活动的歌曲

山谷回音真好听

1 = C 2/4

汪爱丽 词曲

《山谷回音真好听》这首歌曲借助教师的演示和幼儿的探究可以使他们初步学习"回音"的原理，激发幼儿进行科学探究的欲望。

（三）适合大班科学领域活动的歌曲

丰收之歌

丹麦民歌
吴钧燮 译配

1=C 2/4

（前奏部分）

1.田野上庄稼都已收割完毕，大麦 小麦 收进仓库
2.辛苦的种田人将得到酬谢，金黄的麦粒补偿他们

干草堆成堆。 果园里甜美的水果已摘完，
一年的血汗。 欢乐中别忘了旁人的苦难，

背起筐儿欢欢喜喜回家庆丰年。 采果的劳动者，
让我们去帮助别人大方又慷慨。 人人都高兴，

不会白流汗，新摘的果儿我们大家都来尝一尝
到处歌舞欢，唱着歌儿编成一个丰收的大花环。

《丰收之歌》描述了人们收割庄稼和水果，共同欢庆丰收的情景。通过教师生动形象的讲述，可以使幼儿初步懂得庄稼收割与储藏的方式，理解人们欢庆丰收的喜悦心理，引导幼儿懂得只有付出才能收获的道理。

（四）适合艺术领域教育活动的歌曲

依据儿童的年龄，适合艺术领域教育活动等歌曲可分为：

（一）适合小班艺术领域活动的歌曲

音 阶 歌

1 = C 2/4

惊涛 词曲

小朋友，来唱歌，do do si la sol，你也唱，我也唱，

fa fa mi mi re 唱什么？ do si la sol，唱什么？ fa mi re do。

do re mi fa sol la si，do si la sol fa mi re do。

《音阶歌》这首歌曲作为小班艺术领域的教育内容，不仅可以增强幼儿的识谱能力，而且可以培养他们感受美、欣赏美的情感。

（二）适合中班艺术领域活动的歌曲

粗心的小画家

1=C　2/4

徐　浪　词
韩德常　曲

丁丁说他是小画家，　彩笔铅笔　一大把。

他对别人把口夸：　什么东西都会画，　两只螃蟹

四条腿儿，画只鸭子　小尖嘴儿，　画只小兔　圆耳朵呀，

画匹大马　没尾巴。　咦！　哈哈　哈哈　哈哈　哈！

《粗心的小画家》这首歌曲在培养幼儿美的情感的同时，引导幼儿初步理解做事要认真、观察要仔细的道理。

（三）适合大班艺术领域活动的歌曲

洋娃娃和小熊跳舞

【波兰】M·卡梦尔宾娜 词曲
李 嘉 川 译配

1=D 2/4

《洋娃娃和小熊跳舞》这首歌曲可以使幼儿感受、体验歌曲的优美与欢快，培养幼儿感受美、欣赏美和表达美的能力。

📖 章末小结

（1）弹唱的认知：幼儿歌曲弹唱技能是教师组织幼儿园教育活动的必要技能，它要求弹唱者不仅要掌握键盘（包括钢琴和电子琴）弹奏技能、演唱技能和边弹边唱技能，而且要具有较高的音乐修养和较强的音乐审美能力；不仅要能够正确地弹唱歌曲的曲谱，更要有能力准确地表达歌曲的音乐内涵。

（2）弹唱的技能有弹奏的技能、演唱的技能和歌曲编配的技能。

（3）弹唱的心理品质有学习心理和表演心理品质。

（4）弹唱的基本要求有：具有良好的弹唱心理，识谱、弹唱的平衡，弹唱的共同技能。

（5）歌曲以其特有的内涵和风格在幼儿园的领域活动中发挥着重要的作用。

练一练

春天来了

1=C 4/4

德国儿童歌曲

1. 3 5 i	6 i 6 5 —	4. 5 3 1	2 2 1 —

小 鸟 小 鸟 飞 来 了， 欢 聚 一 起 真 热 闹。
小 鸟 小 鸟 真 高 兴， 自 由 自 在 飞 翔。
小 鸟 为 我们 祝 福， 大 家 记 在 心 上。

15 3 5 | 15 35 | 16 36 15 35 | 75 25 15 35 | 75 25 15 35

5 5 5 4 4 | 3 5 3 2 — | 5 5 4 4 | 3 5 3 2 — |

动 听 的 歌 儿 唱 起 来， 叽 叽 喳 喳 唱 不 停，
山 鸟 画 眉 白 头 翁， 整 整 来 了 一 大 群，
我 们 的 生 活 多 欢 畅， 跳 舞 游 戏 又 唱 歌，

15 3 5 | 16 46 | 15 35 75 25 | 15 35 16 46 | 15 35 75 25

1. 3 5 i | 6 i 6 5 — | 4. 5 3 1 | 2 2 1 — |

春 天 就 要 来 到 了， 我 们 愉 快地 在 歌 唱。
祝 你 一 年 都 快 乐， 身 体 健 康 多 幸 福。
在 山 谷 里在 田 野 上， 欢 乐 歌 声 响 四 方。

15 3 5 | 15 35 | 16 36 15 35 | 75 25 15 35 | 75 25 5
　　　　　　　　　　　　　　　　　　　　　　　　　3
　　　　　　　　　　　　　　　　　　　　　　　　　1

　　要求：（1）弹唱歌曲。在指定的调内有表情地边弹边唱，把握旋律的音高，做到吐字清晰，节奏准确。（2）模拟组织幼儿学习歌表演。教学方法要适合幼儿的年龄特点和能力水平，有利于激发幼儿的兴趣，表情适当。

好 娃 娃

1=C 2/4

余　惠 词
刘剑峰 曲

```
3  3    3  1  |  5      3  |  6  6   6  3  |  5    -  |
1.爷 爷  年 纪   大      呀，   嘴 里   缺 了    牙。
2.奶 奶  年 纪   大      呀，   头 发   白 花    花。
3.爸 爸  和 妈   妈      呀，   齐 声   把 我    夸：
```

```
6  6    i  i  |  5  6   5  3  |  2  5   3  2  |  1    -  ‖
我 给   爷 爷    端 杯   茶 呀，  爷 爷   笑 哈    哈。
我 给   奶 奶    搬 凳   坐 呀，  奶 奶   笑 哈    哈。
尊 敬   老 人    有 礼   貌 呀，  是 个   好 娃    娃。
```

要求：（1）弹唱歌曲。在指定的调内有表情地边弹边唱，把握旋律的音高，做到吐字清晰，节奏准确。（2）模拟组织小班幼儿学习歌表演。教学方法要适合幼儿的年龄特点和能力水平，有利于激发幼儿的兴趣，表情适当。

打 电 话

1=F 2/4

佚名 词
汪玲 曲

```
3 5  3 2 | 3    6 0 | 3 5  3 2 | 3    6 0 | 5 0  5 0 | 5    -  |
1.两个 小娃 娃  呀，   正在 打电 话  呀，  "喂  喂   喂，
2.两个 小娃 娃  呀，   正在 打电 话  呀，  "喂  喂   喂，
```

```
3 3  2 5 | 3    -  | 2 0  2 0 | 2.    3 | 5 6  3 2 | 1    -  ‖
你在 哪里 呀？"    "哎 哎   哎，   我 在   幼儿 园。"
你在 做什 么？"    "哎 哎   哎，   我 在   学唱 歌。"
```

要求：（1）弹唱歌曲。在指定的调内有表情地边弹边唱，把握旋律的音高，做到吐字清晰，节奏准确。（2）模拟组织中班幼儿学习歌表演。教学方法要适合幼儿的年龄特点和能力水平，有利于激发幼儿的兴趣，表情适当。

新 年 好

英 国 儿 歌
杨世明 译配

1=F 3/4

要求：（1）弹唱歌曲。在指定的调内有表情地边弹边唱，把握旋律的音高，做到吐字清晰，节奏准确。（2）模拟组织中班幼儿学习歌表演。教学方法要适合幼儿的年龄特点和能力水平，有利于激发幼儿的兴趣，表情适当。

要求：(1) 弹唱歌曲。在指定的调内有表情地边弹边唱，把握旋律的音高，做到吐字清晰，节奏准确。(2) 模拟组织大班幼儿学习歌表演。教学方法要适合幼儿的年龄特点和能力水平，有利于激发幼儿的兴趣，表情适当。

好 妈 妈

1=D 2/4

潘振声 词曲

您　　吧，　　让我亲亲您　吧，　我　的　好　妈

妈，　　　我　　　的　好　妈　妈。

要求：(1) 弹唱歌曲。在指定的调内有表情地边弹边唱，把握旋律的音高，做到吐字清晰，节奏准确。(2) 模拟组织大班幼儿学习歌表演。教学方法要适合幼儿的年龄特点和能力水平，有利于激发幼儿的兴趣，表情适当。

第十三章 舞 蹈

📖 内容结构图

学习目标

1. 了解中国民族民间舞蹈的特点，学习并掌握其典型的基本动律。
2. 了解幼儿舞蹈的规律特点和表现形式。
3. 具有创编幼儿舞蹈，组织幼儿舞蹈教学和引导幼儿舞蹈活动的能力。

第一节 舞蹈的基本技能

案例导读

上 学 歌

北京市小学唱歌教研组
集体创作

1=C 2/4

中速 欢快地

| 1 2 | 3 1 | 5 — ∨ | 6 6 i 6 | 5 — ∨ | 6 6 i ∨ |

太阳 天空 照， 花儿 对我 笑， 小鸟 说：
我去 上学 校， 天天 不迟 到， 爱学 习，

| 5 6 5 ∨ | 6 5 3 5 | 3 1 2 3 | 1 — ‖

"早 早 早！ 你 为 什么 背上 小书 包？"
爱 劳 动， 长大 要为 人民 立功 劳。

考核内容：请根据儿歌内容组织一次大班儿童的歌表演教学活动。

要求：舞蹈动作和教学方法要符合儿童的年龄特点和能力水平，有利于激发幼儿的兴趣，表情适当。

案例分析

这是一道考查考生歌表演技能以及利用这一技能组织教学活动的题目。《上学歌》描写的是小朋友背上书包去上学的自豪感。教师可以在活动前给幼儿做一些铺垫，如观看图片和电影等，为他们讲解学校中学生的生活和学习情况，帮助幼儿树立自豪感，增强幼儿对歌曲的感情色彩的理解。

一、舞蹈基本功训练

舞蹈基本功训练包括地面训练、把杆训练、中间训练。

（一）地面训练

1. 坐姿综合训练

（1）坐姿准备

上半身挺拔向上，肩膀下压，双手伸直位于身体两侧，指尖轻轻点在地面。双腿伸直并紧贴地面。

（2）绷脚坐姿准备

腿部在自然状态下，从大腿、膝盖、脚踝、脚趾尖慢慢向远处延伸，绷脚背下弯，脚趾尖有意向地面靠近。

（3）勾脚坐姿准备

在绷脚的基础上，脚跟向远处延伸，膝盖伸直，脚趾尖带动向上勾起至最大限度。

（4）外开勾绷脚坐姿准备

绷脚时，大腿、膝盖、脚踝、脚趾尖向外最大程度转开，小脚趾尖最大限度向地面靠拢。勾脚时，保持双腿外开状态，脚后跟靠拢，脚趾尖带动向上勾起至最大限度。

（5）前压腿坐姿准备

双手轻轻扶于膝盖，上半身收紧腿折叠，拉伸前韧带。

（6）后胸腰坐姿准备

双腿靠拢并伸直，由头带领胸椎向后弯曲45度角。横叉下腰：双腿两侧打开，手在七位。向左右两侧下旁腰，手分别置于一位与三位。注意胯部稳定，最大限度延伸旁腰。

2. 卧姿综合训练

（1）仰卧准备

仰面平躺于地面，双腿伸直并拢紧贴地面，绷脚准备。双臂与身体呈90度夹角放于身体两侧，手心向下。

（2）侧卧准备

身体侧躺于地面，一手伸直紧贴地面枕于头下，另一手扶按于胸前地面，保持身体平衡。

（3）俯卧准备

面朝下身体俯于地面，双腿伸直并拢，绷脚且脚跟并拢。双臂与肩同宽向前伸直，手心向下。

（4）正位前吸伸腿

仰卧，双腿膝盖与脚踝靠拢并伸直，绷脚准备。动力腿脚尖沿着地面屈膝向上吸回至90度角。由动力腿脚尖带动膝盖向远延伸至完全伸直膝盖，然后放回地面。

（5）旁吸伸腿

侧卧，直腿绷脚准备。动力腿膝盖向旁打开，脚趾尖沿着主力腿小腿内侧吸到膝盖处，当动力腿完全伸直时，由脚尖带动膝盖曲回至竖立的三角形位，脚尖沿着主力腿小腿内侧慢伸直。整个吸伸腿的过程中，应注意腰胯部收紧。

（6）前抬腿

仰卧，直腿外开绷脚准备。动力腿保持外开，直腿抬起至90度角，脚尖对天花板。仍保持直腿外开状态慢放回地面。前抬腿可以拆分为正位与开位两种。在前期的正位前抬腿时，注意动力腿的膝盖对自己的鼻尖。在熟练后方可练习开位前抬腿。注意主力腿保持外开，动力腿在整个抬腿过程中始终保持转开状态。

（7）旁抬腿

侧卧，直腿开位绷脚准备。动力腿保持外开，直腿抬起至90度角，脚尖对天花板。注意动力腿膝盖与脚背对自己的耳朵方向。主力腿在抬腿过程中，始终保持外开并延伸。当能够较准确地完成前旁抬腿时，方可学习后抬腿。

（8）后抬腿

仰卧，双手叠放于额头下面，直腿绷脚准备。由动力腿脚尖带动直腿向上慢慢抬起至45度角。注意后抬腿时脚尖对脑后方向，膝盖不能弯曲，胯部不能离开地面，切忌撅屁股。

（二）把杆训练

把杆训练作为芭蕾舞训练的基础，是气息、力量、稳定性及柔韧性的结合，是全方位综合训练的基础。

1. 基本站姿与脚位训练

双手扶把，正步位站姿准备。第一个8拍：双手扶把，正步位站姿；第二个8拍：双手扶把，1～2拍双脚脚跟靠拢，3～8拍脚趾间分开至一位脚；第三个8拍：双手扶把，保持一位站姿不动；1～2拍右脚向旁平移一只脚的距离，至二位脚；3～8拍保持二位站姿不动。第四个8拍：双手扶把，1～2拍右脚向里收回至三位脚；3～4拍保持三位站姿不动；5～6拍双手扶把，第6拍右脚向里收回至五位脚，保持五位站姿不动；7～8拍双手扶把，第8拍右脚向前迈一只脚的距离，至四位脚，保持四位站姿不动。

2. 蹲的训练

双手扶把，一位站姿准备。第一个8拍：双手扶把，四拍一次一位全蹲，共两次。

第二个 8 拍：1~4 拍一位下全蹲，5~6 拍全蹲起，7 拍移重心至左脚，脚趾尖点地，8 拍右脚落地至二位；第三个 8 拍：双手扶把四拍一次二位全蹲，共两次；第四个 8 拍：1~4 拍二位下全蹲，5~6 拍全蹲起，7 拍移重心至左脚，右脚直膝正旁方向脚尖点地，8 拍右脚擦地收回五位；第五个 8 拍：双手扶把，1~4 拍半蹲一次，共两次；第六个 8 拍：1~4 拍五位下全蹲，5~6 拍全蹲起，7 拍移重心至左脚，右脚正前方向擦地，脚趾尖点地，8 拍右脚擦地收回四位；第七个 8 拍：双手扶把，1~4 拍四位半蹲一次，5~6 拍蹲起，7 拍重心至左脚，右脚正前方向脚趾尖点地，8 拍右脚擦地收回五位。

3. 擦地训练

双手扶把，一位站姿准备。第一个 8 拍：双手扶把，四拍一次向前擦地；第二个 8 拍：1~4 拍向前擦地一次，5~8 拍一位半蹲一次；第三个 8 拍：双手扶把，四拍一次向旁擦地，共两次；第四个 8 拍：1~4 拍向旁擦地一次，5~8 拍一位半蹲一次；第五个 8 拍：双手扶把，四拍一次向后擦地，共两次；第六个 8 拍：1~4 拍向后擦地一次，5~8 拍一位半蹲一次；第七个 8 拍：双手扶把，四拍一次向旁擦地，共两次；第八个 8 拍：1~4 拍向旁擦地一次，5~8 拍一位半蹲一次。

4. 小踢腿训练

单手扶把，右前五位站姿准备。准备动作：1~4 拍右手保持一位，5~6 拍右手经一位至二位，7~8 拍打开七位；第一至第二个 8 拍：四拍一次向前小踢腿，共 4 次；第二至第三个 8 拍：四拍一次向旁小踢腿，共 4 次，第一次收回前五位；第三至第四个 8 拍：四拍一次向后小踢腿，共 4 次；第七至第八个 8 拍：四拍一次向旁小踢腿，共 4 次，第一次收回后五位。

5. 大踢腿训练

单手扶把，右前五位站姿准备。准备动作：1~4 拍右手保持一位，5~6 拍右手经一位至二位；7~8 拍打开七位；第一个 8 拍：四拍一次向前大踢腿，共两次；第二个 8 拍：四拍一次向旁大踢腿，共两次（第一次收回右前五位，第二次收回右后五位）；第三个 8 拍：四拍一次向后大踢腿，共两次；第四个 8 拍：四拍一次向旁大踢腿，共两次（第一次收回至右后五位，第二次收回至右前五位）。

（三）中间训练

中间训练的内容主要是手位训练。右前五位站姿，双手一位准备。准备动作：1~6 拍双手保持一位，7 拍双手打开小七位，8 拍双手收回至一位。第一个 8 拍：1~4 拍保持一位手；5~8 拍二位手，头向里倾倒；第二个 8 拍：1~4 拍抬至三位手，视线顺着小臂处往远看；5~8 拍抬至四位手，头向里倾倒；第三个 8 拍：1~4 拍打开至五位手，视线顺着手腕处往远看；5~8 拍至六位手，头向里倾倒；第四个 8 拍：1~4 拍打开至七位手，视线顺着手腕处往远看；5~8 拍经过翻手腕向上，慢落回一位手，视线跟随手部。

二、幼儿舞蹈的基本动作与教学分析

（一）基本动作

1. 碎步的基本动作

男女儿童面对面，正步叉腰。第一个 8 拍：男女儿童面对面，在原地叉腰做小碎步；第二个 8 拍：1~6 拍男女儿童模仿蝴蝶飞，做小碎步，7~8 拍双手到双托掌亮相；第三个 8 拍：重复第一个 8 拍的动作；4~8：重复第二个 8 拍的动作。

教学提示：做碎步时，脚后跟一定要离地，用前脚掌的力量脚均匀地交替移动，膝部放松。音乐情绪热情欢快。碎步可以发展孩子的协调能力及灵活性。做碎步时不容易协调，练习时要强调。

2. 蹦跳步的基本动作

面对 1 点，正步站立，双手叉腰。第一个 8 拍：1~2 拍向 2 点蹦跳一次，双脚并拢、屈膝，轻轻跳起，跳起时脚尖绷起，落地时屈膝，3~4 拍向 8 点蹦跳一次，5~8 拍重复 1~4 拍的动作；第二个 8 拍：1~4 拍向 1 点双手举至头顶两侧，食指中指伸出，模仿兔子跳动作向前蹦跳 4 次，5~6 拍左手叉腰，右手搭肩向 2 点蹦跳一次，7~8 拍左手叉腰右手上举 8 点蹦跳一次。

教学提示：做蹦跳步时，落地要轻，双脚落于地面。音乐情绪轻快灵活。蹦跳步可以训练孩子的弹跳能力及灵活度。蹦跳步可双起双落。

3. 踏点步的基本动作

面对 1 点，正步站立，手小七位。第一个 8 拍：1~2 拍右脚起向前旁踏一步，同时双手胸前击掌，3~4 拍左脚点在右脚侧，同时双手打开肩膀，5~8 拍做 1~4 拍的相反动作。第二个 8 拍：重复第一个 8 拍的动作。

教学提示：踏点步的重点是训练幼儿重心左右移动的能力。幼儿不容易掌握好踏点步的重心，如向右踏时重心向右移，不能晃动。拍手打开时，一定要从上到下，不能平打开。音乐情绪灵活轻快。配音乐前，先用语言口诀练习。踏点步可选择点在前、点在旁，也可点在后。口诀：踏点，踏点，拍手开，拍手开。

4. 踏踢步的基本动作

面对 1 点，正步站立。第一个 8 拍：第 1 拍右脚向旁踏一步，第 2 拍左脚向前踢出的同时，右脚向上轻跳一次，小朋友牵手、向后靠，3~4 拍重复 1~2 拍动作，方向相反。

教学提示：踏跳步可以训练孩子腿部动作和美感。做踢踏步时，踢的脚要自然，不能僵硬。音乐情绪优美欢快。用语言口诀练习，帮助孩子记忆动作。口诀：一二，右踏踢。一二，左踏踢。

5. 踏跳步的基本动作

面对 1 点，正步站立，双手叉腰。第一个 8 拍：1 拍左脚向旁踏一步，2 拍左脚跳起，同时右脚抬起至前吸腿，双手体侧前后摆动，身体微微向右倾斜，3~4 拍重复 1~

2 拍的动作；5 ~ 8 拍重复 1 ~ 4 拍的动作；第二个 8 拍：重复第一个 8 拍的动作。

教学提示：练习踢跳步时，双脚要协调，节奏要稳，步要快。音乐情绪热情欢快。踏跳步可以训练孩子的协调能力及弹跳能力。用语言口诀练习，边说边做。口诀：踏，跳，踏，跳。

6. 垫步的基本动作

左脚在后踏步正立，双手叉腰。第一个 8 拍：第 1 拍经屈膝左脚掌抬起，踏地后重心向上提，右脚略抬起，第 2 拍右脚落地屈膝，同时左脚略抬起，3 ~ 8 拍重复 1 ~ 2 拍的动作；第二个 8 拍：右脚在后垫步，同第一个 8 拍动作相同，脚相反；第三个 8 拍：左脚在后垫步，胸前拍手横移；第四个 8 拍：重复第三个 8 拍的动作，但方向相反。

教学提示：做垫步时要注意膝部的屈伸，身体要有上下起伏感。做垫步时，重心可以在后脚掌，强拍在后脚，也可放在前脚。音乐是新疆曲风格，节奏明快。垫步可以训练孩子前脚掌的力度及协调性。

7. 前后踢跳步的基本动作

面对 1 点，正步站立，双手叉腰。第一个 8 拍：1 ~ 4 拍叉腰向前，双脚交替向前绷脚踢四步，5 ~ 8 拍双脚交替向后踢四步，同时拍手；第二个 8 拍：重复第一个 8 拍的动作。

教学提示：脚向前踢时，身体向后仰，膝盖伸直，边踢边跳；脚向后踢时，身体向前倾。前后踢步。和着音乐的拍节。该组合可以训练孩子的弹跳及控制能力。

8. 跑跳步的基本动作

正步站立，双手叉腰。第一个 8 拍：面向 1 点向前跑跳步，1 拍前半拍左脚轻跳同时右腿屈膝抬起，后半拍右脚落地，2 ~ 8 拍重复 1 拍的动作，同时双手从体侧向上举；第二个 8 拍：面向 1 点向后退跑跳步，同时双手从上打开到体侧；第三个 8 拍：重复第一个 8 拍的动作；第四个 8 拍：重复第二个 8 拍的动作。

教学提示：双脚协调轻快地跑跳，后退时律动不变。音乐为进行曲风格。跑跳步可以训练孩子的弹跳及协调能力。注意两脚的配合，初学者不容易掌握，需分解练习。

（二）幼儿舞蹈教学案例

案例1

<h1 style="text-align:center">摘 草 莓</h1>

钱建隆 词
徐思盟 曲

1=F 2/4

轻快、欢跃地

（6 56 53 | 3 23 21 | 61 23 | 10 3 | 666 66 | 06 06）| 6 3 03 |

风 儿
小姑 娘

2 321 20 | 66 61 65 | 3 — | 63 03 | 23 21 20 | 3 35 61 | 2 — |

轻 轻 吹，彩蝶 翩翩 飞， 有 位 小 姑 娘，上山 摘草 莓。
多 想 吃，可又 舍不 得， 提 着 小 竹 篮，转眼 到村 北。

1. 6 12 | 33 60 | 1. 6 12 | 33 60 | 01 60 | 01 60 | 01 61 | 61 60 |

一 串 串哟 红草 莓， 好像 那个 玛瑙 缀。 哟 喂， 哟 喂， 哟 喂哟 喂哟 喂，
送 给 军属 老奶 奶， 尊敬 老人 心灵 美。

6 — | 6 5 | 3 — 3 — | 66 13 | 2. 3 | 11 33 | 6 — :|

哟 喂 装满 小竹 篮 风中 飘香 味。
尊敬 老 人 心哟 心灵 美，

渐慢 原速

66 13 | 2. 3 | 5 — | 3 — | 6 — 6 — | 6 — | 60 0 ‖

尊敬 老 人 心 灵 美。

1. 动作分析

通过登山步，蹦跳走，小碎步等脚下步伐的练习及各种手臂动作的配合，使幼儿身体的协调性得到了很好的训练。

2. 基本动作

登山步左右摆臂、蹦跳步、虚步耸肩、跑跳步。

3. 组合动作

前奏：正步，面向八点，左臂在左胯处做"提篮"状，右臂自然下垂。

第一遍音乐：

第1节，原地做左登山步一次，右臂前摆一次。

第2节，同第1小节动作，动作相反。

第3~4节，左起向前做登山步4次，右臂经前向后绕一周。

第5~8节，重复第1~4小节动作。

第 9 节，原地蹦跳步一次，同时右臂前平举，食指伸出。

第 10 节，姿态不变，左、右摆腕一次，头随手方向。

第 11 节，左腿原地踏一步，屈膝半蹲，同时右腿向前踢出，脚尖点地，上身转向一点，右臂上举做拿草莓状，眼看右手方向。

第 12 节，保持原姿态，向上耸肩两次。

第 13 节，面向一点，向左蹦跳步一次（出左胯），双手端篮至左胯，头向左歪。

第 14 节，同第 13 小节动作，方向相反。

第 15～16 节，同第 13～14 小节动作，每拍一次，共 4 次；第 17～18 节，左起向前碎步，双手将蓝举到头前上方。

第 19～20 节，姿态不变，向左自转一周。

第 21～22 节，左脚上一步呈右踏步半蹲，左手端篮于左胯，右手做摘草莓放置篮中动作两次。

第 23～24 节，双膝跪坐在地上，双手姿态不变。

第二遍音乐：

第 1 节，跪坐，左手于体侧翘腕，右手拿篮子里的草莓。

第 2 节，姿态不变，右手将草莓放置嘴边。

第 3 节，姿态不变，右手将草莓在放回篮子里。

第 4 节，姿态不变，双手将篮子端至体前。

第 5～6 节，左起向 2 点做小跑步（半拍一次），左手提篮，右手扶篮。

第 7～8 节，继续小步跑右转一周，双臂保持原姿态。

第 9 节，双脚蹦跳步一次，双臂体前平举，双手端篮。

第 10 节，右脚向右前伸出，脚跟点地，双臂于右侧平端篮子。

第 11～12 节，同第 9～10 小节动作，方向相反。

第 13～20 节，同第一遍音乐第 13～20 小节动作。

第 21～22 节，正步，保持原姿态向前做鞠躬状。

第 23～24 节，同第 9～10 小节动作。

结束。

4. 教学建议

欣赏《摘草莓》视频、教师示范，讲授组合、学习组合动作并和乐练习。

案例2

假如幸福的话拍拍手吧

1=G 4/4
中速、稍快

日本儿童歌曲
姚思源 配伴奏

```
0 0 0 5.5 | 1·1 1·1 1·1 7·1 | 2 0 0 5.5 | 2·2 2·2 2·2 1·2 | 3 0 0 5.5 |
```

1.假如 幸福的话 拍拍手　　吧，　　假如 幸福的话 拍拍手　　吧，　　假如
2.假如 幸福的话 跺跺脚　　吧，　　假如 幸福的话 跺跺脚　　吧，　　假如
3.假如 幸福的话 打打肩膀　吧，　　假如 幸福的话 打打肩膀　吧，　　假如

```
3·3 3·3 3·3 2·3 | 4 3·2 1 7·1 | 2 2·1 7·5 6·7 | 1 0 0 ‖
```

幸福的话以行动来 表示　　吧，那么 大家来 拍拍手　　吧。
幸福的话以行动来 表示　　吧，那么 大家来 跺跺脚　　吧。
幸福的话以行动来 表示　　吧，那么 大家来 打打肩膀　吧。

1. 动作分析

本组合根据儿童身体特点，安排左右移动重心、拍手、小碎步转、踵趾步等简单易学的动作及要求，使儿童在边学边游戏的状态下轻松完成组合。

2. 基本动作

碎步，踵趾步，压腕，晃手。

3. 组合动作

准备：圆圈准备

第一个8拍：1、2拍双手小七位压腕，脚下大八字位，向左移动重心；3、4拍向右边移动重心；5、6拍双脚回小八字位；7、8拍双手拍手两次。

第二个8拍：动作同第一个8拍。

第三个8拍：双手体旁小七位压腕，碎步向左转一圈。

第四个8拍：动作同第一个8拍。

第五个8拍：1、2拍左脚开始踵趾步；3、4拍右脚踵趾步；5、6拍小八字步，双手交叉平搭肩；7、8拍跺脚两次。

第六个8拍：动作同第五个8拍。

第七个8拍：小碎步8拍，双手由下至上分晃手。

第八个8拍：动作同第五个8拍。

第九个8拍：1、2拍大八字步向左移重心，双臂向上伸直，双手扩指摆动；3、4拍重心向右，双手上伸，扩指摆动；5、6拍小八字双手叉腰；7、8拍伸懒腰一次。

第十个8拍：动作同第九个8拍。

第十一个8拍：小碎步，双合掌在左脸边做睡觉状。

第十二个8拍：动作同第九个8拍。

结束。

4. 教学建议

欣赏《幸福拍手歌》音乐，教师示范、讲授组合动作，幼儿学习组合动作并和乐练习。

三、民间舞蹈的基本形式与教学分析

（一）基本形式

民间舞蹈的基本形式有汉族民间舞蹈、少数民族民间舞蹈。

（二）民间舞蹈教学案例

案例 1

月牙五更

1 = G 2/4

中板　　　　　　　　　　　　　　　　　　　　　东北民歌

（3.235 7·6 | 5· 3̂56 | 5 — ） | 3 3 5 6 | 3 — | 2·3 5 6 |

3·532 1·6 | 3 2 | 1 2 | — | 3 3 5 6 | 3 — | 2·3 5 6 |

3·532 1·6 | 3 2 | 1 2·7 6· | 0 5 3 2 | 3 2 | 1 2 | 1 — |

‖: 3 6· 3 33 | 2 7· 6· | 3 6· 3 33 | 2 7· 6· | 1 1 6161 | 2 2 3 |

5 5 6 | 3·532 1·6 | 3.235 7·6 | 5· 3561 | 5 — :‖

1. 动作分析

通过前踢步、后踢步、交替步等脚下的步伐，各种手巾花动作的配合，使儿童身体的协调性得到很好的训练。

2. 基本动作

前踢步、后踢步、交替步、小碎步；单臂花、双臂花、盖分花和交替花。

3. 组合动作

准备拍双手持巾，身体对着 1 点方向。

第一个 8 拍：左脚起，左右脚交替 4 次前踢步，双臂花 4 次。

第二个 8 拍：1~4 拍左脚向 5 点方向撤步同时转身右手大臂盖花一次，右脚 3 点方向迈步，身体转向 1 点方向，左手大臂盖花一次；5~8 拍：压脚跟两次，双手叉腰摆身两次。

第三个 8 拍：同第二个 8 拍动作。

第四个 8 拍：同第一个 8 拍动作；

第五个 8 拍：同第二个 8 拍动作。

第六个 8 拍：左起两次前踢步，两次压脚跟，双手叉腰 4 次摆身。

第七个 8 拍：同第六个 8 拍动作。

第八个 8 拍：同第七个 8 拍动作。

第九个 8 拍：4 次后踢步，双臂小燕展翅 4 次。

第十个 8 拍：自左转一周后踢步 8 次，双手叉腰摆身。

第十一个 8 拍：同第九个 8 拍动作。

第十二个 8 拍：同第十个 8 拍动作，方向相反。

第十三个 8 拍：原地后踢步 8 次，双手叉腰摆身。

第十四个 8 拍：左脚起，左右脚交替向 6 点方向前踢步 4 次，右手单臂花 4 次。

第十五个 8 拍：左脚上步前后移重心 4 次，双臂花 4 次。

第十六个 8 拍：同第十四个 8 拍动作，方向相反。

第十七个 8 拍：同第十五个 8 拍动作，方向相反。

第十八个 8 拍：1 ~ 2 拍左脚向斜后 6 点方向撤步，双手展翅花位挽花一次，右手大臂绕花一次，一拍一次手上动作；3 ~ 4 拍同 1 ~ 2 拍反方向动作；5 ~ 8 拍同 1 ~ 4 拍动作。

第十九个 8 拍：左脚 2 点方向上步成小踏步，双手胸前交叉挽花一次，右手头上，左手体旁绕花亮相，保持姿态小碎步下场。

结束。

4. 教学建议

训练时要注意步伐和上身动作自下而上的连锁反应的协调性，以脚下的踢步带动上身的扭摆及腕部的绕花，充分体现东北秧歌"哏俏"的特点。

 案例 2

青春舞曲

1=♭A　4/4

慢板　　　　　　　　　　　　　　　　　　　　　　　　　　维吾尔族民歌

3 2 7 1　3 2 1 7　6 6 4 3 ｜ 3 2 7 1　3 2 1 7　6 6 6 6 ｜ 6 6 2 4　3 6 4 3 3 2 3 ｜

太阳下去 明朝依旧 爬上 来，花儿谢了明年还是 一样的开。美丽小鸟 一去 无影 踪，

3 2 7 1　3 2 1 7　6 6 4　3 ｜ 3 2 7 1　3 2 1 7　6 6　6 ｜

我的青春 小鸟一样 不回 来，　我的青春 小鸟一样 不回 来。

‖: 6.1 1 1　1.7　6.1 7 6　7 ｜ 7 1 2 4　3 2 1 7　6 6　6 :‖

（别的哪呀 呀呀哟，别的那呀 哟）　我的青春 小鸟一样 不回 来。

1. 动作分析

通过维吾尔族组合动作的学习，让儿童初步了解并掌握维吾尔族民间舞的风格动作特点、基本舞步、舞姿造型、动律特点等，为今后的幼儿舞蹈表现、创编、教学打下良好基础。

2. 基本动作

绕腕，柔腕，摊手，垫步，点步，三步一抬，进退步。

3. 组合动作

第一遍音乐：

第 1~6 节：身向 5 点方向，横垫步，由 3 点至 7 点方向移动，做 12 次（一拍一次），眼看 6 点方向。

第 7~8 节：保持姿态，向右转身至 1 点方向。

第 9 节：左脚向旁撤一步，右脚旁点，下右旁腰，左托按掌位。

第 10 节：向右并立转一圈，山膀立腕位。

第 11~12 节：动作用第 9~10 节，方向相反。

第 13~14 节：右脚起、踩脚移步一次。

第 15~16 节：动作同第 13~14 节，方向相反。

第 17~20 节：动作同第 13~16 节。

间奏第 1~4 节：自由步两次，队形散开，提裙位。

间奏第 5~9 节：保持姿态，队形还原。

第二遍音乐：

第 1~2 节：身向 1 点方向，横垫步向左旁移动，做 4 次（一拍一次），左手叉腰，右手山膀立腕位。

第 3 节：向左并立转一圈，双手体侧摊手。

第 4 节：身向 8 点方向，正步站立，左托按掌位。

第 5 节：右脚起三步一抬往 4 点方向后退，双臂保持姿态推腕。

第 6 节：保持姿态，步伐同第 5 节，方向相反。

第 7~8 节：动作同第 5~6 节。

第 9~12 节：横垫步向左移动，手臂由双托位至顺风旗位，再至摊掌位。

第 13 节：旁边两人向右转往 5 点方向做回望式。中间一人进退步一次，左手叉腰，右手经"摊""绕"至山膀立腕位。

第 14 节：旁边两人保持姿态，原地微颤两次（一拍一次）。中间一人步伐同第 13 节，右手保持姿态，左手经"摊""绕"至山膀立腕位。

第 15~16 节：旁边两人动作同第 13~14 节，方向相反。中间一人步伐同第 13~14 节，第 15 节双手同时做山膀立腕位，第 16 节保持姿态，移颈。

第 17~20 节：旁边两人与中间一人的动作同第 13~16 节交换做。

间奏第 1~4 节：右脚起、自由步向前做两次，走成竖排，双手提裙位。

间奏第5~9节：右脚起、三步一抬做5次（二拍一次），走成横排，双臂上举，手腕左右摆动。

第三遍音乐：

第1~2节：左脚起、三步一抬后退做两次（二拍一次），左托按掌绕腕一次。

第3~4节：步伐同第1~2节，手臂的姿态同第1~2节，方向相反。

第5~6节：动作同第1~2节。

第7~8节：垫步向前做4次（一拍一次），左臂自然下垂，右臂上举握空心拳推腕。

第9~12节：保持姿态，向左绕一周。

第13~14节：身向1点方向，横垫步向左移动做3次（一拍一次）。第14节第2拍，向左辗转一圈。双臂由体侧下方慢慢往上，辗转双手在头上方塔指。

第15~16节：动作同第13~14节，方向相反。

第17节：身向1点方向左脚起向前迈两步，双手绕"捧""绕"至托帽位。

第18~20节：横垫步向3点方向移动，手臂保持姿态。

结束。

4. 教学建议

训练时要注意膝部有弹性地颤动和上身摇身的动律特征。垫步中除了小腿的运动，膝盖要加以控制，还要保持移动时重心的平稳和上身挺拔的体态。

第二节　儿童舞蹈创编

案例导读

考核内容：请根据儿歌内容组织一次中班儿童的舞蹈创编教学活动。要求：舞蹈动作和教学方法要符合儿童的年龄特点和能力水平，有利于激发幼儿的兴趣，表情适当。

三只小熊

案例分析

此题主要考查考生根据歌曲内容创编儿童舞蹈并组织相应的教育活动的能力。考生在作答时首先要了解歌曲的内涵；其次，把握歌曲的节奏、旋律和音高；最后，创编的动作要符合儿童的年龄特点和舞蹈水平，以激发儿童的活动兴趣，培养儿童的情感和能力为主要目的。

舞蹈创编训练要求考生能够结合幼儿舞蹈、民间舞蹈的素材和幼儿的身心特点，独立完成幼儿园的律动、歌表演和音乐游戏的舞蹈创编活动，具有基本的合作完成幼儿集体舞的创编能力。

一、儿童舞蹈创编的过程

儿童舞蹈创编的基本过程：

（一）选择题材

幼儿的生活丰富多彩，任何一件发生在他们身上的事都对我们有一定的启示，成为我们构思一部作品的原始素材。幼儿舞蹈的选材应始终追寻幼儿思维的奇特性，从他们喜闻乐见、所想和所做的事情和活动中取材，即所谓的"求童心，唤童趣"。这就要求教师在编舞前先"童化"自己。同时创编幼儿舞蹈，教师还要追求主题的新颖性及教育性。

（二）选取音乐

音乐是舞蹈的灵魂。幼儿舞蹈的音乐，首先要注意曲调坦荡爽朗、简单、形象化且节奏感强，歌词也应顺口、押韵，富有感染力，让孩子们听后能张开想象的翅膀，有想跳、爱跳的欲望。如编排舞蹈《中国娃》，没有现成且合适的音乐，但是，一曲《中国功夫》恰到好处地体现出中华民族以武强身、顽强不屈的精神，歌词通俗押韵，朗朗上口，孩子们学得很快，而且符合幼儿的兴趣。因此，这个音乐就可以成为舞蹈《中国娃》的主题音乐。

（三）创编动作

幼儿舞蹈的动作应符合幼儿心理、生理特点和水平，不应过于烦琐。创编幼儿舞蹈的动作主要来源于以下几个方面：从现实生活中提炼、加工、美化动作。如《一分钱》和《擦玻璃》中的动作全取之于孩子们的日常动作。从民族、民间舞中提取动作。中国是个多民族国家，其丰富的舞蹈艺术宝库中有取之不尽、用之不竭的财富。舞蹈《财童献宝》和《我爱泥娃娃》则选择了具有民间特色的如"傀儡丑""火鼎公婆"中的一些动作。借鉴中国古典舞或其他与舞蹈有共同之处其他艺术表演的一些动作。如舞蹈《中国娃》中，对于古代娃们，可以借鉴中国古老戏剧中的圆场步及一些手位、脚位及眼神来亮相；近代娃则以京剧中蹚方步为基本动作；现代娃主要运用了一些艺术体操动作，整个舞蹈以武术操来贯穿。

（四）选择服装与道具

服装与道具应具有新颖性，体现舞蹈的特点。如舞蹈《中国娃》，可以这样设计：

古代娃身着斜襟束腰、束袖长袍，手持马鞭，威风凛凛驰骋于疆场，当马鞭展开，却成了一面面写有"赵""钱""孙""李"等百家姓的古代战旗；近代娃则身穿马褂、头戴有长辫的瓜皮帽，手持写有"儒""道""法""墨"等各学派名的纸扇踱步而出，儒雅书生气十足；现代娃着轻便练武短装、赤手空拳一跃而上，整个场面令人耳目一新。再如《花满小城》，考虑到孩子们使用手绢花不方便，便将八角手绢剪掉一块，穿进橡皮筋后套在手腕上，这样仅靠手腕的转动便可将手绢舞成一片花海，从而取得预期的效果。

二、儿童舞蹈创编教学案例

 案例 1

小 红 花

$1 = {}^{\flat}\text{B}$ $\frac{2}{4}$ 阿军 记谱

花 园 里，　　篱 笆 下，　　我 种 下 一 株
党 爱 我，　　我 爱 党，　　我 们 从 小 就

小 红 花。　　春 天 的 太 阳 当 头 照，
听 党 的 话。　　党 的 温 暖 像 太 阳，

春 天 的 小 雨 沙 沙 下；　　啦 啦 啦 啦 啦，
党 的 关 怀 像 亲 妈；　　啦 啦 啦 啦 啦，

啦 啦 啦 啦 啦，　　小 红 花 张 嘴 笑 哈 哈！
啦 啦 啦 啦 啦，　　我 就 是 党 的 一 朵 小 红 花！

1. 动作分析

通过拍手训练幼儿双手的灵活性、整体性，使幼儿上下肢动作协调，培养幼儿的节奏感。

2. 基本动作

①拍手：五指并拢，掌心相对，按节奏要求拍打。

②方位：胸前位、体旁位和头上位。

3. 组合动作

第一段：

第一个 8 拍：两拍一次拍手，共 4 次。

第二个 8 拍：左右摆头 4 次，拍手 4 次。

第三个 8 拍：1～4 拍头顶上方拍手一次，双手体旁同临近幼儿拍手一次，5～8 拍动作同 1～4 拍。

第四个 8 拍：1～4 拍胸前拍手一次，双手体旁同临近幼儿拍手一次，5～8 拍重复 1～4 拍动作。

第五个 8 拍：1～4 拍向圈内迈左腿半跪立，左手旁身同肩齐，右手拍左肩两次，5～8 拍右腿半跪立，右手旁伸同肩齐，左手拍右肩两次。

第六个 8 拍：1～4 拍左腿半跪立，双手胸前拍手一次，双手交叉拍双肩一次，5～8 拍动作同 1～4 拍。

第二段：

第一到第二个 8 拍：动作同第一段第一到第二个 8 拍。

第三个 8 拍：1～4 拍幼儿右转，相邻幼儿相对，胸前拍手一次，相对双手互相拍两次；5～8 拍动作同 1～4 拍。

第四个 8 拍：1～4 拍幼儿圈内转身，与反方向幼儿相对（左右幼儿互换方向，互换同伴），做第三个 8 拍的动作。

结束。

4. 教学建议

①教师示范动作，讲授重点、难点动作并让幼儿熟练演唱歌曲。

②幼儿学习单一动作，并着重练习难点动作。

③幼儿和乐即随着音乐完成动作练习。

 案例 2

小雨沙沙

1 = D 2/4

中速

许 竞 词
王天荣 曲

5	3	5	3	<u>1 1</u> 1	<u>1 1</u> 1	5	3	5	3	<u>2 2</u> 2

小 雨 小 雨，沙沙沙，沙沙沙，种 子 种 子 在 说话，
小 雨 小 雨，沙沙沙，沙沙沙，种 子 种 子 在 说话，

<u>2 2</u> 2	<u>5 5</u> 3	5 3 <u>5 6</u> 5	—	<u>5 3</u> 3	<u>2 1</u> <u>2 3</u> 1	—

在 说话，哎呀呀 雨水 真 甜，哎哟哟 我要 发 芽。
在 说话，哎呀呀 我要 出 土，哎哟哟 我要 长 大。

1. 动作分析

幼儿通过提压手腕、扩指、移动重心、小碎步等动作的学习，培养身体的协调性和节奏感。

2. 基本动作

①提压腕、扩指。

②移重心、半蹲。

③小碎步、旁点步。

3. 组合动作

准备拍：双脚小八字步，双手体旁小七位压腕准备。

第一段：

第一个8拍：1~4拍向左迈左脚，并移重心到左脚一次，原地经过膝盖屈伸，移重心到右脚一次；5~8拍收回左脚成小八字位，左手体前上至下扩指晃动一次，右手体前上至下扩指晃动一次。

第二个8拍：动作同1~4拍动作。5~8拍左右两边的幼儿两两相对，双手在嘴前做说话状，向左转一圈；7、8拍动作同1~2拍。

第三个8拍：1~2拍双手胸前拍手，屈膝半蹲一次，3~6拍双脚立半脚尖，双手体前做接雨状，向左转一圈，7~8拍同1~2拍。

最后四拍：1~4拍双手小七位压腕，从半蹲到站直。

间奏：

第一个8拍：小碎步向前，双手向上平举。

第二个8拍：小碎步向后，双手手背带动慢慢向下。

第二段：动作同第一段动作。

结束。

4. 教学建议

①欣赏《小雨沙沙》的视频。

②教师进行动作示范，讲授组合。

③学习组合的主要动作并和乐练习。

案例3

蝴　蝶

1 = C 4/4

中速 优美地

| 1 | 12 3 3 | 21 23 1 - | 3 34 5 5 | 43 45 3 - |

蝴　蝶　蝴　蝶　生　得　真　美　丽，　头　戴　着　金　冠　身　穿　花　花　衣。

| i | 76 5 3 | i 76 5 - | 6 71 5 3 | 5 42 1 - ‖

你　爱　花　儿　花　也　爱　你，　你　会　跳　舞　她　有　甜　蜜。

1. 动作分析

通过舞蹈动作的学习，增强幼儿身体的协调能力和身体对节奏的敏感性，给幼儿美和艺术的熏陶，开发他们的艺术潜能。

2. 基本动作

半脚尖碎步、波浪手。

3. 组合动作

准备：正步站好，双手向上举，五指张开随音乐抖动。

第一个8拍：1～4拍蹲立两次，双手胸前提压两次，5～8拍蹲立两次，双手七位手提压两次。

第二个8拍：1～4拍蹲立两次，双手胸前提压两次，5～8拍蹲立两次，双手七位手提压两次。

第三个8拍：1～4拍脚向右碎步移动，双手七位上做波浪手两次，5～8拍脚向右碎步移动，双手七位上做波浪手两次。

第四个8拍：原地碎步，双手七位上做波浪手四次。

结束。

4. 教学建议

①本舞蹈适合小班幼儿。在活动中，教师要引导幼儿感受舞蹈的快乐与美好，愿意与同伴一起跳舞，不要过于追求舞蹈的效果。同时，教师要持欣赏的态度，及时肯定幼儿的进步。

②欣赏舞蹈《蝴蝶》的视频。

③教师进行动作示范，讲授组合。

④学习组合的主要动作并和乐练习。

案例 4

小星星洗澡

低幼歌曲

刘同仁 词
范盈庄 曲

$1 = {}^{\flat}B$ $\frac{3}{4}$

| 3 2 1 | 1 | 3 4 5 | 5 | 4 3 2 | 6 | 7 1 2 | – |

小 星 星 在 夜 空， 每 晚 跳 进 小 河 中，

| 3 2 1 | 1 | 3 4 5 | 5 | 4 3 2 | 6 | 7 2 1 | – |

痛 痛 快 快 洗 个 澡， 我 夸 星 星 讲 卫 生。

1. 动作分析

通过舞蹈动作的学习，增强幼儿身体的协调能力和身体对节奏的敏感性。

2. 基本动作

跪地、手指练习和侧平举。

3. 组合动作

准备：双腿跪地，双手扶地，向前趴，前奏起，双手五指张开，从眼前打开落下。

第一段：

第一节：双手身体两侧，做两次五指张开动作，双手侧平举，做两次五指张开动作。

第二节：头向左倒，在左前甩手三次，头向右倒，在右前甩手三次，双手胸前提腕，落至双腿上。

第三节：双手在头上两侧，做两次五指张开动作，身体两侧平举，再做两次手指张开动作，头向左倒，在左前甩手三次，头向右倒，在右前甩手三次，双手胸前提腕，落至双腿上。

第二段：

重复第一段内容，最后双手托腮亮相结束。

4. 教学建议

①本舞蹈适合小班幼儿。活动时，教师要了解儿童的生理、心理的特点和已有的舞蹈经验，考虑儿童身心发展的自然规律。在指导儿童动作时，要求动作力求舒展，短促有力，节奏欢快，从而表现出儿童活泼可爱的性格。

②欣赏舞蹈《小星星洗澡》的视频。

③教师进行动作示范，讲授组合。

④学习组合的主要动作并和乐练习。

案例5

两只老虎

1 = E 2/4

俟名 词曲

两只 老虎 两只 老虎 跑得 快，　跑得 快。　一只 没有 眼　睛，

5 6 5 4 | 3　1 | 2　5 | 1　0 | 2　5 | 1　0 ‖

一只 没有 尾 巴，真 奇 怪！　真 奇 怪！

1. 动作分析

通过舞蹈动作的学习，让幼儿初步了解并掌舞蹈的动作特点、基本舞步、舞姿造型及动律特点。

2. 基本动作

蹦跳步、小跑步、双手扩指、摇尾巴状、七位手。

3. 组合动作

双手小七位准备。

第一个 8 拍：1～4 拍蹦跳一次，左手"剑指"略开，点头一次，正步半蹲，头上两侧扇动两次，5～8 拍动作同 1～4 拍。

第二个 8 拍：1～4 拍面对右侧，原地小跑步。5～8 拍面对左侧，原地小跑步。

第三个 8 拍：1～2 拍蹦跳步一次，半蹲，左手食指伸出。3～4 拍蹦跳步一次，左手"剑指"略开，点头一次。正步半蹲，双手扩指，头上两侧扇动两次。5～6 拍同 1～2 拍动作，7～8 拍双手背后做摇尾巴状态，上身前俯。

第四个 8 拍：1～4 拍跑跳步向右原地转一圈，5～8 拍拍手一次，再双手摊掌伸出，左脚勾脚前伸点地，右腿屈膝半蹲。

结束。

4. 教学建议

①本舞蹈适合中班儿童。在活动中，教师要引导幼儿注意动作的准确性和规范性，并对其进行及时的鼓励，以发展幼儿的想象力和审美能力，培养其愿意与同伴一起舞蹈的情感。

②欣赏舞蹈《两只老虎》的视频。

③教师进行动作示范，讲授组合。

④学习组合的主要动作并和乐练习。

案例 6

三只小熊

1=C 4/4

| 1 1 1 1 1 | 3 5 5 3 1 | 5 5 3 5 5 3 | 1 1 1 - |
| 有 三 只 小 熊 | 它 们 住 一 起， | 熊爸爸，熊妈妈， | 熊 娃 娃。 |

| 5 5 3 1 | 5 5 5 - | 5 5 3 1 | 5 5 5 - |
| 熊 爸 爸 啊， | 真 强 壮。 | 熊 妈 妈 啊， | 真 苗 条。 |

| 5 5 3 1 | 5 5 5 6 5 - | i 5 i 5 | 3 2 1 - |
| 熊 娃 娃 啊， | 真呀 真可爱， | 一 天 一 天 | 长 大 了。 |

1. 动作分析

通过舞蹈动作的学习，让幼儿感受音乐的节奏，并能根据节拍做动作，培养幼儿的韵律感，激发幼儿对舞蹈的兴趣并培养其活泼开朗的性格。

2. 基本动作

侧垫步步伐，脚尖前后点地。

3. 组合动作

第一个8拍：双手叉腰，正步站好，1~4拍双脚蹦一下，左脚勾脚旁点地，5~8拍双脚蹦一下，右脚勾脚旁点地。

第二个8拍：双手置于头两侧，向左碎步停住，双手摆向左；双手置于头两侧，向右碎步停住，双手摆向右。

第三个8拍：原地屈膝，双手胸前击掌，打开在两侧，身体扭向左；原地屈膝，双手胸前击掌，打开在两侧，身体扭向右。

第四个8拍：原地屈膝，双手胸前击掌，打开在两侧，身体扭向右；原地屈膝，双手胸前击掌，打开在两侧，身体扭向左。

第五个8拍：双手叉腰，后踢跳4步左转一周，屈膝双手在左脸侧拍手3下。

第六个8拍：双手叉腰，后踢跳4步右转一周，屈膝双手在右脸侧拍手3下。

结束。

4. 教学建议

①本舞蹈适合中班儿童。活动前，教师应了解幼儿身心发展的规律和已有的舞蹈经验。在对儿童进行动作指导时，教师应注意儿童的动作力求舒展、短促有力、节奏欢快，以此表现他们活泼可爱的性格。

②欣赏舞蹈《三只小熊》的视频。

③教师进行动作示范，讲授组合。

④学习组合的主要动作并和乐练习。

 案例 7

1. 动作分析

通过学习舞蹈组合动作，一方面，教师可以在指导幼儿掌握舞蹈动作的同时，发展幼儿对韵律的感受能力，培养幼儿随着韵律主动舞蹈的习惯和美的情感；另一方面，教师在引导幼儿与同伴一起舞蹈的同时，培养幼儿的合作意识。

2. 基本动作

旁点步、垫步、小踏步、双晃手、顺风旗。

3. 组合动作

准备：右手拿铃鼓，小八字位。

第一个8拍：1~4拍脚下原地碎步，左手拍打铃鼓胸前打开双手，右手晃动铃鼓，身体前倾，后站直。5~8拍同1~4拍动作相同，重复动作一次。

第二个8拍：双手头上，左手打鼓4下，脚下旁点步，律动4次。

第三个8拍：1~4拍左手拍打铃鼓后变托帽手位，左手遮帽手，右手托帽手，双腿蹲立，5~8拍同1~4拍动作相同，方向相反。

第四个8拍：1~4拍右手晃动铃鼓，左手叉腰，脚下垫步左转一圈，5~8拍同1~4拍动作相同，方向相反，重复一次。

结束。

4. 教学建议

①本舞蹈适合大班儿童。舞蹈是通过音乐、动作、表情、姿态来表现内心世界，使幼儿在潜移默化中受到艺术的熏陶，从而培养幼儿热爱生活的情感，发展他们欣赏美、体验美的能力。同时，通过学习舞蹈组合动作，教师也可以发展幼儿身体的协调性和对音乐节奏的敏感性。

②欣赏舞蹈《娃哈哈》的视频。

③教师进行动作示范，讲授组合。

④学习组合的主要动作并和乐练习。

章末小结

通过本章学习，我们主要掌握以下技能：

（1）舞蹈的基本功训练，如地面训练、把杆训练和中间训练的方法。

（2）了解和掌握幼儿舞蹈的基本动作和教学分析。

（3）了解和掌握民间舞蹈的基本形式和教学分析。

练一练

1. 请根据儿歌内容组织一次小班儿童的歌表演教学活动。

要求：舞蹈动作和教学方法要符合儿童的年龄特点和能力水平，有利于激发幼儿的兴趣，表情适当。

讲 卫 生

佚名 词
汪玲 曲

1=C 2/4

```
5    5   | 6 6  5 0 | 3 5  6 i | 5   -  ||
1.太  阳   眯 眯  笑   我 们  起 得   早,
2.饭  前   洗 洗  手   饭 后  不 乱   跑,
```

```
i    6   | 5 6  3 0 | 2 5  3 2 | 1   -  ||
手   脸   洗 干  净   刷 牙  不 忘  掉。
清   洁   又 卫  生   身 体  长 得  好。
```

2. 请根据儿歌内容组织一次中班儿童的歌表演教学活动。

要求：舞蹈动作和教学方法要符合儿童的年龄特点和能力水平，有利于激发幼儿的兴趣，表情适当。

三只小猪

欧美儿歌
颂今 填词

1=F 2/4

```
5 3  1 5 | 4 3  2 | 4 3  2 | 3 2  1 |
一只 小猪  拱篱笆,  哼哼 哼  拱篱 笆,
两只 小猪  来打架,  哼哼 哼  来打 架,
三只 小猪  吃西瓜,  哼哼 哼  吃西 瓜,
```

```
5 3  1 5 | 4 3  2 | 4 3  2 5 | 1   1 |
肚子 饿了  找妈妈,  妈妈 不在 家   呀。
滚了 一身  黑泥巴,  妈妈 把它 骂   呀。
瓜子 瓜皮  全吞下,  馋鬼 就是 它   呀。
```

3. 请根据儿歌内容组织一次大班儿童的舞蹈创编教学活动。

要求：舞蹈动作和教学方法要符合儿童的年龄特点和能力水平，有利于激发幼儿的兴趣，表情适当。

丢 手 绢

1=♭B　2/4

鲍　侃 词
关鹤岩 曲

稍慢

| 5.　3 | 5.　3 | 5 3 2 3 | 5　— | 5 5 3 6 5 |

丢，　　丢，　　丢 手 绢，　　悄 悄 地 放 在

| 3 5 3 2 | 1　2 | 3　5 | 3 2 1 2 | 3　— |

小 朋 友 的　后 面　大 家　不 要 告 诉　他，

| 6 5 6 5 | 2 3 5 | 6 5 6 5 | 2　3 | 1　— |

快 点 快 点　捉 住 他，　快 点 快 点 捉　住　他！

4. 请根据儿歌内容组织一次中班儿童的歌表演教学活动。

要求：舞蹈动作和教学方法要符合儿童的年龄特点和能力水平，有利于激发幼儿的兴趣，表情适当。

小 彩 笔

1=G　2/4

范修奎 词
林文彬 曲

天真地

| (5 3 2 1 | 5 6 3 2 | 1　— | 1　—) | 7.　1 2 5 | 3　2 1 |

　　　　　　　　　　　　　　　　小　小 彩 笔 穿 花

| 2　— | 3 1 2 5 | 4　3 2 | 5　—　5　— | 5.　6 | 5　3 |

衣，　　赤橙青紫黄 蓝　绿。　　　　描　绘 山 河

| 2 3 1 2 | 3　— | 5 3 2 1 | 5 6 3 2 | 1　—　1　— |

多 美 丽，　画面红旗我 爱　你。

十套仿真模拟试题

幼儿园教师资格考试面试仿真模拟试题（一）

一、规定问题

主考教师随机从题库中抽取两个问题，考生思考后作答，时间为5分钟。

1. 有人认为，幼儿年龄小，能力有限，不懂得如何与人正确交往。因此，师幼互动主要是教师发起，幼儿参与的过程。你怎么看待这个问题？

2. 对于经常告状，却没有明确理由的幼儿，王老师总是组织全班小朋友集体讨论，通过集体舆论、集体的行为规则和集体中的榜样来教育他、对李老师的做法，你怎么看？

二、试讲

试讲题目：剪纸——玫瑰花。

1. 内容：运用对边折剪的方法完成剪纸玫瑰花。

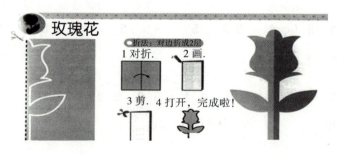

2. 回答问题：该纸工适合哪个年龄段的幼儿学习？如何利用该剪纸作品开展教育活动？

3. 请在10分钟内完成任务。

规定问题答案提示

1. 答题思路：首先，评价案例中的观点或行为是否正确；其次，分析观点或行为对幼儿的影响；最后，阐明正确的观点或行为方式。

答案提示：案例中的观点错误。师幼互动是教师与幼儿之间的互动，对促进幼儿身心健康发展具有积极的作用。师幼互动既包括教师与幼儿的互动，也包括幼儿与教师的互动。在教育活动中，如果仅仅由教师发起互动，幼儿是被动的，不能发挥幼儿的主动性和参与活动的积极性。幼儿年龄小，没有正确交往的技巧，教师可以教给他们正确交往的技巧，引导幼儿主动与教师交往，只有通过主动交往，教师才能及时地了解幼儿已有的知识经验和身心发展水平，从而实施有效的教育。

2. 答题思路：首先，评价教师的行为是否正确；其次，分析教师的行为对幼儿身心发展的影响；最后，如果你是幼儿教师你会怎么做。

答案提示：案例中教师的行为不对。对幼儿的个别行为进行集体讨论，一方面对于那些没有告状习惯的幼儿来讲不但不能起到教育作用，反而会使幼儿误解教师的意图，认为告状是一种不好的行为，以后无论何种情况都不能告状；另一方面，对于告状的幼儿，集体讨论会伤害他们的自尊心，增加消极行为。如果我是幼儿教师，我会对告状的幼儿进行单独教育，利用故事中的内容教给他与同伴合作和交往的技巧，引导他学会发现同伴的优点。同时，与家长沟通，让家长在平时的家庭教育中有意识地发展其谦让与合作的品质。

幼儿园教师资格考试面试仿真模拟试题（二）

一、规定问题

主考教师随机从题库中抽取两个问题，考生思考后作答，时间为5分钟。

1. 今天的间食是苹果。值日生小小给大家发苹果，发到最后两个，小小拿起来看看，犹豫了一下，把大个的苹果给了小明，给自己留了一个小苹果，并悄悄看了你一眼。你怎么办？

2. 小张是一名新入职的幼儿教师。工作一段时间后，她发现幼儿园的工作很辛苦，孩子们很吵闹，就想凑合干两年，以后找一个好老公嫁了，做一个全职太太就好了。你怎么看小张的想法？

二、试讲

试讲题目：方形的世界。

1. 内容：用方形组合的方式画出4种事物。

要求：作品要能反映事物的主要特征，有童趣，符合幼儿的年龄特点，有一定创意。

2. 回答问题：如何将你的作品应用到幼儿园的游戏和教学活动中？

要求：方法要符合幼儿的年龄特点，有可操作性。讲述思路清晰，表达准确。

3. 请在10分钟内完成任务。

规定问题答案提示

1. 答题思路：首先，评价案例中幼儿的行为是否正确；其次，说明针对这种行为，作为幼儿教师的你应采取的措施。

答案提示：案例中小小的行为属于谦让行为，正确。从案例中可以看出，小小的道德行为处于他律阶段。如果我是幼儿教师，我会以故事的形式将小小发苹果的细节进行描述讲给全班幼儿，让他们猜一猜这是谁，并对他的行为进行评价，鼓励全班幼儿向他学习。这样一方面帮助小小巩固谦让与合作的品行，促进其道德行为由他律向自律发展；另一方面鼓励全班幼儿要与同伴友好合作，养成谦让的习惯。

2. 答题思路：首先，评价小张老师的观点；其次，分析小张老师的观点。最后，阐述如果我是幼儿教师我应该怎么做。

答案提示：小张老师的观点是错误的。首先，作为一名幼儿教师应该具备的基本职业道德是热爱幼儿、热爱幼儿教育事业。如果小张老师带着负面情绪工作，必定会出现一些不利于幼儿成长的行为。其次，做事情贵在坚持。如果小张老师坚持做幼教工作，随着时间的推移，她与幼儿的感情会越来越深，她也会越来越喜欢幼儿，而不再觉得工作辛苦。最后，作为一个女性，只有经济独立，才会有相应的社会地位和家庭地位。单纯地追求金钱，这种价值观和人生观，将直接影响她人生发展的方向、工作方式与态度，也会间接影响幼儿的发展。如果我是幼儿教师，我将从每天试图发现幼儿的点滴进步入手，来评判自己教育的价值，寻找快乐，从而逐步转变对工作的态度和对待幼儿的方式。

幼儿园教师资格考试面试仿真模拟试题（三）

一、规定问题

主考教师随机从题库中抽取两个问题，考生思考后作答，时间为 5 分钟。

1. 某幼儿园大班以小学式的上课代替幼儿的游戏，提前给幼儿教小学的知识，认为这样就能做好幼小衔接工作。你怎么看这个老师的做法？

2. 有些幼儿一发脾气时就摔玩具，甚至用脚踩踏玩具。张老师发现后，就编了一个故事"玩具痛苦的一天"，在集体活动时，讲给幼儿听。从那以后，班里的大多数幼儿开始爱惜玩具了。你怎么看张老师的做法。

二、试讲

试讲题目：主题绘画——可爱的小鸡。

1. 内容：以绘画"可爱的小鸡"配合开展"有趣的动物主题活动"。

要求：绘画的动物的造型要生动、富有童趣，画面内容有创意。

2. 回答问题：如何利用你的绘画作品引导 4～5 岁幼儿开展"有趣的动物主题活动"。

3. 请在 10 分钟内完成上述任务。

规定问题答案提示

1. 答题思路：首先，评价教师的行为是否正确；其次，分析教师行为对幼儿的影响；最后，阐述如果我是幼儿教师我应该怎么做的观点。

答案提示：案例中教师的行为是错误的。幼小衔接是指幼儿教育与小学教育的衔接。处于幼儿园与小学阶段的幼儿具有不尽相同的身心发展特征，解决好幼儿教育与小学教育的衔接问题，对于促进人的可持续发展，提高教育质量都具有重要意义。幼小衔接的内容包括学习习惯、学习环境和生活制度等方面的衔接。单纯地用上课代替游戏，提前教授小学的知识不是幼小衔接的工作内容。这种做法将严重地影响幼儿身心健康发展，游戏是幼儿园教育活动的基本形式。如果我是幼儿教师，我将在幼儿大班时期通过有意识地培养幼儿良好的学习习惯和品质、建立与小学生活相适宜的生活制度和学习环境，带领幼儿到小学参观等方式加强幼小衔接工作。

2. 答题思路：首先，评价教师的行为是否正确；其次，分析教师行为对幼儿的影响。

答案提示：案例中教师的做法是正确的。幼儿时期的思维以具体形象思维为主。教师通过讲故事的形式培养幼儿爱护玩具的品质和习惯，符合幼儿思维的特点，易于被幼儿接受。由于案例中行为不是幼儿的个别行为，具有普遍性。因此，教师采用编故事的方式，讲给全班幼儿，在集体教育中，让全班幼儿通过移情的方式感受玩具的痛苦，从而养成爱护玩具的习惯。

幼儿园教师资格考试面试仿真模拟试题（四）

一、规定问题

主考教师随机从题库中抽取两个问题，考生思考后作答，时间为5分钟。

1. 明明总是任性、爱发脾气，尽管李老师每次都心平气和地向他提出要求，告诉他应该怎么做，但是效果总是不理想，你怎么看李老师的做法？

2. 刚接手一个新班时，你发现你班的幼儿中，有几个幼儿无论在什么活动中总是调皮，不停地疯闹，你怎么办？

二、试讲

试讲题目：歌曲——《牧羊儿歌》。

1. 内容：

①弹唱歌曲；

②模拟面对幼儿教唱歌曲。

2. 基本要求：

（1）弹唱歌曲。

①完整、流畅地弹奏，节奏准确。

②有表情地歌唱，吐字清晰，把握准确的音高。

（2）模拟面对幼儿教唱歌曲。

教唱的方法基本适合 5～6 岁幼儿的特点，能激发幼儿的兴趣，适合幼儿的能力水平。

（3）请在 10 分钟内完成上述任务。

牧羊儿歌

1=D 2/4

规定问题答案提示

1. 答题思路：首先，评价教师的做法是否正确；其次，分析教师的行为对幼儿的影响；最后，回答如果你是幼儿教师应该如何做。

答案提示：案例中李老师的做法不正确。针对明明多次的任性发脾气，教师心平气和的说教不起作用的情况，教师应该分析问题的原因，采取有效的措施。无效的教育，只能增加幼儿消极行为的次数，久而久之增加幼儿与教师的矛盾。如果我是幼儿教师，首先，我会仔细观察明明发脾气的情境，分析原因。其次，与家长沟通，了解明明的家庭生活和教育情况，分析原因。在采取措施之前，与家长沟通，争取家长的支持，共同教育幼儿，改变其乱发脾气的行为。

2. 答题思路：首先，分析幼儿的年龄特点，找出幼儿调皮的原因。其次，根据特点采取相应的教育措施。

答案提示：好奇、好动和好模仿是幼儿的年龄特点。因此，在活动中，幼儿往往不顾教师的教育意图和活动内容而表现出疯跑打闹的行为。针对这种情况，教师在教育活动中要认真观察幼儿的行为表现，发现他们的兴趣和需要，在活动中设计符合其兴趣和需要的内容和方式，吸引他们的注意力。由于幼儿行为的模仿性较强，教师通过观察可以发现幼儿之间的带头者，单独对其教育，鼓励他在活动中积极表现，从而达到带动其他幼儿积极参加活动而不再打闹的目的。

幼儿园教师资格考试面试仿真模拟试题（五）

一、规定问题

主考教师随机从题库中抽取两个问题，考生思考后作答，时间为 5 分钟。

1. 幼儿升大班后，总是有家长来问："老师，孩子明年要上小学了怎么还不教他们多写字，学拼音、做数学题，也不布置家庭作业？孩子整天在幼儿园玩，上小学后能适应吗？"你怎么办？

2. 绘画课上，刚刚给小鸟画上了 4 只翅膀。老师巡回指导时，他饶有兴趣地问老师："老师，你说狐狸和猴子谁更聪明？"老师看看他的画说："小鸟到底有几只翅膀？我让你画画呢，你问狐狸和猴子谁更聪明干什么？"你怎么看老师的做法？

二、试讲

窗外的小雪人

一个寒冷的冬天，小女孩丫丫正在小屋里取暖，这时，她看到窗外有一个雪人。小雪人的身体胖胖的，戴着一顶红色条纹帽，鼻子是胡萝卜做的，双臂是树杈做的，再配上乒乓球做的衣服扣子，模样可爱极了。

隔着窗户，丫丫好奇地问："小雪人，你怎么在这里呢？"

小雪人说："是几个小男孩把我堆起来的。"

丫丫想了想，说："噢！外面天气这么冷，快进屋暖暖身子吧！"

小雪人连连摇头："不行，不行，我不能进去！"

丫丫有点儿伤心："为什么？难道你不想和我做朋友吗？"

小雪人解释说："别误会！你不知道，我怕热不怕冷，冰天雪地是我的家。屋子里太暖和了，如果我进去，会化成一摊水的。"

丫丫明白了："是这样啊！既然你不能进来，那我就出去陪你玩吧！"

于是，丫丫穿上厚厚的羽绒服，戴上手套和帽子，来到屋外和小雪人愉快地玩了起来。洁白的雪地上，留下了他们银铃般的笑声……

试讲题目：故事——《窗外的小雪人》。

1. 内容：模拟对幼儿讲故事，模拟向幼儿提问。

2. 要求：模拟对幼儿讲故事的要求：有幼儿意识，表现出正在对幼儿讲故事。普通话标准，语速适宜，口齿清楚，有感染力。模拟向幼儿提问的要求。在讲故事的过程中，模拟向幼儿提出两个问题。所提问题应有助于幼儿理解故事或吸引幼儿的注意力。

3. 请在 10 分钟内完成任务。

规定问题答案提示

1. 答题思路：首先，向家长说明幼儿园小学化对幼儿身心发展的危害；其次，向家长介绍幼儿园在幼小衔接方面所做的工作；最后，如果家长同意可以请家长到幼儿园观察幼儿的一日活动，取得家长的支持和理解。

答案提示：多写字、学拼音、做数学题和布置家庭作业是幼儿园小学化行为，违反《幼儿园教育指导纲要（试行)》和《幼儿园工作规程》的宗旨，也影响幼儿的身心健康。要使幼儿尽早适应小学的生活，幼儿园要做好幼小衔接工作，内容包括生活习惯、学习习惯、学习品质、学习环境和生活制度的衔接。家长可以配合幼儿园在家庭中培养幼儿入小学所需要的各种习惯、品质和能力，以便幼儿在入学后能尽早适应小学的生活。

2. 答题思路：首先，评价教师的做法是否正确；其次，分析教师的行为对幼儿的影响；最后，如果你是幼儿教师，你自己的做法。

答案提示：教师的行为是错误的。教师的这种态度和行为不仅会伤害刚刚的自尊心，而且打击其求知欲。如果我是幼儿教师，我首先要问问刚刚为什么给小鸟画4只翅膀，在倾听刚刚的回答后，告诉他，现实生活中小鸟长两只翅膀。对于刚刚的问题，我要告诉他狐狸和猴子都很聪明，但是在解决不同问题时，它们的想法各有特点。

幼儿园教师资格考试面试仿真模拟试题（六）

一、规定问题

主考教师随机从题库中抽取两个问题，考生思考后作答，时间为5分钟。

1. 洋洋是一个可爱漂亮的小姑娘，李老师总是情不自禁地抱抱她，经常表扬她。洋洋成了其他幼儿心目中公认的好孩子，你怎么看李老师的做法？

2. 在大班健康活动中，为了满足不同幼儿的需求，你让他们自己选择活动项目。有的幼儿选择了球，有的选择了跳绳，有的选择了滚筒，有的幼儿因为争抢活动材料打了起来，全班幼儿顿时乱作一片。你会采取什么措施？

二、试讲

试讲题目：有趣的动物园。

1. 内容：以绘画配合开展"有趣的动物园"活动。

要求：根据活动需要进行绘画。作品有童趣，幼儿能够理解，有一定的创意。

2. 回答问题：如何利用你的作品引导5~6岁幼儿开展"有趣的动物园"活动。

3. 请在10分钟内完成上述任务。

规定问题答案提示

1. 答题思路：首先，评价教师的做法是否正确；其次，分析教师的行为对幼儿的影响；最后，如果你是幼儿教师，你的做法是什么。

答案提示：李老师的做法是错误的。喜欢漂亮的孩子是人之常情。但是作为教师要克制自己的欲望，注意自身行为的示范性。老师的这种行为，首先会助长洋洋的自满和自大行为，另外，会使其他幼儿对教师产生不满的情绪，增加教师与幼儿之间的矛盾。而且，由于洋洋成为全班幼儿心目中的好孩子，其他幼儿会主动模仿洋洋的行为，如果洋洋的行为正确，则起到积极的作用，如果错误，将影响全班幼儿的行为。如果我是幼儿教师，我将克制自己的喜好，对全班幼儿一视同仁。

2. 答题思路：首先，分析发生幼儿混乱现象的原因。其次，说明解决问题的措施。

答案提示：幼儿年龄小，自我意识较强，不懂得分享与合作，在集体活动中容易出现争抢活动材料的现象。由于幼儿模仿意识较强，喜欢模仿同伴的行为，因而出现争夺玩具的现象。当出现这种现象时，首先，教师可以选择那些拿着球的幼儿表演拍球比赛，鼓励那些拿着其他活动材料的幼儿也进行相应的比赛，对优胜者给予奖励，以吸引其他幼儿的注意，停止争抢行为。其次，教师引导幼儿通过轮流玩或互相谦让的方式自行解决争抢问题。最后，在日常活动中，教师要有意识地渗透幼儿的社会性教育，培养他们的谦让、合作和轮流等亲社会行为。

幼儿园教师资格考试面试仿真模拟试题（七）

一、规定问题

主考教师随机从题库中抽取两个问题，考生思考后作答，时间为 5 分钟。

1. 在幼儿园，幼儿之间避免不了发生咬伤、挠伤或其他争执现象。你怎么解决幼儿的争执问题？

2. 幼儿教师的工作平凡而琐碎，时间久了容易产生职业倦怠。你怎么看这个问题？

二、试讲

试讲题目："动物的影子"图示。

1. 内容：以绘画配合开展"动物的影子"活动。

要求：现场绘画（绘画类型不限）。

2. 回答问题：如何利用你的图示引导 5~6 岁幼儿开展"动物的影子"活动。

3. 请在 10 分钟内完成上述任务。

规定问题答案提示

1. 答题思路：首先，分析幼儿的年龄特点和性格是产生争执现象的主要原因；其次，具体问题具体分析，根据实际情况采取相应的解决措施。

答案提示：幼儿的年龄特点决定了他们的自我意识较强，加上受独生子女家庭教育的影响，很多幼儿不懂得分享与合作，因而在集体活动中避免不了出现抓伤、咬伤等现象。针对幼儿经常出现的争执现象，教师可以采取以下措施：一是结合集体教育活动，通过讲故事的方式，引导幼儿学习分享与合作的行为。二是在集体或区域活动之前，教师要引导幼儿制定活动规则，禁止抓、挠、咬或打等行为，并要求幼儿自觉遵守，对于违反规则的幼儿，可以通过禁止一次游戏作为惩罚。三是对于有谦让行为的幼儿教师要及时表扬和奖励，鼓励其他幼儿向他学习。四是对于反复出现抓伤、咬伤同伴的幼儿，教师要与家长沟通，寻找问题的原因，采取针对性的措施。

2. 答题思路：首先，分析职业倦怠形成的原因及危害；其次，阐述主动克服职业倦怠的举措。

答案提示：职业倦怠是指个体在工作重压下产生的身心疲劳与耗竭的状态。教师平凡而琐碎的工作性质，以及教育的长期性，使教师容易失去最初工作的积极性而产生职业倦怠。职业倦怠会对人的身体、智力、情绪和社交方面产生消极的影响，从而直接影响教师对幼儿的态度和教育行为，间接影响幼儿的身心健康发展。为了更好地开展教育活动，促进幼儿的发展，我将通过读书、购物、旅游、继续教育的方式主动克服职业倦怠。

幼儿园教师资格考试面试仿真模拟试题（八）

一、规定问题

主考教师随机从题库中抽取两个问题，考生思考后作答，时间为5分钟。

1. 佳佳哭着跑过来告诉你，青青抢了她的布娃娃，要求她叫他一声"哥哥"才还给她。你怎么解决这个问题？

2. 你班的丫丫是一个性格孤僻、胆小的孩子，不愿意说话，也不愿意和别人交流，你怎么办？

二、试讲

试讲题目：手指游戏"握握手"。

1. 内容：握握手

两个拇指碰一碰，点点头，

两个食指变公鸡，斗一斗，

两个小指勾一勾，做朋友，

两个手指挠一挠，握握手。

要求：根据儿歌编手指游戏的动作，并模拟演示。演示清楚，便于幼儿模仿。

2. 回答问题：如果让幼儿俩人合作玩上述游戏，可以怎么玩？

3. 请在10分钟内完成上述任务。

规定问题答案提示

1. 答题思路：首先，分析产生上述现象的原因；其次，阐明解决问题的措施。

答案提示：青青抢佳佳的布娃娃并要求其喊一声"哥哥"才能还给她，这种行为可能缘于青青对生活中某个人行为的模仿，也可能缘于青青就是想让佳佳叫他一声"哥哥"。因此，教师可以单独询问青青为什么这么做，在问清原因后，要告诉青青抢小朋友的玩具是错误的行为。同时，教师也要告诉佳佳再遇到这种事情时，可以通过商量的方式如"哥哥，请你把娃娃还给我好吗？"来要回自己的娃娃。

2. 答题思路：首先，分析丫丫性格孤僻的原因；其次，阐明解决问题的措施。

答案提示：首先，教师通过日常行为观察寻找丫丫性格孤僻的原因，同时，教师也要主动与家长沟通探讨丫丫不爱说话、胆小的原因。其次，针对原因，教师可以采取以下措施：通过每天主动与丫丫交流的方式，引起其说话的欲望；在日常活动中，教师也可以将一些较为简单的任务交给丫丫完成，在她完成之后，在全班幼儿面前进行表扬，增强其自信；了解丫丫的兴趣，在游戏活动中，让她参加与兴趣相符的活动，鼓励其他幼儿与她交流，为其提供成功的机会；将教师的教育计划告诉家长，取得家长的支持，让家长在家庭中有意识地培养幼儿的自信心。

幼儿园教师资格考试面试仿真模拟试题（九）

一、规定问题

主考教师随机从题库中抽取两个问题，考生思考后作答，时间为5分钟。

1. 你班举行读书分享活动，要求小朋友让同伴先看书。月月表示不愿意和其他小朋友分享自己的书，你怎么解决这个问题？

2. 有人说："面向全体，重视个别差异，就是在集体活动中教师要面向全体幼儿，在小组和个人活动中，个别指导，因人施教。"你怎么看？

二、试讲

试讲题目："我们爱锻炼"墙饰。

1. 内容：以绘画配合开展"我们爱锻炼"活动。

要求：现场绘制一幅墙饰作品。

2. 回答问题：如何利用你的墙饰作品，开展幼儿的体育锻炼活动。

3. 请在10分钟内完成以上任务。

规定问题答案提示

1. 答题思路：首先，分析上述现象的原因；其次，阐明解决问题的措施。

答案提示：幼儿的年龄特点决定了他们有较强的自我意识，加上独生子女家庭的教育和性格的影响，很多幼儿不懂得分享。针对这种现象，首先，教师不要强行让月月与其他幼儿分享自己的图书，教师可以组织那些愿意与同伴分享的幼儿，彼此分享阅读图书，教师就此进行表扬和奖励，让那些分享读书的幼儿说一说分享的感受，以此激发月月产生分享的欲望。其次，教师要在日常活动中渗透幼儿的分享意识，鼓励幼儿的分享行为。最后，与家长沟通，争取家长的支持，让家长在家庭中有意识地对幼儿进行分享教育。

2. 答题思路：首先，评价上述观点正确与否；其次，分析这种观点对幼儿的影响。最后，阐明自己的观点。

答案提示：这种观点是错误的，其错误在于片面地理解了"面向全体，重视个别差异"的内涵，容易在集体活动中忽视幼儿的个别差异，影响全体幼儿的发展。幼儿的差异不仅体现在集体活动中，也体现在小组和个别活动中。"面向全体，重视个别差异"的意思是教师确定的活动目标、选择的活动内容和方法在考虑全体幼儿的发展水平和需要的同时，要考虑个别幼儿在发展水平和知识经验等方面的差异，针对差异采取适宜的教育措施，以促进全体幼儿的发展。

幼儿园教师资格考试面试仿真模拟试题（十）

一、规定问题

主考教师随机从题库中抽取两个问题，考生思考后作答，时间为 5 分钟。

1. 小花小朋友在教育活动中总是很消极，你在询问她时，她说："我的名字不叫小朋友，我叫小花。"你会怎么办？

2. 班上有一位幼儿经常迟到，你怎么办？

二、试讲

试讲题目：奇妙的水。

1. 内容：用实验和观察的方法引导幼儿开展"奇妙的水"活动。

要求：教师在实验时要便于幼儿观察。

2. 回答问题：在幼儿实验时，如果遇到有不愿意动手操作的幼儿，教师如何引导其动手实验？

3. 请在 10 分钟内完成以上任务。

规定问题答案提示

1. 答题思路：首先，分析上述现象的原因；其次，阐明解决问题的措施。

答案提示："我的名字不叫小朋友，我叫小花。"这种现象说明小花还没有掌握抽象概念——小朋友，仅仅掌握了具体概念——小花。因而不理解小花和小朋友之间的关系。因此，教师可以直接称呼小花的名字，与她进行交流。在以后的活动中，随着幼儿年龄的增长，教师可以通过认识具体实物的方式引导幼儿理解抽象概念和具体概念之间的关系。

2. 答题思路：首先，分析上述现象的原因；其次，阐明解决问题的措施。

　　答案提示：幼儿迟到与家长有很大关系。教师应与家长沟通，了解幼儿迟到的原因。向家长说明幼儿园的常规要求和幼儿经常迟到对其本人的消极影响，争取家长的支持，在家庭中培养幼儿早睡早起的习惯。在日常活动中，教师要引导幼儿共同制定班级常规，要求幼儿共同遵守。在集体活动中，教师也可以通过故事的方式，引导幼儿理解遵守常规，让幼儿了解不迟到是每一个幼儿必须具备的品质。

参 考 文 献

著作部分

[1] 姚伟. 学前教育学 [M]. 长春：东北师范大学出版社，2012.

[2] 李季湄. 幼儿教育学基础 [M]. 北京：北京师范大学出版社，2013.

[3] 蔡迎旗. 学前教育概论 [M]. 武汉：华中师范大学出版社，2013.

[4] 傅建明. 学前教育学 [M]. 北京：中央广播电视大学出版社，2013.

[5] 刘光仁，游涛. 学前教育学 [M]. 长沙：湖南大学出版社，2012.

[6] 赖映红. 学前教育原理 [M]. 北京：高等教育出版社，2012.

[7] 刘焱. 学前教育原理 [M]. 大连：辽宁师范大学出版社，2011.

[8] 李生兰. 学前教育学 [M]. 上海：华东师范大学出版社，2013.

[9] 霍习霞. 面试教程 [M]. 上海：华东师范大学出版社，2015.

[10] 冯晓霞. 幼儿园课程 [M]. 北京：北京师范大学出版社，2000.

[11] 郑建成. 学前教育学 [M]. 上海：复旦大学出版社，2014.

[12] 张燕，邢利亚. 幼儿园管理案例及评析 [M]. 北京：北京师范大学出版社，2002.

[13] 朱家雄. 幼儿园课程 [M]. 上海：华东师范大学出版社，2003.

[14] 张燕. 幼儿园管理 [M]. 北京：北京师范大学出版社，2003.

[15] 陈帼眉，刘焱. 学前教育新论 [M]. 北京：北京师范大学出版社，2004.

[16] 李季湄，肖湘宁. 幼儿园教育 [M]. 北京：北京师范大学出版社，2003.

[17] 唐舒，虞永平. 幼儿园班级管理 [M]. 南京：南京师范大学出版社，2004.

[18] 梁志燊. 学前教育学 [M]. 北京：北京师范大学出版社，2005.

[19] 卢乐珍. 幼儿教育学 [M]. 北京：人民教育出版社，2006.

[20] 虞永平. 幼儿教育观新论 [M]. 北京：人民教育出版社，2006.

[21] 教育部师范教育司. 教师专业化的理论与实践 [M]. 北京人民教育出版社，2003.

[22] 教育部基础教育司. 《幼儿园教育指导纲要（试行)》解读 [M]. 南京：江苏教育出版社，2002.

[23] 崔红英. 幼儿园教师资格考试面试指导分册 [M]. 长春：东北师范大学出版社，2013.

[24] 陈会昌，庞丽娟，申继亮，周建达. 《中国学前教育百科全书》心理发展卷 [M]. 沈阳：沈阳出版社，1994.

[25] 曹中平. 幼儿社会性发展与教育 [M]. 长沙：湖南师范大学出版社，2001.

[26] 彭海蕾. 学前儿童社会教育与活动指导 [M]. 北京：教育科学出版社，2014.

[27] 刘彦华. 幼儿园教育活动的设计与指南 [M]. 北京：科学出版社，2014.

[28] 教师资格考试统考教材] 保教知识与能力 [M]. 北京：北京师范大学出版社，2015.

[29] 罗英智. 幼儿园探究式活动（教师用书）[M]. 大连：辽宁师范大学出版社，2012.

[30] 杨丽珠. 3~6岁儿童学习与发展教师指导手册丛书 [M]. 大连：辽宁师范大学出版社，2015.

[31] 李漫. 幼儿园音乐教育活动新设计 [M]. 南京：南京师范大学出版社，2008.

[32] 高红星. 学前儿童美术教育 [M]. 北京：科学出版社，2011.

[33] 刘秀银. 幼儿美术教育的创新与实践 [M]. 北京：北京师范大学出版社，2010.

[34] 边霞. 幼儿园美术教育与活动设计 [M]. 北京：高等教育出版社，2009.

[35] 王春燕. 幼儿园课程概论 [M]. 北京：高等教育出版社，2007.

[36] 幸福新童年编写组. 3~6岁儿童学习与发展指南解读 [M]. 北京：旅游教育出版社，2012.

[37] 朱家雄. 幼儿园教育活动设计与实施 [M]. 北京：高等教育出版社，2008.

[38] 王秀丽. 幼儿美术教育的教与学 [M]. 北京：北京师范大学出版集团，2010.

[39] 许卓娅. 幼儿园音乐教育活动丛书 [M]. 南京：南京师范大学出版社，2002.

[40] 许卓娅. 幼儿园音乐教育活动资源 [M]. 南京：南京师范大学出版社，2011.

[41] 李漫. 幼儿园音乐教育活动新设计 [M]. 南京：南京师范大学出版社，2008.

[42] 高红星. 学前儿童美术教育 [M]. 北京：科学出版社，2011.

[43] 宋文霞. 幼儿园一日生活环节的组织策略 [M]. 北京：中国轻工业出版社，2012.

[44] 虞永平. 生活化的幼儿园课程 [M]. 北京：高等教育出版社，2010.

[45] 许卓娅. 学前儿童音乐教育 [M]. 北京：人民教育出版社，2010.

[46] 许卓娅. 幼儿园音乐教育与活动设计 [M]. 北京：高等教育出版社，2009.

[47] 王懿颖. 学前音乐教育 [M]. 重庆：西南师范大学出版社，2013.

[48] 丁凯. 学前儿童音乐教育 [M]. 北京：科学出版社，2014.

［49］孙玉兰. 幼儿艺术教育生活化的探索与实践［M］. 北京：北京师范大学出版社，2010.

［50］张宝兰. 踏着音符快乐成长［M］. 北京：北京师范大学出版社，2010.

［51］龙亚君. 音乐新课程教学论［M］. 长沙：湖南人民出版社，2007.

［52］李贵希. 幼儿社会教育与活动指导［M］. 北京：北京师范大学出版社，2013.

［53］辛继湘. 体验教学研究［M］. 长沙：湖南大学出版社，2005.

［54］朱家雄. 幼儿园课程［M］. 上海：华东师范大学出版社，2003.

［55］张岩莉. 学前儿童社会教育［M］. 上海：复旦大学出版社，2012.

［56］孔起英. 学前儿童美术教育［M］. 南京：南京师范大学出版社，1998.

［57］周杰. 美术与幼儿美术创作［M］. 北京：北京出版社，2014.

论文部分

［1］姚伟. 以人的方式理解儿童：儿童观的方法论思考［J］. 学前教育研究，2003（5）.

［2］姚伟. 儿童教育与儿童的生活质量［J］. 东北师范大学学报（哲学社会科学版），2004（2）.

［3］姚伟. 儿童是自然的存在［J］. 学前教育研究，2005（7－8）.

［4］赵艳杰，吕晓. 幼小课程衔接的理论基础［J］. 学前教育研究，2008（2）.

［5］谢玉坤. 幼儿园教育小学化的倾向与探索［J］. 教育探索，2013（5）.

［6］周芳. 幼儿园家长工作的误区、成因与出路［J］. 学前教育研究，2001（1）.

［7］陈亚妮. 大班幼儿美术欣赏活动生活化实践研究［D］. 昆明：云南师范大学，2014（4）.

［8］李婷莲. 幼儿园艺术教育中存在的问题与对策［J］. 好家长，2015（10）.

［9］左瑞勇，杨晓萍. 在文化哲学视域下重新审视幼儿园课程内容的选择［J］. 学前教育研究，2010（9）.

［10］杨晓萍，伍叶琴. 教育的张力：基于幼小课程衔接的视角［J］. 学前教育研究，2007（7－8）.

［11］周美英. 幼儿园教师教育技能发展的关键点［J］. 学前教育研究，2011（8）.

［12］吴亚英. 帮助孩子从容入学的家园合作策略［J］. 学前教育研究，2013（6）.

［13］李亚娟，于海燕. 生态学视域下幼儿园环境创设实践的解读［J］. 上海教育科研，2012（12）.

［14］范海霞，卢清. 论师幼对话从失真到本真的回归［J］. 教育探索，2010（9）.

［15］林炎琴. 幼小衔接中儿童健康问题的应对［J］. 学前教育研究，2011（12）.

［16］浦月娟. 幼儿园学习与非学习活动中师幼互动现状比较［J］. 学前教育研究，2009（3）.

［17］金艳. 幼儿园有效提升教师专业发展能力的途径与策略［J］. 学前教育研

究，2010（9）.

[18] 刘慧萍. 浅谈幼儿园社会教育的途径［J］. 太原职业技术学院学报，2012（4）.

[19] 韩云龙. 幼儿社会教育实践性问题研究［D］. 济南：山东师范大学，2008.

[20] 康静. 兰州市幼儿园一日生活管理中的问题分析及策略研究［D］. 兰州：西北师范大学，2004.

[21] 幼儿园教案：http：//www. chinajiaoan. cn/

[22] 中国幼儿教师网：http：//www. yejs. com. cn/

[23] 孙佳文. 基于生活体验的幼儿园社会教育现状与对策研究［D］. 济南：山东师范大学，2015（6）.

[24] 张丽娟. 幼儿园美术教育活动之我见［C］. 2015年11月现代教育教学探索学术交流会，2015（11）.

[25] 张晓静. 浅谈农村幼儿园艺术教育［C］. 2012年幼儿教师专业发展论坛论文集，2013（3）.

[26] 自主剪纸：让幼儿在主主动创造中表达自我［C］. 国家教师科研专项基金科研成果（神州教育卷3），2013（6）.

[27] 周凤娟. 将教育渗透于幼儿的一日生活之中［C］. 基础教育理论研究成果荟萃（下卷），2007（6）.

[28] 赵静. 幼儿园艺术教育活动课堂教学实录——小班美术活动《洗照片》［J］. 艺海，2013（7）.

[29] 何茜. 幼儿园艺术活动设计的研究［D］. 重庆：西南大学，2006（4）.

[30] 高鹭. 幼儿园艺术教学活动中教师有效行为研究［D］. 西安：陕西师范大学，2010（5）.

[31] 钱键. 打开艺术之门——《3~6岁儿童学习与发展指南》指引下的幼儿园美术教育活动评价［J］. 新校园（中旬），2015（12）.

[32] 李林曦. 幼儿园音乐教育活动中教师教学行为研究［D］. 重庆：西南大学，2013（4）.

[33] 丁晓明，蔡晓冰. 幼儿园艺术教育课程模式构建初探［J］. 小学科学（教师版），2015（1）.

[34] 陈向明. 教师资格制度的反思与重构［J］. 教育发展研究，2008（4）.

[35] 洪秀敏. 我国幼儿园教师资格制度：问题与对策［J］. 教育发展研究，2011（2）.

[36] 王小溪. 幼儿教师专业伦理规范的历史追寻与现实价值［J］. 现代教育管理,2013年5月.

[37] 陈婷. 幼儿园教育活动中教师观察行为的研究［D］. 长春：东北师范大学，2013（5）.

[38] 王世存. 王后雄国家教师资格考试：必要性、导向及问题思考［J］. 教师教

育研究，2012（7）.

[39] 李岳飞. 中小学教师资格考试面试环节的研究 [D]. 上海：上海师范大学，2015（5）.

[40] 罗海燕. 幼儿园离园活动的组织与优化 [J]. 教育导刊，2013（10）.

[41] 张文渊. 试析幼儿园生活活动的设计与组织 [J]. 学前教育，2012（11）.

[42] 陈思，陈航. 离园活动的观察与思考 [J]. 教育导刊，2014（9）.

[43] 周红梅. 当前幼儿园结构游戏存在的问题和对策探析 [J]. 教育导刊，2011（5）.

[44] 郭星白. 幼儿园环境创设的策略 [J]. 学前教育研究，2012（4）.

[45] 幼儿教师教育活动反思的调查研究 [D]. 华东师范大学，2007（10）.

[46] 吴刚. 我国幼儿园教育质量评价的反思：问题与思考 [J]. 早期教育，2012（2）.

[47] 胡静. 幼儿园教育情境中教师评价行为研究 [D]. 重庆：西南大学，2014（4）.